立命館慶祥高等学校

〈収録内容〉

■ 2024年度入試の問題・解答解説・解答用紙・「合否の鍵はこの問題だ!!」、2025年度入試受験用の「出題傾向の分析と合格への対策」は、弊社HP の商品ページにて公開いたします。
■ 2018年度は、弊社ホームページで公開しております。
本ページの下方に掲載しておりますQRコードよりアクセスし、データをダウンロードしてご利用ください。
■ 英語リスニング問題は音声の対応をしておりません。

2024 年度 ……………………… 2024 年 10 月 弊社[illegible]予定
※著作権上の都合により、掲載できない内容が生じることが[illegible]

2023 年度 …………… 2月一[illegible]国）

2022 年度 …………… 2月一般（[illegible]・理・社・国）

2021 年度 …………… 2月一般（数・英・理・社・国）

2020 年度 …………… 2月一般（数・英・理・社・国）

2019 年度 …………… 2月一般（数・英・理・社・国）

2018 年度 …………… 2月一般（数・英・理・社）

解答用紙データ配信ページへスマホでアクセス! ⇒

※データのダウンロードは 2025 年 3 月末日まで。
※データへのアクセスには、右記のパスワードの入力が必要となります。 ⇒ 298465

本書の特長

実戦力がつく入試過去問題集

▶ 問題 …………… 実際の入試問題を見やすく再編集。
▶ 解答用紙 …… 実戦対応仕様で収録。
▶ 解答解説 …… 詳しくわかりやすい解説には、難易度の目安がわかる「基本・重要・やや難」の分類マーク つき（下記参照）。各科末尾には合格へと導く「ワンポイントアドバイス」を配置。採点に便利な配点つき。

入試に役立つ分類マーク

基本 確実な得点源！
受験生の90%以上が正解できるような基礎的、かつ平易な問題。
何度もくり返して学習し、ケアレスミスも防げるようにしておこう。

重要 受験生なら何としても正解したい！
入試では典型的な問題で、長年にわたり、多くの学校でよく出題される問題。
各単元の内容理解を深めるのにも役立てよう。

やや難 これが解ければ合格に近づく！
受験生にとっては、かなり手ごたえのある問題。
合格者の正解率が低い場合もあるので、あきらめずにじっくりと取り組んでみよう。

合格への対策、実力錬成のための内容が充実

▶ 各科目の出題傾向の分析、合否を分けた問題の確認で、入試対策を強化！
▶ その他、学校紹介、過去問の効果的な使い方など、学習意欲を高める要素が満載！

解答用紙ダウンロード 解答用紙はプリントアウトしてご利用いただけます。弊社ＨＰの商品詳細ページよりダウンロードしてください。トビラのＱＲコードからアクセス可。

UD FONT 見やすく読みまちがえにくいユニバーサルデザインフォントを採用しています。

立命館慶祥高等学校

▶交通　新札幌バスターミナルからバスで約15分

〒069-0832　北海道江別市西野幌640-1
☎011-381-8888
https://www2.spc.ritsumei.ac.jp

沿　革

1905年、京都法政大学(現・立命館大学)の附属校として清和普通学校設立。1906年、清和中学校と改称。1935年、足羽慶保、札幌高等計理学校設立。1948年、校名を札幌経済高等学校に改称。1990年、法人名を慶祥学園と改名。1995年、立命館と慶祥学園との法人合併により立命館大学慶祥高等学校を設置認可。1997年、現キャンパスに移転。2000年、立命館慶祥中学校開設。2012年、スーパーサイエンスハイスクールの指定を受ける。2013年、フランス大使が来校し、日仏高等学校ネットワーク　コリブリ調印式を開催。2015年、スーパーグローバルハイスクールの指定を受けていた。

教育方針

「一人ひとりの夢を実現する学習指導」

目指す進路に応じたレベルの高い授業や高大連携のプログラムなどを展開。

「世界を教材にする国際教育」

２年生で行われる海外研修では、言語や異文化を理解するだけでなく、世界を、自分を生かすフィールドとして考えられることを目指す。

「世界に通用する18歳を育てる教員力」

本校の教員は、全国の大学入試について熟知しており、さまざまな言語や方言を使い、生徒の視野をひろげ、夢の探し方、実現の仕方を専門的に指導する。

学習課程

「高入ＳＰコース」

入学試験の成績を基に編成し、１年から東大・京大・医学部などの難関大学への進学を目指すコース。２年までに大学入学共通テストの学習内容を終了し、放課後講習等で丁寧に指導。３年では志望大学別の講座を実施。また、暗記力だけではなく、物事を深く考え、主体的に問題解決する力を身につけるため、思考力・理解力を鍛える授業を実施している。

「難関大コース」

部活と勉強を両立させながら、仲間と切磋琢磨し合い、北海道大学などの国公立大学を含む難関私立大や海外の大学を目指す。大学入学共通テストから私大入試まで、どのような試験にも対応できるよう文系にも数学、理系にも国語を必修にし、問題演習の積み重ねによる基礎・基本の強化を徹底する。

「立命館コース」

立命館大学、立命館アジア太平洋大学への進学を前提としたコース。学内推薦基準を満たすと両大学への進学が可能である。

進　路

- 2023年度は東大に12名、京大に3名が合格。国公立大学に106名(準大学含む)が合格。医学部医学科には51名が合格。
- 立命館大学と立命館アジア太平洋大学に希望者全員が進学できる学内推薦枠を持っている。学内推薦については、評定平均値やTOEFLのスコアなどの基準がある。

部活動

柔道部、女子バドミントン部は全道大会出場の経歴をもつ。

●運動部

硬式野球、サッカー、ラグビー、陸上競技、バスケットボール、バレーボール、バドミントン、チアリーディング、硬式テニス、弓道、剣道、柔道

●文化部

報道局、国際局、茶道、吹奏楽、弁論研究、演劇、美術、写真、合唱、自然科学、囲碁・将棋、競技かるた

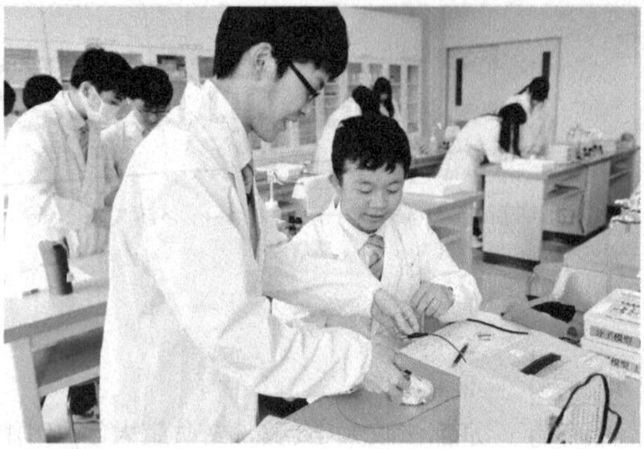

年間行事

４月／新入生スタートアップ研修、芸術鑑賞
５月／学園創立記念日
６月／体育祭
７月／立命祭、吹奏楽部定期演奏会
３月／グローバルフェスティバル

海外研修

立命館慶祥が世界に誇る海外研修プログラムが、コロナ禍を経て、パワーアップして復活しました。ガラパゴス、ボツワナ、ポーランド・リトアニア、ベトナム、タイ、アメリカNASA、フィンランド。コロナ以前から実施してきた、慶祥生だけが経験できる「観光旅行ではない」ホンモノの旅。ここに、ネパール、ペルー、カナダ、フィリピン、豪州、韓国など、行き先を聞いただけで、ドキドキ・ワクワクが止まらない魅力的なコースが新たにラインナップされました。ここにしかないオンリーワンの研修旅行が皆さんを待っています。

◎2023年度入試状況◎

学　科	１月入試	２月入試
募集数	305	
応募者数	非公表	
合格者数	非公表	

※募集数305名のうち外部募集は約125名

過去問の効果的な使い方

① **はじめに**　入学試験対策に的を絞った学習をする場合に効果的に活用したいのが「過去問」です。なぜならば，志望校別の出題傾向や出題構成，出題数などを知ることによって学習計画が立てやすくなるからです。入学試験に合格するという目的を達成するためには，各教科ともに「何を」「いつまでに」やるかを決めて計画的に学習することが必要です。目標を定めて効率よく学習を進めるために過去問を大いに活用してください。また，塾に通われていたり，家庭教師のもとで学習されていたりする場合は，それぞれのカリキュラムによって，どの段階で，どのように過去問を活用するのかが異なるので，その先生方の指示にしたがって「過去問」を活用してください。

② **目的**　過去問学習の目的は，言うまでもなく，志望校に合格することです。どのような分野の問題が出題されているか，どのレベルか，出題の数は多めか，といった概要をまず把握し，それを基に学習計画を立ててください。また，近年の出題傾向を把握することによって，入学試験に対する自分なりの感触をつかむこともできます。

過去問に取り組むことで，実際の試験をイメージすることもできます。制限時間内にどの程度までできるか，今の段階でどのくらいの得点を得られるかということも確かめられます。それによって必要な学習量も見えてきますし，過去問に取り組む体験は試験当日の緊張を和らげることにも役立つでしょう。

③ **開始時期**　過去問への取り組みは，全分野の学習に目安のつく時期，つまり，9月以降に始めるのが一般的です。しかし，全体的な傾向をつかみたい場合や，学習進度が早くて，夏前におおよその学習を終えている場合には，7月，8月頃から始めてもかまいません。もちろん，受験間際に模擬テストのつもりでやってみるのもよいでしょう。ただ，どの時期に行うにせよ，取り組むときには，集中的に徹底して取り組むようにしましょう。

④ **活用法**　各年度の入試問題を全問マスターしようと思う必要はありません。できる限り多くの問題にあたって自信をつけることは必要ですが，重要なのは，志望校に合格するためには，どの問題が解けなければいけないのかを知ることです。問題を制限時間内にやってみる。解答で答え合わせをしてみる。間違えたりできなかったりしたところについては，解説をじっくり読んでみる。そうすることによって，本校の入試問題に取り組むことが今の自分にとって適当かどうかが，はっきりします。出題傾向を研究し，合否のポイントとなる重要な部分を見極めて，入学試験に必要な力を効率よく身につけてください。

数学

各都道府県の公立高校の入学試験問題は，中学数学のすべての分野から幅広く出題されます。内容的にも，基本的・典型的なものから思考力・応用力を必要とするものまでバランスよく構成されています。私立・国立高校では，中学数学のすべての分野から出題されることには変わりはありませんが，出題形式，難易度などに差があり，また，年度によっての出題分野の偏りもあります。公立高校を含め，ほとんどの学校で，前半は広い範囲からの基本的な小問群，後半はあるテーマに沿っての数問の小問を集めた大問という形での出題となっています。

まずは，単年度の問題を制限時間内にやってみてください。その後で，解答の答え合わせ，解説での研究に時間をかけて取り組んでください。前半の小問群，後半の大問の一部を合わせて50%以上の正解が得られそうなら多年度のものにも順次挑戦してみるとよいでしょう。

英語

英語の志望校対策としては，まず志望校の出題形式をしっかり把握しておくことが重要です。英語の問題は，大きく分けて，リスニング，発音・アクセント，文法，読解，英作文の5種類に分けられます。リスニング問題の有無(出題されるならば，どのような形式で出題されるか)，発音・アクセント問題の形式，文法問題の形式(語句補充，語句整序，正誤問題など)，英作文の有無(出題されるならば，和文英訳か，条件作文か，自由作文か) など，細かく具体的につかみましょう。読解問題では，物語文，エッセイ，論理的な文章，会話文などのジャンルのほかに，文章の長さも知っておきましょう。また，読解問題でも，文法を問う問題が多いか，内容を問う問題が多く出題されるか，といった傾向をおさえておくことも重要です。志望校で出題される問題の形式に慣れておけば，本番ですんなり問題に対応することができますし，読解問題で出題される文章の内容や量をつかんでおけば，読解問題対策の勉強として，どのような読解問題を多くこなせばよいかの指針になります。

最後に，英語の入試問題では，なんと言っても読解問題でどれだけ得点できるかが最大のポイントとなります。初めて見る長い文章をすらすらと読み解くのはたいへんなことですが，そのような力を身につけるには，リスニングも含めて，総合的に英語に慣れていくことが必要です。「急がば回れ」ということわざの通り，志望校対策を進める一方で，英語という言語の基本的な学習を地道に続けることも忘れないでください。

国語

国語は，出題文の種類，解答形式をまず確認しましょう。論理的な文章と文学的な文章のどちらが中心となっているか，あるいは，どちらも同じ比重で出題されているか，韻文(和歌・短歌・俳句・詩・漢詩)は出題されているか，独立問題として古文の出題はあるか，といった，文章の種類を確認し，学習の方向性を決めましょう。また，解答形式は，記号選択のみか，記述解答はどの程度あるか，記述は書き抜き程度か，要約や説明はあるか，といった点を確認し，記述力重視の傾向にある場合は，文章力に磨きをかけることを意識するとよいでしょう。さらに，知識問題はどの程度出題されているか，語句(ことわざ・慣用句など)，文法，文学史など，特に出題頻度の高い分野はないか，といったことを確認しましょう。出題頻度の高い分野については，集中的に学習することが必要です。読解問題の出題傾向については，脱語補充問題が多い，書き抜きで解答する言い換えの問題が多い，自分の言葉で説明する問題が多い，選択肢がよく練られている，といった傾向を把握したうえで，これらを意識して取り組むと解答力を高めることができます。「漢字」「語句・文法」「文学史」「現代文の読解問題」「古文」「韻文」と，出題ジャンルを分類して取り組むとよいでしょう。毎年出題されているジャンルがあるとわかった場合は，必ず正解できる力をつけられるよう意識して取り組み，得点力を高めましょう。

数学

出題傾向の分析と 合格への対策

●出題傾向と内容

本年度の出題は，大問で5題，小問数にして22題と，ほぼ例年通りである。

出題内容は，Ⅰが数と式の計算，平方根，連立方程式，2次方程式からなる小問集合で6題，Ⅱが場合の数，確率，統計で4題，Ⅲが図形と関数・グラフの融合問題で4題，Ⅳが空間図形の計量で4題，Ⅴが規則性で，途中の計算を記述させる問題を含む4題であった。

ここ数年間，出題構成は一定で，標準レベルの問題がバランスよく出題されている。応用力や思考力を試される問題も出題されているので，確実に解けるものからこなしていきたい。

✔学習のポイント

教科書の例題や練習問題を確実に解ける実力を養って，弱点分野をつくらないようにしておこう。

●2024年度の予想と対策

来年度も本年度とほぼ同じレベルの問題が，小問数にして，20問前後出題されるだろう。

どの問題も，中学数学の基本的な知識や考え方が身についているか，そして，それを応用していく力があるかが確かめられるように工夫されて出題されると思われる。

あらゆる分野の基礎を固めておくことが大切である。数量分野では確実な計算力が要求される。関数分野では図形との融合問題が出題されるので，図形の定理や公式を正しく使いこなせるようにしておくことが大切である。確率もいろいろなタイプの問題を解いておこう。

▼年度別出題内容分類表 ……

出題内容			2019年	2020年	2021年	2022年	2023年
数と式		数の性質					
		数・式の計算	○	○	○	○	○
		因数分解	○	○		○	
		平方根	○	○	○	○	○
方程式・不等式		一次方程式	○	○	○	○	○
		二次方程式	○	○	○	○	○
		不等式					
		方程式・不等式の応用		○			
関数		一次関数	○	○	○	○	○
		二乗に比例する関数	○	○	○	○	○
		比例関数	○				
		関数とグラフ	○	○	○	○	○
		グラフの作成					
図形	平面図形	角度					
		合同・相似		○			
		三平方の定理					
		円の性質		○			
	空間図形	合同・相似	○	○		○	○
		三平方の定理	○	○		○	○
		切断					
	計量	長さ	○	○	○	○	○
		面積	○	○	○		○
		体積	○	○	○	○	○
	証明						
	作図						
	動点						
統計		場合の数		○	○	○	○
		確率	○	○	○	○	○
		統計・標本調査	○	○	○	○	○
融合問題		図形と関数・グラフ	○	○	○	○	○
		図形と確率				○	
		関数・グラフと確率					
		その他					
その他			○	○	○	○	○

立命館慶祥高等学校

英語

出題傾向の分析と合格への対策

●出題傾向と内容

本年度は，筆記テストが語形変化と語句整序問題，会話文読解問題，読解問題，英作文の計4題，リスニングテストが計2題の計6題が出題された。ここ数年間はほぼ同じ出題形式が続いているが，本年度は英作文問題が出題されたことが注意すべき点である。

独立型の文法問題がなく，すべて長文読解形式なので，読むべき英文量が多い。問われている文法知識は中学校の学習範囲内だが，日本語訳がないため意味を文脈から判断しなければならない。また長文の形式が会話文，メール文，資料読解と様々である。資料読解は英文とグラフ，表を照らし合わせて理解する必要がある。

リスニング問題は，会話文を聞き，会話の最後の発語に対して適切な応答を選ぶものと，短い文章や会話を聞いて後の質問に答える形式のものがある。

✔学習のポイント

本校の出題形式を意識して類似問題の練習を十分にしておくこと。

●2024年度の予想と対策

筆記テスト4題，リスニングテスト2題の出題は変わらないだろう。

文法問題は基本レベルの問題集を使い，語句整序問題，語形変化問題に取り組もう。

長文読解問題は，例年会話文とメール文が出題されているので，必ず練習すること。また，図表やグラフなどの資料読解にも慣れておこう。

会話文・メール文のテーマは日本(特に北海道)の文化，特色，日本と外国の比較になることが予想される。長文は理科的または社会的テーマの文章が出題されるだろう。英作文は今後も出題される可能性がある。作文のテーマも日本の文化や特色になるだろう。

リスニング対策には，CDやインターネットを利用し，短い会話の聞き取り練習をしよう。

▼年度別出題内容分類表 ……

	出題内容	2019年	2020年	2021年	2022年	2023年
話し方・聞き方	単語の発音					
	アクセント					
	くぎり・強勢・抑揚					
	聞き取り・書き取り	○	○	○	○	○
語い	単語・熟語・慣用句	○	○	○		
	同意語・反意語					
	同音異義語					
読解	英文和訳(記述・選択)					
	内容吟味	○	○	○	○	○
	要旨把握					○
	語句解釈	○				
	語句補充・選択	○	○	○	○	○
	段落・文整序					
	指示語	○	○	○	○	○
	会話文	○	○	○	○	○
文法・作文	和文英訳					
	語句補充・選択					
	語句整序	○	○	○	○	○
	正誤問題					
	言い換え・書き換え					
	英問英答	○	○	○	○	○
	自由・条件英作文			○	○	○
文法事項	間接疑問文	○				
	進行形	○				
	助動詞			○	○	
	付加疑問文					
	感嘆文					
	不定詞	○	○	○	○	
	分詞・動名詞	○	○	○	○	
	比較	○				○
	受動態	○	○	○		
	現在完了	○			○	○
	前置詞				○	
	接続詞	○				
	関係代名詞		○			○

立命館慶祥高等学校

理科 出題傾向の分析と合格への対策

●出題傾向と内容

例年，大問数が5問で，小問数は30問である。試験時間に対して設問数は少なめで，じっくり考えることができる。ただし，問題文や表，グラフの読み取りが重視された問題が多く，計算問題も多めである。また，解答形式として文記述や描図も毎年出題されているため，一問一問に時間がかかることは注意しておきたい。

物理，化学，生物，地学の各領域から1大問ずつと総合的な1大問があり，特定の分野に偏らず幅広く出題されている。多くは基本をていねいに問う設問だが，1問を解くのにいくつかの事項を組み合わせなければならない設問も多い。丸暗記で対応できる問題数はわずかである。

✔学習のポイント

図表やグラフを読み取って活用する問題を数多く練習し，根気よく思考力を鍛えておこう。

●2024年度の予想と対策

基本事項を組み合わせて考えを進める学力と，問題文や表，グラフなどを読み取って活用する学力が重視されている。極端な難問は少ないが，解き始めてから答えが出るまで何段階も手順を踏む問題は目立つ。ひととおり基本事項を学んだら，多くの問題を解いて，根気よく考えを進める練習をしておきたい。

計算問題や，文の記述，描図など，多岐にわたる解答形式が出題されている。ことばだけの丸暗記の学習では合格点に届かない。ふだんの学習でも，積極的に手を動かして作業する習慣をつけておきたい。また，身のまわりやニュースの科学にも関心を持っておこう。

▼年度別出題内容分類表 ••••••

	出題内容	2019年	2020年	2021年	2022年	2023年
第一分野	物質とその変化	○		○		
	気体の発生とその性質		○			
	光と音の性質	○		○		○
	熱と温度					
	力・圧力	○		○	○	○
	化学変化と質量	○	○	○	○	
	原子と分子	○				
	電流と電圧	○	○		○	○
	電力と熱		○			
	溶液とその性質					
	電気分解とイオン			○		○
	酸とアルカリ・中和		○		○	
	仕事					○
	磁界とその変化			○		
	運動とエネルギー		○			
	その他				○	
第二分野	植物の種類とその生活					
	動物の種類とその生活			○		
	植物の体のしくみ			○	○	○
	動物の体のしくみ					
	ヒトの体のしくみ	○	○		○	○
	生殖と遺伝	○				
	生物の類縁関係と進化					
	生物どうしのつながり	○				
	地球と太陽系	○				
	天気の変化	○	○	○		
	地層と岩石			○	○	
	大地の動き・地震	○	○	○		○
	その他		○		○	

立命館慶祥高等学校

社会

出題傾向の分析と合格への対策

●出題傾向と内容

本年度も各分野1題ずつの大問3題で解答数は40問程度。解答形式は記号選択が6割で残りは語句記入，1行の記述問題が各分野1題と例年同様の内容となっている。

地理は4つの都道府県の生産物や地形図の読み取り，4大陸の地図からそれぞれの大陸を代表する国の自然や産業，時差の計算といった問題など。歴史は平安時代の摂政や関白から現代の内閣総理大臣といった役職の歴史を題材に，政治や社会，文化史と多方面から問うものとなっている。公民は今年度も時事問題に絡めた出題で，マイナポイント事業・衆参の選挙・ロシアのウクライナ侵攻がテーマとなっている。

✔学習のポイント

地理：地図や統計に慣れておこう。
歴史：歴史の流れをおさえておこう。
公民：政治や経済のしくみを理解しよう。

●2024年度の予想と対策

出題形式や大問数は例年と大きくは変わらないと予想される。

地理分野では，地図や各種統計資料に目を通しておく必要があり，特徴などを理解しておきたい。

歴史分野では，各時代の特色について史料や地図と関連付けて整理しておく必要がある。また，日本史だけでなく日本史と世界史との関連や世界史についてもしっかりとおさえておく必要がある。

公民分野では，教科書の内容と現実に起きている政治的・経済的な出来事を結び付ける形で学習を進めることが必要である。

いずれの分野においても，文章記述問題が出題される可能性が高く，しっかりと準備をしておく必要がある。

▼年度別出題内容分類表 ・・・・・・

出題内容			2019年	2020年	2021年	2022年	2023年
地理的分野	（日本）	地形図					○
		地形・気候・人口	○	○		○	
		諸地域の特色	○	○	○	○	○
		産業	○	○	○	○	○
		交通・貿易				○	○
	（世界）	人々の生活と環境				○	
		地形・気候・人口	○	○	○		○
		諸地域の特色	○	○	○	○	○
		産業	○	○	○	○	○
		交通・貿易		○			○
	地理総合						
歴史的分野	（日本史）	各時代の特色	○	○	○	○	
		政治・外交史	○	○	○	○	○
		社会・経済史	○	○	○	○	○
		文化史	○	○	○	○	○
		日本史総合					
	（世界史）	政治・社会・経済史		○	○	○	○
		文化史					
		世界史総合					
	日本史と世界史の関連		○	○	○	○	○
	歴史総合						
公民的分野	家族と社会生活		○			○	
	経済生活		○	○	○	○	○
	日本経済						
	憲法（日本）		○	○	○	○	○
	政治のしくみ		○	○	○	○	○
	国際経済		○		○		○
	国際政治		○		○		○
	その他		○	○			
	公民総合						
各分野総合問題							

立命館慶祥高等学校

国語

出題傾向の分析と合格への対策

●出題傾向と内容

本年度は，論理的文章2題と文学的文章が1題の大問3題構成であった。

論理的文章は，いずれも長さは標準的で，内容も読みやすい。一の論説文では，本文の内容を捉え，的確な読解力が求められる，読解中心の内容になっている。大問三の論説文では，知識問題が中心だが，慣用句を使って例文を作る記述問題が出題されている。

文学的文章は小説で，心情や本文の特徴などの丁寧な読み取りが求められている。

いずれの文章でも，60～70字程度の記述問題が出題され，漢字は本文に組み込まれる形で出題されており，様々な角度から国語力を試す出題構成になっている。

✔学習のポイント

要約力をつけておこう！
国語の基礎知識をしっかり蓄えておこう！

●2024年度の予想と対策

現代文3題の構成は今後も続くと見られる。

論理的文章，文学的文章，いずれも内容を的確に読み取る力をつけておきたい。論理的文章では，新聞の社説や論説文の一つの章などで本文の流れと要旨をつかみ，要約した内容を記述する練習をしておこう。文学的文章では，小説のほかに，随筆文なども読み，情景や心情をつかめるようにしておく。

漢字や慣用句，熟語，文法など知識問題は標準的なレベルなので，ケアレスミスのないように，着実に蓄えておきたい。

▼年度別出題内容分類表……

出題内容			2019年	2020年	2021年	2022年	2023年
内容の分類	読解	主題・表題					
		大意・要旨	○	○	○	○	○
		情景・心情	○	○	○		○
		内容吟味	○	○	○	○	○
		文脈把握		○	○	○	○
		段落・文章構成					
		指示語の問題					
		接続語の問題	○	○	○	○	○
		脱文・脱語補充	○	○	○		○
	漢字・語句	漢字の読み書き	○	○	○	○	○
		筆順・画数・部首					
		語句の意味	○		○	○	○
		同義語・対義語					
		熟語	○	○	○	○	
		ことわざ・慣用句	○	○	○	○	○
	表現	短文作成					
		作文(自由・課題)	○	○	○	○	
		その他					
	文法	文と文節					
		品詞・用法	○	○	○	○	○
		仮名遣い					
		敬語・その他					
	古文の口語訳						
	表現技法				○		○
	文学史						
問題文の種類	散文	論説文・説明文	○	○	○	○	○
		記録文・報告文					
		小説・物語・伝記	○	○	○	○	○
		随筆・紀行・日記					
	韻文	詩					
		和歌(短歌)					
		俳句・川柳					
	古文						
	漢文・漢詩						

立命館慶祥高等学校

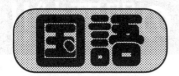

2023年度 合否の鍵はこの問題だ!!

数学　Ⅲ.〔4〕，Ⅳ.〔4〕，Ⅴ.〔4〕

Ⅲ.〔4〕〔3〕を利用するためにDP：PCに着目するところがポイントである。

Ⅳ.〔4〕　立体F－BDGの体積は，正四角錐A－BCDEの体積からまわりの4つの三角錐A－BFG，A－DFG，F－BCD，G－BDEの体積をひいても求められるが，計算が大変である。

Ⅴ.〔4〕　前問を手がかりに考える。

◎図形や関数の大問では，前の小問がヒントになることが多い。出題者の意図をくみ取ることが大切である。

英語　Ⅲ.

3つの長文読解問題があるが，分量が多く，慣れていないと時間がかかってしまう問題であった。また，時事的な内容であったので，ニュースや新聞などを見ておくことである程度の内容は把握しやすかった問題であった。ただ，日本語による記述問題も出題されたので解きにくい問題もあった。長文読解が3題と比較的分量が多いため，長文をすばやく，そして正しく読み取る力を確かめようとしている。以下の点に注意をして問題を解こう。

①(注)に目を通し，どのような内容か把握する。
②日本語の選択肢の設問があれば，選択肢に目を通す(本問では〔5〕が該当する)。
③段落ごとに読み進める。読むときには，英文を目で追うのではなく，一文一文きちんと和訳しながら読み進める。
④その段落に問題となる部分があれば，その場で読んで解く。

過去問や問題集などを使って，上記の注意点を意識して問題を解くようにしよう。また，スムーズに英文を読むためには，語彙力が必要である。教科書に出ている英単語や熟語はもれなく覚えるようにしたい。

理科　Ⅳ.

基本をベースにしている出題も見られるものの，問題の条件が読み取りにくかったり，何気なく書かれた1行の問題が意外と複雑な思考を求める問題が多く出題される。問題文の読解力や，図の見方について注意して普段の学習に取り組んでもらいたい。

大問Ⅳは，光合成に関する問題だが，あまり見かけないアプローチをしている問題である。〔2〕は条件をていねいに読み込み，ていねいに計算をすればできる問題である。〔3〕はまず，消費する二酸化炭素量を出し，強い光，弱い光それぞれ1時間でどれだけ二酸化炭素を吸収するかをか確認し，1次方程式で解く問題である（解説では違う方法で解いているが同じことである。）〔5〕は，葉の面積が1000cm^3になっていることろに注意したい。グラフは葉の面積が100cm^3である。こういう細かいところに気をつけていこう。

本校の入試は，計算問題が多く出されるため50分という試験時間は，すべての問題を解くのに十分な時間であるとは言えない。よって，問題文を素早く正確に読み取る読解力を鍛える必要がある。また，典型的な計算問題は問題を読んだ段階で解法が思いつくよう日々訓練しよう。

社会　Ⅱ.〔2〕

設問は「冷戦に関する出来事について述べた文として正しいものを次のア～エから一つ選べ」というもの。現代史に関する問題は公民分野の国際社会との関係でもしばしば狙われる分野である。ただ，学校の授業も駆け足で行われることが多く，きちんと理解をしている受験生はあまり多くないと思われる。時事問題を含め世の中の動きに関心を持つことの必要性を示す例として当該設問を挙げておこう。

第二次世界大戦後始まった米ソの冷戦構造は日本が昭和から平成に移り変わる1989年に終焉を迎えることになる。さて，選択肢アは「1950年に始まった朝鮮戦争は53年に北緯40度付近を軍事境界線として終結した」というもの。1950年6月，北朝鮮の侵入により始まった戦闘は，アメリカ軍を中心とする国連軍と北朝鮮及び中国義勇軍との間で目まぐるしく変化，結局300万人もの死者を生み1953年7月に決着がつかないまま終結を迎えることになる。日本敗戦後解放された朝鮮は北緯38度を境界として北はソ連軍が，南はアメリカ軍が統治することになった。停戦ラインは機械的に引かれた南北の境界とは異なるが，ほぼこれに沿っていることから38度線と呼ばれている。選択肢イは「1949年にドイツは東西に分割されたが，西ドイツにあるベルリンも東西に分割され壁が築かれた」というもの。ベルリンは帝政ドイツの首都であるが第二次世界大戦後には米・英・仏・ソ４国の管理の下に置かれた。冷戦が深刻化する中でブランデンブルク門を境に東西に2分，1961年には冷戦を象徴する壁が建設され東ドイツの中に完全に取り残されることになった。選択肢ウは「アメリカがキューバに核ミサイル基地を作ったことをきっかけにソ連との戦争の危機が高まった」というもの。19世紀末からアメリカの植民地となっていたキューバでは1959年に革命が発生し社会主義国の建設がスタートする。アメリカと断交したキューバはソ連に接近，そこで発生したのがキューバ危機である。最後の選択肢エは「アメリカが軍事介入したベトナム戦争が終結し南北が統一された」というもの。1965年に軍事介入を始めたアメリカは最盛時には50万人もの地上軍を投入したが戦況は改善せず徐々に悪化，1973年の和平協定で米軍は撤退しアメリカ社会に大きな後遺症を残すことになる。そして1976年に北ベトナムによる南北統一が完成し現在に至っている。

国語　ー　問四

★ なぜこの問題が合否を分けたのか

本文を精読する力と選択肢を吟味する力が試される設問である。「炎上」と「賛否の声」について述べられている部分を丁寧に読んで解答しよう。

★ こう答えると「合格できない」！

「炎上」について，「『炎上』はいま……」で始まる段落に「問題は，当該の言動が筋の通ったものや正当なものであろうとも，逆に，筋の通らないものや不当なものであろうとも，どれも等しなみに『炎上』と呼ばれる，ということだ。……。そして，何であれ，炎上してフォロワーが増えて良かった，チャンネルの登録者数やオンラインサロンの会員が増えて良かった，ということも平然と言われたりする。そこでは，火の手の大きさや，それにトモナう熱量の多さが，物事の真偽や正否や善悪に取って代わってしまっている」と述べられていることから，「正しく道理に合う非難や発言であっても『炎上』扱いされたり，『炎上』の規模や人々の熱量の多さが物事の正当性や善悪より重要視されたりする」とあるイを選ばないようにしよう。イは，最後の「現状では仕方がない」という部分が合致しない。また，「賛否の声」に言及していない点でも不十分である。

★ これで「合格」！

「炎上」に続いて，「賛否の声」については，「マスメディアで……」で始まる段落に「問題になっている事柄の内容をさしあたり度外視して，熱量の上昇のみに言及できる便利な言葉だ。……『賛否の声が……』と表現しておけば，旗色を鮮明にせずに済むし，自分の言葉に責任を持つ必要もなくなる」と述べられているので，「炎上」と「賛否の声」両方に言及しているエを選ぼう！

MEMO

大切なことはメモしておこうネ！

ダウンロードコンテンツのご利用方法

※弊社 HP 内の各書籍ページより，解答用紙などのデータダウンロードが可能です。

※巻頭「収録内容」ページの下部 QR コードを読み取ると，書籍ページにアクセスが出来ます。（ Step 4 からスタート）

Step 1 東京学参 HP（https://www.gakusan.co.jp/）にアクセス

Step 2 下へスクロール『フリーワード検索』に書籍名を入力

Step 3 検索結果から購入された書籍の表紙画像をクリックし，書籍ページにアクセス

Step 4 書籍ページ内の表紙画像下にある『ダウンロードページ』を

クリックし，ダウンロードページにアクセス

Step 5 巻頭「収録内容」ページの下部に記載されている

パスワードを入力し，『送信』をクリック

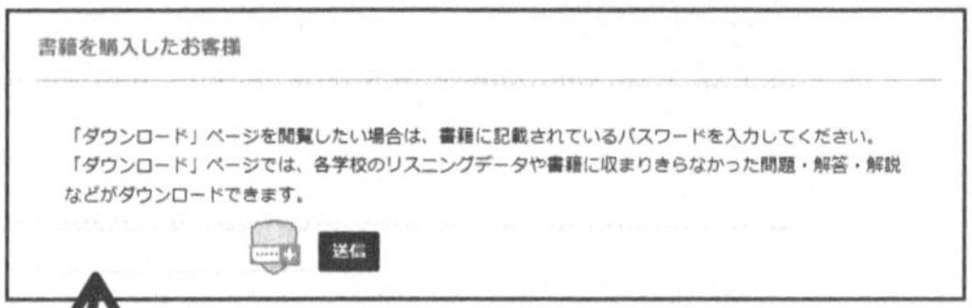

解答用紙・+αデータ配信ページへスマホでアクセス！ ⇒

※データのダウンロードは 2024 年 3 月末日まで。

※データへのアクセスには，右記のパスワードの入力が必要となります。 ⇒ ●●●●●●

Step 6 使用したいコンテンツをクリック

※ PC ではマウス操作で保存が可能です。

2023年度

入　試　問　題

2023年度

立命館慶祥高等学校入試問題

【数　学】（50分）　＜満点：60点＞

【注意】 1. 答えはできるだけ簡単にしなさい。
2. 図やグラフは参考のためのものです。
3. 特別な指示がないときは，円周率πや$\sqrt{\ }$は近似値を用いないで，そのまま答えなさい。

Ⅰ．次の問いに答えなさい。

〔1〕 $(-4)^2\times3-(-3^3)\times(-2)$ を計算しなさい。

〔2〕 $\dfrac{\sqrt{63}-3\sqrt{2}}{\sqrt{3}}+2\sqrt{14}\times\sqrt{6}$ を計算しなさい。

〔3〕 $-\dfrac{9}{10}x^3y\div\left(\dfrac{3}{5}xy^2\right)^2\times\left(-\dfrac{2}{3}y^2\right)^2$ を計算しなさい。

〔4〕 $(x-3)^2-2(x+1)(x-8)+x(x-5)$ を計算しなさい。

〔5〕 連立方程式 $\begin{cases}0.2(x+2y)=\dfrac{x}{3}\\3x-y=12\end{cases}$ を解きなさい。

〔6〕 2次方程式 $x^2+(x+3)^2=(2x-1)^2+17$ を解きなさい。

Ⅱ．次の問いに答えなさい。

〔1〕 3つの袋A，B，Cがあり，袋Aには3，4，5の数が1つずつ書かれた3個の球，袋Bには3，5，6の数が1つずつ書かれた3個の球，袋Cには4，5の数が1つずつ書かれた2個の球が入っている。それぞれの袋から1個ずつ球を取り出し，取り出した球に書かれた数を3辺の長さとする三角形をつくる。このとき，次の問いに答えなさい。ただし，それぞれの袋について，どの球が取り出されることも同様に確からしいものとする。

(1) それぞれの袋から1個ずつ球を取り出して三角形をつくるとき，二等辺三角形ができる球の取り出し方は何通りあるか求めなさい。ただし，正三角形もふくむものとする。

(2) それぞれの袋から1個ずつ球を取り出して三角形をつくるとき，直角三角形ができる確率を求めなさい。

〔2〕 下の表は，北海道のある市の1月～10月までの各月の降水量の合計を表したもので，例えば，4月1か月の降水量は109.0㎜である。このとき，次の問いに答えなさい。ただし，答えは小数第1位まで求めること。

1月	2月	3月	4月	5月	6月	7月	8月	9月	10月
65.0	58.0	74.5	109.0	105.5	68.5	24.0	126.5	286.5	106.5

（単位：mm）

(1) 範囲を求めなさい。

(2) 第1四分位数を m_1，第2四分位数を m_2，第3四分位数を m_3 とするとき，m_1，m_2，m_3 の平均値を求めなさい。

Ⅲ. 下の図のように，放物線 $y=\frac{1}{2}x^2$ がある。3点A，B，Cは放物線上の点で，その x 座標はそれぞれ－2，1，4である。点Dは直線OAと直線BCとの交点である。このとき，次の問いに答えなさい。

〔1〕 直線ACの式を求めなさい。

〔2〕 点Dの座標を求めなさい。

〔3〕 △ADCの面積を求めなさい。

〔4〕 x 軸上に x 座標が4である点Eをとる。△ADPの面積と△CEPの面積が等しくなるように，線分BC上に点Pをとるとき，点Pの x 座標を求めなさい。

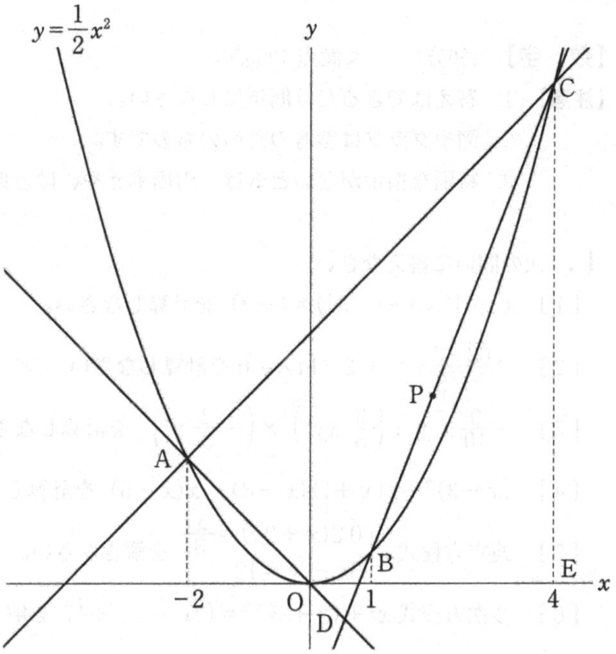

Ⅳ. 下の図のような正四角錐A－BCDEがあり，AB＝AC＝AD＝AE＝9㎝，四角形BCDEは1辺の長さが6㎝の正方形である。点F，Gはそれぞれ辺AC，AE上にあり，AF：FC＝3：2，AG：GE＝1：1である。また，四角形BCDEの対角線の交点をHとする。このとき，次の問いに答えなさい。

〔1〕 線分AHの長さを求めなさい。

〔2〕 正四角錐A－BCDEの体積を求めなさい。

〔3〕 線分EFの長さを求めなさい。

〔4〕 立体F－BDGの体積を求めなさい。

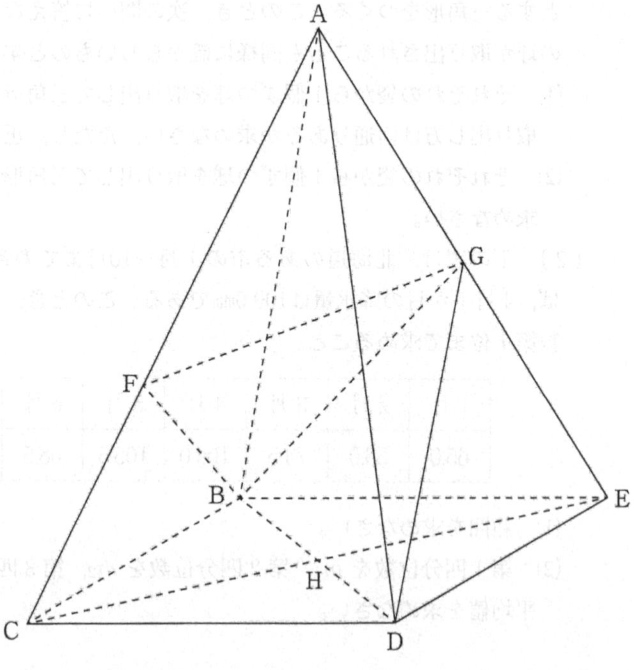

V．下の図1，図2のように，$n \times n$ の正方形のマス目に自然数1，2，3，…，n を規則にしたがって並べる。図1は，$n=3$，図2は，$n=5$ の場合であり，$n=3$ のときの2段目に書かれている数は2，2，3だから，2段目に書かれている数の和は7であり，2段目に書かれている数の積は12である。このとき，次の問いに答えなさい。

図1

	1列目	2列目	3列目
1段目	1	2	3
2段目	2	2	3
3段目	3	3	3

図2

	1列目	2列目	3列目	4列目	5列目
1段目	1	2	3	4	5
2段目	2	2	3	4	5
3段目	3	3	3	4	5
4段目	4	4	4	4	5
5段目	5	5	5	5	5

〔1〕 $n=6$ のときの4段目に書かれている数の和を求めなさい。

〔2〕 $n=8$ のときの6段目に書かれている数の積を，素因数分解した形で答えなさい。

〔3〕 $k \geqq 3$ とする。$n=k$ のときの $(k-2)$ 段目に書かれている数の和を，k を用いた式で表しなさい。

〔4〕 下から3段目に書かれている数の和が1602のとき，その段に書かれている数の積を N とする。このとき，$\sqrt{Np}$ が自然数となる最も小さい自然数 p の値を求めなさい。計算過程も解答欄に書きなさい。

【英　語】（50分）　＜満点：60点＞

【注意】 リスニング・テストは，試験開始から約5分後に行われます。指示があるまでリスニング・テストの問題に進んではいけません。リスニング・テストが始まるまでは，筆記テストの問題を解答しなさい。

Ⅰ．次は，自転車の安全運転に関するポスターとグラフ，それに関する2人の高校生詩乃(Shino)とピーター（Peter）との対話です。これを読み，あとの〔1〕，〔2〕の問いに答えなさい。

Enjoy Riding Bikes *Safely

FIVE *SAFETY TIPS FOR *CYCLISTS

1. Ride on roads, not on *sidewalks
2. *Keep to the left
3. *Give way to walkers on sidewalks
4. Follow the traffic *signs
5. Wear a bike *helmet

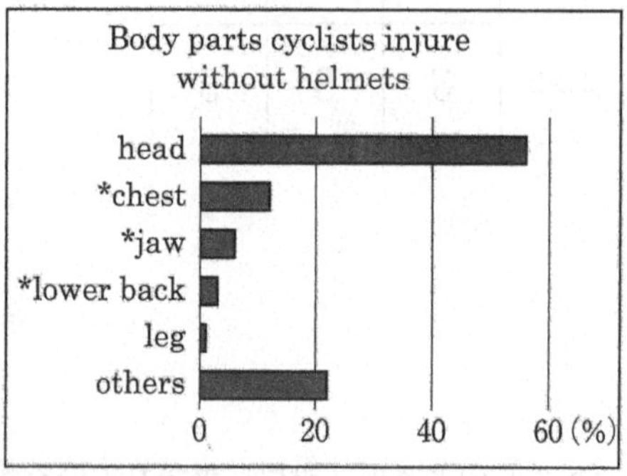

Shino : This week is the “Traffic Safety Week.” Look at this poster, Peter. It shows us five things we should do when we ride bikes.

Peter : Yes. It says that we should wear bike helmets.

Shino : Do you wear a helmet when you ride a bike?

Peter : Yes, of course. ①(ア been　イ since　ウ I've　エ I　オ doing that　カ was) five.

Shino : Really?

Peter : Yes. When I was five, I ②[ride] a bike for the first time.

Shino : I see. I used a helmet when I was an elementary school student, but these days I don't wear a helmet on my bike. I know that helmets protect us, but I don't like helmets because they make my hair *messy.

Peter : I understand, but look at this graph. ③It (ア the part of the body　イ which　ウ gets　エ shows　オ when　カ injured) cyclists without helmets have traffic accidents. So, we can see helmets are important.

Shino : Yes. ④(ア injure　イ our heads　ウ our lower backs　エ we　オ than　カ more).

Peter : We should think more about wearing helmets ⑤[protect] ourselves.

Shino : You're right. Cars sometimes hit cyclists, so we have to be careful. But I don't think that only cars are dangerous. Cyclists sometimes hit walkers,

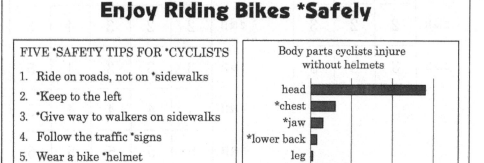

too.　Cyclists also have to be careful of walkers.

Peter　: That's true.　I often see people ⑥[ride] a bike with a smartphone in their hand.　I think that they may cause an accident because they don't look *ahead.

Shino : I agree.　I read an article about an accident between a cyclist and a walker yesterday, and I learned that about 30% of cyclists don't look ahead carefully.　More than 20% of cyclists don't look left and right before ⑦[cross] the street.

Peter　: Many people both walk and ride a bike, so we should see things from both sides.

*注　safely：安全に	safety tip：安全に関する助言	cyclist：自転車に乗る人	
sidewalk：歩道	keep to ～：～に寄っている	give way：道を譲る	
sign：標識	helmet：ヘルメット	chest：胸部	jaw：あご
lower back：腰	messy：ぼさぼさの	ahead：前方へ	

［1］ ①③④の（　）内に与えられた語（句）を並べかえて文を作り，3番目と6番目にくる語(句)の記号を答えなさい。ただし，文頭にくる語も小文字になっています。

① （___ ___ □ ___ ___ □） five.

③ It（___ ___ □ ___ ___ □） cyclists without helmets have traffic accidents.

④ （___ ___ □ ___ ___ □）.

［2］ ②⑤⑥⑦の［　］内の動詞を適切な形にしなさい。ただし，2語になる場合もあります。

Ⅱ．次の英文は，高校生の美央（Mio）と，美央の近所の家にホームステイしているアメリカ人留学生のスティーヴ（Steve）との対話です。これを読み，あとの［1］～［4］の問いに答えなさい。

Steve : *Irankarapte*, Mio!

Mio　: ... *Irankarapte*, Steve.　It means "hello" in the Ainu language, right?

Steve : Yes, it does.　We learned about the Ainu language at a museum on our field trip last week.　It was very interesting to me because I didn't know much about Ainu culture.　I was surprised to know that there is another language in Japan.

Mio　: Yes, but I'm afraid that the Ainu language will disappear in the future.

Steve : Why do you think [so] ?

Mio　: UNESCO has listed about 2,500 languages in the world as *endangered.　They think that those languages will disappear soon.

Steve : Will so many languages really disappear?　Why will such a thing happen?

Mio　: [A]　First, the speakers of those languages die.　Second, many people come to use the languages that have a strong influence such as Chinese, Spanish and English.　And, they stop using the less popular language.

Steve : I see.　Is the Ainu language one of the endangered languages?

Mio　: Yes.　Also, there are seven other endangered languages in Japan.

Steve : Wait!　Are there still other languages in Japan?

Mio : Actually, the other seven are *dialects. Six of them are listed as "*definitely endangered" by UNESCO. The other one is "*severely endangered," and the Ainu language is "*critically endangered."

Steve : Where are the seven languages spoken?

Mio : These are all spoken on islands, so the number of speakers is limited. Young people often leave the islands and only the elderly people on these islands use them. One of them is "Uchina-guchi." Have you heard of it?

Steve : No. [B]

Mio : It is spoken in Okinawa. Actually, five of the eight endangered languages in Japan are in Okinawa.

Steve : I see. What should we do to save the languages?

Mio : I found an article about Uchina-guchi on the Internet. It said that people made a video dictionary to save the language.

Steve : What is a "video" dictionary?

Mio : It's a video people in Okinawa made. In the video, they speak Uchina-guchi, so people can learn the language through the video.

Steve : [C]

Mio : Yes. If we lose our *diversity of languages, our diversity of cultures will also be lost.

Steve : I agree. However, the world is changing every day, and the number of speakers of each language and how people use languages are also changing. That means languages are alive just like us.

*注 endangered：消滅の危険にさらされた　dialect：方言
definitely endangered：危機にある　severely endangered：重大な危機にある
critically endangered：極めて重大な危機にある　diversity：多様性

〔1〕 so が指し示す内容に最も近い意味を持つものを次のア～エの中から1つ選び，記号で答えなさい。

ア. More and more people want to learn about Ainu culture in the future.
イ. There will be no people who speak the Ainu language in the future.
ウ. There are about 2,500 endangered languages listed by UNESCO.
エ. People will stop learning about the Ainu language at museums in the future.

〔2〕 本文中の［A］～［C］に当てはまるものをそれぞれア～エの中から1つ選び，記号で答えなさい。

［A］ ア. I'm sorry I don't know.　イ. No one knows the reasons.
ウ. There are several reasons.　エ. That will not happen.

［B］ ア. Where did you learn about it?　イ. I have some friends in Okinawa.
ウ. Why do you know about it?　エ. This is my first time.

［C］ ア. I think it's a good idea because we can watch it easily on the Internet.
イ. I want to study with people in Okinawa.

ウ. We must make a video to show the meanings of our languages.

エ. I think we should use a dictionary when we study.

［3］ 次の英語の質問に主語と動詞を含む英文で答えなさい。ただし，数字も英語のつづりで書くこと。

How many kinds of endangered languages are there in Japan?

［4］ 本文の内容と一致するものには○，一致しないものには×を書きなさい。

① Steve knew that there are some endangered languages in Japan before talking with Mio about languages.

② UNESCO listed five languages in Okinawa as endangered languages, such as Uchina-guchi.

③ The only language that is listed as "critically endangered" in Japan is the Ainu language.

④ Mio knows about the Uchina-guchi video dictionary because she joined the project to make it.

⑤ Steve thinks, though the world is changing every day, the way languages are used isn't changing.

Ⅲ. 次の英文を読み，あとの［1］～［5］の問いに答えなさい。

Have you ever heard the word "metaverse"? Metaverse is a word that means 3D *virtual spaces created on the Internet. People use their *avatars to communicate with others. Now, more and more people are interested in the metaverse. How has the metaverse spread?

Some say that the metaverse was made around 2000. Many people started to join it, but it did not become so popular. At that time, the speed of the Internet was not fast enough, and computers did not run fast, either. Now, our devices are powerful enough to enjoy the metaverse, and the Internet can handle much more data.

There is another reason that people became interested in the metaverse. The *infectious disease that spread in 2020 has increased our time at home. We could not go out and communicate with others freely. Because of this situation, *demand for the metaverse increased. In fact, more and more people came to use online meeting and chat tools. These tools are also part of the metaverse.

The metaverse is a virtual world that we can enter through the Internet by using devices such as computers and smartphones. Anyone around the world can enter the metaverse by using these devices, so we may be able to [①] many more people in the metaverse than in the real world.

One popular example of the metaverse is ② online games. In games before the Internet, people could move only within a limited area, but today we can move more freely within the virtual spaces of the games. We can go into the game's world as avatars and meet others. These games allow us to communicate with other players online. We can not only fight against other players but also play *cooperatively while we talk by using headsets. Also, there is a place in the metaverse only for communicating with other people. In that world, we can live with "friends" in a virtual house. We can enjoy talking with friends, go out to meet other avatars, and go to events with them. Through these games, we can make friends and have social *connections like those in the real world. The metaverse world is becoming an important communication place now.

In addition, online shopping is also a popular part of the games. In the metaverse games, we can buy and sell things with special money used in the games. In some cases, the players decide the prices of things by talking with other players. If the metaverse world becomes more common in the future, the *value of things and money in the metaverse will increase.

However, we have ③ some problems to solve. Some people may spend too much time in the metaverse world, and their real lives may be affected in a bad way. Some people may not want to return to the real world because the metaverse world is often more exciting than the real world. In the metaverse, we can't see other people's faces directly, but we should always remember that there are real people behind the avatars and be nice to them.

[Chart] Other Examples of the Metaverse

場所・分野	できること
shopping	We can go into shops in the metaverse world, and the avatars will help us with our shopping.
*amusement	A
school	B
business	C

＊注　virtual：バーチャルな，仮想の　avatar：アバター　infectious disease：感染症
demand：要求　cooperatively：協力して　connection：つながり，関係
value：価値　amusement：娯楽

［1］ 本文の内容に合うように，空欄［①］に入る1語を本文から抜き出して書きなさい。

［2］ 下線部②について，本文で述べられている，昔のゲームと今のゲームの違いを日本語で書きなさい。ただし，解答欄に合うようにそれぞれ15字～20字で書くこと。

［3］ 下線部③について，本文で述べられている問題点の1つとして正しいものを，あとのア～エの中から1つ選び，記号で答えなさい。

ア．Everybody who enters the metaverse does online shopping.

イ．Many people can't become excited in the metaverse world because it isn't real.

ウ．Some people may depend too much on the metaverse world.

エ．People can see the real faces of the people that they meet in the metaverse world.

〔4〕 Chart は，“metaverse” で可能になることがらを表している。空欄A～Cに入るものを次のア～オの中からそれぞれ1つずつ選び，記号で答えなさい。

ア．We can see famous places and learn about the history with our teachers and friends in the metaverse world.

イ．Companies can put *advertisements on the streets of the metaverse world, and we can see them.

ウ．We can practice cooking and eat the dishes which we cook with classmates during the cooking class in the metaverse world.

エ．We can visit a zoo with our friends and enjoy touching and feeding some kinds of animals.

オ．We can join a concert of our favorite musician online at home even if we live in a city which doesn't usually hold concerts.

＊注　advertisement：広告

〔5〕 本文の内容と一致するものを，次のア～オの中からすべて選び，記号で答えなさい。

ア．2000年ごろに誕生した最初の metaverse は，コンピュータの性能は高かったにも関わらず，インターネットの通信速度が遅かったため，あまり人気が出なかった。

イ．2020年に広がった感染症をきっかけとして，多くの人が metaverse を利用したツールを使い始め，結果的にそれが metaverse 普及の一因となった。

ウ．metaverse はインターネット上のバーチャル世界であり，私たちはコンピュータなどの機器を通じて metaverse に入ることができる。

エ．現実の世界のように生活を送るオンラインゲームもあり，その中でたくさんの友人をつくることもできるが，その友人と戦うことは許されていない。

オ．オンラインゲームでは物の売り買いができるが，metaverse が普及したとしても，オンラインゲーム内で使われているお金の価値は変化しないだろう。

Ⅳ．学校のカリキュラムの1つにボランティア活動があります。あなたはどんなボランティア活動に参加したいですか。A～Dからボランティア活動の種類を選んで，あなた自身が参加したいボランティア活動の具体的な内容と，参加したい理由を書きなさい。ただし，5文以上，かつ，各文5語以上の英語で答えること。

【ボランティア活動の種類】

A　環境保全に関するボランティア
B　高齢者のケアに関するボランティア
C　地域活性化に関するボランティア
D　動物愛護に関するボランティア

(リスニングテスト)

Ⅰ. [1]~[4]まで，2人の対話が放送されます。それぞれの対話の最後の発話に対する応答として最も適切なものを，選択肢ア～エの中から1つ選び，記号で答えなさい。対話はそれぞれ1回だけ放送されます。

[1] 通学路で

ア. That's too bad.

イ. You're welcome.

ウ. That's right.

エ. Do your best.

[2] 学校で

ア. I'm afraid students can't use the library today.

イ. You have to practice the speech before your homework.

ウ. If you have any questions, the staff will help you.

エ. I didn't make a speech about animals in Australia.

[3] 教室で

ア. I don't have any sisters. I have one brother.

イ. I have two sisters. One lives with me, and the other lives in Akita.

ウ. My parents went to the same college in Akita.

エ. I enjoyed the trip because my sister went there with us.

[4] 電話で

ア. My name is Tom White. May I have your name, please?

イ. The book you sent me was not so exciting, and I didn't like it.

ウ. "*Botchan*." It's a novel written by a Japanese writer.

エ. I will start to read the book when it arrives.

Ⅱ. [1]~[4]まで，短い対話や文章が放送されます。対話や文章のあとに放送される質問の答えとして最も適切なものを，選択肢ア～エの中から1つ選び，記号で答えなさい。対話や文章，それについての質問はそれぞれ2回放送されます。

[1]

ア. Ben and Akane are talking at Kita Station.

イ. Ben and Akane are talking on Sunday.

ウ. Ben will take a bus and it will take about fifteen minutes.

エ. Ben can't understand how to get to the post office.

[2]

ア. He has to ask Ms. White two questions.

イ. He has to write about two things, what is important and why it is important.

ウ. He has to write about fifty words for his essay.

エ. He has to write his essay by Friday.

〔3〕

ア. Heavy vegetables sink in water, and light ones don't.

イ. Potatoes don't sink in water, but sweet potatoes do.

ウ. The vegetables that grow underground come to the surface when it rains much.

エ. If the vegetables grow above ground, they will not sink in water.

〔4〕

ア. They will write a report about the museum.

イ. They will take a bath.

ウ. They will go to the restaurant on the first floor.

エ. They will check tomorrow's schedule.

※リスニングテストの放送台本は非公表です。

【理　科】（50分）　<満点：60点>

Ⅰ．この問題は，理科の基礎知識を問う問題である。次の問いに答えなさい。

［1］下図は，タンパク質が消化液によって分解されていくようすを模式的に表したものである。物質Pと消化液Bの組み合わせとして正しいものを下のア～エの中から１つ選び，記号で答えなさい。

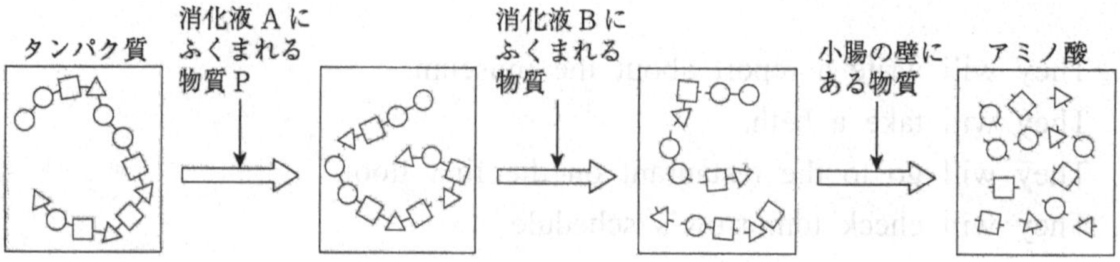

	物質Ｐ	消化液Ｂ
ア	ペプシン	すい液
イ	ペプシン	胃液
ウ	アミラーゼ	すい液
エ	アミラーゼ	胃液

［2］右図は，震源からの距離が60㎞の地点と180㎞の地点の地震計の記録をグラフに表したもので，①はＰ波，②はＳ波の進み方を表している。この地震で，震源から360㎞離れた地点に主要動が届いた時刻は午前10時24分11秒であった。地震が発生した時刻として正しいものを次のア～エの中から１つ選び，記号で答えなさい。

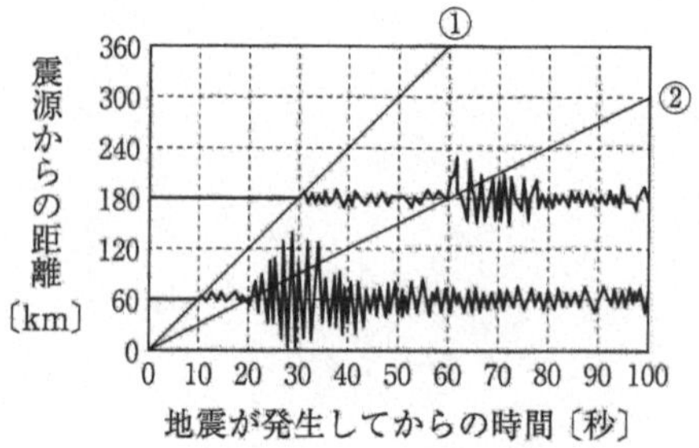

ア　午前10時21分41秒　　イ　午前10時22分11秒
ウ　午前10時22分41秒　　エ　午前10時23分11秒

［3］右図のように，丸底フラスコに水蒸気をふくむ空気を入れてゴム栓をして冷やしたとき，丸底フラスコ内の空気の質量と湿度はそれぞれどうなるか。正しいものを次のア～エの中から１つ選び，記号で答えなさい。ただし，丸底フラスコ内の空気を冷やしても水滴は生じなかった。

ア　空気の質量は大きくなり，湿度は高くなる。
イ　空気の質量は大きくなり，湿度は低くなる。
ウ　空気の質量は変化せず，湿度は高くなる。
エ　空気の質量は変化せず，湿度は低くなる。

［4］無機物として正しいものを次のア～エの中から１つ選び，記号で答えなさい。
ア　エタノール　　イ　石油　　ウ　食塩　　エ　砂糖

［5］2021年，地球温暖化の予測についての研究で，ノーベル物理学賞を受賞した日本出身の科学者として正しいものを次のア～エの中から１つ選び，記号で答えなさい。
ア　鈴木《すずき》　章《あきら》　　イ　吉野《よしの》　彰《あきら》　　ウ　梶田《かじた》　隆章《たかあき》　　エ　真鍋《まなべ》　淑郎《しゅくろう》

〔6〕 抵抗の大きさが3Ωの電熱線Aと2Ωの電熱線Bを用いて右図のような回路をつくり，電源の電圧を6Vにして電流を流したとき，回路全体の抵抗の大きさは何Ωか。

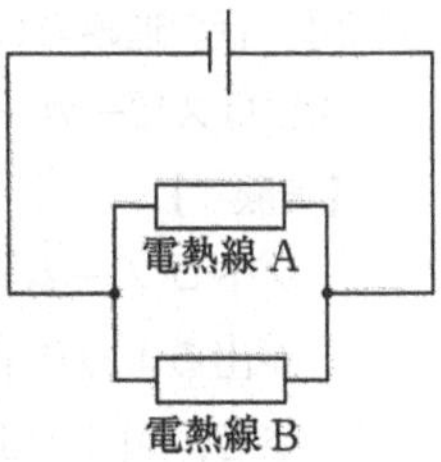

Ⅱ．この問題は，力と仕事の大きさ，および音に関する問題である。次の問いに答えなさい。

〔1〕 力と仕事の大きさに関して，底面積が20cm^2の同じ直方体のおもりを用いて次の3つの実験を行った。ただし，100gの物体にはたらく重力の大きさを1Nとし，滑車と糸の摩擦や，滑車や糸の質量，糸の体積は考えないものとする。

【実験1】

ばねばかりにおもりをつけた糸を取りつけ，図1のような装置で，ばねばかりを床に平行に引いておもりをゆっくりと引き上げた。表1は，ばねばかりを引いた距離とばねばかりが示した値の関係を表している。

表1

ばねばかりを引いた距離〔cm〕	2.0	4.0	6.0	8.0	10.0
ばねばかりが示した値〔N〕	0.4	0.8	1.2	1.2	1.2

【実験2】

図2のように，滑車を組み合わせた装置で，ばねばかりを床に平行に引いておもりをゆっくりと引き上げた。

【実験3】

図3のような装置で，おもりを水中にしずめ，ばねばかりを床に平行に引いておもりをゆっくりと引き上げた。表2は，ばねばかりが示した値と水面からおもりの下面までの距離の関係を表している。

表2

ばねばかりが示した値〔N〕	0.6	0.6	0.8	1.0	1.2
水面からおもりの下面までの距離〔cm〕	4.0	3.0	2.0	1.0	0

図1

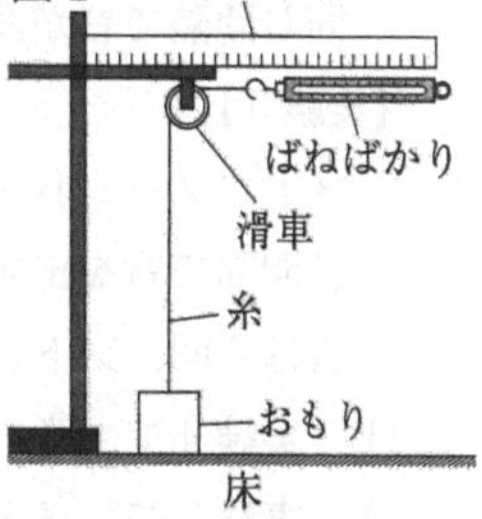

図2

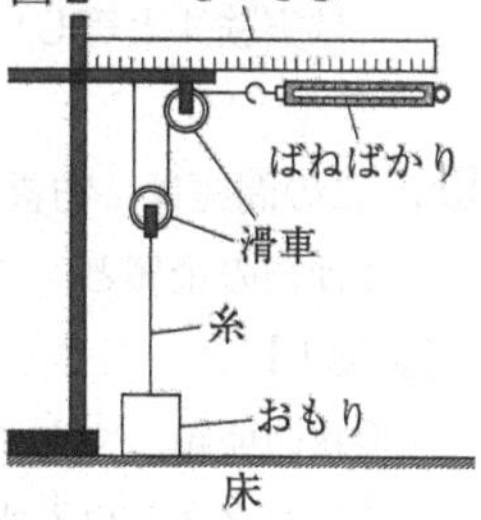

図3

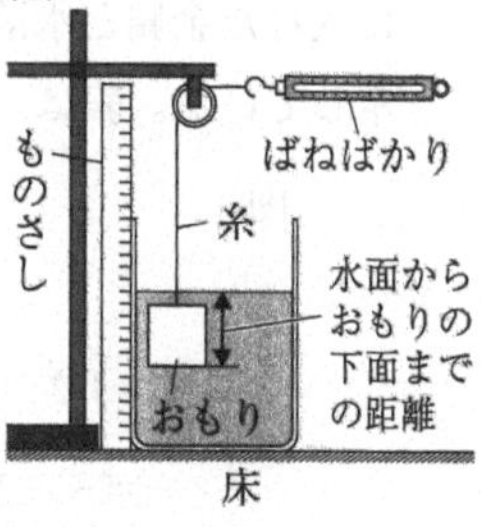

(1) 実験1で，ばねばかりを引いた距離が10.0cmのとき，おもりを引き上げる力がした仕事の大きさは何Jか。

(2) 図4は，実験2でばねばかりを引いた距離とばねばかりが示した値の関係を表そうとしたものである。グラフを解答欄にかき入れなさい。

(3) 実験3で，水面からおもりの下面までの距離が2.0cmのとき，おもりにはたらく浮力の大きさは何Nか。

(4) おもりの密度は何g/cm^3か。

図4

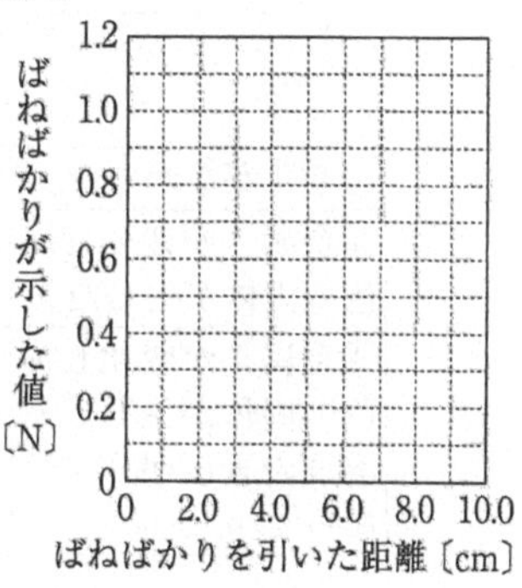

〔2〕 音の進み方に関して，メトロノームを用いて次の2つの実験を行った。ただし，メトロノームAにはスピーカーを取りつけ，メトロノームAが鳴ると同時にスピーカーから音が出るものとする。

【実験4】

メトロノームA，Bを0.25秒間隔で音が出るように設定して同時にスタートさせ，図5のようにメトロノームBを移動させていくと，メトロノームA，Bの音がずれて聞こえ始め，メトロノームAから85.5m離れた点Xで再び同じ間隔で音が聞こえた。

図5

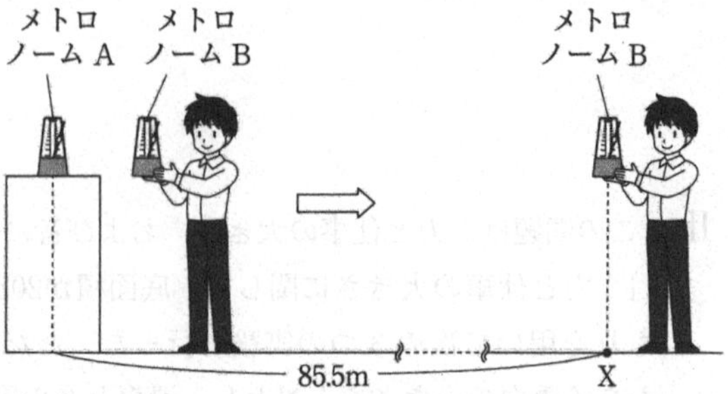

【実験5】

メトロノームBを点Xで持ったままで，メトロノームAを0.75秒間隔で，メトロノームBを0.5秒間隔で音を出すように設定して同時にスタートさせると，点Xである時間内でメトロノームAは6回，メトロノームBは9回音が聞こえた。

(1) 実験4で，音の速さは何m/sか。

(2) 実験5で，メトロノームA，Bの音が点Xで同時に聞こえたのは何回か。ただし，音の速さは実験4と等しいものとする。

Ⅲ. この問題は，物質どうしの化学変化と電池に関する問題である。次の問いに答えなさい。

4種類の金属と，これらの金属と硫酸の化合物の水溶液を用いて，次の2つの実験を行った。

【実験1】

板状の亜鉛，マグネシウム，銅，金属Xをそれぞれ入れたマイクロプレートに，図1のように，硫酸マグネシウム水溶液，硫酸亜鉛水溶液，硫酸銅水溶液を入れた。図2は，マイクロプレートに入れた金属と水溶液の組み合わせを表していて，金属A，Bはマグネシウム，銅のいずれかを示している。表は，マイクロプレートの①～⑫での金属と水溶液の変化をまとめたものである。

図1

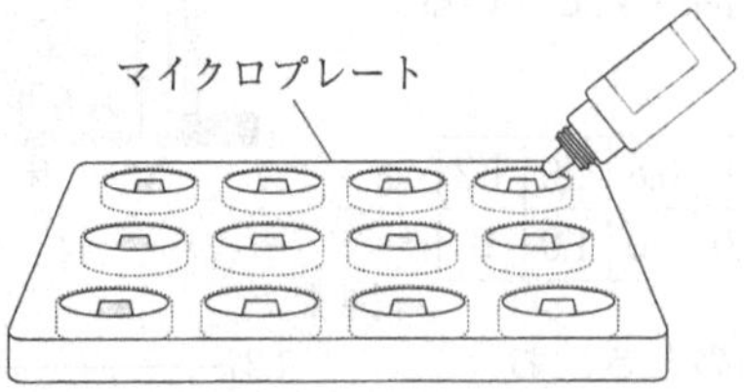

図2

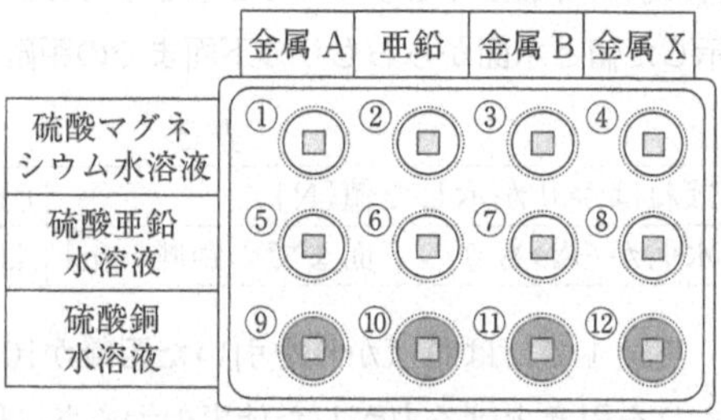

①変化がなかった。	②変化がなかった。	③変化がなかった。	④変化がなかった。
⑤金属Aが変化し灰色の固体が生じた。	⑥変化がなかった。	⑦変化がなかった。	⑧変化がなかった。
⑨金属Aが変化し赤色の固体が生じ，水溶液の青色がうすくなった。	⑩亜鉛が変化し赤色の固体が生じ，水溶液の青色がうすくなった。	⑪変化がなかった。	⑫金属Xが変化し赤色の固体が生じ，水溶液の青色がうすくなった。

【実験2】

セロハンで2つに仕切られているダニエル電池用水槽に硫酸亜鉛水溶液と亜鉛板，硫酸銅水溶液と銅板を入れて，ダニエル電池をつくり，図3のように光電池用モーターとつなぐとモーターが回った。

図3

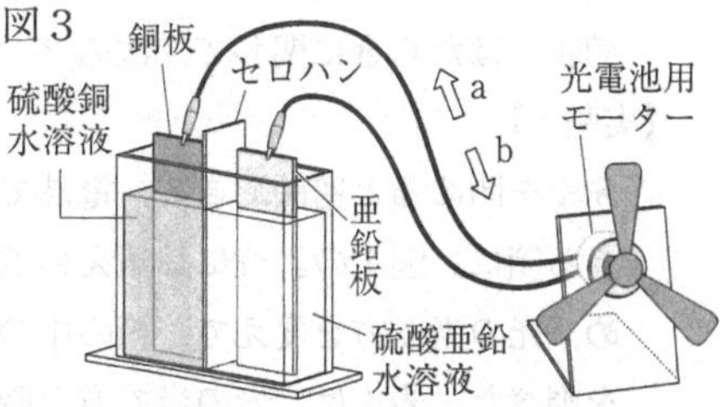

〔1〕 実験1で，試験管を用いて実験するより，マイクロプレートを用いることで環境に配慮して実験を行うことができる。使用する金属や水溶液を実験後に廃棄することを考えた場合，どのような点で環境に配慮しているのかを説明しなさい。

〔2〕 実験1で，マイクロプレートの⑩で起こった次の化学変化について，化学反応式で表しなさい。ただし，電子はe^-と表すものとする。

(1) 亜鉛が変化した。

(2) 赤っぽい色の固体が生じた。

〔3〕 実験1の結果から，金属A，金属B，亜鉛をイオンになりやすい順に並べたものとして正しいものを次のア～カの中から1つ選び，記号で答えなさい。

ア 金属A，金属B，亜鉛　　イ 金属A，亜鉛，金属B
ウ 金属B，金属A，亜鉛　　エ 金属B，亜鉛，金属A
オ 亜鉛，金属A，金属B　　カ 亜鉛，金属B，金属A

〔4〕 実験2で，ダニエル電池では物質がもつエネルギーが電気エネルギーに変換された。物質がもつエネルギーを何というか。

〔5〕 実験2で，導線中を電子が移動する向きは図3のa，bのどちらか。また，＋極は亜鉛板と銅板のどちらか。組み合わせとして正しいものを次のア～エの中から1つ選び，記号で答えなさい。

	電子の移動の向き	＋極
ア	a	亜鉛板
イ	a	銅板
ウ	b	亜鉛板
エ	b	銅板

〔6〕 実験2のダニエル電池の金属板と水溶液を，金属Xと金属A，金属B，亜鉛のいずれかの金属板とそれぞれの金属と硫酸の化合物の水溶液に変えて電池をつくったとき，＋極，－極になる金属の組み合わせとして正しいものを次のア～カの中からすべて選び，記号で答えなさい。

	＋極	－極
ア	金属X	金属A
イ	金属X	金属B
ウ	金属X	亜鉛
エ	金属A	金属X
オ	金属B	金属X
カ	亜鉛	金属X

Ⅳ．この問題は，植物のはたらきに関する問題である。次の問いに答えなさい。

植物のはたらきに関して，次の３つの実験を行った。

【実験１】

ふたを閉めると密閉できて，電球で中の明るさが調節できる箱に，図１のように鉢植えの植物を入れてふたを閉め，光の当て方を変えて，箱の中の二酸化炭素量の変化を調べた。表１は，光の当て方と時間経過と二酸化炭素量の増減の関係を表していて，箱の中の二酸化炭素量が0.1mg増加した場合は＋0.1，0.1mg減少した場合は－0.1と示している。

図１

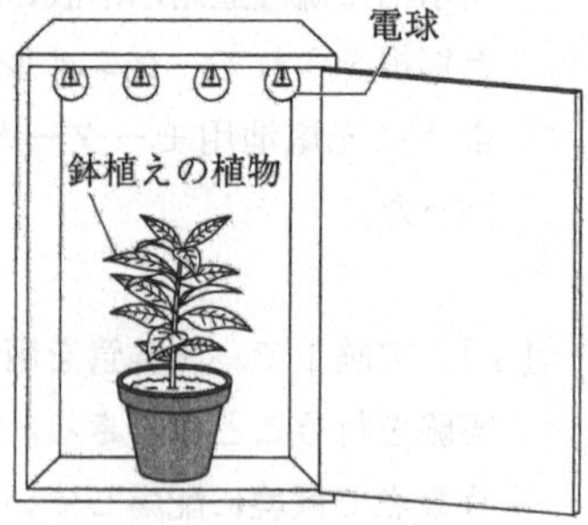

表１

時間	１時間後	２時間後	３時間後	４時間後	５時間後	６時間後
光を当てない	＋0.5	＋1.0	＋1.5	＋2.0	＋2.5	＋3.0
弱い光を当てる	－0.5	－1.0	－1.5	－2.0	－2.5	－3.0
強い光を当てる	－2.0	－4.0	－6.0	－7.0	－7.0	－7.0

【実験２】

同じ植物を箱に入れて，２時間ごとに光の当て方を変えて，箱の中の二酸化炭素量の変化を調べた。表２は，このときの光の当て方と時間経過と二酸化炭素量の増減の関係を表しており，数値の示し方は実験１と同じである。

表２

時間	１時間後	２時間後	３時間後	４時間後	５時間後	６時間後
光の当て方	強い光を当てる		光を当てない		弱い光を当てる	
二酸化炭素量の増減	－2.0	－4.0	－3.5	－3.0	－3.5	－4.0

【実験３】

光の強さを０～15に分け，それぞれの光の強さで植物に１時間光を当て，100cm^2あたりの葉のデンプンの変化量を調べた。図２は，その結果を表している。ただし，光の強さ０のときは光を当てなかった。

図２

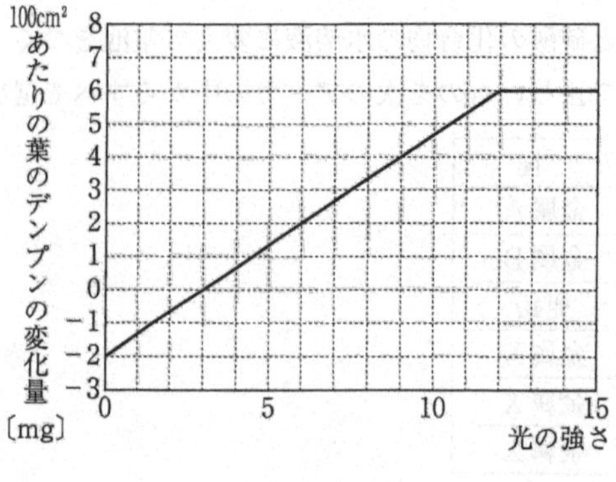

〔1〕 実験1で，強い光を当てたときの4時間後以降の結果について，次の(1)，(2)に答えなさい。

(1) 二酸化炭素量が変化していない理由として正しいものを次のア～エの中から1つ選び，記号で答えなさい。

ア 箱の中の酸素が不足したから。
イ 箱の中の二酸化炭素が不足したから。
ウ 箱の中が酸素で満たされたから。
エ 箱の中が二酸化炭素で満たされたから。

(2) 植物が行ったはたらきについて正しいものを次のア～エの中から1つ選び，記号で答えなさい。

ア 光合成を行い，呼吸を行わなかった。
イ 呼吸を行い，光合成を行わなかった。
ウ 光合成も呼吸も行った。
エ 光合成も呼吸も行わなかった。

〔2〕 実験2で，光の当て方を，最初の4時間は弱い光を当て，次の2時間は強い光を当て，次の6時間は光を当てないようにしたとき，実験終了時の二酸化炭素量の増減は何mgになるか。ただし，＋，－のいずれかを用いて増減を表すこととする。

〔3〕 実験2で，光の当て方を，最初のX時間は弱い光を当て，次の14時間は光を当てず，次のY時間は強い光を当てたとき，二酸化炭素量の増減が0になった。また，光を当てた時間を合計すると8時間であった。弱い光を当てた時間は何時間か。ただし，光を当てないときの1時間あたりの二酸化炭素量の変化の割合は6時間以降も一定で，X，Yの値は正の整数であるものとする。

〔4〕 実験3で，植物が呼吸によって分解するデンプンの質量は100cm^2の葉1時間あたりで何mgになるか。

〔5〕 実験3の結果から，1000cm^2の葉に1日の朝の2時間と夕方の2時間はそれぞれ強さが6の光が当たり，昼の8時間は強さが12の光が当たり，夜の12時間は光が当たらないとしたとき，10gのデンプンを得るために必要な日数は少なくとも何日か，整数で答えなさい。

V. この問題は，太陽のエネルギーと太陽の動きに関する問題である。次の問いに答えなさい。
光電池や透明半球を用いて次の3つの実験を行った。

【実験1】
図1のように光電池を光電池用モーターに接続し，光電池と地面の間の角度を変えて太陽の光を当てたときのモーターの回り方を調べた。光電池Aは水平な地面に置き，光電池Bは光電池と地面の間の角度を変えて，太陽の光が垂直に当たるようにした。図2は，このときの光電池A，Bと太陽光のようすを模式的に表したものである。

【実験2】
北緯35°の日本のある観測地点で，春分の日に，透明半球を用いて太陽の動きを観察した。8時から太陽が南中するまで太陽の動きを，図3のように，8時の位置を①，9時の位置を②，10時の位置を③，11時の位置を④，太陽が南中した位置をXとして点を記録し，曲線で点を結んで延長すると，太陽が真東からのぼり，真西にしずんだことがわかった。また，透明半球上の①～④のそれぞれの点の間の長さはすべて4.8cmで，日の出の位置から①点の間は10.8cmであった。

【実験３】

実験２と同じ観測地点で，春分の日に，透明半球の点Oを中心として回転する棒に光電池を取りつけ，図４のように，常に太陽の光が垂直に当たるように光電池と地面の間の角度を変えて，日の出から太陽が南中するまでの，太陽から受けるエネルギーを調べた。

図１

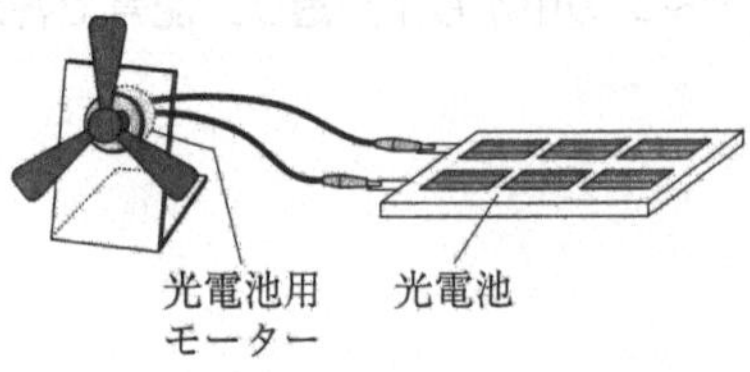

図２

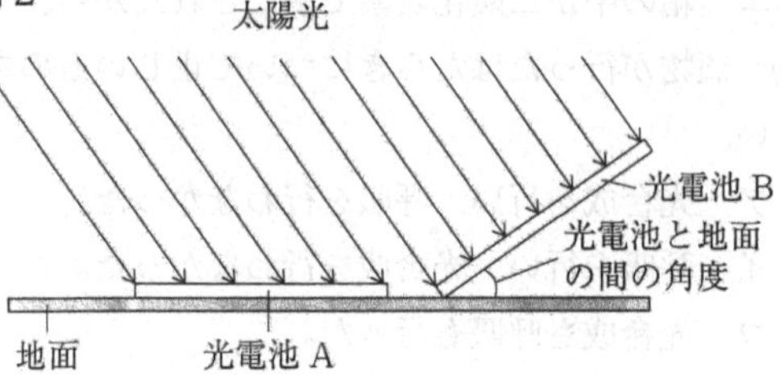

図３

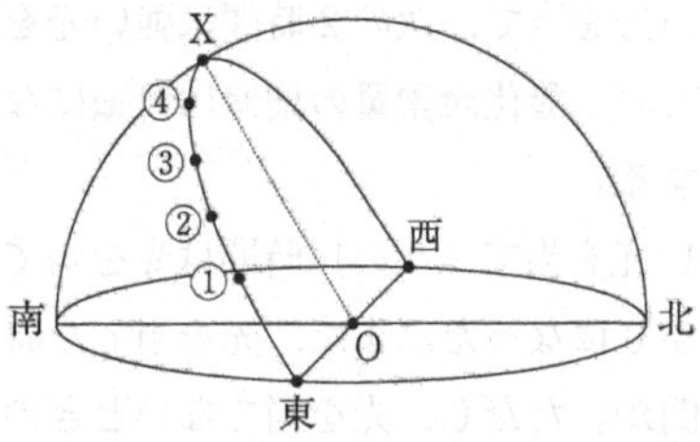

図４

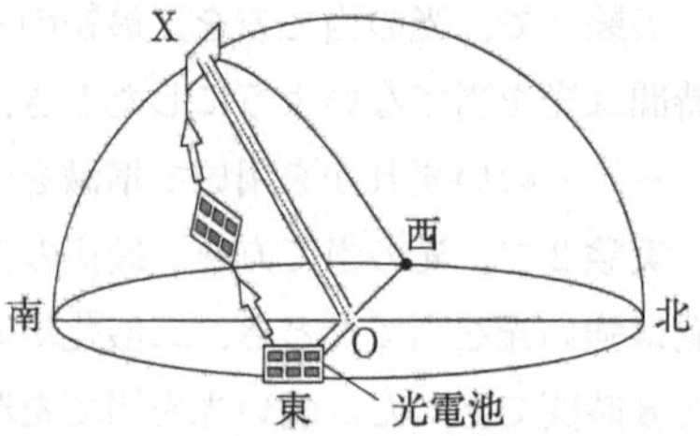

〔１〕 次の文は，実験１の結果について説明したものである。①，②に当てはまる語句をア，イの中からそれぞれ１つずつ選び，記号で答えなさい。

実験１で，光電池①［ ア Ａ　イ Ｂ ］につないだモーターの方が速く回った。これは同じ量の太陽光を受ける面積が光電池［ ① ］の方が②［ ア 大きい　イ 小さい ］からである。

〔２〕 実験２の太陽の動きのように，１日における天体の見かけの動きを何というか。

〔３〕 実験３で，実験を開始した時刻は何時何分か。

〔４〕 実験３で，実験を終了したときの太陽の南中高度は何度か。

〔５〕 実験１～３の結果から，日本で夏至の日に太陽光発電を効率的に行う場合の条件として正しいものを次のア～エの中から１つ選び，記号で答えなさい。

ア 光電池に当たる太陽光の量をできるだけ増やすために南中時の光電池と地面の間の角度を冬至の日から23.4°小さくし，日照時間を増やすためにできるだけ低緯度地域で行う。

イ 光電池に当たる太陽光の量をできるだけ増やすために南中時の光電池と地面の間の角度を冬至の日から23.4°小さくし，日照時間を増やすためにできるだけ高緯度地域で行う。

ウ 光電池に当たる太陽光の量をできるだけ増やすために南中時の光電池と地面の間の角度を冬至の日から46.8°小さくし，日照時間を増やすためにできるだけ低緯度地域で行う。

エ 光電池に当たる太陽光の量をできるだけ増やすために南中時の光電池と地面の間の角度を冬至の日から46.8°小さくし，日照時間を増やすためにできるだけ高緯度地域で行う。

［6］ 地球の地軸が公転面に対していつでも垂直と考えた場合について述べた文として正しいものを次のア～エの中から１つ選び，記号で答えなさい。

ア　日の出，日の入りの方角と時刻は緯度によらず一定になり，地球全体が受ける太陽光の量は現在と等しい。

イ　日の出，日の入りの方角と時刻は緯度によらず一定になり，地球全体が受ける太陽光の量は現在よりも増加する。

ウ　日の出，日の入りの方角と時刻は緯度によって異なり，地球全体が受ける太陽光の量は現在と等しい。

エ　日の出，日の入りの方角と時刻は緯度によって異なり，地球全体が受ける太陽光の量は現在よりも増加する。

【社　会】（50分）　＜満点：60点＞

Ⅰ．以下の問いに答えなさい。

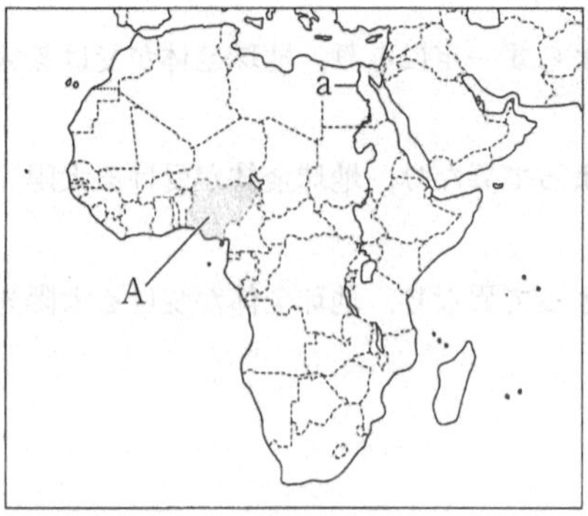

図１

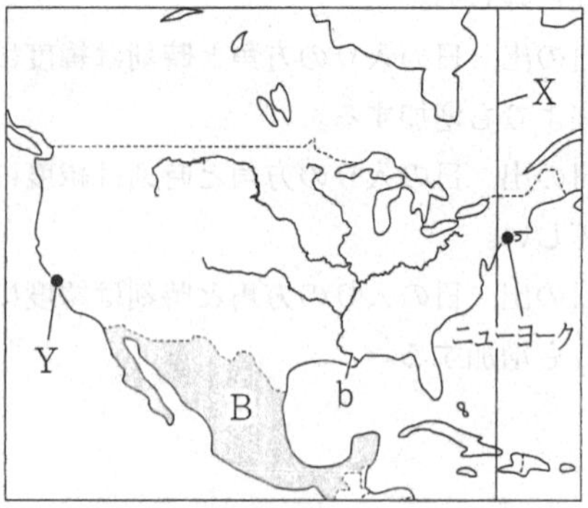

図２

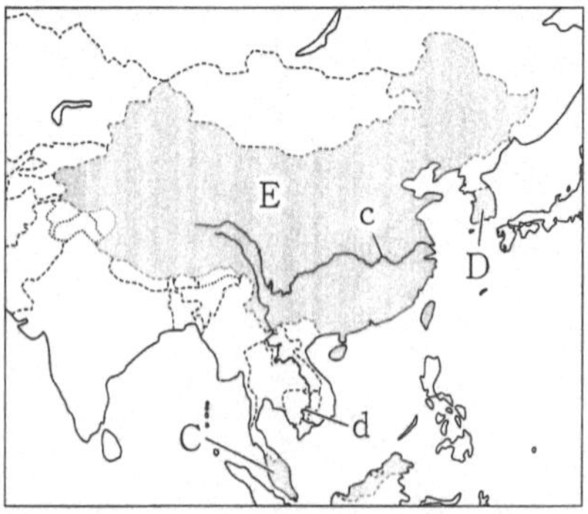

図３

図４

※図１～図４の縮尺はそれぞれ異なっている。

〔1〕　次のア～エは，図１～図３中のａ～ｄの川についての説明である。このうち，ａ，ｃの川にあてはまる説明を，それぞれ１つずつ選び，記号で答えなさい。

ア．この川の中流にはとうもろこしや大豆の栽培がさかんな地域が，下流には綿花の栽培がさかんな地域が広がっている。

イ．チベット高原から流れ出し南シナ海に注ぐ川である。この川の河口に形成された三角州では，稲作がさかんである。

ウ．世界で三番目に長い川で，東シナ海に注いでいる。この川の中・下流域は降水量が多く稲作がさかんである。

エ．世界で最も長い川である。河口周辺の国は，降水量が極めて少なく砂漠が広がり，イスラム教を信仰する人が多い。

〔2〕　図２中のＸはニューヨークの標準時子午線であり，東京が２月10日午後３時のとき，ニューヨークは２月10日午前１時である。図２中のＸの経線の経度を，東経・西経を明らかにして答えなさい。

〔3〕　図２中のＹの近郊には，コンピューターやインターネット関連の企業が集中する地域がある。この地域は何と呼ばれているか，答えなさい。

〔4〕 次の図5は，図1～図3中のA～Dのいずれかの国の輸出額の内訳を示している。図5にあてはまる国を，A～Dから1つ選び，記号で答えなさい。

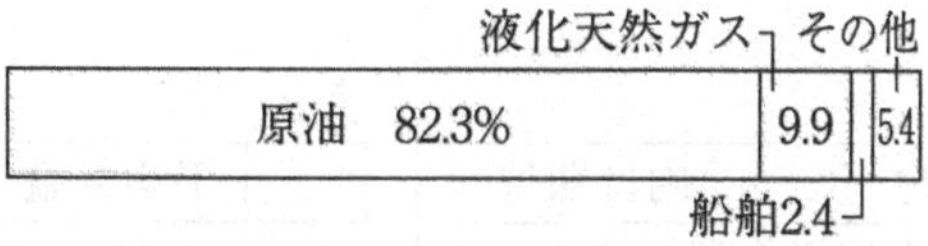

(2018年，「世界国勢図会 2021/22年版」をもとに作成)

図5

〔5〕 次の図6は，米，小麦，とうもろこし，さとうきびの国別生産量の割合を示したものであり，図6中のEは，図3中のEの国があてはまる。小麦にあてはまるものを，図6のア～エから1つ選び，記号で答えなさい。

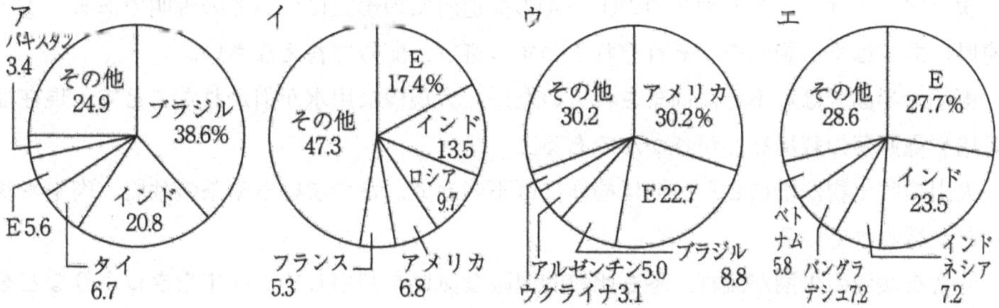

(2019年，「世界国勢図会 2021/22年版」をもとに作成)

図6

〔6〕 図4中のFの国の先住民は，18世紀ごろから迫害を受けていたが，近年はその文化が尊重されるようになっている。この先住民を何というか，カタカナで答えなさい。

〔7〕 下の図7は，世界の地域別人口の推移を示しており，図7中のア～エには，アフリカ，北アメリカ，アジア，オセアニアのいずれかがあてはまる。アフリカにあてはまるものを，ア～エから1つ選び，記号で答えなさい。

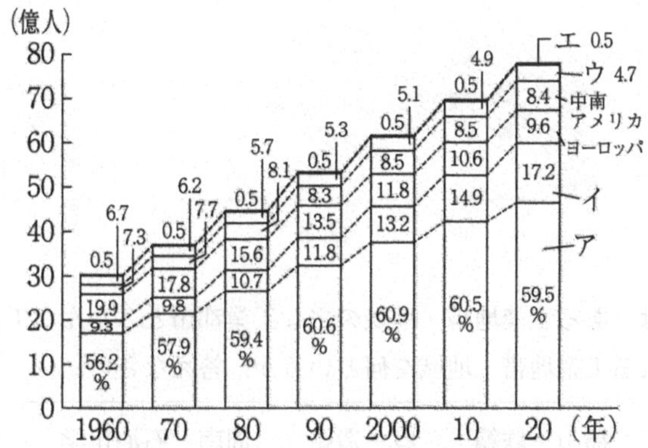

内訳の合計が100%になるように調整していない。

(「世界国勢図会 2021/22年版」をもとに作成)

図7

〔8〕 次の表1は，4つの都道府県の主な生産物を示し，表2は，表1の4つの都道府県の都道府県庁所在地の平均気温と降水量を示している。表1中のBの都道府県の県庁所在地の平均気温と降水量にあてはまるものを，表2中のア～エから1つ選び，記号で答えなさい。

表1

	主な生産物　(　　)内は順位
A	米(1位)※，金属洋食器(1位)
B	ピアノ(1位)，かつお類(1位)
C	レタス(1位)※，りんご(2位)※
D	うちわ(1位)，オリーブ(1位)※※

(※は2020年，※※は2018年，その他は2019年，「データでみる県勢2022年版」をもとに作成)

表2

	平均気温(℃)		降水量(mm)	
	1月	7月	1月	7月
ア	5.9	27.5	39.4	159.8
イ	−0.4	24.3	54.6	137.7
ウ	2.5	24.9	180.9	222.3
エ	6.9	26.1	79.6	296.6

(「理科年表2022年版」をもとに作成)

〔9〕 次のア～エは，あとの図8中の①～④の都道府県の農業についての説明である。①・③の都道府県にあてはまる説明を，それぞれ1つずつ選び，記号で答えなさい。

ア．東部の半島では水不足に悩まされていたが，大規模な用水が引かれたことで，現在は野菜の栽培や電照菊の栽培などがさかんである。

イ．火山の噴出物が堆積した台地は稲作には不向きで，さつまいもや茶の栽培，肉牛や豚の飼育などが行われている。

ウ．沖合を暖流の黒潮が流れ，冬も比較的温暖な気候を利用して，なすやきゅうりなどを，冬から春にかけて栽培・出荷している。

エ．農家1戸あたりの耕地面積は他の都道府県より広く，じゃがいも，あずき，てんさいなどの栽培や，酪農がさかんである。

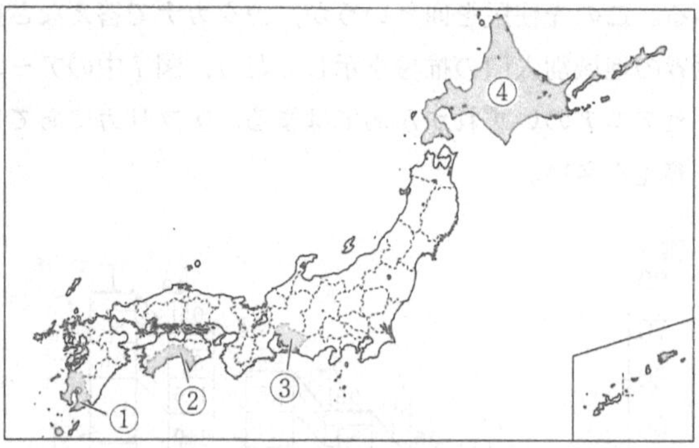

図8

〔10〕 次の□内は，ある工業地帯・地域の主な工業都市とさかんな工業を示している。これらの工業都市が含まれる工業地帯・地域を何というか，答えなさい。

倉敷－石油化学　　福山－鉄鋼　　呉－造船　　周南－石油化学　　今治－造船

〔11〕 次のページの図9から読み取れることについて述べた文として正しいものを，あとのア～エから1つ選び，記号で答えなさい。

（平成 19 年国土地理院発行２万５千分の１地形図「徳島」をもとに作成）

図９

ア.「くらもと」駅から見て，警察署は南東に位置している。

イ. Aの工場とBの工場の地形図上の距離が５㎝のとき，実際の距離は１㎞以下である。

ウ. Cの神社とD地点の標高を比べると，D地点の方が100m以上高い。

エ. EとFの傾斜を比べると，Eの方がなだらかになっている。

〔12〕 次の図10は，1960年と2020年の日本の主な輸出品・輸入品の内訳を示している。日本の貿易の変化について述べたあとの文章中の X にあてはまる文を，「原料」「工業製品」の語句を使って，簡単に書きなさい。

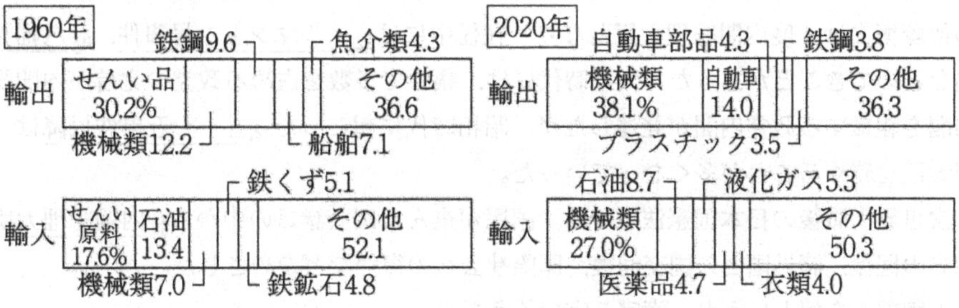

（「日本国勢図会 2022/23 年版」をもとに作成）

図 10

日本は，かつては加工貿易がさかんであった。しかし，現在の貿易は，加工貿易の特徴が薄れてきているといえる。この現象は， X からわかる。

Ⅱ．日本の役職の歴史に関する次の文章を読んで，以下の問いに答えなさい。

古代の政治では，摂政や関白という役職が政治の中心となることがあった。摂政は，天皇が幼いときや女性のときに，天皇に代わって政治を行った。飛鳥時代に，女性である推古天皇の摂政となった聖徳太子は，役人の心構えや，①能力のある人を役人に取り立てる制度を作った。

明治時代に制定された大日本帝国憲法でも摂政の制度は定められており，②昭和天皇は，皇太子であった③大正時代に，病気になった大正天皇の摂政となった。現在の④日本国憲法でも，第５条で摂政について定めている。

一方，関白は，天皇が成長してからも天皇に代わって政治を行う役職である。初めて関白となったのは藤原基経で，以後摂政・関白の役職は藤原氏が独占し，１１世紀前半には藤原氏による摂関政治が全盛期を迎えた。関白の役職を子に譲った人は ⑤ と呼ばれ，藤原氏以外で関白となったのは，⑥豊臣秀吉とその養子である豊臣秀次の２人のみである。したがって，豊臣秀吉は秀次に職を譲ってからは ⑤ と呼ばれていた。

また，古代の律令にもとづく政治のしくみを太政官制という。太政大臣は，中央政府の最高機関である太政官の最高官で，主に皇族や藤原氏などが就いたが，後には武士もこの役職を与えられている。武士で最初に太政大臣となった⑦平清盛の政治は，藤原氏の摂関政治と共通点が見られた。以後，足利義満，豊臣秀吉，徳川家康，徳川秀忠，徳川家斉が太政大臣となった。

武士として政治の実権を握った人たちは，大部分が征夷大将軍に任じられ，幕府で政治を行った。征夷大将軍は，もともと蝦夷を征討するために朝廷に置かれた臨時の役職であり，平安時代初期に⑧征夷大将軍となった坂上田村麻呂が有名である。鎌倉時代の1192年に源頼朝が征夷大将軍に任命されて以降，源氏，足利氏，⑨徳川氏の棟梁が就いた。鎌倉時代は，⑩源氏の将軍が絶えた後，北条氏による執権政治が行われ，また江戸時代は，老中が中心となって政治改革を進めることもあった。

江戸幕府の滅亡後，新たに政治を行うことになった明治政府は，律令政治のしくみと同じく太政官制をとり，公家出身の ⑪ は右大臣となった。しかし，内閣制度が創設されると，太政官制は廃止され，以後，現代に至るまで内閣総理大臣が中心となって政治を進めている。初代内閣総理大臣の伊藤博文は４度内閣総理大臣となり，在任中には⑫ノルマントン号事件，⑬八幡製鉄所の操業開始などのできごとがあった。大正時代には，議会で多数を占める政党の党首が内閣総理大臣となり内閣を組織する政党内閣が発達したが，昭和時代に起こった⑭五・一五事件以降は，軍人が内閣総理大臣を務めることが多くなっていった。

第二次世界大戦後の日本国憲法下では，国民が選んだ国会議員の中から⑮内閣総理大臣が選出され，独立の回復，諸外国との国交回復，国際社会への復帰などをめざした。

〔１〕 下線部①を何というか，漢字５字で答えなさい。

〔２〕 下線部②について，昭和天皇が崩御した年に，冷戦が終結した。冷戦に関連するできごとについて述べた文として正しいものを，次のア～エから１つ選び，記号で答えなさい。

ア．1950年に始まった朝鮮戦争は，1953年，北緯40度線付近を軍事境界線として終戦した。

イ．1949年にドイツは東西に分かれて独立し，西ドイツにあるベルリンも東西に分けられ，壁が築かれた。

ウ．アメリカがキューバに核ミサイル基地を作ったことをきっかけに，ソ連との間で核兵器を使った戦争への危機が高まった。

エ．北と南に分かれていたベトナムは，アメリカが軍事介入したベトナム戦争が終結すると，南北が統一された。

〔3〕 次の資料1は，下線部③のころに富山県から全国に広がったできごとの様子を描いたものである。このできごとに最も関係の深いできごとを，あとのア～エからつ選び，記号で答えなさい。

資料1

ア．ロシアで革命が起こり，世界初の社会主義政府が成立した。

イ．中国で義和団事件が起こり，列強の連合軍によって鎮圧された。

ウ．アメリカで株価が大暴落し，世界各国に不況が広がった。

エ．パリ講和会議で民族自決が唱えられ，アジアやアフリカで独立運動が高まった。

〔4〕 下線部④で保障されている基本的人権のうち，教育を受ける権利はどの人権に分類されるか，次のア～エから1つ選び，記号で答えなさい。

ア．自由権　　イ．参政権　　ウ．平等権　　エ．社会権

〔5〕 ⑤ にあてはまる語句を，漢字2字で答えなさい。

〔6〕 下線部⑥は，1587年に次の資料2の命令を出してキリスト教を禁じた。次のページの資料3は当時のキリスト教徒の数の移り変わりを示しており，年表は江戸幕府が行った政策の一部を示している。下線部⑥の人物と江戸幕府のとったキリスト教に対する政策のちがいを，3つの資料すべてを使って説明しなさい。

> 一　宣教師は……（略）……今日から20日以内に帰国するように。
> 一　今後，仏教を妨げないのであれば，商人はもちろん，だれでもキリスト教の国から行き来してもよい。

資料2

年表

年	できごと
1616	ヨーロッパ船の来航を長崎・平戸のみとする
1624	スペイン船の来航禁止
1635	日本人の海外渡航・帰国を禁止
1639	ポルトガル船の来航禁止
1641	平戸のオランダ商館を長崎の出島に移す

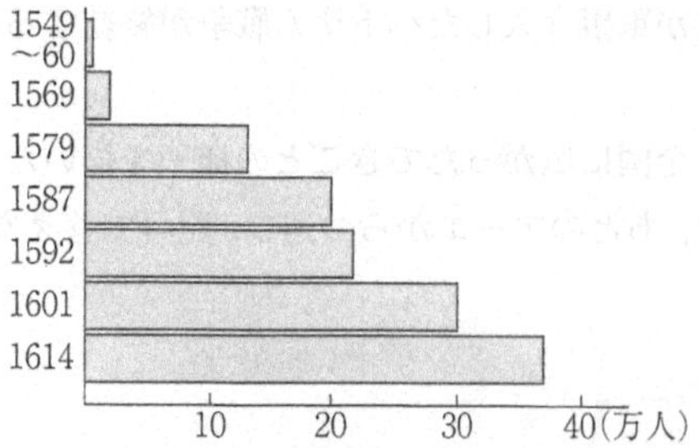

（「日本キリスト教史」をもとに作成）

資料３

〔７〕 下線部⑦について，平清盛と藤原氏が朝廷で権力を握るようになった背景の共通点を示すための資料として最も適切なものを，次のア～エから１つ選び，記号で答えなさい。

ア．藤原氏，平氏それぞれが戦いを行った場所を示した地図

イ．藤原氏と御家人，平氏と御家人の関係を示した図

ウ．藤原氏と天皇家，平氏と天皇家の系図

エ．藤原氏，平氏それぞれに従う武士の数のグラフ

〔８〕 下線部⑧について，坂上田村麻呂を征夷大将軍に任命した天皇の名を，答えなさい。

〔９〕 下線部⑨について，右の資料４に代表される文化が発達したころの将軍はだれか，次のア～エから１つ選び，記号で答えなさい。

ア．徳川吉宗

イ．徳川綱吉

ウ．徳川家光

エ．徳川慶喜

資料４

〔10〕 次の資料５は下線部⑩のころのある人物の言葉，資料６は下線部⑩のころに制定された法の一部を示している。資料５と資料６の間に起こったできごととして正しいものを，あとのア～エから１つ選び，記号で答えなさい。

資料５	資料６
みなの者，よく聞きなさい。これが最後の言葉です。亡き頼朝公が幕府を開いて以来，官職や土地など，その恩は山より高く，海より深いものでした。（一部要約）	一　諸国の守護の仕事は，頼朝公のころに決められたように，京都の御所の警護，殺人や謀反など犯罪人の取り締まりに限る。（一部要約）

ア．京都に六波羅探題が置かれた。　イ．平治の乱が起こった。

ウ．奥州藤原氏が滅ぼされた。　エ．元が２度にわたって襲来した。

〔11〕 ⑪ は，1871年に使節団の全権大使として欧米諸国に派遣された。⑪ にあてはまる人物名を答えなさい。

〔12〕 下線部⑫の後，日本では，幕末に結ばれた不平等条約で日本が外国に対して認めた権利の撤廃を求める声が高まった。この権利を何というか，答えなさい。

〔13〕 下線部⑬が設置された都道府県の歴史について述べた文として正しいものを，次のア～エから1つ選び，記号で答えなさい。

ア.「天下の台所」と呼ばれ，商業の中心地として栄えた。

イ. 外国との外交・防衛のために大宰府が設置された。

ウ. 首里を都とする琉球王国が建てられ，独自の文化を築いた。

エ. 大規模な集落の跡である三内丸山遺跡が見つかった。

〔14〕 次のア～エは，下線部⑭に起こったできごとを示している。ア～エを年代の古い順に並べて，記号で答えなさい。

ア. 国家総動員法が制定され，議会の承認なく物資などを戦争に動員できるようになった。

イ. 満州国が認められなかったことなどから，日本が国際連盟を脱退した。

ウ. ハワイの真珠湾にあるアメリカ軍基地を，日本軍が攻撃した。

エ. 連合国がポツダム宣言を発表し，日本への無条件降伏などを求めた。

〔15〕 下線部⑮について，沖縄が日本に復帰したときの内閣総理大臣を，次のア～エから1つ選び，記号で答えなさい。

ア. 吉田茂　　イ. 岸信介　　ウ. 佐藤栄作　　エ. 田中角栄

Ⅲ. 2021～2022年のいくつかのできごとをまとめた次の表を見て，以下の問いに答えなさい。

マイナポイント事業	マイナンバーカードの普及などを目的として導入された。マイナンバーは個人や①株式会社などの法人につけられている。マイナンバーの導入により，②税や③社会保障などの負担・給付の公正化，行政事務の効率化などが期待されている。マイナンバーカードの普及推進は，④庁が担当している。
衆議院議員総選挙，参議院議員通常選挙	2021年10月14日に⑤衆議院が解散され，31日に衆議院議員総選挙が行われた。2022年7月10日には，参議院議員通常選挙が実施され，各党は急速に進む⑥円安や物価高など，経済・⑦財政への対策を公約した。
ロシアのウクライナ侵攻	2022年2月24日に，⑧ウクライナへのミサイル攻撃や空爆が開始され，ロシアによるウクライナ侵攻が始まった。⑨25日には，国際連合の安全保障理事会で，ロシア非難決議が採決された。

〔1〕 下線部①について述べた文として正しいものを，次のページのア～エから1つ選び，記号で答えなさい。

ア．株式会社は，公企業の代表的な企業形態である。

イ．株主が出席する取締役会では，経営方針の決定などが行われる。

ウ．株主は，利潤の一部を配当として受け取ることができる。

エ．株主が保有している株式は，自由に売買することはできない。

〔2〕 下線部②について，直接税にあてはまるものを，次のア～エから2つ選び，記号で答えなさい。

ア．固定資産税　　イ．関税　　ウ．消費税　　エ．所得税

〔3〕 下線部③について，図1は社会保障制度における福祉と負担の関係を示したものである。自分が最も望ましいと思う福祉と負担の関係は，図1中のA～Dのどれか，1つ選び，記号で答えなさい。また，その根拠にあてはまるものを，次のア～エから1つ選び，記号で答えなさい。

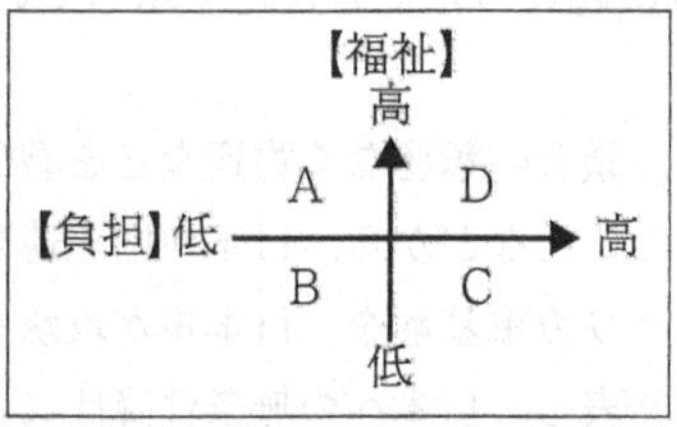

図1

ア．税や社会保険料の負担は軽い方が助かるが，福祉は充実させてほしい。

イ．税や社会保険料の負担が大きくなるのは避けられないが，福祉は最低限でよく，あとは個人個人がそなえればよい。

ウ．福祉は最低限でよい分，税や社会保険料の負担は軽い方が望ましい。

エ．充実した福祉を望むため，税や社会保険料の負担が重くなることはしかたない。

〔4〕 ［④］ にあてはまる，2021年9月に発足した庁を何というか，答えなさい。

〔5〕 下線部⑤について述べた次の文章中の ［X］ ～ ［Z］ にあてはまる語句を，それぞれ答えなさい。

> 衆議院は，参議院よりも任期が短く ［X］ があることから，衆議院の優越が認められている。予算や条約，内閣総理大臣の指名について衆議院・参議院の議決が異なるときは ［Y］ が開かれ，意見が一致しない場合は衆議院の議決が優先される。また，現状の内閣が信頼できないと考えるときは，衆議院のみが ［Z］ の決議を行うことができる。

〔6〕 下線部⑥について，為替相場の動きを示した右の図2において，1ドル120円を基準として，円安となるのはア・イのうちどちらか，1つ選び，記号で答えなさい。また，日本がアメリカに150万円の自動車を輸出するとき，図2のように円安になると，アメリカでの自動車の価格はどのように変化するか，具体的な数値を使って答えなさい。

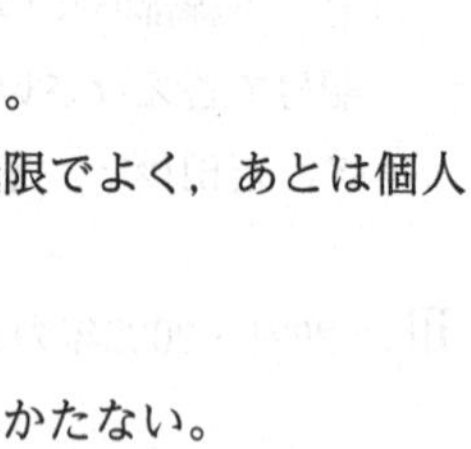

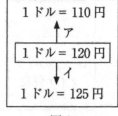

図2

〔7〕 下線部⑦について，近年，財政の歳出の多くを社会保障関係費が占めるようになってきている。社会保障について述べた次のページの文にあてはまるものを，あとのア～エから1つ選び，

記号で答えなさい。

最低限度の生活を送ることが難しい人々に対して，法律にもとづいて生活費などを支給する制度。

ア．社会保険　　イ．公衆衛生　　ウ．社会福祉　　エ．公的扶助

〔8〕 下線部⑧の位置を，右の図3中のア～エから1つ選び，記号で答えなさい。また，日本では，2022年3月からこの国の首都を何と表記するようになったか，カタカナで答えなさい。

図3

〔9〕 次の表は，下線部⑨のときの安全保障理事会（理事国15か国）の採決の結果の一部を示したものである。この議案は採択されたか，それとも不採択となったか，その理由を含めて，答えなさい。

表

賛成	フランス，イギリス，アメリカ合衆国，アルバニア，ブラジル，ガボン，ガーナ，アイルランド，ケニア，メキシコ，ノルウェー
棄権	中国，インド，アラブ首長国連邦

ア　社会情勢に応じて慎重に判断する
イ　相手をだまして利用しようとする
ウ　とても危険な状況に身を投じる
エ　利益につながる機会を嗅《か》ぎ取る
オ　素早く抜け目のない行動をする

問五　波線部「百害あって一利なし」とあるが、あなたはどのようなことを「百害あって一利なし」と感じるか。「……は、……という点で百害あって一利なしである。」という文の形で、具体的に七十字以内で述べなさい。

かります。しかし一刻を争う市場にとって、それは百害あって一利なしです。ですからブラックユーモア[注1]のようですが、IT社会において、議論する人間はダメな人間だと。デモクラシーは、最大の非効率であり、最大のお荷物になってしまったわけです。

　そしてIT化社会のスピードに合わせて政治決定も速くやるべきだという声が、日々大きくなっています。本来、マーケットとデモクラシーはまったく別ものだったはずですが、政治にとっても今や最も大切[c]なのは効率であると。民主主義の名のもとに、よくわからない議論が延々と続くよりも速やかに日銀の金利を上げたり、国債を発行したり、まるで機械のスイッチを入れるようにスピーディに政治的決定ができるほうが賢いやり方であるというわけです。民主主義的な議論や手続きなんて必要ないからテンポクラシーでいこうと。そういう方向に今、社会は大きく動きつつあります。

　そこで登場するのが、ある種のリーダー待望論です。強いリーダーにすべてをまかせてしまえば、速い意思決定が可能だからです。議員も立法府も議会もなくていい。もしかしたら有権者もいらない。誰《だれ》かに全部まかせて、ボタンを押してもらおうと。だからどこかの首長のような独裁者を望む声が大きくなっているのです。

　しかしこれはとても危険[d]なことです。古代民主主義から始まり、約2000年の政治の歴史の中でデモクラシーは培《つちか》われてきました。時間をかけて熟議し、対話することで、少数派の意見を取り入れたり、弱者の立場を守ったりすることができたのです。しかし政治がマーケット化していけば、［B］のもとに、それらはすべて切り捨てられてしまうでしょう。

また現実問題として、市場がつきつける困難な問題を解決する能力を独裁者はもっていません。そして解決能力がないことを隠すために一方で強力なドラマツルギー[注2]を演じ、その問題をほかのことに転嫁させようとするのが歴史の常です。

　例えばよくあるのが問題をナショナリズムに転嫁させていくというパターンです。ナショナリズムは非常に手っ取り早くて誰からも文句を言われず、なおかつ自分がヒーローになれるからです。彼ら独裁者は一見強く見えますが、それは自分が解決でき③ない大切な問題を硬い鎧《よろい》の下に隠しているからにすぎないのです。

（姜尚中《カンサンジュン》『それでも生きていく　不安社会を読み解く知のことば』より）

（注）

1　ブラックユーモア……背後に皮肉や不気味さを感じさせる笑いのこと。風刺的な内容の笑いが多い。

2　ドラマツルギー……ここでは周囲が個人に期待する役割のこと。

問一　傍線部①「どんどん」・傍線部③「ない」の品詞名を、それぞれ漢字で書きなさい。

問二　［A］・［B］にあてはまる言葉として最も適当なものを、それぞれ次のア～オの中から一つずつ選び、記号で答えなさい。

ア　効率化　イ　定型化　ウ　グローバル化

エ　正当化　オ　多角化

問三　二重傍線部a～dの中で、文法的性質が他と異なるものを一つ選び、記号で答えなさい。

問四　傍線部②「生き馬の目を抜く」の意味として最も適当なものを、次のア～オの中から一つ選び、記号で答えなさい。

イ　家族のことには口を出さず、常にマイペースな態度には息子からあきれられているが、玲のことを思いやるなど本来は慈愛にあふれた人物。

ウ　口数は少なくマイペースだが、母のことで気をやむ玲のことを気にかけ、家族の関係が良好になることを望んでいるような情に厚い人物。

エ　自分から積極的に発言するような性格ではないが、母のことで落ち込んでいる玲のことをなんとかしてあげたいと思い悩む情にもろい人物。

オ　家族の先頭に立って行動するような性格ではないが、息子夫婦と玲の母との関係が改善するようにこっそりと根回しするような抜け目のない人物。

問六　この文章における表現の特徴について説明した文として最も適当なものを、次のア～キの中から二つ選び、記号で答えなさい。解答順は不問とする。

ア　大人たちの心情を丁寧《ていねい》に描くことで、主人公に温かく接しようとする大人たちの素朴《そぼく》で不器用な人柄が強調されている。

イ　登場人物たちの会話の場面が小説の中心にすえられ、出来事や状況が会話の中でも示されて、物語が展開している。

ウ　「……」を用いて登場人物の言動を描くことで、主人公が大人の本心を感覚的に感じとり円滑に導いたことを示唆《しさ》している。

エ　小学生の目線による、情報量を最低限に省いた語り口が、かえって読み手の興味を引く、神秘的で謎《なぞ》の多い展開になっている。

オ　お互いへの愛情が溢《あふ》れるやり取りを、比喩《ひゆ》表現を多用して情感豊かに描き、読み手に家族の絆《きずな》の素晴らしさを訴えている。

カ　緊張感のある会話の連続で、人間関係が希薄なリアルな現代の家族の風景を鮮やかに描き、問題点を浮き彫りにしている。

キ　母と祖父母の関係が今後好転していくことが、文章の終わりの、雨が上がり、涼しい風が吹き込む描写に暗示されている。

三、次の文章を読んで、後の問いに答えなさい。

先日、仕事でドイツに行った時に、新聞でこんな記事を目にしました。タイトルは『デモクラシーVSテンポクラシー』。デモクラシーとはご存じのとおり、民主主義です。テンポクラシーは記事を書いた人の造語ですが、「テンポ」は「速さ」を意味しますから、「速さ主義」「時間主義」と訳すのがいいでしょうか。つまり速さや効率による社会の支配を意味してつくられた言葉です。

どんな内容だったかというと、民主主義という時間のかかる政治システムに対して、現代社会はIT化が進み、スピードが①どんどん速くなっていると。そのため、政治と政治以外のシステムの動きに大きな差が生じている、というものでした。

これはドイツにかぎったことではなく、全世界で起こっていることです。例えば、[A]した株式投資においては、1秒判断が遅かっただけで、巨大な損失を出しかねない。逆に1秒速ければ、a大きな利益につながる可能性もある。投資家たちは、まさに②生き馬の目を抜くような世界を生きています。

一方、民主主義はそうはいきません。多くの人たちの意見を反映させるためにはbさまざまな角度からの議論が必要で、決定には長い時間がか

「わかりました。連れてきます」
「よろしく頼みます」
後で、メモ帳に書いておこう。お母さんに話したいことがいっぱいあるから、うっかり忘れてしまわないように。
おばあちゃんがほがらかな笑い声を上げた。おじいちゃんは受話器の反対側に耳をくっつけて、会話を聞きとろうとしている。ぼくはお尻《しり》を浮かせ、鍋をのぞいた。あたたかい湯気があたって、おでことほっぺたがじんわりと汗ばんだ。
ふと、ひいおじいちゃんが立ちあがった。窓辺に近づき、真っ白く曇ったガラス戸をゆっくりと開け放つ。
涼《すず》しい風がさあっと吹きこんできた。すっきりと澄んだ冷たい空気を、ぼくは胸いっぱいに吸いこんだ。雨はもう上がったようだ。ひいおじいちゃんの頭上に広がる夜空に、細い月が静かに光っている。

（瀧羽麻子《たきわあさこ》『博士の長靴』より）

（注）
1　叔父さん……母の弟。

問一　二重傍線部a～cの漢字の読みをひらがなで答えなさい。

問二　傍線部①「取り皿の底に沈んだ肉のかけらをお箸でつつく」とあるが、この時の玲の気持ちを、「ルール」という言葉を使って、七十字以内で書きなさい。

問三　傍線部②「気が回らなくて」、傍線部③「いそいそと」の語句の意味として最も適当なものを、それぞれ次のア～オの中から一つずつ選び、記号で答えなさい。

②　「気が回らなくて」
ア　たいして役に立たず　イ　相手の気持ちに鈍感で
ウ　注意が不足していて　エ　配慮が足りなくて
オ　何も思いつかなくて

③　「いそいそと」
ア　喜び勇んで　イ　落ち着いて堂々と
ウ　焦《あせ》って大急ぎで　エ　そそくさと慌てて
オ　面倒くさそうに

問四　本文中から読み取れる玲の様子についての説明として最も適当なものを、次のア～オの中から一つ選び、記号で答えなさい。
ア　ひいおじいちゃんとの散歩を子どもらしく喜びつつも、繊細《せんさい》な気遣いと的確な言動で身内の問題を解決しようとしている。
イ　周囲の状況を瞬時に把握《はあく》する洞察力《どうさつりょく》をもつが、落ち着きがなく気分が変わりやすいという子どもらしさも併《あわ》せもっている。
ウ　年齢よりも大人びた考えをもち、家族関係がうまくいくように周りの人のことをよく観察して、母のことを第一に考えている。
エ　母と祖父母のデリケートな関係を理解していながら、関わるのが嫌《いや》であえて気づいていないように無邪気に振る舞っている。
オ　母と祖父母との関係には敏感になりつつも、ひいおじいちゃんには素直に親しみを感じ、今後の交流を期待している。

問五　本文中から読み取れるひいおじいちゃんの人物像として最も適当なものを、次のア～オの中から一つ選び、記号で答えなさい。
ア　自分の本心をあかさず、言葉が足りないせいで他人に誤解を与えることもあるが、玲の母のことを誰《だれ》よりも心配するなど、熱い感情を秘めた人物。

うちにはぴったりのサイズの長靴が一足ある。それに、ここに置いておけば、次に来たときもまたこれをはいてひいおじいちゃんと散歩ができるだろう。左右をそろえ、ひいおじいちゃんをまねて、靴箱の手前に置いてみた。大きな深緑と、小さめの青。並んだ二足は、サイズのせいか親子っぽく見えた。

「長靴？　玲に？」

おじいちゃんが首をかしげたとき、どこかで聞き慣れない電子音が響き出した。

「あら、電話」

おばあちゃんが立ちあがった。壁際《かべぎわ》の棚《たな》に置かれた電話機のボタンが、ちかちか点滅していた。

電話をとったおばあちゃんは、こっちを振り向いた。

「玲くん、お母さんよ」

ぼくが受話器を耳にあてるなり、「玲、大丈夫？」とお母さんはせかせか言った。

「大丈夫だよ」

「そう、よかった」

ふうっと息を吐く音が、耳もとに吹きかけられた。

「電話、どうして出ないの。何度もかけたのに」

「あ」

リュックに入れたまま、部屋に置きっぱなしだ。

「ごめん、忘れてた」

「まあ、そんなことだろうと思ったけど。どう、そっちは？　順調？」

「うん。順調」

昼間と同じ返事が、昼間より自然に、口から出た。すぐそばに立っているおばあちゃんと目が合った。

「おばあちゃんにかわるね」

お母さんがなにか言う前に、ぼくは急いで受話器を引き渡した。

「もしもし？」

おばあちゃんは両手で受話器をぎゅっとb握りしめている。

「うん、いい子にしてる……ううん、とんでもない……」

おじいちゃんも席を立って、ぼくたちのほうに③いそいそと寄ってきた。片手でおばあちゃんのひじをつつき、もう片方の手で自分の胸を指さしている。

「ちょうどすき焼きを食べてたところ……そうそう、立春だから」

ぼくは食卓に戻《もど》った。

ひとり残ったひいおじいちゃんが、おかわりをよそっている。豆腐やねぎはよけて、牛肉だけを器用につまみあげていく。迷いのない手つきを見ていたら、ぼくも急に食欲がわいてきた。よく考えたら、まだそんなに食べてない。

お箸をとり直したぼくに、ひいおじいちゃんが突然言った。

「今度、あなたのお母さんも連れていらっしゃい」

「ぼくが？」

聞き返したのは、逆じゃないかと思ったからだ。ぼくが、お母さんを連れてくる？　お母さんが、ぼくを連れてくるんじゃなくて？

「はい。あなたが」

ひいおじいちゃんはまじめな顔でc即答した。ぼくもつられて、まじめに応えた。

い。日頃《ひごろ》はa慎重なわりに、ときたま強気になるのだ。お店を出るときには、立ちあがるのがしんどいくらいにおなかが重たくなっている。

お祝いなんだからぱあっといかなきゃ、というのがお母さんの言い分で、それでぼくも立春の由来を知ったのだった。

「そう……焼肉……」

おばあちゃんが目をふせた。

ぼくはひやりとした。もしかして、よけいなことを言っただろうか。長年守ってきたルールを勝手に変えられて、気を悪くしたかもしれない。

「あの、ごめんなさい。ほんとはすき焼きを食べるんだって、ぼく知らなくて」

言ってしまってから、まずい、とまたもやあせる。これじゃ理由になってない。ぼくが知らなくたって、お母さんはちゃんと知っていたはずだ。

顔がひりひり熱い。どうしたらいいのかわからなくなって、①取り皿の底に沈んだ肉のかけらをお箸《はし》でつつく。うちにはすき焼き鍋《なべ》もない、というのは言い訳になるだろうかと考えていたら、

「いいでしょう、どっちでも」

と、ひいおじいちゃんがぼそりと言った。

「どっちも、肉だ」

「だな」

おじいちゃんがぷっとふきだした。

「大事なのは、祝おうっていう気持ちだもんな？」

テーブルの上でおばあちゃんの手に自分の手を重ねたのが、ぼくからも見えた。うつむいていたおばあちゃんが顔を上げ、ぼくににっこり笑いかけた。

「成美も……お母さんも、忘れないでお祝いしてくれてたのね」

「そもそもうちだって、全部が全部、昔のままってわけでもないしな」

おじいちゃんが言う。以前は、子どもたちにプレゼントをあげるという習慣もあったそうだ。うらやましい。

「年寄りだけじゃ、どうもなあ。クリスマスなんかも、子どもらが小さい頃は気合《きあい》が入ったもんだけど」

「ね。だけど今年は、玲くんになにか用意しておけばよかった」

「ああ、そうだな。ごめんな、②気が回らなくて」

「いいよ」

ぼくはあわてて首を横に振った。

「ひいおじいちゃんに、メモ帳を買ってもらったし」

「へえ、父さんが？」

ひいおじいちゃんはもぐもぐと口を動かしつつ、浅くうなずいた。口の中に食べものが入っているせいで返事ができないのかと思ったら、また次の肉をほおばっている。特に説明する気はないようだ。

「あと、長靴《ながぐつ》も」

さっき家に帰ってきて、玄関で長靴を脱いでいるときに、「よかったら、これからも使って下さい」とひいおじいちゃんが言ってくれたのだった。

「持って帰ってもいいし、とりあえずここに置いておいてもいいし」

少し考えて、ぼくは答えた。

「じゃあ、置いときます」

だ。私自身、炎上を極度に怖がるために、最近なかなかものが言えない状態に陥《おちい》っている。

（川添愛《かわぞえあい》『言語学バーリ・トゥード　Round 1
AIは「絶対に押すなよ」を理解できるか』より）

ア　【文章A】は、同調圧力の強い日本において場の空気をつかんでトラブルを回避する能力が求められることを指摘しているが、【文章B】は、文脈の見極めが難しくなっている日本において、人びとの価値観の激変が起こりやすくなっていることを指摘している。

イ　【文章A】は、「炎上」という言葉が従来とは異なる意味で用いられる場面が非常に多くなったことを指摘しているが、【文章B】は、価値観の激変する現代では「炎上」よりも「批判」という言葉の方が本来の意味で用いられる機会が減ってきていることを指摘している。

ウ　【文章A】は、今日のコミュニケーションの場では、場の雰囲気《ふんいき》をみだすような和を欠いた発言はすべきではないと指摘しているが、【文章B】は、冗談がきちんと伝わるような文脈は昨今生まれにくくなっているので、曖昧《あいまい》な発言が減りつつあることを指摘している。

エ　【文章A】は、本来の意味での批判を成立させるために、自分の発言に責任をもたなければならないと指摘しているが、【文章B】は、人の発言内容には自分が思っているほど一貫性がなく、矛盾も多いので、人前ではできる限り発言は控えるべきだと指摘している。

オ　【文章A】は、相手の言葉をしっかりと把握《はあく》し、どのような文脈で発言されたものなのかをきちんと踏まえたうえで応答することの必要性を指摘しているが、【文章B】は、人びとの価値観が激変している時代に、文脈を見極めることが難しくなっていることを指摘している。

二、次の文章を読んで、後の問いに答えなさい。

〈この場面までのあらすじ〉
小学二年生の玲《れい》は母方の祖父母の家に来ている。母の成美《なるみ》は両親との間にわだかまりがあり、実家には長く来ていない。

「玲、立春って知ってるか？」
おじいちゃんが言った。
「うん。一年のはじまりだよね？」
「お、よく知ってるな。若いのに」
「お母さんが教えてくれたから」
おばあちゃんとおじいちゃんが、ちらっと目を見かわした。
「うちでは毎年お祝いしてるのよ。昔から、すき焼きとお赤飯を食べる決まりでね」
「うちは、焼肉《やきにく》を食べに行くよ」
ぼくは甘辛い肉をかじった。やわらかくて、おいしい。
「立春に？」
「うん、当日じゃないけど。二月のはじめのほうの、土曜か日曜に」
近所の焼肉屋さんで、満腹になるまで食べまくる。注1叔父《おじ》さんが一緒《いっしょ》の年も、ふたりだけの年もある。どっちにしてもお母さんはじゃんじゃん注文する。食べきれないんじゃないかとぼくが言っても、聞き入れな

としない表現であり、これらの表現が多用される背景にある個人による発信における無責任な「批判」をやめるべきだ。

問五　本文の内容と合致するものを、次のア～キの中から二つ選び、記号で答えなさい。解答順は不問とする。

ア　「批判」にあたる欧語の由来は、物事を吟味して批評、評論するといった意味で、否定的な意味合いはもっていない。

イ　日本の社会特有の相互的な「甘え」や「お約束」は、活発な議論や率直な批判を阻害し、前時代的な社会を作り出してきた。

ウ　「炎上」は、対象となる言動の内容の吟味よりも、寄せられる声の多さや生み出された状況のもつ熱量を重視した言葉だ。

エ　相手の主張に対する否定的な意見や疑問が強くなればなるほど、日本の社会全体を覆う同調圧力がますます強くなる傾向にある。

オ　批判をする行為は相手との人間関係に影響を与えやすいので、試行錯誤して相手の気分を害さないようにすることが必要だ。

カ　有意義な批判を行うことは、問題に対して相手と理解を深め合うことや、解決に向けた新しい見方や考え方の発見につながる。

キ　批判は相手を言い負かしたり攻撃したりする勝負ではないので、相手に正々堂々と向き合い、正面からぶつかることが大切だ。

問六　次にあげる【文章B】と【文章A】の内容について説明した文として正しいものを、後のア～オの中から一つ選び、記号で答えなさい。

【文章B】

かなり前の話なのでうろ覚えだが、外国での長期滞在を終えて日本に帰ってきたばかりの人が、SNSに「久しぶりの日本の印象」を書き込んだことがあった。その中に「みんな日本人」のような文言があり、それに対して「確かにそのとおりだ」と共感する人びとと、「それは正しくない、日本にだって日本人じゃない人もたくさんいるのだ」と不快感を表す人びとがいた。

個人的には、「みんな日本人」と言った人の気持ちも分からなくはない。その人はおそらく、「道を歩けば多様な人種・国籍の人がいるのが一目瞭然《りょうぜん》の国から帰ってきたら、日本はパッと見、そういう多様性がないように思えてしまう」ということを言おうとしたのだろう。「みんな」の範囲も、発言者の中では「日本に帰国してから自分が見かけた人たち全員」のつもりだったと思われる。それなのに、読み手の中に思いがけなく「日本に住んでいる人たち全員」と受け取る人びとがいて、そのうちの一部の人が気分を害したということかもしれない。

またこれとは別に、発言者が他人に「日本に住んでいる人たち全員」と解釈されることを承知の上で、あえて「みんな日本人」のような言い方を選んだ、という可能性もある。その場合、発言者は、自分の本来の意図と実際の発言との間に見られる「ずれ」が、「冗談」という文脈によって埋められると思っていたはずだ。しかしながら、すべての人が「冗談が通じる文脈」の上にいるとは限らない。冗談が通じる文脈の見極めは、人びとの価値観が急激に変化しつつある昨今、とくに難しくなっているように感じられる。

家族や親しい人の間でならともかく、誰が見ているかも分からない場所で、思いつきをすぐ口に出すのは危険だ。自分の思っていることや感じていることには、意外と一貫性がなく、矛盾も多いもの

染《じ》みのない考え方に触れ、学ぶ機会になる。そしてそれは、問題に対する理解を深め、解決の道を探る大事な手掛かりになりうるのである。

批判は、相手を言い負かす攻撃の類いではない。繰り返すなら、批判は相手とともに問題を整理し、吟味し、理解を深め合うために行われるべきものだ。それゆえ、批判は、相手に真っ向から向き合うというよりも、言うなれば、お互いに少し斜めを向き、同じものを見つめ、そのものの様子や意味について語り合う、というイメージで捉える方が適当だろう。

そして、そのような場が成り立つための大前提として、私たちは自分の言葉に責任をもたなければならない。私たちが注7臆面《おくめん》もなく、「さっきの言葉はそういう意味で言ったんじゃない」といった言い抜けを繰り返したり、口に出した言葉を取り消そうとしたりするのであれば、〈相手が発した言葉を真面目に受けとめ、よく理解しようと努める〉という営み自体が不可能になってしまうからだ。

（古田徹也《ふるたてつや》『いつもの言葉を哲学する』より　一部中略）

（注）
1　画定する……はっきりと定めること。
2　等しなみに……同じ扱いで。同様に。
3　オンラインサロン……ウェブ上で展開される月額会員制のコミュニティ。
4　旗色……立場。形勢。「旗色を鮮明にする」は主義・主張や態度を明らかにすること。
5　ネック……物事を進めるうえで支障となるもの。
6　認知科学……人間や動物の脳と心の働きなどを対象とする研究領域。
7　臆面もなく……遠慮することもなく。ずうずうしく。

問一　二重傍線部a～dのカタカナを漢字で書きなさい。

問二　傍線部①「『批判』がこの国で常に否定的なニュアンスを帯びるようになった」とあるが、このような現状が生まれたのはなぜか。六十字以内で書きなさい。

問三　[A]～[C]にあてはまる語句として最も適当なものを、それぞれ次のア～カの中から一つずつ選び、記号で答えなさい。

ア　確かに　　イ　ただし　　ウ　なぜなら
エ　それで　　オ　たとえば　　カ　しかし

問四　傍線部②「『炎上している』とか『賛否の声が上がっている』」とあるが、筆者はこれらの言葉についてどのように考えているか。最も適当なものを、次のア～オの中から一つ選び、記号で答えなさい。

ア　フォロワーやチャンネルの登録者数などを増加させ儲《もう》けを増やす目的で、問題を指摘する声が多く寄せられることを期待し、わざと不適切な発信をして「炎上」させるのは問題外である。

イ　正しく道理に合う非難や発言であっても「炎上」扱いされたり、「炎上」の規模や人々の熱意の大きさが、物事の正当性や善悪より重要視されたりするのは奇妙だが、現状では仕方がない。

ウ　マスメディアなどの公的な立場では、問題になっている事柄に対して、一個人のように賛成または反対の意を積極的に表すのは問題があるので、「賛否の声が……」という表現は適切だ。

エ　問題になっている実際の物事や内容が正しいかどうかを棚上《たなあ》げして、世の中の興味、関心の大きさのみを表現した便利な言葉だが、自分の意見を表明して責任をとることから逃げている。

オ　具体的な内容を精査することを無視した、物事の本質を捉えよう

に「炎上」と呼ばれる。そして、何であれ炎上してフォロワーが増えて良かった、チャンネルの登録者数やオンラインサロン[注3]の会員が増えて良かった、ということも平然と言われたりする。そこでは、火の手の大きさや、それに[c]トモナう熱量の多さが、物事の真偽《しんぎ》や正否や善悪に取って代わってしまっている。

マスメディアで頻繁《ひんぱん》に用いられている「賛否の声が上がっている」という類いの常套句《じょうとうく》も、問題になっている事柄の内容をさしあたり度外視して、熱量の上昇のみに言及できる便利な言葉だ。どちらかの道理に明らかに分がある場合にも、また、賛否どちらかの声の方が圧倒的に優勢である場合にも、「賛否の声が……」と表現しておけば、旗色[注4]を鮮明にせずに済むし、自分の言葉に責任をもつ必要もなくなる、というわけだ。

②「炎上している」とか「賛否の声が上がっている」といった言葉によって物事をひとまとめにしてしまうのではなく、具体的な内容を「批判」する行為が、メディアでもそれ以外の場でも、もっと広範になされる必要がある。そして繰り返すならば、それは必ずしも否定的な行為だとは限らない。賛意を示すのであれ、あるいは難点を指摘するのであれ、人々がともに問題を整理し、吟味し、理解を深め合っている場こそ、本来の意味で「批判」が行われている、建設的な議論の場なのである。

とはいえ、非難や攻撃と違って、批判は決して簡単な行為ではなく、私自身も日々試行錯誤しているというのが実情だ。どうすれば的を射た批判を展開できるのかという以前に、相手との人間関係がネック[注5]になることも多い。というのも、批判をすれば、多少なりとも相手の気分を害したり傷つけたりすることは避けられないからである。だとすれば、批判は具体的にどう行うべきだろうか。

批判する際には言い方に気をつける、というのはシンプルだが、しかし、まずもって重要なポイントだろう。たとえ有益な内容の指摘であっても、不必要にきつい言葉や口調で語られては、感情的にとても受け入れられなくなる。

また、内容という面でまずい批判の典型は、相手の言葉尻《ことばじり》だけを捕らえて自分の土俵（自分の[d]センモン分野、自分の経験など）に引きずり込み、その土俵上で相手を説き伏せる、というものだ。たとえば、「あなたはいま「無意識に……」と仰《おっしゃ》ったが、認知科学[注6]的には「無意識」とはこれこれこういうものであるから、「無意識」の問題として捉えるのは不適当だ」という風にして切り捨てるだけでは、相手がひどく気分を害するのも当然だ。そして何より、こうしたやりとりでは、問題に対して互いに理解を深め合うことも、別の見方を知ったり新しい見方を生み出したりすることも難しい。

逆に言えば、重要なのは相手の表現を尊重するということだ。具体的には、相手の言葉を十分なかたちで拾い上げ、それがどのような脈絡の下で発せられたのかをきちんと踏まえたうえで応答する、ということが必要だろう。批判を受ける側も、自分の言わんとすることをちゃんと聞いてもらい、それをよく理解してもらったうえで、納得できる問題点を指摘されるのであれば、苦い思いをしたり、多少傷つく部分はあるとしても、感謝する部分の方が多いだろう。

また、批判を行う側にとっても、相手の言葉をよく耳を傾け、それをよく理解しようと努めることは、自分には見えていないものの見方や馴《な》

【国　語】（五〇分）〈満点：六〇点〉

【注意】字数制限の設問については、特別な指示がない限りは、、や。「」などの記号を字数に含めます。

一、次の文章を読んで、後の問いに答えなさい。

【文章A】

「批判」にあたる欧語、たとえばドイツ語のKritikや英語のcriticismは、古代ギリシア語の「クリネイン（ふるいにかける、分ける、裁判する）」や、ラテン語のcernere,cret-（区別する、選《よ》り分ける）に由来し、否定的な批判だけではなく、事柄を整理して批評することや評論することといった意味も保持している（シップリー英語語源辞典、独和大辞典第二版）。

[A]、哲学者カント（一七二四―一八〇四）の主著のタイトルである『純粋理性批判（Kritik der rerinen Vernunft）』は、理性能力のある種の限界をよく吟味《ぎんみ》して画定[注1]する、といった意味であって、「批判」ということで単純な攻撃や非難といったものを指しているわけではない。また、日本語の「批判」も元々は、批評して判断することや、物事を判定・評価すること、良し悪《あ》しや可否について論ずることなどを意味していた（日本国語大辞典第二版）。

[B]、いつの頃《ころ》からか、①「批判」がこの国で常に否定的なニュアンスを帯びるようになったのも確かだ。この言葉をめぐる現在の状況は、その傾向がさらに強まり、極端になった結果だとも解釈できる。

　日本の社会は同調圧力が強く、空気を読むことが推奨《すいしょう》される風潮が強い、とはよく指摘されるところだが、[C]、批判的検討が必要な場面でも、相互的な「甘え」や「お約束」がその場のコミュニケーションを覆ってしまうケースがあまりに多い。和を少しでも[a]ミダす言葉――批判（批評、吟味）的な要素のある言葉――に皆が敏感になり、その場のノリに合わない言葉を発しづらくなるケースだ。

　まして、そうした同調の空気が支配するケースでは、相手の主張に対して明確に否定的な意見や疑問を向けることは強く憚《はばか》られるようになる。言うなれば、互いにうなずき合う同調的な言葉の空間と、その空間全体に向けられる容赦のない厳しい言葉、その中間領域が存在しなくなるのだ。この種の状況がコミュニケーションの多くを占めてしまえば、「批判」の言葉はますます刺々《とげとげ》しく、敵意をもったものとしてのみ機能するようになる。「批判」が相手への攻撃として捉《とら》えられがちな現状には、以上のような背景があるのではないだろうか。

　同調と攻撃の中間領域が確保されにくく、「批判」という言葉が本来含んでいた「内容の吟味」、「物事に対する批評や判断」、「良し悪しや可否をめぐる議論と評価」といったものがおろそかになりがちな現状は、「炎上」という言葉の現在の用法にも通じているように思われる。

「炎上」はいま、各種のメディアで発信された誰《だれ》か（特に有名人や公人）の言動に対して、ネット上で非難や誹謗《ひぼう》中傷が[b]サットウすることを指す言葉ともなっている。問題は、当該の言動が筋の通ったものや正当なものであろうとも、逆に、筋の通らないものや不当なものであろうとも、どれも等しなみ[注2]に「炎上」と呼ばれる、ということだ。ある差別を告発する勇気ある発言をターゲットに、差別主義者たちが罵詈雑言《ばりぞうごん》を集中させることも「炎上」と呼ばれるし、とても看過できない酷《ひど》い差別発言に対して、その問題を指摘する真っ当な声が多く寄せられることも、同様

2023年度

解　答　と　解　説

《2023年度の配点は解答欄に掲載してあります。》

＜数学解答＞

Ⅰ．〔1〕 -6　〔2〕 $5\sqrt{21}-\sqrt{6}$　〔3〕 $-\frac{10}{9}xy$　〔4〕 $3x+25$　〔5〕 $x=\frac{9}{2}$，$y=\frac{3}{2}$

〔6〕 $x=\frac{5\pm\sqrt{7}}{2}$

Ⅱ．〔1〕（1） 11通り　（2） $\frac{1}{6}$　〔2〕（1） 262.5mm　（2） 88.0mm

Ⅲ．〔1〕 $y=x+4$　〔2〕 $\left(\frac{4}{7},\ -\frac{4}{7}\right)$　〔3〕 $\frac{108}{7}$　〔4〕 $\frac{260}{119}$

Ⅳ．〔1〕 $3\sqrt{7}$ cm　〔2〕 $36\sqrt{7}$ cm^3　〔3〕 $\frac{6\sqrt{39}}{5}$cm　〔4〕 $9\sqrt{7}$ cm^3

Ⅴ．〔1〕 27　〔2〕 $2^9\times3^6\times7$　〔3〕 k^2-2k+3

〔4〕 答え　$p=15990$　計算過程：解説参照

○推定配点○

Ⅰ．各2点×6　他　各3点×16　計60点

＜数学解説＞

基本 Ⅰ．（正負の数，平方根，式の計算，連立方程式，2次方程式）

〔1〕 $(-4)^2\times3-(-3^3)\times(-2)=16\times3-(-27)\times(-2)=48-54=-6$

〔2〕 $\frac{\sqrt{63}-3\sqrt{2}}{\sqrt{3}}+2\sqrt{14}\times\sqrt{6}=\sqrt{21}-\sqrt{6}+4\sqrt{21}=5\sqrt{21}-\sqrt{6}$

〔3〕 $-\frac{9}{10}x^3y\div\left(\frac{3}{5}xy^2\right)^2\times\left(-\frac{2}{3}y^2\right)^2=-\frac{9x^3y}{10}\times\frac{25}{9x^2y^4}\times\frac{4y^4}{9}=-\frac{10}{9}xy$

〔4〕 $(x-3)^2-2(x+1)(x-8)+x(x-5)=x^2-6x+9-2(x^2-7x-8)+x^2-5x=3x+25$

〔5〕 $0.2(x+2y)=\frac{x}{3}$より，$3(x+2y)=5x$　$x-3y=0$…①　$3x-y=12$…②　②×3－①より，$8x=36$　$x=\frac{9}{2}$　これを①に代入して，$\frac{9}{2}-3y=0$　$y=\frac{3}{2}$

〔6〕 $x^2+(x+3)^2=(2x-1)^2+17$　$x^2+x^2+6x+9=4x^2-4x+1+17$　$2x^2-10x+9=0$　解の公式を用いて，$x=\frac{-(-10)\pm\sqrt{(-10)^2-4\times2\times9}}{2\times2}=\frac{10\pm\sqrt{28}}{4}=\frac{5\pm\sqrt{7}}{2}$

基本 Ⅱ．（場合の数，確率，データの整理）

〔1〕（1） 数の組み合わせは，(A，B，C)＝(3，3，4)，(3，3，5)，(3，5，5)，(4，3，4)，(4，5，4)，(4，5，5)，(4，6，4)，(5，3，5)，(5，5，4)，(5，5，5)，(5，6，5)の11通り。

（2） 球の取り出し方の総数は3×3×2＝18(通り)　このうち，題意を満たすのは，(A，B，C)＝(3，5，4)，(4，3，5)，(5，3，4)の3通りだから，求める確率は，$\frac{3}{18}=\frac{1}{6}$

〔2〕（1） データを値の小さい順に並べると，

24.0　58.0　65.0　68.5　74.5　105.5　106.5　109.0　126.5　286.5

となるから，範囲は，$286.5-24.0=262.5$(mm)

(2)　$m_1=65.0$，$m_2=\dfrac{74.5+105.5}{2}=90.0$，$m_3=109.0$より，平均値は，$\dfrac{65.0+90.0+109.0}{3}=88.0$ (mm)

Ⅲ．(図形と関数・グラフの融合問題)

基本　〔1〕　$y=\dfrac{1}{2}x^2$に$x=-2$，4をそれぞれ代入して，$y=2$，8　よって，A$(-2,\ 2)$，C$(4,\ 8)$　直線ACの式を$y=ax+b$とすると，2点A，Cを通るから，$2=-2a+b$，$8=4a+b$　この連立方程式を解いて，$a=1$，$b=4$　よって，$y=x+4$

基本　〔2〕　直線OAの傾きは，$\dfrac{2-0}{-2-0}=-1$より，直線OAの式は$y=-x$…①　B$\left(1,\ \dfrac{1}{2}\right)$より，直線BCの式を$y=mx+n$とすると，2点B，Cを通るから，$\dfrac{1}{2}=m+n$，$8=4m+n$　この連立方程式を解いて，$m=\dfrac{5}{2}$，$n=-2$　よって，$y=\dfrac{5}{2}x-2$…②　①，②の連立方程式を解いて，$x=\dfrac{4}{7}$，$y=-\dfrac{4}{7}$　よって，D$\left(\dfrac{4}{7},\ -\dfrac{4}{7}\right)$

重要　〔3〕　直線AC上にx座標が$\dfrac{4}{7}$の点Qをとると，Q$\left(\dfrac{4}{7},\ \dfrac{32}{7}\right)$より，QD$=\dfrac{32}{7}-\left(-\dfrac{4}{7}\right)=\dfrac{36}{7}$　△ADC＝△ADQ＋△CDQ$=\dfrac{1}{2}\times\dfrac{36}{7}\times\left(\dfrac{4}{7}+2\right)+\dfrac{1}{2}\times\dfrac{36}{7}\times\left(4-\dfrac{4}{7}\right)=\dfrac{108}{7}$

重要　〔4〕　点Pのx座標を$t(1<t<4)$とすると，△ADP＝△CEP$=\dfrac{1}{2}\times8\times(4-t)=16-4t$　ここで，△ADP：△ADC＝DP：DC$=\left(t-\dfrac{4}{7}\right):\left(4-\dfrac{4}{7}\right)$　$(16-4t):\dfrac{108}{7}=\left(t-\dfrac{4}{7}\right):\dfrac{24}{7}$　$\dfrac{24}{7}(16-4t)=\dfrac{108}{7}\left(t-\dfrac{4}{7}\right)$　$96-24t=27t-\dfrac{108}{7}$　$51t=\dfrac{780}{7}$　$t=\dfrac{260}{119}$

Ⅳ．(空間図形の計量)

基本　〔1〕　CH$=\dfrac{1}{2}$CE$=\dfrac{1}{2}\times6\sqrt{2}=3\sqrt{2}$より，AH$=\sqrt{9^2-(3\sqrt{2})^2}=3\sqrt{7}$(cm)

基本　〔2〕　正四角錐A－BCDEの体積は，$\dfrac{1}{3}\times6^2\times3\sqrt{7}=36\sqrt{7}$(cm³)

重要　〔3〕　FからCEにひいた垂線をFIとすると，平行線と比の定理より，FI$=\dfrac{2}{3+2}$AH$=\dfrac{2}{5}\times3\sqrt{7}=\dfrac{6\sqrt{7}}{5}$　CI$=\dfrac{2}{5}$CH$=\dfrac{6\sqrt{2}}{5}$より，EI$=6\sqrt{2}-\dfrac{6\sqrt{2}}{5}=\dfrac{24\sqrt{2}}{5}$　よって，EF$=\sqrt{\text{FI}^2+\text{EI}^2}=\sqrt{\left(\dfrac{6\sqrt{7}}{5}\right)^2+\left(\dfrac{24\sqrt{2}}{5}\right)^2}=\dfrac{6\sqrt{39}}{5}$(cm)

重要　〔4〕　中点連結定理より，GH//ACだから，線分EFとGHとの交点をJとすると，EJ＝FJとなり，2点E，FからGHにひいた垂線の長さは等しくなる。よって，立体F－BDGの体積は，三角錐E－BDGの体積に等しい。(三角錐E－BDG)＝(三角錐G－BDE)$=\dfrac{1}{3}\times$△BDE$\times\dfrac{1}{2}$AH$=\dfrac{1}{3}\times\dfrac{1}{2}\times6^2\times\dfrac{3\sqrt{7}}{2}=9\sqrt{7}$(cm³)

Ⅴ．(規則性)

基本　〔1〕　求める数の和は，$4+4+4+4+5+6=27$

基本　〔2〕　求める数の積は，$6\times6\times6\times6\times6\times6\times7\times8=(2\times3)^6\times7\times2^3=2^9\times3^6\times7$

〔3〕　$(k-2)$段目の数の和は，$(k-2)\times(k-2)+(k-1)+k=k^2-2k+3$

〔4〕 $n=k$のときとする。下から3段目に書かれている数は，$k-2$からはじまる数であるから，下から3段目に書かれている数の和はk^2-2k+3と表される。よって，$k^2-2k+3=1602$　$k^2-2k-1599=0$　$(k+39)(k-41)=0$　$k \geqq 3$より，$k=41$　したがって，$N=(41-2)^{(41-2)}\times(41-1)\times 41=39^{39}\times(2^3\times 5)\times 41=(2\times 39^{19})^2\times 2\times 5\times 39\times 41$より，$p=2\times 5\times 39\times 41=15990$

★ワンポイントアドバイス★

昨年と出題構成，難易度は変わらないが，計算力を要する問題もある。時間配分を考えながら，できるところからミスのないように解いていこう。

＜英語解答＞

筆記テスト

Ⅰ．〔1〕① 3番目 オ　6番目 カ　③ 3番目 イ　6番目 オ
④ 3番目 イ　6番目 ウ
〔2〕② rode　⑤ to protect　⑥ riding　⑦ crossing

Ⅱ．〔1〕イ　〔2〕A ウ　B エ　C ア
〔3〕There are[There're] eight kinds of endangered languages.
〔4〕① ×　② ○　③ ○　④ ×　⑤ ×

Ⅲ．〔1〕meet[see]　〔2〕（例）（昔のゲームは，）限られた空間でしか動けなかった（が，今のゲームは）ゲームの仮想空間内でより自由に動くこと（ができる。）　〔3〕ウ
〔4〕A オ　B ア　C イ　〔5〕イ，ウ

Ⅳ．（例）C I want to join a volunteer activity in my city. My city is not a big city, and there are few places for young people to enjoy. I think we can make our city a better place. My sister joined a volunteer activity last year. She took part in the summer festival for young people. I want to join volunteer activities like that.

リスニングテスト

Ⅰ．〔1〕ア　〔2〕ウ　〔3〕イ　〔4〕ウ

Ⅱ．〔1〕イ　〔2〕ウ　〔3〕エ　〔4〕イ

○推定配点○

Ⅰ．・Ⅱ〔2〕・リスニングテスト　各1点×18（Ⅰ〔1〕各完答）　Ⅱ〔1〕，〔3〕，〔4〕，Ⅲ．各2点×16
Ⅳ．10点　計60点

＜英語解説＞

Ⅰ．（長文読解問題・会話文：語句整序[現在完了，関係代名詞，比較]，語句補充）

（全訳）詩乃　：今週は「交通安全週間」です。このポスターを見てください，ピーター。自転車に乗るときに私たちがすべき5つのことが書かれています。

ピーター：はい，ヘルメットを被るようにと書いてありますね。

詩乃　：自転車に乗るとき，ヘルメットを被りますか？

ピーター：はい，もちろんです。①私が5歳のときからそれをしています。

詩乃　：本当に？

ピーター：はい。私が5歳のとき，初めて自転車に②乗りました。

詩乃　　：そうですか。私は小学生のときにヘルメットを使用していましたが，最近は自転車に乗るときにヘルメットを被りません。ヘルメットは私たちを守ってくれることは知っていますが，髪の毛が乱れるのでヘルメットが好きではありません。

ピーター：分かりますが，このグラフを見てください。③ヘルメットを被らないで自転車に乗る人が交通事故に遭ったときに負傷する身体の部位を示しています。したがって，ヘルメットが重要であることがわかります。

詩乃　　：はい，④腰よりも頭を多く傷つけます。

ピーター：自分自身を⑤守るために，ヘルメットを被ることについてもっと考えるべきです。

詩乃　　：その通りです。車は時々自転車に乗る人にぶつかるので，注意が必要です。しかし，車だけが危険だとは思いません。自転車に乗る人は歩行者にも時々ぶつかります。自転車に乗る人は歩行者にも注意が必要です。

ピーター：その通りです。私は，手にスマートフォンを持ったまま自転車に⑥乗っている人々をよく見かけます。彼らは前を見ないので事故を引き起こす可能性があると思います。

詩乃　　：同感です。昨日，自転車に乗る人と歩行者との間の事故に関する記事を読みました。約30%の自転車に乗る人が注意深く前を見ていないこと，20%以上の自転車に乗る人が通りを⑦渡る前に左右を見ないことを学びました。

ピーター：多くの人々が歩行と自転車の両方をするので，私たちは両方の側面から物事を見るべきです。

〔1〕 ① I have been doing that since I was (five.) 〈have been ~ing since …〉「…からずっと～している」

③ (It) shows the part of the body which gets injured when (cyclists without helmets have the traffic accidents.) which gets injured は前の名詞を修飾する主格の関係代名詞である。

④ We injure our heads more than our lower backs(.) injure ～「～を怪我をする」

〔2〕 ② When I was five という文があるため，過去形が適切である。

⑤「～するために」という不定詞の副詞的用法が適切である。

⑥〈see +人+ ~ing〉「人が～しているのを見る」

⑦ 前置詞の後は，名詞か動名詞を用いる。before ~ing「～する前に」

重要 Ⅱ．（長文読解問題・会話文：指示語，語句補充，英問英答，要旨把握，内容吟味）

（全訳） スティーヴ：イランカラプテ，美央！

美央　　：イランカラプテ，スティーヴ。それはアイヌ語で「こんにちは」という意味だよね？

スティーヴ：そうだよ。先週の遠足で博物館でアイヌ語について学んだんだ。私にとって非常に興味深かった。アイヌ文化についてあまり知らなかったからね。日本に別の言語があると知って驚いたよ。

美央　　：そうだけど，将来アイヌ語が消えてしまうのではないかと心配してるんだ。

スティーヴ：どうしてそう思うの？

美央　　：UNESCOが消滅の危機にさらされた世界の2500の言語をリストにしたんだ。彼らはそれらの言語はまもなく消滅すると思っているよ。

スティーヴ：そんなに多くの言語が本当に消えてしまうの？なぜそんなことが起こるの？

美央　　：Aいくつか理由があるんだ。まず，それらの言語の話者が亡くなる。次に，多くの人々が中国語，スペイン語，英語のように強い影響を持つ言語を使うようになる。そして，あまり人気のない言語の使用を止める。

スティーヴ：なるほど。アイヌ語も絶滅危惧の言語の一つなの？

美央　　　：はい。日本には他にも7つの絶滅危惧の言語があるよ。

スティーヴ：待って！日本にはまだ他の言語があるの？

美央　　　：実は，他の7つは「方言」なんだ。そのうち6つはUNESCOによって「絶滅危惧」としてリストされているの。もう1つは「重度に絶滅危惧」で，アイヌ語は「極度に絶滅危惧」だよ。

スティーヴ：その7つの言語はどこで話されているの？

美央　　　：それらはすべて島々で話されているから，話者の数は限られているの。若い人々はよく島を出て，島に残った老人たちだけがそれらを使用しているんだ。その中の1つが「ウチナーグチ」。それを聞いたことがある？

スティーヴ：いいえ。Bそれは初めてだな。

美央　　　：沖縄で話されている言語だよ。実は，日本の絶滅危惧の言語8つのうち5つが沖縄にあるんだ。

スティーヴ：なるほど。言語を保存するために僕たちはどうすればいいの？

美央　　　：インターネットでウチナーグチについての記事を見つけたんだ。それによると，言語を保存するためにビデオ辞書を作成したということだったよ。

スティーヴ：ビデオ辞書って何？

美央　　　：それは，沖縄の人々が作ったビデオです。そのビデオではウチナーグチを話すので，ビデオを通して言語を学ぶことができるんだ。

スティーヴ：C僕たちはインターネットでそれを簡単に見られるからいい考えだと思うよ。

美央　　　：そうだね。もし私たちが言語の多様性を失ったら，文化の多様性も失われるでしょう。

スティーヴ：賛成だな。ただ，世界は毎日変わっていて，各言語の話者の数や言語の使い方も変わっているよね。それは僕たちのように言語も生きているということだ。

〔1〕 美央は「将来アイヌ語が消えてしまうのではないか」と述べていることから判断できる。

〔2〕 A　この後で，First，Second と理由をあげているため，複数の理由があることがわかる。

B 「聞いたことがありますか」と問われて No と答えているので「初めて」聞いたとわかる。

C 美央の「言語の多様性を失ったら，文化の多様性も失われる」という発言に同意していることから，ビデオ辞書の考え方を支持する内容の選択肢を選べばよい。

〔3〕 美央は「日本には他にも7つの絶滅危惧の言語がある」と言っており，アイヌ語を含めると合計8つになる。

〔4〕 ① 「スティーヴは，美央と言語について話す前に，日本にいくつかの絶滅の危機にある言語があることを知っていた」 本文でスティーヴはアイヌの言語や文化についてあまり知らなかったと述べているので不適切。 ② 「ユネスコは，ウチナーグチなど，沖縄の5つの言語を絶滅の危機にある言語としてリストアップしている」 本文に Actually, five of the eight endangered languages in Japan are in Okinawa とあるので，沖縄の5つの言語が絶滅の危機にあることは適切。 ③ 「日本で『極めて絶滅の危機にある』とリストアップされている唯一の言語はアイヌ語である」 the Ainu language “critically endangered” とあるので，アイヌ語が極めて絶滅の危機にあるという内容は適切。 ④ 「美央はウチナーグチのビデオ辞書について知っているのは，それを作るプロジェクトに参加したからである」 本文で美央はウチナーグチのビデオ辞書についての情報をインターネットの記事で見つけたと述べている。彼女がそのプロジェクトに参加したという情報はないので不適切。 ⑤ 「スティーヴは，世界が日々変わっていても，言

語の使用方法は変わっていないと考えている」 本文でスティーヴは「世界は毎日変わっていて，各言語の話者の数や言語の使い方も変わっている。それは僕たちのように言語も生きている」と述べているので不適切。

重要 **Ⅲ．（長文読解問題・説明文：語句補充，要旨把握，内容吟味）**

（全訳） あなたは「メタバース」という言葉を聞いたことがあるか？メタバースはインターネット上に作成された3Dの仮想空間を意味する。人々は自分のアバターを使って他の人と意思疎通する。今，ますます多くの人々がメタバースに興味を持っている。メタバースはどのように広がったのか？

2000年頃にメタバースが作られたと言われている。多くの人が参加し始めたが，それほど人気が出なかった。当時，インターネットの速度は十分ではなく，コンピュータも高速で動作していなかった。現在，私たちのデバイスはメタバースを楽しむのに十分なパワーを持ち，インターネットもはるかに多くのデータを扱うことができる。

メタバースに興味を持つようになった別の理由は，2020年に広まった感染症だ。私たちは自由に外出して他の人と意思疎通することができなかった。この状況のため，メタバースへの需要が増加した。実際，ますます多くの人々がオンラインの会議ツールやチャットツールを使用し始めた。これらのツールもメタバースの一部だ。

メタバースは，コンピュータやスマートフォンなどのデバイスを使用してインターネットを介して入ることができる仮想の世界である。誰もがこれらのデバイスを使用してメタバースに入ることができるので，実際の世界よりもメタバースで多くの人々に①出会うことができるかもしれない。

メタバースの人気の例の一つは②オンラインゲームだ。インターネットがない時代のゲームでは，人々は限られた範囲内でしか移動できなかったが，今日ではゲームの仮想空間内でより自由に移動できる。私たちはアバターとしてゲームの世界に入り，他の人々に会うことができる。これらのゲームは他のプレイヤーとオンラインでの意思疎通を可能にする。他のプレイヤーと戦うだけでなく，ヘッドセットを使用して話しながら協力してプレイすることもできる。また，他の人々と意思疎通するためだけのメタバースの場所もある。その世界では，仮想の家で「友人」と一緒に暮らすことができる。友人との会話を楽しんだり，他のアバターに会いに行ったり，イベントに参加したりすることができる。これらのゲームを通じて，私たちは友人を作り，実際の世界と同じような社会的な「つながり」を持つことができる。メタバースの世界は今，重要なコミュニケーションの場となっている。

さらに，オンラインショッピングもゲームの人気の一部だ。メタバースのゲームでは，ゲーム内で使用される特別なお金で物を購入したり売ったりすることができる。場合によっては，プレイヤーが他のプレイヤーと話して物の価格を決めることがある。将来，メタバースの世界が一般的になると，メタバース内の物やお金の価値が増加する可能性がある。

しかし，解決すべき③いくつかの問題がある。一部の人々はメタバースの世界で過度に時間を過ごすことがあり，その結果，現実の生活が悪影響を受けるかもしれない。メタバースの世界は現実の世界よりもしばしば興奮することができるため，一部の人々は現実の世界に戻りたくないかもしれない。メタバースでは，他の人々の顔を直接見ることはできないが，アバターの背後に実際の人々がいることを常に忘れずに，彼らに優しくするべきだ。

〔1〕 be able to の後なので，動詞の原形があてはまる。したがって多くの人に「会う」が適切である。

〔2〕 第5段落第2文参照。「インターネットがない時代のゲームでは，人々は限られた範囲内でしか移動できなかったが，今日ではゲームの仮想空間内でより自由に移動できる」とあることからわ

かる。

〔3〕 最終段落に「いくつかの問題を解決する必要があり，一部の人々はメタバースの世界であまりにも多くの時間を過ごしてしまい，それが現実の生活に悪影響を及ぼすかもしれない」と述べられている。これは「メタバースの世界に過度に依存してしまう」という意味と同じである。

〔4〕 Chart の内容から，Aは娯楽に関する活動，Bは学校に関連し，Cはビジネスに関連する活動を指している。それぞれの選択肢を元に最も適切な活動を選ぶと，Aはミュージシャンのコンサートについて書かれているオ，Bは教師や友達と学べると述べられているア，Cはメタバースの通りに広告を出すと述べられているイが適切である。

〔5〕 イ　第3段落参照。「2020年に広がった感染症が私たちの在宅時間を増やした。私たちは外出して他者と自由にコミュニケーションを取ることができなかった。この状況のため，メタバースへの要求が増加した」とある。　ウ　第4段落参照。「メタバースは，コンピューターやスマートフォンなどのデバイスを使用してインターネットを通じて入ることができる仮想の世界である」と述べられている。

やや難 Ⅳ.（条件英作文）

英作文は「書きたい英文」ではなく，「書ける英文」を書くことを心がけよう。以下が英作文を解く際の注意点である。

1　基本構造：英文は「主語－動詞－目的語」の順で作る。(例)：I（主語）like（動詞）apples（目的語）.

2　簡単な言葉を選ぶ：難しい言葉より，知っている簡単な言葉で文を作る。

3　時制の統一：過去，現在，未来，どれを使うか決めて，その時制で文を作成する。

4　前置詞に注意：場所や時間を示すとき，前置詞が大切である。適切な前置詞を使えているか注意をしよう。(例) in the park / on Sunday

5　文の種類：疑問文なら？，感嘆文なら！を使うなど，何を伝えたいかに合わせて文の形を選ぶ。

6　文を読み返す：書いたあとは，文を読み返してみて，変なところがないか確認をする。

リスニングテスト

Ⅰ・Ⅱ　リスニング問題解説省略。

★ワンポイントアドバイス★

長文読解の分量が比較的多くなっている。試験時間内に解き終えられるように，過去問や問題集で長文読解問題を数多く解いて慣れるようにしよう。

＜理科解答＞

Ⅰ．〔1〕 ア　〔2〕 イ　〔3〕 ウ　〔4〕 ウ　〔5〕 エ
〔6〕 1.2Ω

Ⅱ．〔1〕 (1) 0.048J　(2) 右図　(3) 0.4N
(4) 2.0g/cm^3　〔2〕 (1) 342m/s　(2) 3回

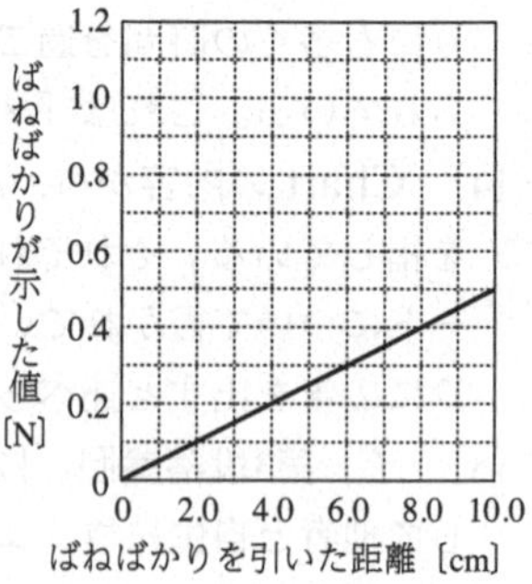

Ⅲ．〔1〕 実験後に廃棄する金属や水溶液を少なくすることができる。　〔2〕 (1) $Zn \rightarrow Zn^{2+} + 2e^-$
(2) $Cu^{2+} + 2e^- \rightarrow Cu$　〔3〕 イ　〔4〕 化学エネルギー
〔5〕 イ　〔6〕 ア・ウ・オ

Ⅳ．〔1〕 (1) イ　(2) ウ　〔2〕 －3.0mg　〔3〕 6時間
〔4〕 2mg　〔5〕 32日

Ⅴ．〔1〕 ① イ　② イ　〔2〕 日周運動　〔3〕 5時45分　〔4〕 55度　〔5〕 エ
〔6〕 ア

○推定配点○
Ⅰ．各2点×6　Ⅱ．各2点×6　Ⅲ．各2点×6(〔2〕完答)　Ⅳ．各2点×6
Ⅴ．各2点×6(〔1〕完答)　計60点

＜理科解説＞

重要 Ⅰ．(小問集合)

〔1〕 タンパク質は胃液のペプシンによってペプトンに変えられる。ペプトンはすい液によってアミノ酸に消化される。

〔2〕 S波は120kmを40秒で移動しているのでその速さは3km/秒である。S波が360km進むのに360(km)÷3(km/秒)＝120(秒)かかるので，地震が発生した時刻は，午前10時24分11秒－2分＝午前10時22分11秒である。

基本 〔3〕 ゴム栓がしてあるので，空気の質量は変化しない。しかし，水蒸気が氷水によって冷やされ，露点を迎えて水滴になるものもあるので，湿度は高くなる。

〔4〕 食塩は無機物である。

〔5〕 2021年地球温暖化の予測についての研究でノーベル物理学賞を受賞した日本出身の科学者は，真鍋淑郎氏である。

〔6〕 $\frac{1}{3(\Omega)}+\frac{1}{2(\Omega)}=\frac{1}{1.2(\Omega)}$より，1.2Ωである。

Ⅱ．(力・仕事・音の性質)

基本 〔1〕 (1) ばねばかりを6.0cm引いたときおもりが持ち上がるので，ばねばかりを10.0cm引いたとき，おもりは4.0cm(0.04m)引き上げられる。よっておもりを引き上げる力がした仕事は，1.2(N)×0.04(m)＝0.048(J)である。

やや難 (2) 動滑車を経由するので，ばねばかりを2.0cmで引いても，おもりについている糸には0.5cm引っ張った分の力しか加わらない。よって，ばねばかりを引いた距離が2.0cmのとき，ばねばかりが示す値は0.1N分となる。ばねばかりが示した値とばねばかりを引いた距離は比例のグラフになるので，解答のようなグラフになる。

重要 (3) 1.2(N)－0.8(N)＝0.4(N)

やや難 (4) 水面からおもりの下面までの距離を3.0cmとしたとき，おもりはすべて水に入り，20(cm^2)×

3.0(cm)＝60(cm^3)の水を押しのけている。よって，このおもりの体積は60cm^{3}である。このおもりは1.2N(＝120g)なので，その密度は，120(g)÷60(cm^3)＝2.0(g/cm^3)である。

基本 〔2〕 (1) 85.5(m)÷0.25(s)＝342(m/s)

やや難 (2) 0.75(s)×6＝4.5(s)間で実験した。メトロノームA(0.75秒間隔)とメトロノームB(0.5秒間隔)が同時に鳴るのは，1.5秒間隔なので，4.5(秒)÷1.5(秒/回)＝3(回)同時に聞こえる。

重要 Ⅲ．(電気分解とイオン)

基本 〔1〕 試験管よりマイクロプレートの方が実験後に廃棄する金属や水溶液の量を少なくすることができる。

〔2〕 亜鉛と硫酸銅水溶液を混ぜたので，(1)は$Zn \rightarrow Zn^{2+}+2e^-$という反応になり，(2)は$Cu^{2+}+2e^- \rightarrow Cu$という反応になる。

〔3〕「変化がない」のが少ないほどイオンになりやすいので，イである。

〔4〕 ダニエル電池では化学エネルギーが電気エネルギーに変換される。

〔5〕 銅板が＋極，亜鉛板が－極となるので，電子は，亜鉛板から銅板に向かって流れる。

やや難 〔6〕 金属Xと金属Aは金属Xの方がイオンになりにくいので，金属Xは＋極，金属Aは－極になる。⑩と⑫の変化から，金属Xは＋極，亜鉛は－極になる。金属Bと金属Xは金属Bの方がイオンになりにくいので，金属Bは＋極，金属Xは－極になる。

Ⅳ．(植物の体のしくみ)

重要 〔1〕 (1) 二酸化炭素量が変化しない理由は，箱の中の二酸化炭素が不足したからと考えられる。

(2) 植物に強い光をあてると，光合成も呼吸も行う。

重要 〔2〕 －2.0(mg)＋(－4.0(mg))＋(＋3.0(mg))＝－3.0(mg)

やや難 〔3〕 光を当てずに14時間経つと二酸化炭素は＋7.0mgとなる。よって，弱い光と強い光を当てて－7.0mgにすればよい。8時間をすべて強い光にあてると，－16.0mgの二酸化炭素を消費するので，－9.0mg多くなる。そこで，1時間ずつ弱い光と強い光を交換すると，1時間で－1.5mg吸収する二酸化炭素が減るので，弱い光を当てた時間は－9.0(mg)÷(－1.5mg/時間)＝6時間となる。

基本 〔4〕 光の強さが0のとき，－2mgなので，植物が呼吸によって分解するデンプンの質量は100cm^{2}の葉1時間あたりで2mgだとわかる。

やや難 〔5〕 1000cm^{2}の葉に朝夕の4時間光が当たると2(mg)×10×4＝80(mg)のデンプンがつくられる。同様に昼の8時間は6(mg)×10×8＝480(mg)のデンプンがつくられ，夜の12時間に2(mg)×10×12＝240(mg)のデンプンが消費されるので，1日で80(mg)＋480(mg)－240(mg)＝320(mg)＝0.32(g)のデンプンがつくられる。よって，10gのデンプンを得るのに必要な日数は，10(g)÷(0.32(g/日)＝31.25(日)より，32日である。

Ⅴ．(地球と太陽系)

重要 〔1〕 光電池Bの方が多くの太陽エネルギーを得ている。これは，同じ量の太陽光を受ける面積が光電池Bの方が小さいからである。

重要 〔2〕 1日における天体の見かけの動きを日周運動という。

基本 〔3〕 ①～④の間隔が4.8cmなので，1時間が4.8cmで表される。日の出の位置から①点の間は10.8cmなので，日の出の時刻は8時の10.8(cm)÷4.8(cm/時)＝2.25(時間)前である。よって，日の出の時刻は5時45分である。

重要 〔4〕 90(度)－35(度)＝55(度)

基本 〔5〕 冬至と夏至の日の南中高度の差は23.4(度)×2＝46.8(度)なので，南中時の光電池と地面の間の角度を冬至の日から46.8度小さくすることにより，太陽光を得ることができる。また，夏至の日は高緯度ほど日照時間が長いので，できるだけ高緯度に設置する方がよい。

基本 〔6〕 いつでも春分と秋分の日と同じ条件になるので，日の出，日の入りの方角と時刻は緯度によらず一定になる。また，地球全体が受ける太陽光の量は現在と等しい。

★ワンポイントアドバイス★

時間配分を気にした学習を心がけよう。

＜社会解答＞

Ⅰ. 〔1〕 a エ c ウ 〔2〕 西経75度 〔3〕 シリコンバレー 〔4〕 A 〔5〕 イ
〔6〕 アボリジニ 〔7〕 イ 〔8〕 エ 〔9〕 ① イ ③ ア
〔10〕 瀬戸内工業地域 〔11〕 ウ 〔12〕 (例) 輸入の中心が原料から工業製品へと変わってきていること

Ⅱ. 〔1〕 冠位十二階 〔2〕 エ 〔3〕 ア 〔4〕 エ 〔5〕 太閤 〔6〕 (例) 豊臣秀吉は貿易の利益を重視してキリスト教の禁止を徹底できず，信者が増えたが，江戸幕府はキリスト教を厳しく禁止した。 〔7〕 ウ 〔8〕 桓武天皇 〔9〕 イ 〔10〕 ア
〔11〕 岩倉具視 〔12〕 領事裁判権[治外法権] 〔13〕 イ 〔14〕 イ→ア→ウ→エ
〔15〕 ウ

Ⅲ. 〔1〕 ウ 〔2〕 ア・エ 〔3〕 関係 A～Dのいずれか 根拠 A ア B ウ
C イ D エ 〔4〕 デジタル(庁) 〔5〕 X 解散 Y 両院協議会
Z 内閣不信任 〔6〕 記号 イ 変化 (例) 500ドル安くなる。 〔7〕 エ
〔8〕 (位置) イ (首都名) キーウ 〔9〕 (例) 常任理事国のロシアが拒否権を行使したため，不採択となった。

○推定配点○

Ⅰ. 〔1〕・〔4〕・〔5〕・〔7〕～〔9〕・〔11〕 各1点×9 他 各2点×5
Ⅱ. 〔1〕・〔5〕・〔6〕・〔8〕・〔11〕・〔12〕 各2点×6 他 各1点×9
Ⅲ. 〔1〕～〔3〕・〔6〕記号・〔7〕・〔8〕位置 各1点×6 他 各2点×7 計60点

＜社会解説＞

Ⅰ. (地理―地形図・地域の特色・産業・貿易など)

〔1〕 a 赤道付近を水源に北流し地中海に注ぐ大河。定期的な氾濫でエジプト文明を支えた。
c チベット高原北部を水源に四川盆地を経て東シナ海に注ぐ大河。bはミシシッピ，dはメコン。

重要 〔2〕 時差14時間から経度差は14×15＝210(度)。210－135より西経75度。

〔3〕 サンベルトの北端に位置，サンフランシスコ近郊のサンノゼを中心とする一帯。

〔4〕 人口2億人に達するアフリカの大国ナイジェリアはOPECにも加盟している産油国。原油の輸出では世界のベスト10に入っている。

やや難 〔5〕 年間降水量1000mm以下の比較的乾燥した華北平原を中心に栽培されている中国の小麦生産量は世界1位。アはサトウキビ，ウはトウモロコシ，エはコメ。

〔6〕 狩猟や採集を中心に生活してきたオーストラリアの先住民族。白人の入植で急減したが20世紀後半より徐々に回復，2008年にはオーストラリア政府が差別に対し正式に謝罪した。

〔7〕 20世紀後半から急増している人口は現在80億人を突破，今世紀末には100億人に達し食糧問題や貧困が危惧されている。アはアジア，ウは北アメリカ，エはオセアニア。

〔8〕 ピアノはほとんどを浜松近辺で生産。Aは新潟(ウ)，Cは長野(イ)，Dは香川(ア)。

〔9〕 ① シラス台地は保水力が弱く稲作に向いていないため野菜や畜産が中心。 ③ 愛知の渥美半島には戦後豊川用水が引かれ施設園芸農業が盛んとなっている。②はウ，④はエ。

〔10〕 海運に恵まれた瀬戸内では臨海部に石油化学や鉄鋼のコンビナートを中心にした工場が進出。

〔11〕 標高はCが約40m，Dが約150m。×は交番，5cmは1250m，傾斜はEの方が緩やか。

重要 〔12〕 1960年には繊維原料や鉱産物を輸入して繊維製品や機械類を輸出する典型的な加工貿易だったが，2020年には輸出入とも機械類が増え原材料の割合は減っている。

Ⅱ．(日本の歴史―古代～現代の政治・社会・文化史など)

重要 〔1〕 徳・仁など6種を大小に分け12階とし，冠の色で識別した氏姓制度下における人材登用策。

〔2〕 1973年にアメリカがベトナムから撤退，1976年には北ベトナムによる南北統一が達成された。朝鮮戦争の停戦ラインは北緯38度，ベルリンは東ドイツ，ミサイル基地を作ったのはソ連。

〔3〕 ロシア革命が発生(1917年)すると革命の波及を恐れた列強諸国はチェコ軍の救出を名目に軍の派遣を決定，米の価格上昇を見込んだ買い占めで米価が急騰した。

〔4〕 生存権，教育を受ける権利，労働基本権などから形成される20世紀的基本的人権。

〔5〕 摂政や太政大臣の別称。のちに関白を辞した人にも用いられた

〔6〕 豊臣秀吉は九州平定後，博多でバテレン追放令を発布，貿易は推進したため実効性はなかった。幕府は1612年に直轄地に禁教令を，翌年には全国に広めて禁教を徹底した。

〔7〕 高倉天皇の妻は清盛の娘・建礼門院(徳子)で，生まれた子供・安徳天皇は孫にあたる。平氏政権は藤原氏と同様に天皇家と太い絆を結んで実権を握っていった。

〔8〕 平安京に遷都した桓武天皇は強大化した蝦夷に対したびたび軍を派遣して東北の攻略を図った。坂上田村麻呂は胆《い》沢《さわ》城を築き東北の経営を安定化させた。

〔9〕 元禄年間(1688～1704年)を中心とする文化を代表する菱川師宣の見返り美人。

〔10〕 資料5は承久の乱(1221年)の際の北条政子の言葉。資料6は御成敗式目(1232年)。

〔11〕 王政復古に尽力した公家。明治新政府でも右大臣などの要職を務めた。

〔12〕 ノルマントン号事件では日本人を見捨てた船長に領事裁判で無罪判決，日本人の不満が高まり1889年に外相・陸奥宗光により日英通商航海条約が締結され撤廃に成功した。

〔13〕 八幡製鉄所は北九州の八幡に建設。アは大阪，ウは沖縄，エは佐賀。

重要 〔14〕 イ(1933年)→ア(1938年)→ウ(1941年)→エ(1945年)の順。

〔15〕 沖縄の返還や非核三原則が評価され1974年にはノーベル平和賞を受賞した。

Ⅲ．(公民―経済生活・憲法・政治のしくみなど)

〔1〕 株主は株数に応じて企業の利益である配当を受けることができる。株式会社は私企業の代表，株主が出席できるのは株主総会，株式は自由に売買できるのが基本。

〔2〕 アは土地や建物などに課税される市町村税，エは個人の所得に課税される国税。

〔3〕 日本の社会保障は中福祉中負担と呼ばれ，比較的少ない負担で一定の福祉を保障してきた。しかし，少子高齢化の中で中負担は限界に達してきている。

〔4〕 政府のデジタル化推進の司令塔として発足。自治体とのシステム共通化など課題は多い。

〔5〕 X 衆議院4年，参議院6年。 Y 各院10名の議員で構成。 Z 可決されると10日以内に衆議院が解散されない限り内閣は総辞職しなければならない。

〔6〕 150万円の自動車は1万2500ドルから1万2000ドルへと値下げになる。

重要 〔7〕 国家が健康で文化的な最低限度の生活を保障する制度。具体的には生活保護法で対応される。

〔8〕 旧ソ連地域で最も古い歴史を持つ都市。かつてはキエフと呼ばれていた。

〔9〕 常任理事国(米・英・仏・中・露)であるロシアには拒否権があり，1か国でも反対すると議案は不採択となる。拒否権の見直しなど改革案は多々あるが一向に進展は見られない。

★ワンポイントアドバイス★

時事問題を題材にした出題は分野を問わず狙われる傾向がある。常にニュースなどに関心を持ち，疑問に思ったことは自分で調べる習慣をつけよう。

＜国語解答＞

一 問一 a 乱(す) b 殺到 c 伴(う) d 専門 問二 (例) コミュニケーションに同調的な言葉と厳しい言葉の中間領域がなくなり，批判が敵意をもった言葉として機能するようになるから。(59字) 問三 A オ B カ C ア 問四 エ
問五 ウ・カ 問六 オ

二 問一 a しんちょう b にぎ(り) c そくとう 問二 (例) ルールを勝手に変えられたと知って，おばあちゃんが気を悪くしたのではないかと不安になったが，弁解のための上手い言葉が見つからずに困惑している。(70字) 問三 ② エ ③ ア
問四 オ 問五 ウ 問六 イ・キ

三 問一 ① 副詞 ③ 助動詞 問二 A ウ B ア 問三 a 問四 オ
問五 (例) 子どもの無理なダイエットは，栄養不足により身体の成長を妨げるだけでなく，学習面や精神面にも悪影響がある，という点で百害あって一利なしである。(70字)

○推定配点○

一 問一・問三 各2点×7 問二 12点 他 各4点×4 二 問一・問三 各2点×5
問二 10点 他 各4点×4 三 問五 10点 他 各2点×6 計100点

＜国語解説＞

一 **(論説文一漢字の書き取り，文脈把握，内容吟味，脱語補充，接続語，要旨)**

問一 a 「乱」の訓読みは「みだ(す)」「みだ(れる)」。音読みは「ラン」。熟語は「乱獲」「乱暴」など。 b 「殺到」は，多くの物事や人が一時にどっと押し寄せること。「殺」を使った熟語はほかに「殺菌」「殺風景」など。「刹那(せつな)」「殺生(せっしょう)」「殺陣(たて)」「相殺(そうさい)」という読み方もある。訓読みは「ころ(す)」。 c 「伴」の音読みは「ハン」「バン」。熟語は「随伴」「伴奏」など。 d 「専」を使った熟語はほかに「専念」「専属」など。訓読みは「もっぱ(ら)」。

やや難 問二 直後の段落に「日本は同調圧力が強く，空気を読むことが推奨される風潮が強い」とあり，「常に否定的なニュアンスを帯びるようになった」理由については，次の段落で「……言うなれば，互いにうなずき合う同調的な言葉の空間と，その空間全体に向けられる容赦のない厳しい言葉，その中間領域が存在しなくなるのだ。この種の状況がコミュニケーションの多くを占めてしまえば，『批判』の言葉はますます刺々しく，敵意をもったものとしてのみ機能するようになる」と説明されているので，同調的な言葉と厳しい言葉の中間領域がなくなり，批判が敵意をもった言葉として機能するようになる，という点を押さえてまとめる。

問三　A　直前に「『批判』」について，「否定的な批判だけでなく，事柄を整理して批評することといった意味も保持している」とあり，直後で「哲学者カント(1724～1804)の主著のタイトル『純粋理性批判』は……」と具体例を挙げて説明しているので，例示を表す「たとえば」が入る。
B　直前に「日本語の『批判』も元々は，……可否について論ずることなどを意味していました」とあり，直後で「いつの頃からか……常に否定的なニュアンスを帯びるようになったのも確かだ」としているので，逆接を表す「しかし」が入る。　C　直後の「批判的検討が必要な場面でも，……覆ってしまうケースがあまりにも多い」にかかる語としては，はっきりしていて誤りがないことを意味する「確かに」が適切。

やや難　問四　「炎上」については，「『炎上』はいま……」で始まる段落に「問題は，当該の言動が筋の通ったものや正当なものであろうとも，逆に，筋の通らないものや不当なものであろうとも，どれも等しなみに，『炎上』と呼ばれる，ということだ。……そこでは，火の手の大きさや，それにトモナう熱量の多さが，物事の真偽や正否や善悪に取って代わってしまっている」とあり，「賛否の声」については，「問題になっている事柄の内容をさしあたり度外視して，熱量の上昇のみに言及できる便利な言葉だ。……『賛否の声が……』と表現しておけば，旗色を鮮明にせずに済むし，自分の言葉に責任をもつ必要もなくなる」としているので，これらの内容と合致するエが適切。

問五　ウは，「『炎上』は……」で始まる段落に「そこでは，火の手の大きさや，それにトモナう熱量の多さが，物事の真偽や正否や善悪に取って代わってしまっている」とあることと合致する。カは，「また，批判を行う……」で始まる段落に「批判を行う側にとっても，相手の言葉をよく耳に傾け，それをよく理解しようと努めることは，自分には見えていないものの見方や馴染みのない考え方に触れ，学ぶ機会になる。そしてそれは，問題に対する理解を深め，解決の道を探る大事な手掛かりになりうる」と述べられていることと合致する。

やや難　問六　【文章A】は，「逆に言えば……」で始まる段落に「相手の言葉を十分なかたちで拾い上げ，それがどのような脈絡の下で発せられたをきちんと踏まえたうえで応答する，ということが必要だろう」とあり，【文章B】は，「また……」で始まる段落に「すべての人が『冗談が通じる文脈』の上にいるとは限らない。冗談が通じる文脈の見極めは，人びとの価値観が急激に変化しつつある昨今，とくに難しくなっているように感じられる」とあるので，これらの内容と合致するオが適切。

二　**(小説―漢字の読み，情景・心情，語句の意味，慣用句，内容吟味，大意，表現)**

問一　a「慎」を使った熟語はほかに「謹慎」など。訓読みは「つつし(む)」。　b「握」の音読みは「アク」。熟語は「握力」「把握」など。　c「即」を使った熟語はほかに「即座」「即日」など。訓読みは「すなわ(ち)」。

やや難　問二　直後に「うちにはすき焼き鍋もない，というのは言い訳になるだろうかと考えていた」とある。「『うちでは毎年お祝いしてるのよ。昔から，すき焼きとお赤飯を食べる決まりでね』」「『うちでは，焼肉を食べに行くよ』」というやりとりの後に，「おばあちゃんが目をふせた」「長年守って来たルールを勝手に変えられて，気を悪くしたかもしれない」とあることから，立春のルールを勝手に変えられたことに「おばあちゃん」は気を悪くしたのではないかと心配になったこと，何と言えばよいかわからず困っていることが読み取れるので，これらの要素を入れて，「ルールを勝手に変えられたと知って，おばあちゃんが気を悪くしたのではないかと不安になったが，弁解のための上手い言葉が見つからずに困惑している。(70字)」などとする。

問三　②「気が回る」は，細かなところまで察して，それに応じた処置ができる，という意味。「気が回らない」と打ち消しいるので，エの「配慮が足りなくて」が適切。　③「いそいそと」

は，うれしいことや思いついたことなどがあって，心が弾んで動作が調子づいている様子なので，アの「喜び勇んで」が適切。

問四 「〈この場面までのあらすじ〉」に「母の成美は両親との間にわだかまりがあり，実家には長く来ていない」とあり，「ぼくはひやりとした。もしかして，よけいなことを言っただろうか」「言ってしまってから，まずい，とまたもやあせる。……ぼくが知らなくたって，お母さんはちゃんと知っていたはずだ」とあることから，母と祖父母との関係性に困惑する様子が読み取れるが，「ひいおじいちゃん」とは，「次に来たときもまたこれをはいてひいおじいちゃんと散歩ができるだろう」と交流が描かれており，本文最後には「雨はもう上がったようだ。ひいおじいちゃんの頭上に広がる夜空に，細い月が静かに光っている」と明るさを予感させる表現があるので，「ひいおじいちゃんには素直に親しみを感じ，今後の交流を期待している」とするオが適切。アの「身内の問題を解決しようとしている」，イの「落ち着きがなく気分が変わりやすい」，ウの「年齢よりも大人びた考えをもち」，エの「関わるのが嫌で」は，本文からは読み取れないので，適切でない。

問五 「ひいおじいちゃん」の様子は「『いいでしょう，どっちでも』と，ひいおじいちゃんがぼそりと言った」「『今度，あなたのお母さんも連れていらっしゃい』」「『はい，あなたが』ひいおじいちゃんはまじめな顔で即答した」というもので，玲と母のことを気にかけ，祖父母との関係がよくなるよう，さりげなく働きかけていることが読み取れるので，「家族の関係が良好になることを望んでいる」とするウが適切。アの「他人に誤解を与えることもある」，イの「息子からあきれられている」，エの「思い悩む」，オの「抜け目のない」は，本文からは読み取れないので適切でない。

問六 本文は，電話での母とのやりとりを含め，登場人物たちの会話文が多用されているので，イはあてはまる。本文前に「母の成美は両親との間にわだかまりがあり」とあるが，今後の好転を暗示するような表現で結ばれているので，キもあてはまる。アの「大人たちの心情を丁寧に描く」，ウの「大人の本心を感覚的に感じ取り」，エの「神秘的で謎の多い展開」，オの「比喩表現を多用して情感を豊かに描き」，カの「問題点を浮き彫り」にしている」は適切でない。

三 **(論説文―品詞・用法，脱語補充，ことわざ)**

問一 ①「どんどん」は，直後の「早くなっている」を修飾する活用のない自立語なので，「副詞」。 ③「できない」の「ない」は，終止形が「できる」となる上一段活用動詞の未然形「でき」に接続しているので，打消しを意味する「助動詞」。

やや難 問二 A 直後に「巨大な損失」「大きな利益」とあるので，規模を大きくすることを意味する「グローバル化」が適切。 B 直後の「それらはすべて切り捨てられてしまう」につながる語としては，「効率化」が適切。効率を第一に考えた結果，多くの物や人が切り捨てられてしまう，とする文脈である。

問三 aの「大きな」は，直後の名詞「利益」を修飾する「連体詞」。bの「さまざまな」，cの「大切な」，dの「危険な」は，終止形が「さまざまだ」「大切だ」「危険だ」となる「形容動詞」の連体形。

問四 「生き馬の目を抜く」は，すばしっこくて抜け目がなく，油断もすきもない，というたとえなので，オが適切。

やや難 問五 「百害あって一利なし」は，弊害がたくさんあるばかりで，利益になることがまったくない，という意味なので，弊害として考えられることが二つ以上ある事柄をテーマにして，「……は，……というだけでなく，……いう点で，百害あって一利なしである。」という形にまとめればよい。

★ワンポイントアドバイス★

記述力が求められる設問が多いので，要旨を要領よくまとめる練習をしておこう！
漢字，ことわざ・慣用句，品詞・用法など，幅広く出題される国語知識の力をつけておこう！

MEMO

大切なことはメモしておこうネ！

2022年度

★★★★★★★★★★★★★★★★★★★★★★★★

入 試 問 題

2022年度

立命館慶祥高等学校入試問題

【数　学】（50分）　＜満点：60点＞

【注意】 1．答えはできるだけ簡単にしなさい。
2．図やグラフは参考のためのものです。
3．特別な指示がないときは，円周率πや$\sqrt{\ }$は近似値を用いないで，そのまま答えなさい。

Ⅰ．次の問いに答えなさい。

〔1〕 $(-6)^2 \div 9-(-2)^3 \times (-3)$ を計算しなさい。

〔2〕 $x=24$，$y=-\dfrac{1}{2}$のとき，$\left(-\dfrac{2}{3}xy^2\right)^2 \div 8x^2y \times (-36xy)$ の値を求めなさい。

〔3〕 $\dfrac{(2\sqrt{3}-\sqrt{6})^2}{\sqrt{2}}-3\sqrt{18}$ を計算しなさい。

〔4〕 $3x(x-2)-(x-4)(x+4)-(x+1)(x+5)$ を因数分解しなさい。

〔5〕 連立方程式 $\begin{cases} \dfrac{3x-y}{2}+x+2y=-3 \\ 0.5x+1.2y=3 \end{cases}$ を解きなさい。

〔6〕 2次方程式 $2(x-3)(x+2)-3(x-2)(x-5)=-8$ を解きなさい。

Ⅱ．次の問いに答えなさい。

〔1〕 下の表は，中学生40人がバスケットボールのフリースローを1人8回ずつ行い，シュートが入った回数をまとめたもので，シュートが入った回数が5回の生徒の人数はわかっていない。このとき，40人のシュートが入った回数の平均値を求めなさい。

回数(回)	0	1	2	3	4	5	6	7	8	計
度数(人)	0	2	3	2	1		12	10	4	40

〔2〕 右の図のように，円Oの周上に8点A，B，C，D，E，F，G，Hが等間隔に並んでいる。大小2つのさいころを同時に1回投げ，点Pは頂点Aから大きいさいころの出た目の数の2倍だけ，時計の針と反対の方向に頂点を移動する。また，点Qは頂点Aから大小2つのさいころの出た目の数の和だけ，点Pと同じ方向に頂点を移動する。このとき，次の問いに答えなさい。ただし，さいころのどの目が出ることも同様に確からしいものとする。

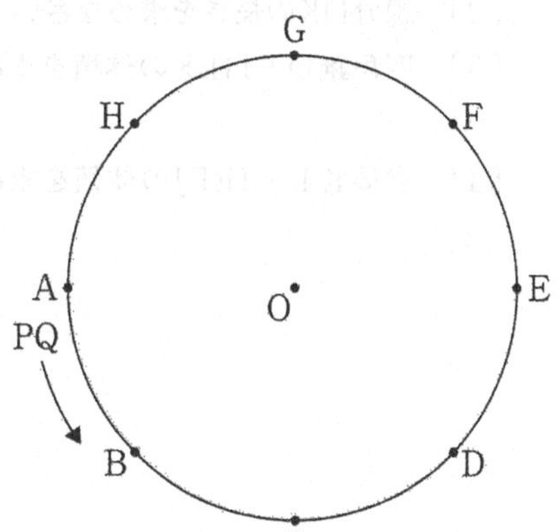

(1) 点Pが頂点Eにあり，点Qが頂点Dにあるようなさいころの目の出方は何通りあるか，求めなさい。

⑵　2点P，Qが同じ頂点にある確率を求めなさい。

⑶　3点B，P，Qを結んだとき，△PBQが直角三角形となる確率を求めなさい。

Ⅲ．右の図のように，放物線$y=\frac{2}{3}x^2$がある。2点A，Bは放物線上の点で，そのx座標はそれぞれ6，－3である。四角形OCABが平行四辺形となるように，点Cをとる。このとき，次の問いに答えなさい。

〔1〕　点Cの座標を求めなさい。

〔2〕　直線ABの式を求めなさい。

〔3〕　直線ABとx軸との交点をDとする。点Dを通り，平行四辺形OCABの面積を2等分する直線の式を求めなさい。

〔4〕　線分AB上に点P，x軸上にx座標が10である点Qをとる。△OQPの面積と平行四辺形OCABの面積が等しいとき，点Pの座標を求めなさい。

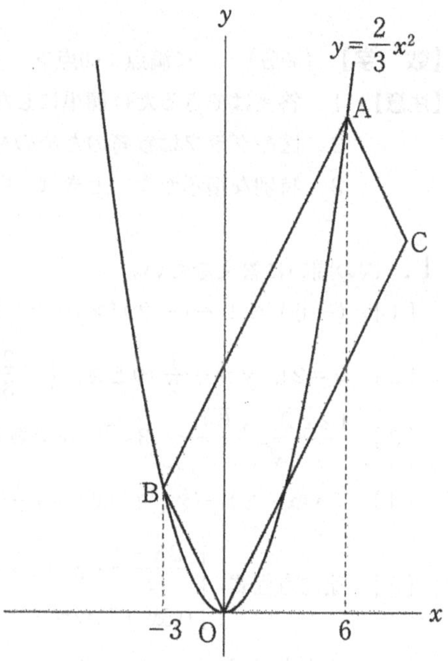

Ⅳ．下の図のような三角柱ABC－DEFがあり，AB＝6㎝，BC＝8㎝，AD＝6㎝，∠ABC＝90°である。4点G，H，I，Jはそれぞれ辺AB，AC，DE，DF上にあり，AG：GB＝AH：HC＝DI：IE＝DJ：JF＝2：1である。線分AEと線分GIとの交点をK，線分AFと線分HJとの交点をLとし，点Dと点K，点Dと点L，点Kと点Lをそれぞれ結ぶ。このとき，次の問いに答えなさい。

〔1〕　三角柱ABC－DEFの体積を求めなさい。

〔2〕　線分DKの長さを求めなさい。

〔3〕　四角錐D－IJLKの体積を求めなさい。

〔4〕　立体KL－IEFJの体積を求めなさい。

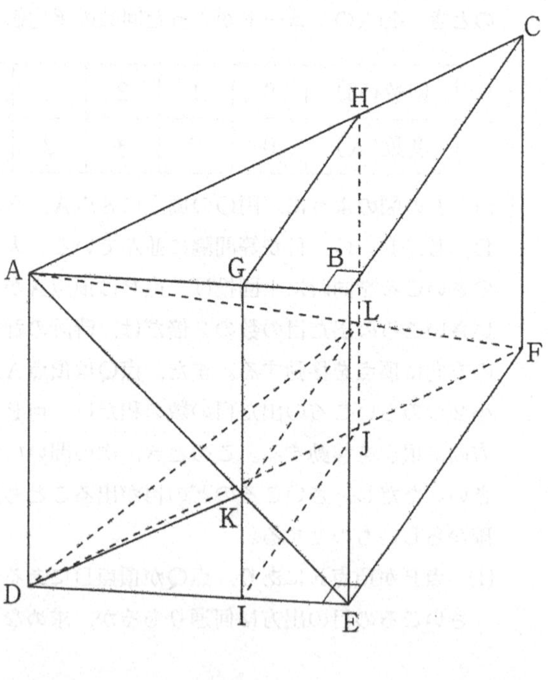

Ⅴ．下の図のように，黒石と白石を，黒，白，黒，黒，黒，白，黒，黒，…の順に，1段目には1個，2段目には3個，3段目には5個，…と，奇数個ずつ置く。このとき，次の問いに答えなさい。

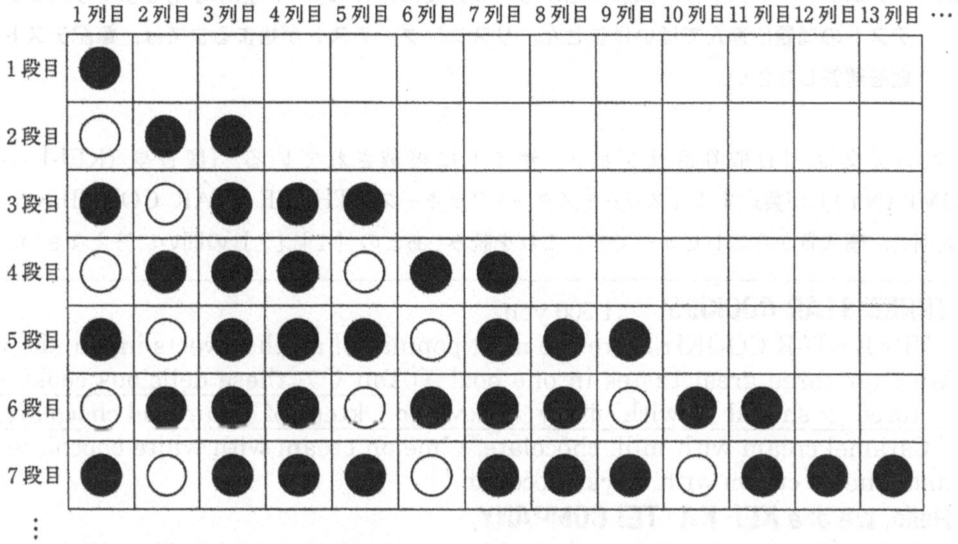

〔1〕 8段目の10列目に置かれている石の色を求めなさい。

〔2〕 65段目に置かれている白石の個数を求めなさい。

〔3〕 n を自然数とする。$(2n-1)$ 段目に置かれている黒石の個数を，n を用いた式で表しなさい。

〔4〕 1段目から100段目までに置かれている黒石の個数を求めなさい。計算過程も解答欄に書きなさい。

【英　語】（50分）　＜満点：60点＞

【注意】 リスニング・テストは，試験開始から約5分後に行われます。指示があるまでリスニング・テストの問題に進んではいけません。リスニング・テストが始まるまでは，筆記テストの問題を解答しなさい。

I．次の英文は，「お取り寄せグルメ」サイトに掲載されている，「慶香亭（KEI-KA-TEI COMPANY）」が製造する「スリー・スター・クッキーズ（THREE STAR COOKIES）」の商品説明と，購入者からのレビューです。これを読み，あとの〔1〕〔2〕の問いに答えなさい。

THREE STAR COOKIES　1,500 yen

THREE STAR COOKIES are the most popular of all the sweets in our shop. We offer three great tastes in one box! ①You（ア these delicious cookies イ three ウ should エ with オ try カ covered）kinds of cream and chocolate. "*Caramel cream with milk chocolate," "melon cream with white chocolate" and "cheese cream with black chocolate."

Hello, we are KEI-KA-TEI COMPANY.

KEI-KA-TEI COMPANY was established in 1990 in Hokkaido. We have made various kinds of sweets with fruits or vegetables grown in Hokkaido. Our sweets make everyone happy. Why don't you ②〔take〕 a break and enjoy our sweets?

Don't Miss the Sale!

We will have a sale from February 15th to February 28th. You don't have to pay for *shipping during the sale. Also, you will get 10% off if you buy two or more. The *expiration date of our sweets is long, so you can buy a lot. Don't miss it!

〔REVIEWS〕THREE STAR COOKIES

（★★★★★）　Eri（female）

This is my grandmother's favorite. We traveled to Hokkaido five years ago and visited KEI-KA-TEI to enjoy some sweets in the cafe. My grandmother loved your sweets, so we have ③〔be〕 to your shop and cafe in Hokkaido many times since then. But we couldn't travel recently. Last Sunday was my grandmother's birthday, so I bought THREE STAR COOKIES for her birthday. This morning she sent me an e-mail with a picture. ④ In the picture, she is smiling（ア her hand イ in ウ of エ THREE STAR COOKIES オ the box カ with）. She looks very happy.

（★★★☆☆）　Ponzu（female）

THREE STAR COOKIES are more delicious than any other cookie. *In fact, all of my friends love them. But I have one thing to say. I don't like the box. Of course, the box made of *plastic is strong enough and it looks great. But it isn't good for the environment. I hope they will sell them in a paper box.

(★★★★★) Tetsu (male)
I bought THREE STAR COOKIES during this sale. ⑤I (ア at イ get ウ to エ happy オ them カ was) a lower price. Three months ago, I ⑥〔get〕 them for some of my friends as a present but I didn't eat them. They told me the cookies were delicious, so I bought some for myself. They were so good that I couldn't stop ⑦〔eat〕 them. How I love THREE STAR COOKIES!

*注　caramel：キャラメル　shipping：送料　expiration date：賞味期限　in fact：実際に
plastic：プラスチック

〔1〕 ①④⑤の（　）内に与えられた語（句）を並べかえて文を作り，2番目と5番目にくる語の記号を答えなさい。

① You (____ [　] ____ ____ [　] ____) kinds of cream and chocolate.
④ In the picture, she is smiling (____ [　] ____ ____ [　] ____).
⑤ I (____ [　] ____ ____ [　] ____) a lower price.

〔2〕 ②③⑥⑦の〔　〕内の動詞を適切な形にしなさい。ただし，形がかわらない場合もあります。

Ⅱ. 次の英文は，中学生の亜紀(Aki)と，亜紀の家にホームステイしているカナダ人留学生のビリー(Billy)との会話です。これを読み，あとの〔1〕～〔4〕の問いに答えなさい。

Aki : Hi, Billy. You look happy. Do you have some good news?
Billy : Hi, Aki. Yes. Actually, I have a new friend!
Aki : Really? Is your new friend on the basketball team? You are a member of it, right?
Billy : Yes, I practice on the basketball team after school every day, and I have made a lot of friends. But I don't mean those friends. My new friend is also a junior high school student, but she's from India. Her name is Jasmine. She lives in *Mumbai, India.
Aki : Wow, India? 〔A〕
Billy : I met her on the Internet. Before I came to Japan three months ago, I started using *social media to *keep in touch with my friends in Canada. I like art and I often put my pictures on social media. Two weeks ago, Jasmine found my pictures and sent me a message to tell me that the pictures were cool. We have sent messages to each other.
Aki : Do you mean you have never met Jasmine?
Billy : That's right. But we have sent our pictures to each other, too, so I know her face. Look at this picture. This is Jasmine. We will meet next week because she will come to Japan. I can't wait!
Aki : Well, I'm afraid you should be more careful. The Internet is open to anyone in the world. There may be bad people .... 〔B〕
Billy : Do you remember we took pictures at the school festival last month? I sent one of them. Look! This is my favorite one.

Aki　: How terrible!　The name of our school can be read in your picture.　The faces of the people around you are not *hidden.　There is a lot of information about you in this picture.　You should not show such pictures.

Billy : I understand, but don't worry, Aki.　Jasmine is my friend's friend.

Aki　: Your friend's friend?　What do you mean?

Billy : Well, my friend, Tom, studied in India last year, and he made friends with Jasmine then.　Actually, I will meet not only Jasmine but also Tom next week.

Aki　: Oh, I see.

Billy : I usually don't tell my real name or any *personal information when I contact someone on the Internet.　For example, I sometimes play online games with people around the world.　I use an online name, not my real name.　And, I don't use a picture of my face.　I use a game character's face.

Aki　: Social media is very useful and may help you to *connect with your friends.　But not all the information on the Internet can be true.

Billy : [C]　We should learn about how to use the Internet and be careful when we use it.

*注　Mumbai：ムンバイ（インドの都市）　social media：ソーシャルメディア
keep in touch with ～：～と連絡を取り続ける　hidden：hide の過去分詞
personal information：個人情報　connect with ～：～とつながる

［1］ 本文中の［A］～［C］に当てはまるものをそれぞれア～ウの中から１つ選び，記号で答えなさい。

［A］ ア．How did you become friends with her?
イ．What do you think about her?
ウ．Have you ever been to India?

［B］ ア．When did you take pictures with Jasmine?
イ．What picture did you send to Jasmine?
ウ．Where did you take pictures?

［C］ ア．I don't think so.　イ．I agree with you.　ウ．Do you think so?

［2］ That が指し示す内容に最も近い意味を持つものを次のア～エの中から１つ選び，記号で答えなさい。

ア．Jasmine is a junior high school student in India.
イ．Billy has known Jasmine for two weeks, but he hasn't met her yet.
ウ．Billy and Jasmine have sent messages to each other.
エ．Billy sent Jasmine his picture, and Jasmine sent hers to him.

［3］ 次の英語の質問に英文で答えなさい。

What club does Billy belong to?

［4］ 本文の内容と一致するものを，次のア～オの中から２つ選び，記号で答えなさい。

ア．It is not necessary to be careful about the Internet because it is open to everyone.

イ. When Billy plays online games, he uses his real name.

ウ. Billy is going to meet Jasmine and Tom in Japan next week.

エ. Billy sent Jasmine some pictures without any information about him.

オ. Tom went to India to study last year and met Jasmine there.

Ⅲ. 次の英文を読み，あとの〔1〕～〔4〕の問いに答えなさい。

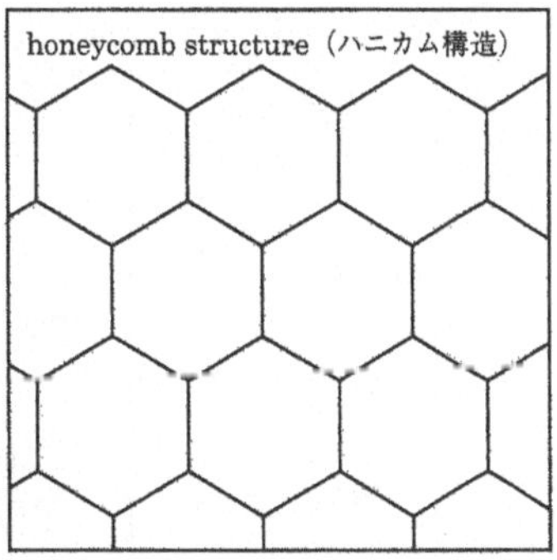

Last year, it was difficult to go out and enjoy shopping because of the virus. So, shopping on the Internet has become more popular. Last week, I received an item from an online shop by mail. When I opened the box, I saw something interesting. There was some paper made of a lot of *hexagons around the item. It looked like a *beehive. I asked my father what it was. He told me that the items wouldn't be damaged during the delivery because of the paper. The paper works as a cushion. I think there were things like balloons around the item in the box as a cushion before, but these days, *hexagonal paper is often used. But why are hexagons used, not triangles or squares?

This hexagonal *structure is called a "① honeycomb structure." People thought of this idea from the beehive. When bees build their houses, they want to make the rooms as large as possible with as little *material as possible. For example, if the shape of each room is a circle, there will be some space between the rooms, and the room will be smaller. Also, the shape of a hexagon makes it stronger against *impact. This is why the walls of the beehive are so *thin but they can hold heavy honey.

In fact, we can find a lot of honeycomb structures around us. For example, do you know that some cushions use the honeycomb structure? They are so strong that they don't get broken when people sit on them. Also, because the *weight is spread thanks to the structure, when you sit down, you can feel like you are sitting on air! Getting ideas from nature like this is called biomimicry. I became interested in biomimicry when I first learned about the honeycomb structure. I learned about biomimicry and tried to find examples of it around me. The Biomimicry Chart shows some of them. One example is a *drone. Have you ever used a drone? A drone usually has four or eight *propellers. The design of its propellers came from the shape of a *maple seed. Maple seeds *spin and fly a long distance because of its shape.

When we have problems, we learn from [②]. Animals and plants living now have survived in nature for a long time. In other words, they have changed in many ways to survive in difficult environments. If we look at things in nature carefully, we may be able to find other good ideas and invent something new from these ideas.

*注　hexagon：六角形　beehive：ハチの巣　hexagonal：六角形の　structure：構造
material：材料　impact：衝撃　thin：薄い　weight：体重　drone：ドローン
propeller：プロペラ　maple seed：カエデの種　spin：回転する

Biomimicry Chart

Product	Idea in nature	Good point(s)
drone		They can fly a long distance.
shinkansen		［A］
umbrella	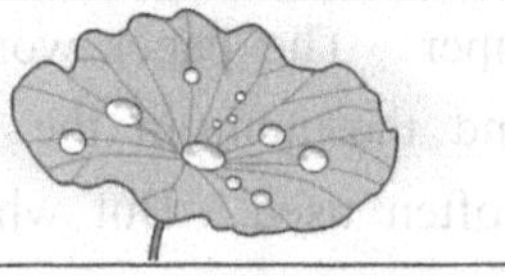	It can *repel water.
*adhesive tape	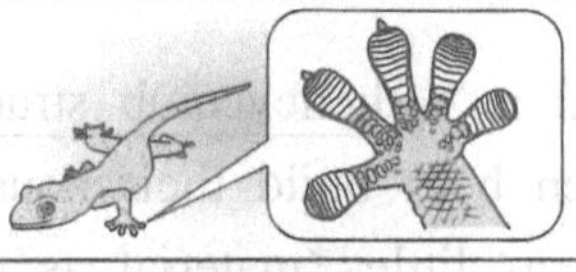	・［B］ ・It can *come off easily.
*syringe		［C］

*注　repel：はじく　adhesive tape：接着テープ　come off：はがれる　syringe：注射器

［1］下線部①について，本文に書かれている，ハチの巣における良い点を２つ，日本語で書きなさい。

［2］本文やBiomimicry Chartの内容に合うように，空欄［②］に入る１語を本文から抜き出して書きなさい。

［3］Biomimicry Chartは，“biomimicry”の考えを応用して作られた製品を表している。空欄［A］～［C］に入るものをそれぞれア～オの中から１つ選び，記号で答えなさい。

ア．It can stick to something strongly.　イ．We don't feel much pain.
ウ．It is strong enough to sit on.　エ．It can move quickly and smoothly.
オ．We can keep heavy things in it.

［4］本文やBiomimicry Chartの内容と一致するものを，次のア～オの中からすべて選び，記号で答えなさい。

ア．筆者は，オンラインショッピングで購入した商品の箱に入っていた紙の役割を，父親から教わった。

イ．ハチの巣のそれぞれの部屋が円であれば，大きな部屋を作ることができる。

ウ．ハニカム構造を取り入れたクッションでは体重が分散されるために座り心地がよい。

エ．筆者は，昨年から biomimicry に興味を持ち始めた。

オ．傘は，植物の葉から着想を得て開閉の仕組みを取り入れた。

Ⅳ．以下の部活動の部員募集のポスターを見て，あなたが入りたいと思う部を１つ選び，その理由を書きなさい。ただし，ポスターに書かれた情報を書き写すのではなく，それを元に自分自身の考えを含めた理由を具体的に書くこと。また，５文以上，かつ，各文５語以上の英語で答えること。

New Club Members Wanted!
Join us!!

Tennis Team

When ：From Monday to Friday

Where：Tennis court

What ：

・practice tennis

・have matches at the city court on weekends

★Even if you have never played tennis before, you can enjoy it!

Swimming Team

When ：【June-September】

→ From Monday to Friday

【October-May】

→ Tuesday, Thursday and Saturday

Where：Swimming pool

What ：

・summer → swim at the school pool

・winter → run around the school

→ swim at the city pool (only on Saturdays)

★We were the city champions last year.

Sado Club

When ：Wednesday and Friday

Where：Tea room

What ：

・learn how to make *matcha*

・sometimes eat Japanese sweets

★Some of the members join other clubs, too.

Photo Club

When ：Saturday or Sunday

Where：Many places

What ：

・take pictures

・go to parks, zoos, rivers, etc

★You can use the cameras of our club.

Natural Science Club

When ：Friday

Where：Science room

What ：

・*observe nature and make reports

・join a science contest every year

★If you are interested in science, our club is good for you!

*注　observe：観察する

（リスニングテスト）

Ⅰ．〔1〕～〔4〕まで，2人の対話が放送されます。それぞれの対話の最後の発話に対する応答として最も適切なものを，選択肢ア～エの中から1つ選び，記号で答えなさい。対話はそれぞれ1回だけ放送されます。

〔1〕 電話で

ア．I'm afraid you have the wrong number.

イ．Of course, you can leave a message.

ウ．Yes, he will call me in the afternoon.

エ．No, he hasn't. Will you call him later?

〔2〕 家電量販店で

ア．I don't like coffee very much.

イ．Do you want to drink coffee at home?

ウ．So you're thinking of buying it, right?

エ．That's good. How much is it?

〔3〕 バスの案内所で

ア．It will arrive at 6 o'clock. It's better for you to take a train.

イ．That was the last bus for today. You have to walk to the main street and take another bus.

ウ．We'll get on the bus at 1:30. Then we'll arrive at Sakura Station by 2 o'clock.

エ．I'm afraid she won't come. She likes trains better than buses.

〔4〕 家庭で

ア．Around 3 o'clock. So you don't have to wait for me.

イ．It's eleven thirty. I have to leave now.

ウ．I'd like a cheeseburger. Why don't we go out for lunch?

エ．OK. I bought some eggs and milk at the supermarket.

Ⅱ．〔1〕～〔4〕まで，短い文章や対話が放送されます。文章や対話のあとに放送される質問の答えとして最も適切なものを，選択肢ア～エの中から1つ選び，記号で答えなさい。文章や対話，それについての質問はそれぞれ2回放送されます。

〔1〕 ア．She has a lot of friends in Singapore.

イ．She studies Chinese history at the university.

ウ．She speaks both English and French.

エ．She came to Japan at the age of six.

〔2〕 ア．At the south gate.

イ．In "Cute Animals Park."

ウ．In "Savanna World."

エ．Next to the shop.

〔3〕 ア．Get up early.
イ．Make *okayu*.
ウ．Cook *udon*.
エ．Take some medicine.

〔4〕 ア．At 8:30.
イ．At 9:00.
ウ．At 11:00.
エ．At 12:00.

※リスニングテストの放送台本は非公表です。

【理　科】（50分）　＜満点：60点＞

Ⅰ．この問題は，理科の基礎知識を問う問題である。次の問いに答えなさい。

〔1〕 ヒトのほおの内側の細胞，オオカナダモの葉の細胞，タマネギの表皮の細胞を，酢酸オルセイン液で染色してプレパラートをつくり，顕微鏡で観察した。細胞の形を保ち，からだを支えるのに役立っているつくりが見られた場合は○，見られなかった場合は×で示しているものを次のア～カの中から１つ選び，記号で答えなさい。

	ア	イ	ウ	エ	オ	カ
ヒトのほおの内側の細胞	○	×	○	×	×	×
オオカナダモの葉の細胞	○	○	×	○	×	×
タマネギの表皮の細胞	○	○	×	×	○	×

〔2〕 電熱線A，電熱線B，電源装置，電圧計を用いて図１，図２の回路をつくり，電源装置の電圧をそれぞれ6.0Vにして電流を流した。このとき，図１の回路の電圧計は4.0Vを示した。電熱線Aの抵抗の大きさをr_1，電熱線Bの抵抗の大きさをr_2，図１の回路全体の抵抗の大きさをr_3，図２の回路全体の抵抗の大きさをr_4とするとき，r_1，r_2，r_3，r_4を大きい順に左から並べたものを次のア～クの中から１つ選び，記号で答えなさい。

図１

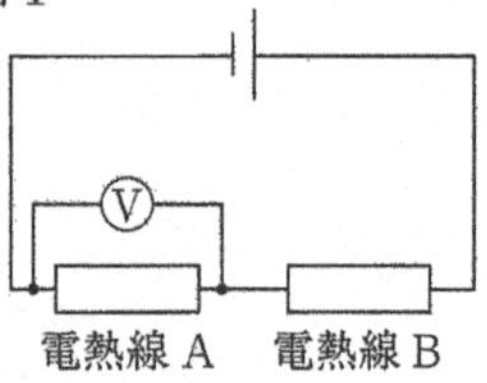

図２

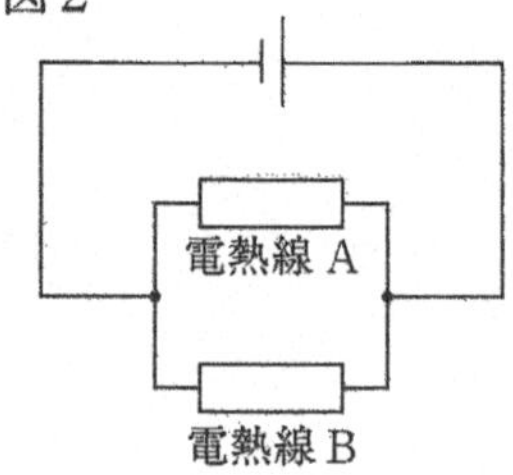

ア　r_1，r_2，r_3，r_4　　イ　r_1，r_3，r_2，r_4　　ウ　r_2，r_1，r_3，r_4

エ　r_2，r_1，r_4，r_3　　オ　r_3，r_2，r_1，r_4　　カ　r_3，r_1，r_2，r_4

キ　r_4，r_2，r_1，r_3　　ク　r_4，r_2，r_3，r_1

〔3〕 海岸付近の地表で，日中にふく風について述べた文として正しいものを次のア～エの中から１つ選び，記号で答えなさい。

ア　日中は，海上より陸上のほうが気圧が低くなるため，陸から海に向かって風がふく。

イ　日中は，海上より陸上のほうが気圧が低くなるため，海から陸に向かって風がふく。

ウ　日中は，海上より陸上のほうが気圧が高くなるため，陸から海に向かって風がふく。

エ　日中は，海上より陸上のほうが気圧が高くなるため，海から陸に向かって風がふく。

〔4〕 表は，水の温度と硝酸カリウムの溶解度との関係を表している。80℃の硝酸カリウムの飽和水溶液201.6ｇを20℃まで冷やすと，硝酸カリウムの結晶は何ｇ出てくるか，小数第１位まで答えなさい。

水の温度	20℃	80℃
溶解度	31.6 g	168.8 g

〔5〕 2020年６月，11月，2021年６月の３期連続で，計算性能を競う４つの世界ランキングで１位になった日本のスーパーコンピュータの名前を何というか。

〔6〕「絶滅のおそれのある野生動植物の種の国際取引に関する条約」の通称として正しいものを次のア～エの中から１つ選び，記号で答えなさい。

ア　ラムサール条約　　イ　ウィーン条約　　ウ　ワシントン条約　　エ　ストックホルム条約

Ⅱ．この問題は，浮力と静電気に関する問題である。次の問いに答えなさい。

〔1〕 浮力に関して，次の２つの実験を行った。ただし，質量100gの物体にはたらく重力の大きさを１Nとし，ばねや糸の質量や体積は考えないものとする。

【実験１】

① 図１のような体積と質量である物体A～Dを，図２のように糸でばねPにそれぞれつるして，ばねPの長さを調べた。

② 物体A～DをばねPにつるしたまま，図３のように物体全体を水の中に沈め，ばねPの長さの変化を調べた。このとき，物体は底面が水そうの底についていなかった。表は，①，②で，物体B，DをばねPにつるしたときのばねPの長さを表している。

図１

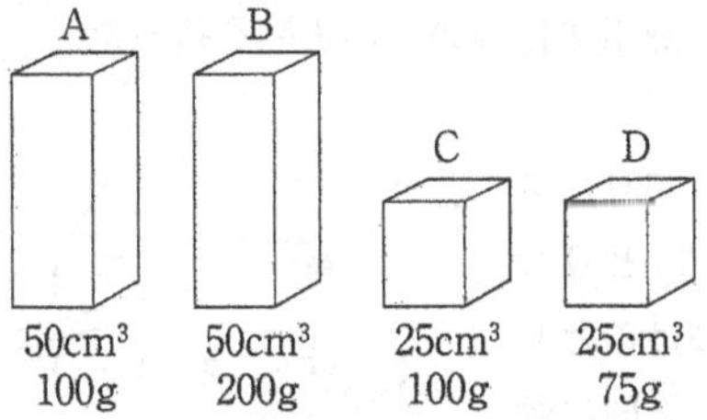

図２

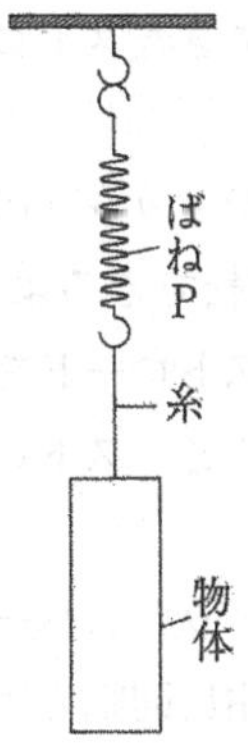

図３

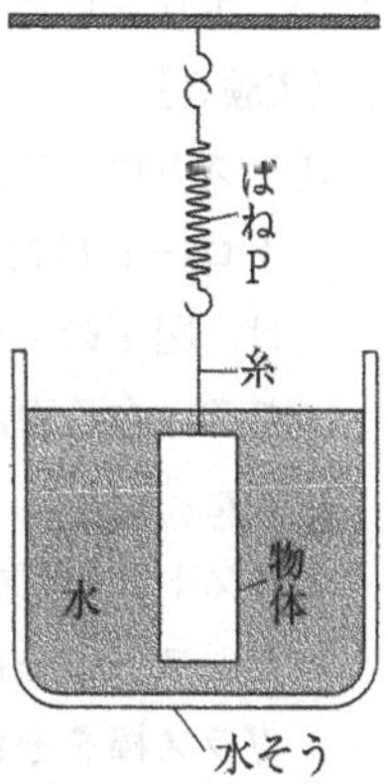

物　　体	B	D
①のときのばねPの長さ〔cm〕	20.0	15.0
②のときのばねPの長さ〔cm〕	18.0	14.0

【実験２】

① 図４のように，てんびんのX側にとりつけたばねPに物体Aを糸でつるし，てんびんのY側に物体Cを糸でつるすと，てんびんがつり合った。

② 物体A，Cをてんびんにつるしたまま，物体C全体を水の中に沈めると，てんびんのX側が下がり，図５のように，物体Aはちょうど床について静止した。このとき，物体Aをつるした糸はたるんでおらず，物体Cは底面が水そうの底についていなかった。

③ ①，②と同様にして，てんびんのX側のばねPとてんびんのY側に物体A～Dのいずれかをつるし，てんびんのY側の物体全体を水の中に沈めた。

④ てんびんのX側にとりつけたばねPとてんびんのY側に，それぞれ物体A～Dのいずれかをつるし，図６のように手で支えながら，２つの物体全体を水の中に沈めたあと，ゆっくりと手をはなした。このとき，物体は底面が水そうの底についていなかった。

図４

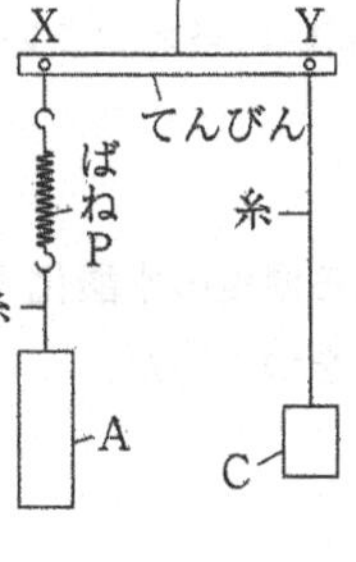

図５

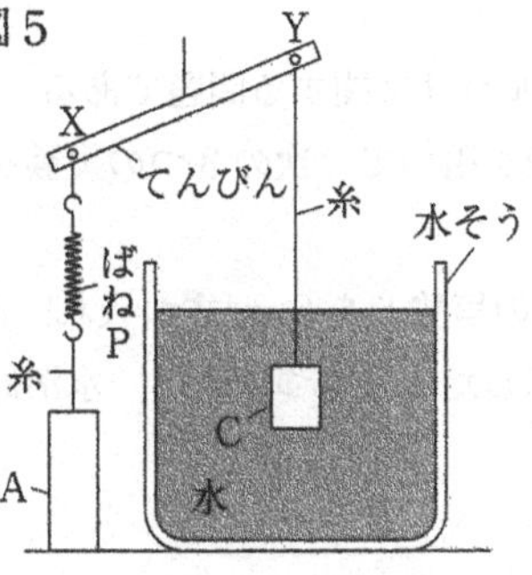

図６

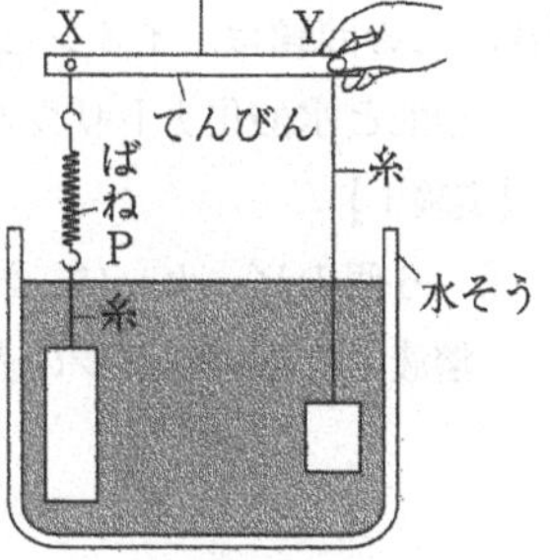

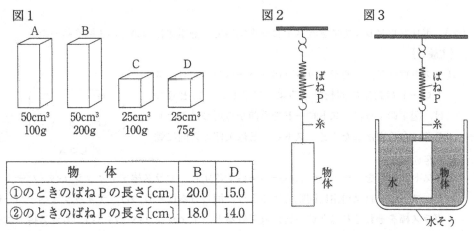

(1) 実験１で，ばねＰを１㎝のばすのに必要な力は何Ｎか。

(2) 実験２の②で，ばねＰののびは何㎝か。

(3) 実験２の③で，てんびんのＸ側のばねＰとてんびんのＹ側に物体Ａ～Ｄのいずれかをつるし，てんびんのＹ側の物体全体を水の中に沈めて，てんびんがつり合ったとき，てんびんのＸ側のばねＰ，てんびんのＹ側にそれぞれつるした物体の組み合わせを記号で答えなさい。ただし，てんびんのＸ側，Ｙ側につるした物体は底面が床や水そうの底についていなかったものとする。

(4) 実験２の④で，手をはなしたあとにてんびんがつり合ったときの物体の組み合わせを記号で答えなさい。

〔２〕 ポリプロピレンでできたストローを用いて，静電気についての実験を行った。

【実験３】

① ストローＥ，Ｆをティッシュペーパ－Ｇでこすり，ストローＥは自由に回転できるように消しゴムにとりつけ，図７のように，ストローＦを手前から近づけるとしりぞけ合う力がはたらき，ストローＥは矢印の方向に動いた。

図７

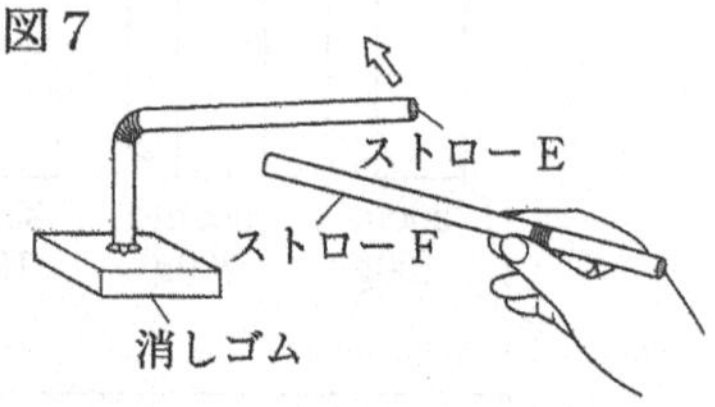

② ストローＨを，ティッシュペーパーＧでこすり，ガラス棒をティッシュペーパーＩでこすった。ストローＨは自由に回転できるように消しゴムにとりつけ，ティッシュペーパーＧ，Ｉ，ガラス棒をそれぞれストローＨに近づけると，ティッシュペーパーＧ，ガラス棒では引き合う力，ティッシュペーパーＩではしりぞけ合う力がはたらいた。ただし，ガラス棒をティッシュペーパーでこすると，ガラス棒は＋の電気を帯びることがわかっている。

(1) 実験３の①で，ストローＥ，Ｆの間でしりぞけ合う力がはたらいた理由を説明しなさい。

(2) 実験３の②の結果から，ポリプロピレン，ティッシュペーパー，ガラスを－の電気を帯びやすい順に左から並べたものを次のア～カの中から１つ選び，記号で答えなさい。

ア　ポリプロピレン，ティッシュペーパー，ガラス
イ　ポリプロピレン，ガラス，ティッシュペーパー
ウ　ティッシュペーパー，ガラス，ポリプロピレン
エ　ティッシュペーパー，ポリプロピレン，ガラス
オ　ガラス，ポリプロピレン，ティッシュペーパー
カ　ガラス，ティッシュペーパー，ポリプロピレン

Ⅲ． この問題は，イオンと酸・アルカリに関する問題である。あとの問いに答えなさい。

塩酸と水酸化ナトリウム水溶液を用いて，次の３つの実験を行った。

【実験１】

① ６個のビーカーに，ある濃度の塩酸Ｘを６cm^3ずつ入れ，そこにある濃度の水酸化ナトリウム水溶液Ｙを次のページの表１に示した体積ずつ加えて，水溶液Ａ～Ｆをつくった。

表1

水溶液	A	B	C	D	E	F
塩酸X〔cm^3〕	6	6	6	6	6	6
水酸化ナトリウム水溶液Y〔cm^3〕	3	6	9	12	15	18

② 食塩水をしみこませたろ紙の上に赤色のリトマス紙a，bと青色のリトマス紙c，dを図1のように置き，ろ紙の両端をクリップではさみ，電源装置につないだ。ろ紙の中央に水溶液A～Fをそれぞれしみこませた糸を置き，リトマス紙a～dの色がどのように変化するかを調べた。

【結果1】 水溶液A～Cをそれぞれしみこませた糸を置いたときと，水溶液D～Fをそれぞれしみこませた糸を置いたときで，それぞれa～dの同じリトマス紙の色が変化した。

図1

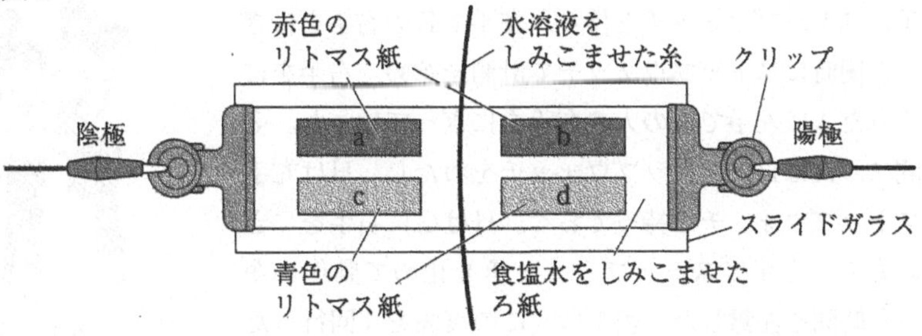

【実験2】【実験1】の水溶液A～Fをそれぞれ入れたビーカーにアルミニウムの小片を加えると気体Pが発生し，発生した気体Pの体積を調べた。

【結果2】 発生した気体Pの体積は，表2のようになった。気体の発生後，それぞれのビーカーにはアルミニウムが残っていた。

表2

水溶液	A	B	C	D	E	F
発生した気体P〔cm^3〕	105	60	15	30	75	120

【実験3】 塩酸X 6 cm^3に水酸化ナトリウム水溶液Yを少しずつ加えて，ちょうど中性になるようにした。

〔1〕 実験1の①で，塩酸に水酸化ナトリウム水溶液を加えたときに起こった化学変化の化学反応式を書きなさい。

〔2〕 実験1の②で，次の(1)，(2)のとき，色が変化したリトマス紙をa～dの中からそれぞれ1つずつ選び，記号で答えなさい。

(1) 水溶液A～Cをそれぞれしみこませた糸を置いたとき

(2) 水溶液D～Fをそれぞれしみこませた糸を置いたとき

〔3〕 実験で用いた塩酸Xと水酸化ナトリウム水溶液Yを，水溶液Aと同じ体積の割合で混ぜた水溶液24cm^3に水溶液F 24cm^3を加えて水溶液をつくり，その水溶液を糸にしみこませて実験1の②の操作を行った。このとき，色が変化したリトマス紙をa～dの中から1つ選び，記号で答えなさい。

〔4〕 実験2で，発生した気体Pの化学式を書きなさい。

〔5〕 実験3で，できた水溶液を少量とり，水分を蒸発させると白い物質が生じた。この物質について述べた文として正しいものを次のア～エの中から1つ選び，記号で答えなさい。

ア 単体で，分子をつくる。

イ 単体で，分子をつくらない。

ウ 化合物で，分子をつくる。

エ 化合物で，分子をつくらない。

〔6〕 実験3で，加えた水酸化ナトリウム水溶液Yは何cm^3か。

Ⅳ. この問題は，刺激と反応に関する問題である。次の問いに答えなさい。

刺激と反応に関して，次の3つの実験を行った。

【実験1】 A～Hの8人が輪になって並び，図1のように，Aは右手にストップウォッチを持ち，左手でBの右手をにぎるのと同時にストップウォッチで計測を始め，右手をにぎられた人は左手で次の人の右手をにぎっていった。その間に，AはHにストップウォッチをわたし，Hは左手にストップウォッチを持っておく。HはGに右手をにぎられたら，左手でストップウォッチを止めて動作にかかった時間を記録した。表1は，この実験を4回行った結果をまとめたものである。

図1

表1

回数	1回目	2回目	3回目	4回目
時間〔秒〕	1.82	1.93	1.96	1.85

【実験2】

① ストップウォッチとライトを持ったAと，ライトを持ったB～Hの8人が図2のように等間隔で円形に並んで立った。Aはライトのスイッチを押して点灯すると同時にストップウォッチを押した。BはAのライトが点灯するのを見て，自分のライトを点灯し，CはBのライトが点灯するのを見て，自分のライトを点灯した。順にこの動作をD～Hまで行った。AはHのライトが点灯するのを見たのと同時に，ストップウォッチを止めて動作にかかった時間を記録した。表2は，この実験を4回行った結果をまとめたものである。

図2

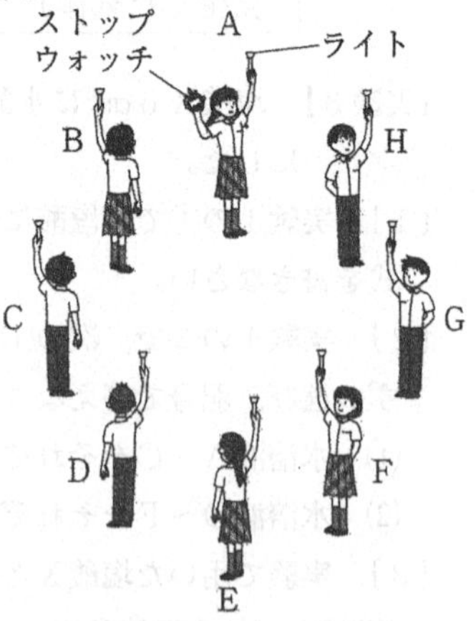

表2

回数	1回目	2回目	3回目	4回目
時間〔秒〕	2.17	1.81	2.08	1.62

② 図3のように，Dのかわりに同じ位置に鏡を置き，A～Cは①と同じ動作を行い，Eは鏡の中のCのライトが点灯したのを見て自分のライトを点灯させ，F～Hは①と同じ動作を行った。AはHのライトが点灯するのを見たのと同時に，ストップウォッチを止めて動作にかかった時間を記録した。

図3

【実験3】 A～Hの8人が横一列に並び，両隣の人と手をつないだ。図4のように，Aは右手にストップウォッチを持ち，左手でBの右手をにぎるのと同時にストップウォッチで計測を始め，右手をにぎられた人は左手で次の人の右手をにぎっていった。HはGに右手をにぎられたら，すぐに左手をあげ，AはHの左手があがるのを見たのと同時に，ストップウォッチを止めて動作にかかった時間を記録した。

図4

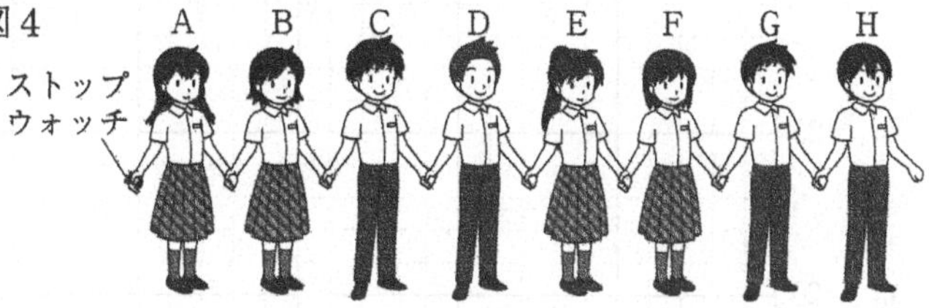

〔1〕 実験1で，右手をにぎられてから，左手で次の人の右手をにぎるまでに，刺激と命令の信号が伝わる経路として正しいものを次のア～エの中から1つ選び，記号で答えなさい。

ア 感覚器官→感覚神経→脳→運動神経→運動器官

イ 感覚器官→感覚神経→せきずい→運動神経→運動器官

ウ 感覚器官→感覚神経→脳→せきずい→運動神経→運動器官

エ 感覚器官→感覚神経→せきずい→脳→せきずい→運動神経→運動器官

〔2〕 実験1で，1人が右手をにぎられてから，左手で次の人の右手をにぎるまでにかかる平均の反応時間は何秒か。

〔3〕 実験2の①で，前の順番の人のライトが点灯したのを見て，自分のライトのスイッチを押すまでに，刺激と命令の信号が伝わる経路として正しいものを〔1〕のア～エの中から1つ選び，記号で答えなさい。

〔4〕 実験2の②で，ストップウォッチの示した時間は何秒か。ただし，1人あたりの反応時間は実験2の①の1人あたりの平均の反応時間と等しいものとする。

〔5〕 自転車に乗って5.0m/sの速さで進んでいるとき，前方の障害物を見てからブレーキをかけて自転車が止まるまでの距離は何mか。ただし，目で障害物を見てから反応するまでにかかる時間は実験2の①の1人あたりの平均の反応時間と等しい時間であり，自転車で5.0m/sの速さで

進んでいるときにブレーキをかけてから止まるまでの距離は1.75mであるとする。

〔6〕 実験3で，ストップウォッチの示した時間は何秒か。ただし，右手をにぎられてから，左手で次の人の右手をにぎるまでの1人あたりの反応時間は実験1の1人あたりの平均の反応時間と等しく，手があがるのを見てからストップウォッチを止めるまでの反応時間は実験2の①の1人あたりの平均の反応時間と等しいものとする。

V. この問題は，地震に関する問題である。次の問いに答えなさい。

日本で起こったある地震について調べた。この地震で，地点Aでは14時23分33秒に初期微動が始まり，14時23分45秒に主要動が始まった。地点Bでは初期微動が24秒間続いたあと，14時24分09秒に主要動が始まった。地点Cでは14時23分57秒に主要動が始まった。この地震では初期微動を起こす波の速さは一定で，主要動を起こす波の速さも3.5km/sで一定であった。また，震源は地下のごく浅い場所にあるので震源の深さは考えないものとし，各地点の標高は等しいものとする。

〔1〕 初期微動を起こす波を何というか。

〔2〕 図1は，この地震の初期微動が始まった時刻と初期微動継続時間の関係を表そうとしたものである。地点A，地点Bを表す点をとり，グラフを完成させなさい。

図1

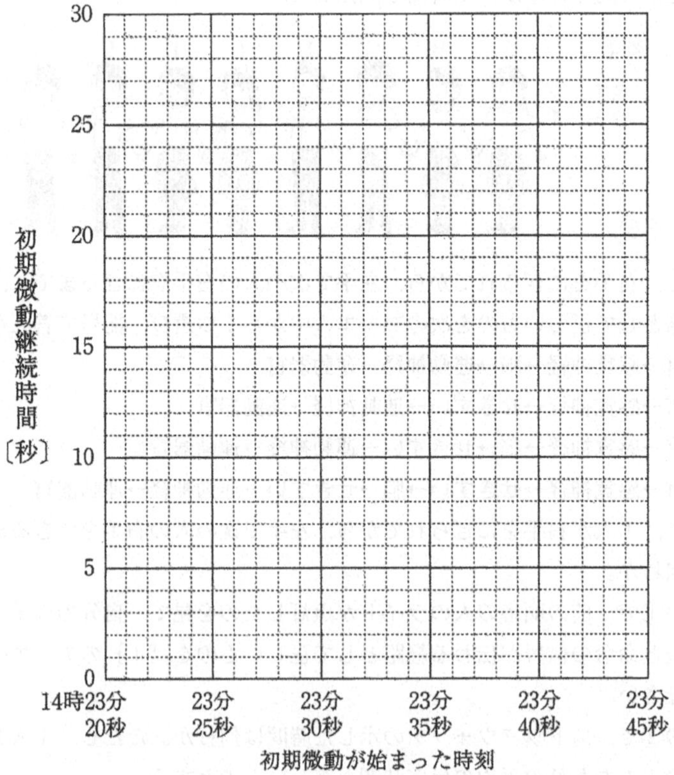

〔3〕 この地震が発生した時刻は14時何分何秒か。

〔4〕 地点Cの初期微動継続時間は何秒か。

〔5〕 初期微動を起こす波の速さは何km/sか。

〔6〕 図2は地点A～C付近の地表における位置関係を表していて，方眼1目盛りの距離はすべて等しい。このとき，方眼の交点の中で地震の震央として最も適するものを図2のア～カの中から1つ選び，記号で答えなさい。

図2

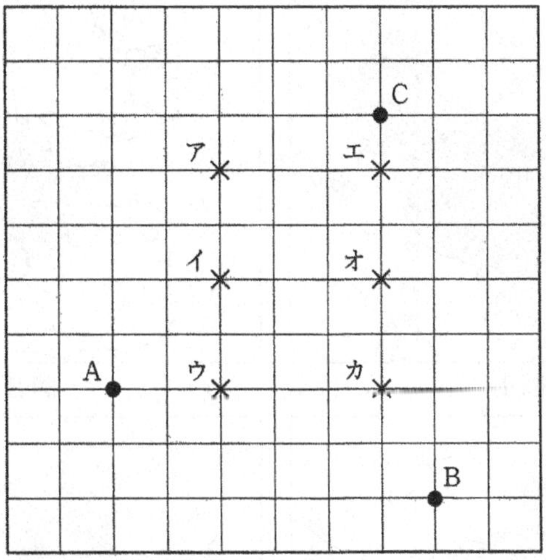

【社　会】（50分）＜満点：60点＞

Ⅰ．以下の問いに答えなさい。

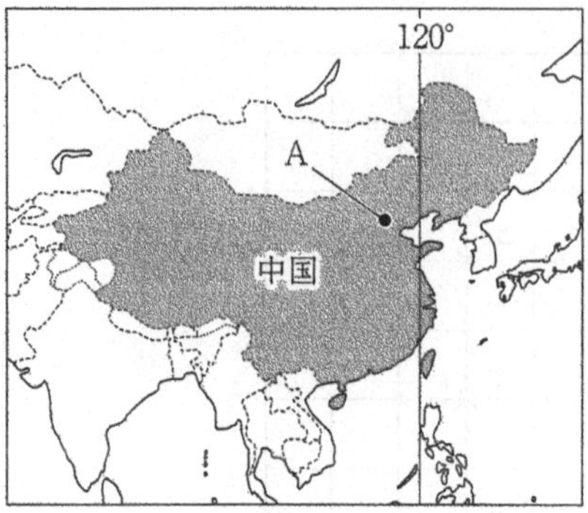

図１

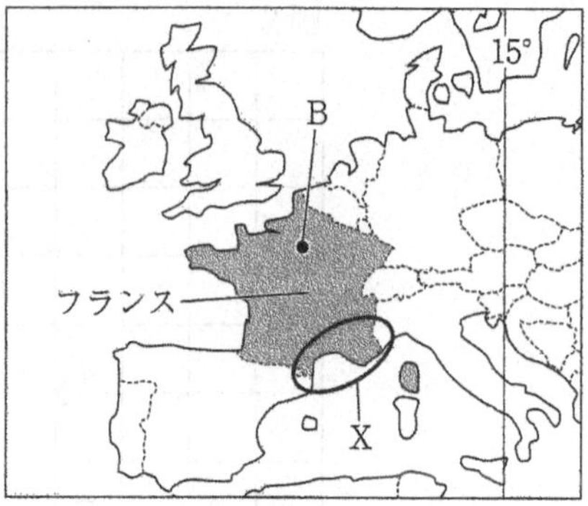

図２

図３

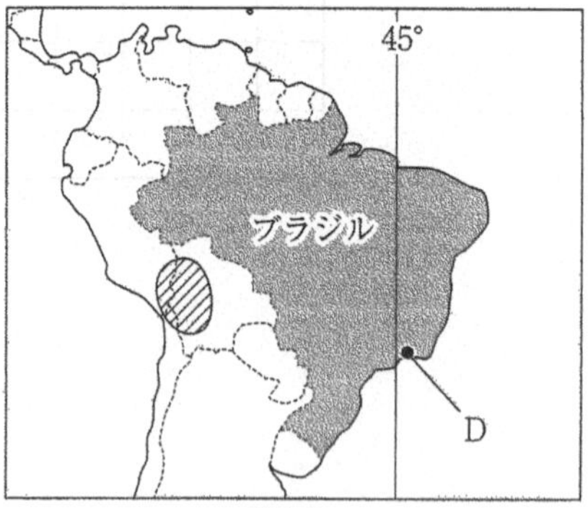

図４

※図１～図４の縮尺はそれぞれ異なっている。

〔1〕 図１～図４中の経線は，Ａ～Ｄの都市の標準時子午線である。Ａ～Ｄの都市のうち，二都市間の時差が最も大きい２つの都市を選び，日付が変わるのが早い順に記号で答えなさい。

〔2〕 次のア～エは，図１～図４の国の産業についての説明である。図１・図２の国にあてはまる説明を，それぞれ１つずつ選び，記号で答えなさい。

ア．周辺の国々と経済的な枠組みをつくり，周辺の国々で製造した部品をこの国に集めて，航空機を製造している。

イ．1970年代ごろから南部の温暖な地域で著しく工業が発達し，石油化学工業や航空宇宙産業がさかんになっている。

ウ．森林を大規模に伐採して開発を進め，機械工業が発展してきたほか，バイオエタノール（バイオ燃料）の生産がさかんである。

エ．臨海部には，税を優遇するなどして外国の企業を積極的に受け入れている経済特区が５か所設けられている。

〔3〕 次のページの図５，図６は，図１の国の人口に関する統計を示したものである。図１の国では1979年から2015年まで一人っ子政策を行ってきた。一人っ子政策を行ってきた結果，どのような影響がみられるようになったか，図５，図６をもとにして答えなさい。

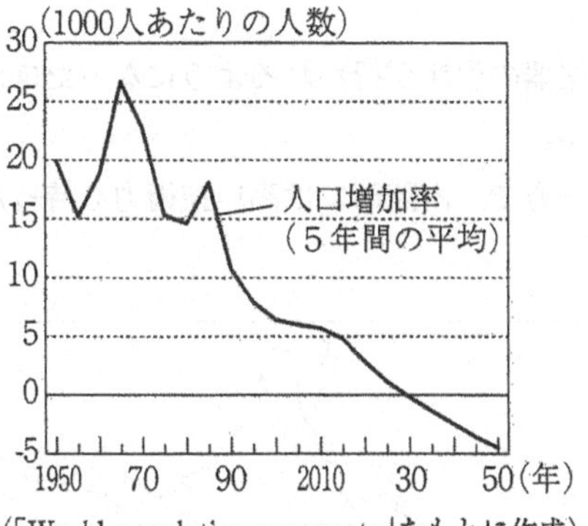

(「World population prospects」をもとに作成)

図5

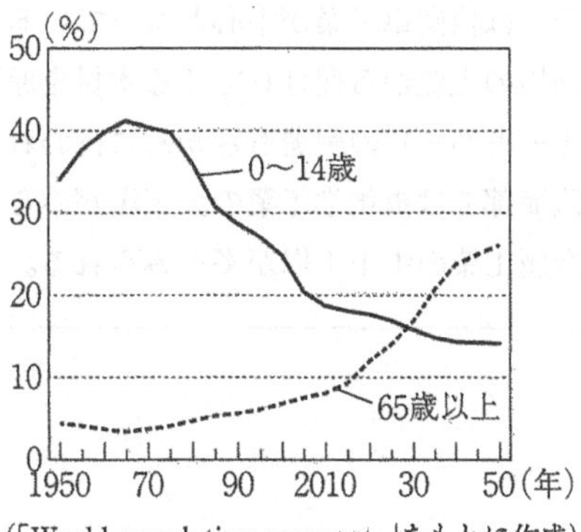

(「World population prospects」をもとに作成)

図6

〔4〕 前のページの図2のXの地域では，気候に合わせて夏にオリーブやぶどうなどの栽培，冬に小麦などの栽培を行っている。このような農業の名称を答えなさい。

〔5〕 次の図7は，前のページの図1～図4の国の就業人口にしめる農林水産業就業者の割合と，農林水産業就業者1人あたりの農地面積を示している。図3の国にあてはまるものを，図7のア～エから1つ選び，記号で答えなさい。

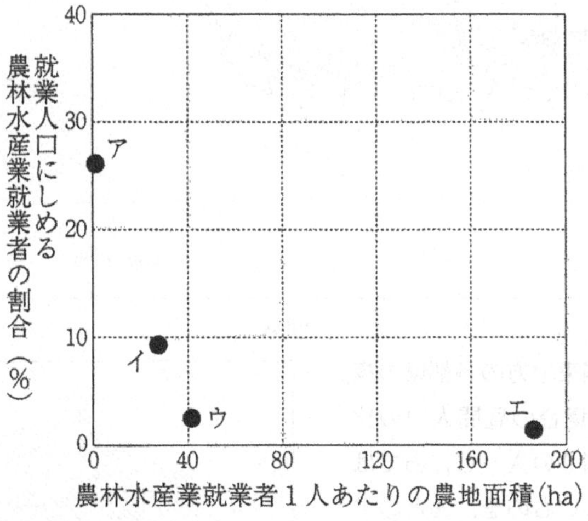

(2017年，人口は2018年，「世界国勢図会2020/21年版」をもとに作成)

図7

〔6〕 前のページの図4の 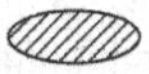 の地域の標高4000～5000mの地帯の土地利用の説明にあてはまるものを，次のア～エから1つ選び，記号で答えなさい。

ア．リャマ・アルパカの放牧　　イ．とうもろこしの栽培

ウ．いも類の栽培　　　　　　　エ．かんきつ類や熱帯作物の栽培

〔7〕 次のア～エは，次のページの図8の①～④の都道府県の工業についての説明である。①・④の都道府県にあてはまる説明を，それぞれ1つずつ選び，記号で答えなさい。

ア．内陸部の高速道路沿いに工業団地が造成され，電子部品などの製造が行われているほか，伝統的工芸品の鉄器の生産も行われている。

イ．明治時代に操業を開始した製鉄所と，良質の石炭を産出する炭鉱を中心に発展してきたが，

近年では自動車工業が中心となっている。

ウ．河川の上流から運ばれてくる木材を原料に楽器の生産が行われるようになったほか，二輪車（オートバイ）の製造もさかんに行われている。

エ．臨海部では重化学工業の大工場がみられる一方で，内陸部には高い技術力を持った機械工業や金属工業の中小工場が多くみられる。

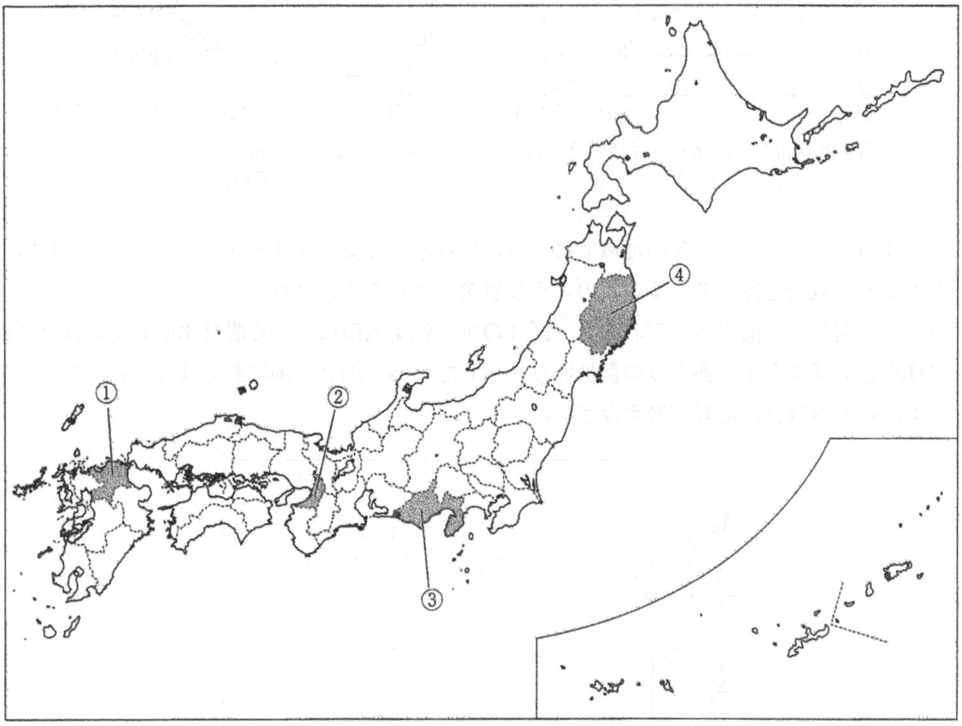

図８

〔８〕 右の図９は，関東地方の各都県の夜間人口を100とした場合の昼間人口の比率を示している。図９のＡ～Ｃにあてはまる数値として正しいものを，あとのア～ウからそれぞれ１つずつ選び，記号で答えなさい。

ア．100以上

イ．95以上～100未満

ウ．95未満

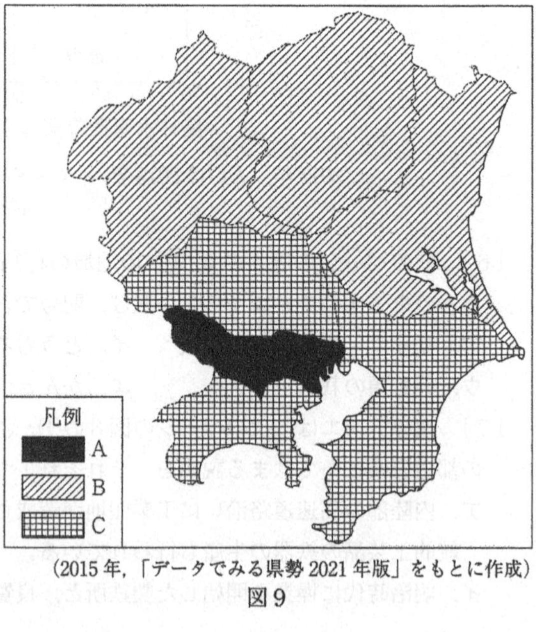

（2015年，「データでみる県勢 2021年版」をもとに作成）

図９

〔9〕 次の表は，千葉港と，名古屋港，東京港，関西国際空港のいずれかの輸出入品目の各上位3品目と，各港の輸出入の各総額にしめる割合を示している。千葉港にあてはまるものを，表のア～エから1つ選び，記号で答えなさい。

表

ア				イ			
輸出		輸入		輸出		輸入	
集積回路	19.0	医薬品	23.2	自動車	26.3	液化ガス	8.4
電気回路用品	6.5	通信機	14.2	自動車部品	16.7	石油	7.8
科学光学機器	6.4	集積回路	6.2	内燃機関	4.3	衣類	7.1
ウ				エ			
輸出		輸入		輸出		輸入	
半導体等製造装置	6.7	衣類	8.9	石油製品	28.0	石油	53.4
自動車部品	6.5	コンピュータ	5.3	有機化合物	17.4	液化ガス	17.4
コンピュータ部品	5.4	肉類	4.6	鉄鋼	15.7	自動車	9.1

（2019年，単位：%，「日本国勢図会 2020/21 年版」をもとに作成）

Ⅱ．天皇の歴史に関する次の文章を読んで，以下の問いに答えなさい。なお，特に指定のない限り，固有名詞等，漢字で表記すべきものはすべて漢字で答えなさい。

考古学的な資料をもとに考えると，3世紀末～4世紀ごろに大和政権（ヤマト王権）が成立し，その中心人物であった大王が，7世紀ごろから天皇とよばれるようになったと考えられている。6世紀半ばからは蘇我氏が皇室と結びついて強大な権力を持ったが，7世紀半ばに中大兄皇子（のちの天智天皇）は蘇我氏を倒して①大化の改新とよばれる政治改革を進め，その弟の②天武天皇などによって天皇中心の政治のしくみが確立していった。8世紀半ばの聖武天皇は，仏教の力にたよって国を平和に治めようとし，国ごとに国分寺と国分尼寺を建てさせ，都には③東大寺を建てた。

8世紀末に，④桓武天皇は都を平安京に移して律令制の立て直しを図ったが，平安時代中ごろになると藤原氏が摂政や関白の地位を独占して政治を行うようになり，幼少の天皇が多くなった。しかし，11世紀後半，白河天皇が上皇となって政治の実権をにぎる院政が始まったころには，藤原氏の力は弱まった。このころから⑤武士の力がしだいに強まり，12世紀末には源頼朝が武士の政権を築いたが，源氏の将軍が3代で途絶えると，後鳥羽上皇は朝廷の復権をねらって挙兵し，⑥承久の乱が起こった。この挙兵は失敗に終わり，後鳥羽上皇は隠岐に流された。

14世紀には，後醍醐天皇が鎌倉幕府を倒し，建武の新政とよばれる天皇中心の政治を行ったが，この政治は2年ほどで失敗に終わり，以後約60年にわたって⑦南北朝の争いが続いた。15世紀後半に起こった応仁の乱のころになると，天皇や貴族は困窮して儀式が十分に行えない時期が続いた。⑧戦国大名の中には，こうした儀式の資金を提供する者もあった。⑨江戸時代には，幕府が禁中並公家諸法度を出して朝廷を統制し，天皇や貴族が政治に介入することがほとんどなくなった。

天皇の権威が大きく復活したのは，幕末のことである。⑩日米修好通商条約の締結の際に，幕府が天皇の許可を得なかったことが問題になり，尊王攘夷運動がさかんになるなど，天皇の権威は倒幕勢力の後ろ盾となっていった。江戸幕府に代わって成立した新政府は，⑪明治天皇が天地の神々に誓う形で政治の基本方針を出し，長州藩や薩摩藩の出身者が中心となって近代国家がつくられていった。⑫大日本帝国憲法では天皇は元首として統治権を担い，陸海軍を統率する権限を持つこととなった。

⑬第二次世界大戦後に制定された日本国憲法では，天皇は「日本国と日本国民統合の象徴」として国事行為のみを行う存在となったが，天皇は諸外国を訪問したり，外国の元首を国賓に迎えたりすることで，外交上の大きな役割を果たしている。

〔1〕 下線部①について，大化の改新の際に打ち出された，全国の土地と人民を天皇のものとする方針を何というか，漢字４字で答えなさい。

〔2〕 下線部②について，天武天皇が即位する前に天智天皇の子と争った戦いを何というか，答えなさい。

〔3〕 下線部③について，右の資料１は，東大寺の敷地内につくられ，遣唐使が持ち帰った宝物などが収められた倉庫を示している。この倉庫の名称を答えなさい。

資料１

〔4〕 下線部④について，桓武天皇が征夷大将軍に任命し，東北地方に遠征させた人物として適切なものを，次のア～エから１つ選び，記号で答えなさい。また，この人物が平定した，朝廷に従っていなかった人々のことを何というか，その名称を答えなさい。

ア．中臣鎌足　　イ．小野妹子　　ウ．坂上田村麻呂　　エ．菅原道真

〔5〕 下線部⑤について，次のア～エは，武士に関連するできごとを示している。ア～エを年代の古い順に並べて，記号で答えなさい。

ア．平清盛が，武士として初めて太政大臣に任命された。

イ．東北地方に大きな勢力を築いた奥州藤原氏が滅ぼされた。

ウ．崇徳上皇と後白河天皇の対立から，保元の乱が起こった。

エ．瀬戸内で藤原純友が朝廷に対する反乱を起こした。

〔6〕 下線部⑥について，次の資料２は，承久の乱の前後の日本について示している。承久の乱を経て，鎌倉幕府の影響力はどのように変わったか，資料２をもとにして答えなさい。

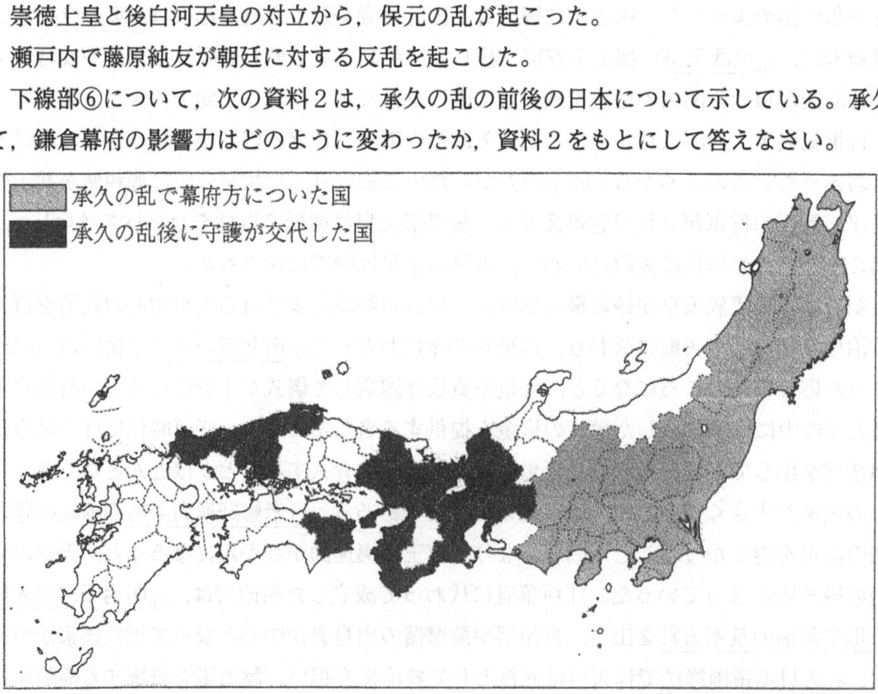

資料２

〔7〕 下線部⑦について，南北朝の争いを終わらせた将軍の保護を受けて大成した文化として正しいものを，次のア～エから１つ選び，記号で答えなさい。

ア．

イ．

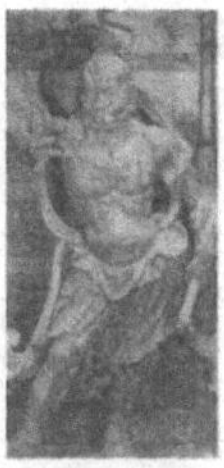

ウ．

エ．

〔8〕 下線部⑧について，戦国大名が活躍したころの世界のできごととして正しいものを，次のア～エから１つ選び，記号で答えなさい。

ア．イタリア人のマルコ・ポーロがユーラシアを旅したことを記録した書物で，日本を「黄金の国ジパング」として紹介した。

イ．イギリスで共和政を始めたクロムウェルが独裁を行ったことを受けて革命が起こり，立憲君主制が確立された。

ウ．イスラム教の勢力に奪われたエルサレムを取り返そうというローマ教皇のよびかけに従って，第１回十字軍が派遣された。

エ．ポルトガルのバスコ・ダ・ガマがアフリカ南端の喜望峰をこえて航海を続け，インドに到達した。

〔9〕 下線部⑨について，江戸時代に国学を大成した人物として正しいものを，次のア～エから１つ選び，記号で答えなさい。

ア．伊能忠敬　　イ．大塩平八郎　　ウ．菱川師宣　　エ．本居宣長

〔10〕 下線部⑩について，次の資料３は，幕末の貿易相手国の内訳を示している。□ にあてはまる国名を答えなさい。

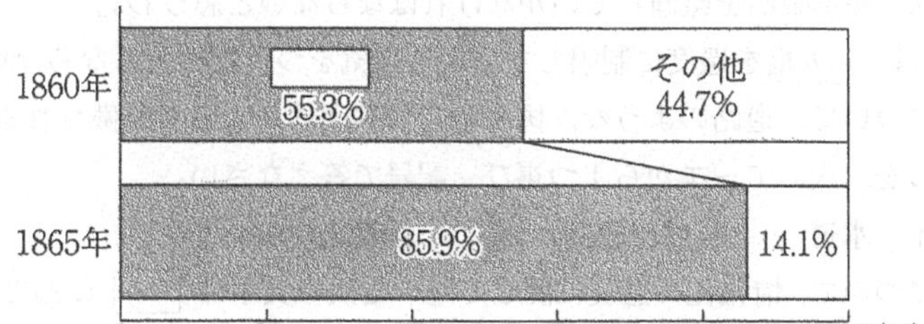

（「近代日本経済史要覧」をもとに作成）

資料３

〔11〕 次の資料４は，下線部⑪の一部を示している。この基本方針を何というか，答えなさい。

一　広ク会議ヲ興シ万機公論ニ決スヘシ
一　上下心ヲ一ニシテ盛ニ経綸ヲ行フヘシ
一　智識ヲ世界ニ求メ大ニ皇基ヲ振起スヘシ

資料４

〔12〕 下線部⑫について，大日本帝国憲法の制定よりも後に起こったできごととして正しいものを，次のア～エから１つ選び，記号で答えなさい。

ア．ノルマントン号事件が起こった。　イ．義和団事件が起こった。

ウ．樺太・千島交換条約を締結した。　エ．日朝修好条規を締結した。

〔13〕 下線部⑬について，右の資料５のできごとと同じ年に起こったできごととして正しいものを，次のア～エから１つ選び，記号で答えなさい。

ア．東海道新幹線が開通した。

イ．沖縄が日本に返還された。

ウ．日本が国際連合に加盟した。

エ．ベルリンの壁が崩壊した。

資料５

Ⅲ．達也さんと美香さんが，2021年に起こったできごとについて話している。次の会話文を読んで，以下の問いに答えなさい。

達也：「７月に静岡県熱海市で発生した土石流災害は怖かったね。多くの住宅や①道路が流されて，被害者も多く出て，甚大な損害が発生してしまったね。」

美香：「②情報化が進んで，住民がスマートフォンで撮影した映像などが多く出回るようになっているから，以前よりも災害が発生する瞬間を目にしやすくなっていると思うわ。それとともに，消防隊や③自衛隊が行う救助の様子もより多く目にするようになったわ。」

達也：「熱海市は温泉を中心とする観光地で，災害が発生したのは観光客が多く訪れるところではないようだけれど，観光客の足が遠のいてしまって④経済的な影響も心配されているよ。」

美香：「ところで，この土石流が発生した原因の一つとして，山間部の⑤開発の際の対策が不十分だったのではないかと言われているわね。開発業者に対して，行政がもっと強く指導できるように，法律や⑥条例を整備していかなければならないと思うわ。」

達也：「その際には，⑦人権を過度に制限しないように気をつけなければならないね。」

〔１〕 下線部①について，道路のような，国や地方公共団体によって整備される公共財としてあてはまらないものを，次のア～エから１つ選び，記号で答えなさい。

ア　公園　　イ　水道　　ウ　公共施設　　エ　百貨店

〔２〕 下線部②について，情報化の進展に関して述べた次の文中の □ にあてはまる内容を，「人手」「価格」の語句を使って，簡単に答えなさい。

> インターネットの普及にともなって，流通の面でも大きな変化が起こっており，生産者と消費者が直接結びつくようになっている。消費者としては，生産者の顔がみえることで商品に対する安心感を得られるとともに，□ことが期待される。

〔３〕 下線部③について，自衛隊をめぐる近年の動きに関して述べた次の文中の □ にあてはまる語句を答えなさい。

> 自衛隊は国土を防衛する必要最低限度の実力として位置づけられているが，2015年には，

日本と密接な関係にある国が攻撃を受けた場合に，攻撃した国に対して必要な措置をとることができる，［　　］権の限定的な行使を可能とする法整備が行われた。

〔4〕 下線部④について，次の資料1は，需要量や供給量と価格の関係を示している。資料1をもとに述べたあとの文中の［a］，［c］にあてはまる語句を，それぞれ答えなさい。また，［b］，［e］にあてはまる語句を，あとのア～エからそれぞれ1つずつ，［d］にあてはまるものを資料1のカ～ケから1つ選び，記号で答えなさい。

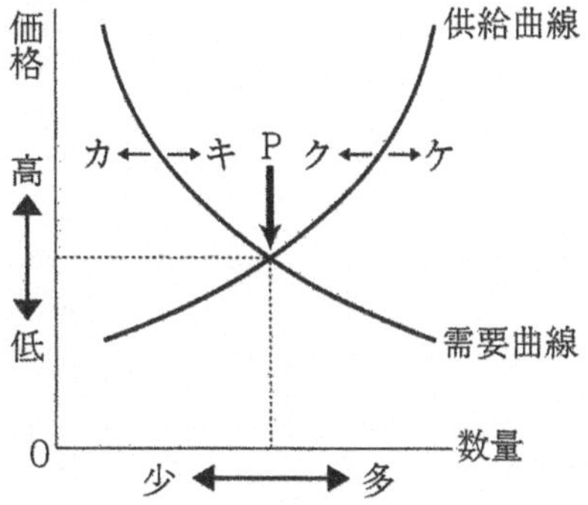

資料1

多くの商品は需要量と供給量の関係によって価格が決まり，こうして決まった資料1のPの価格を［a］という。観光地のホテルの宿泊料金を例にとると，観光客が少なくなることは［b］にあたり，［c］曲線が［d］の方向へ移動するため，一般的には宿泊料金が［e］。

ア．需要量の減少　　イ．供給量の減少　　ウ．上がる　　エ．下がる

〔5〕 下線部⑤について，近年では環境権を保障する観点から，大規模な開発を行う際には，環境に与える影響を調査して公表する，環境［　　］が義務づけられている。［　　］にあてはまる語句を，カタカナで答えなさい。

〔6〕 下線部⑥について，条例の制定に関する直接請求をする際の行動について述べた，次の文中の［X］，［Y］にあてはまる語句を，それぞれ答えなさい。

有権者の［X］以上の署名を集め，［Y］に提出する。

〔7〕 下線部⑦について，次の資料2は，自由権の保障に関連する日本国憲法の条文を示している。資料2で保障している自由権の種類は何か，答えなさい。

第33条　何人も，現行犯として逮捕される場合を除いては，権限を有する司法官憲が発し，且つ理由となつてゐる犯罪を明示する令状によらなければ，逮捕されない。

資料2

問五　波線部「合意形成を目指していく」とあるが、あなたはこれまでに、どのような時にどのような目的で合意形成を目指す経験をしたか。「～時に、～ために、合意形成を目指した。」の形で、具体的に七十字以内で述べなさい。

地域性を大事にするために、まず個人ができることは、「地産地消」[注5]でしょう。日本における持続的産業の代表は、③まさに農林水産業＝第一次産業です。地域経済を活性化させるためには、まずは地域住民が、地域で生産を行い、地域で消費するというサイクルを作ることが必要です。すなわち、地域経済の根幹となる第一次産業を地域で興《おこ》し、その産物を地域で消費・利用するという、里山形式の経済システムを確立することです。

地域経済が安定し、地域社会が独自のコミュニティとして成り立てば、若い人たちも安心して生活ができるようになり、人口減少に[B]をかけることも可能となります。地域に人が住み、その地域の自然管理が行われるようになれば、地域ごとの独自の生態系・生物多様性も健全に保全されることになります。

自立した地域社会が全国に展開することで、首都圏の経済が停滞するようなことが起こっても、地域社会まですべて壊れるというようなリスクは低くなります。ひとつの日本、その中にある地方という社会生態系ができるわけです。

実はこのシステムは生物集団にも当てはまるのです。地域ごとに適応した集団同士が緩やかに結びついていて、少しずつ双方で遺伝子を交換するという構造を「メタ個体群」あるいは「メタ集団」といいます。ひとかたまりの大きな集団でいるよりも、こうした地方分散型の連結集団構造の方が、環境変化によってどれかひとつの集団が滅んでも、ほかの集団によって補填《ほてん》・再生されるという形で、集団全体の絶滅リスクが低くなることが観察されています。

一方、今のようなグローバル化の進行が続けば、地域の固有性が守れeなくなり、世界経済の動向に飲まれて地域の社会も共倒れを起こすことになってしまいます。

まずは地方再生のスタートとして、みなさんで「地産地消」を実行するところから始めてみてはどうでしょう。自分たちが住んでいた地域にかつてどんな自然、歴史、文化があったのかを学び、自分たちが目指す未来の社会と環境を地域ごとに考え、合意形成を目指していくことが地域再生のあるべき姿と考えます。

（五箇公一《ごかこういち》『これからの時代を生き抜くための生物学入門』より）

（注）
1 駕籠……人を乗せ、人力で運ぶ乗り物。
2 飛脚……手紙等を人馬が目的地に届けたシステム。
3 ローカリティ……地域性。土地柄。
4 パラダイムシフト……発想や価値観などの転換。
5 地産地消……地元で生産し地元で消費すること。

問一　傍線部①「隔離」と同じ構成の熟語を、次のア～オの中から一つ選び、記号で答えなさい。

ア　首尾　イ　握手　ウ　既成　エ　安穏　オ　官製

問二　[A]・[B]にあてはまる言葉として最も適当なものを、それぞれ次のア～オの中から一つずつ選び、記号で答えなさい。

ア　発破　イ　拍車　ウ　歯止め

エ　太鼓判　オ　引き金

問三　傍線部②「大事に」・傍線部③「まさに」の品詞名を、それぞれ漢字で書きなさい。

問四　二重傍線部a～eの中から、文法的性質が異なるものを一つ選び、記号で答えなさい。

キ　擬音《ぎおん》語や擬態語を用いた表現や比喩《ひゆ》表現の多用により、思春期の登場人物の繊細で複雑な内面を鮮やかに表現している。

問六　波線部「丸山はなぜか浮かない表情でうなずいた」とあるが、丸山が「浮かない表情」である理由を八十字以内で書きなさい。

三、　次の文章を読んで、後の問いに答えなさい。

現在、政府の政策で唱えられている「地方再生」は、持続的社会実現のカギとなります。いかにして地域経済を活性化して、かつての日本のように地域に人を定着させるか。

江戸時代は藩政という強力な地方統治力と、移送能力の限界によって、生物の地域個体群同様に、①隔離された「地域社会」が成立していました。しかし、そんな隔絶された社会では、地方ほど情報や物質が届きにくくなり、当然、若い人たちが住みたくなる環境とは程遠くなります。そもそも、今の過疎《かそ》化もそうした地域格差が[A]になって続いてきたことですから。

しかし、今はインターネットという強力な情報通信ツールがあります。IT技術の革新的進歩によりすでに医療の診断《しんだん》や治療も遠隔で操作可能な時代に入っています。

地方で生活することの不便や不安は解消されるのです。新幹線や高速道路、航空路など、物理的な移動・流通のためのインフラはこれまで地方から首都圏へと人材および資材を送り込むパイプとしての役割がメインでしたが、これからはその流れを逆にしなくてはなりません。地方から物を送るのではなく、地方に人を呼び寄せる。地方ごとにそこでしか味わえaない、あるいは見ることができbないような産物・商品・景観を作り出し、どんどん地方に客を呼び込む牽引《けんいん》力を高める。

特に最近は、海外からの旅行客によるインバウンドの経済効果が注目されており、地方再生の好機でもあります。

インターネットによる情報の普及で、旅行客たちも日本通になってきており、かつてのような爆買いや古都観光というスタンダードな観光旅行ではなく、日本にしかない風景、日本の日常的な生活といった「日本らしさ」を求める旅に憧《あこが》れる外国人たちが増えているといいます。

それこそ、思い切って、日本中をかつての江戸時代の風景に戻《もど》して「日本全国大江戸村」みたいな一大レジャーランドにしてみたらどうでしょうか。東海道五十三次も復活させ、江戸時代の宿場町風景を再現して、みんなで着物を着て客をもてなし、移動は馬か[注1]駕籠《かご》、通信は[注2]飛脚、夜には忍者《にんじゃ》を走らせる——アメリカのSF映画『ウエストワールド』の日本版『江戸ワールド』といったところでしょう。こんな世界が日本中に広がれば、外国人に大ウケすることは間違いcないでしょう。

古式ゆかしい日本に高いニーズがあることを考えれば、もう少し日本人も楽に生きられるのかもしれません。

工業国としてのトップランナーだったこの国も、後発の国々にどんどん追いつかれ、追い越され始めています。

資源ゼロのこの国が今後、世界で持続的に発展していくためには、日本にしか存在しdない「固有性」や「文化的価値」で世界を惹《ひ》きつけていくことがひとつの戦略になると考えます。

[注3]ローカリティこそが経済的な武器になるという[注4]パラダイムシフトがこれからの日本を救うカギかもしれない。だからこそ、地方の景色、産業、文化をこれからはもっと②大事にしていく必要があるのです。

イ　皆の反論をなんとか押さえつけた
ウ　見かけだけは立派に間に合わせた
エ　要領よくその場面を乗り切った
オ　いい加減にしてその場をごまかした

問三　傍線部②「断る」とあるが、怜はなぜこのように言ったのか。最も適当なものを、次のア～オの中から一つ選び、記号で答えなさい。

ア　犯罪行為を故意に助長するような計画は得策とは思えず、心平のかわりとなる博物館への同行者を探しているいきさつのばかばかしさもあり、協力する気になれなかったから。
イ　卑劣な泥棒《どろぼう》を捕まえたい竜人たちの意気込みには確かに共感できるが、常識的ではない彼らの作戦に巻き込まれて、予期せぬ事態を招くようなことは得策ではないと考えていたから。
ウ　犯人をおびき寄せ、捕まえようと意気込む友人たちの気持ちはよく分かるが、自分たちで考えた作戦が犯人に通用するとは思えず、実行に移すことにばからしさを感じていたから。
エ　竜人たちの考えた作戦は実行に移す必要もないほど荒唐《こうとう》無稽《むけい》な内容であるにもかかわらず、友人たちは誰《だれ》一人として反対していない様子に心底あきれてしまっていたから。
オ　博物館の作品を盗むような卑劣な犯人は当然捕まるべきだと思うが、犯罪行為を重ねさせるように仕向ける作戦には罪悪感があり、人道的に決して許せるものではないと感じたから。

問四　本文中から読み取れる怜の人物像についての説明として最も適当なものを、次のア～オの中から一つ選び、記号で答えなさい。

ア　仲間の輪の中心にいるタイプだが、心理的には常に一歩引いて冷静に見ており、親友である丸山にだけ心を開いている人物。
イ　個性的な友人たちの中では落ち着いており、周りをよく観察しているが、自分の考えを強く主張することはしない人物。
ウ　物事を深く考えず直情的に行動する友人たちの中で、唯一《ゆいいつ》冷静に事態を把握《はあく》し、内心友人たちにうんざりしている人物。
エ　泥棒を捕まえるために突拍子もない計画を立てる友人たちを落ち着かせ、冷静に取りまとめるリーダーシップのある人物。
オ　泥棒には本当は興味がないが、積極的な友人たちに振り回されがちで、自分の進路も決められていない優柔不断な人物。

問五　この文章における表現の特徴について説明した文として最も適当なものを、次のア～キの中から二つ選び、記号で答えなさい。解答順は不問とする。

ア　怜の、竜人たちとの価値観のずれと丸山への共感を対照的に描き、個性がぶつかり合う青春期の困難さを浮き彫りにしている。
イ　「……」を効果的に用いることによって、登場人物の言動の裏にある心情についても明確に読み手に意識させている。
ウ　前半では会話を中心に学生らしいテンポのよいやり取りが、後半では怜と丸山の心の交流が丁寧《ていねい》かつ巧みに描かれている。
エ　会話と短文を中心に構成し、友人同士特有の多人数での緊迫感のあるやり取りを、スピード感を持ってリアルに表現している。
オ　怜と丸山の二人の視点から同時に描くことで出来事を客観的に伝え、二人の気持ちが重なり合う場面を印象的に表現している。
カ　話し言葉を多用した軽快なやり取りによって、怜とその友人である五人の高校生の仲睦《なかむつ》まじい関係性が読み取れる。

「またあの感じがする」
と丸山が唐突につぶやいた。「なんだか死んじゃったあとみたいな」
「えーと、具合悪い？」
　気分だけでなく頭の具合も悪くなったのかと、怜は怖々と尋ねたのだが、
「大丈夫。かえってさっぱりした気持ちだよ」
　と丸山は言った。「そういうとき、たまに不思議な感覚になる。俺はもうとっくに死んでて、いま怜と話しながらサイダー飲んでるのも、生前のことをあの世で思い返してるだけじゃないかって気がしてくる」
「へええ」
「怜はそういうことない？」
「ない、かなあ……」
　やっぱりマルちゃんは繊細《せんさい》だ、と怜は感心した。駅前広場で[注5]重吾《じゅうご》と遭遇したとき、まわりのすべてが遠のき、冷たく静かな死後の世界に入りこんでしまった感じはした。でも、丸山が言っているのは、たぶんそれとはちがうだろう。もっと親密で、満たされてあたたかな感覚。マルちゃんが感じる疑似死後に俺も存在してるんだなと思ったら、怜の指さきは不可思議な充足《じゅうそく》感でぬくもった。あるいは、単純に温泉の効果かもしれない。
　黄色い光を投げかける電球が、じじ、じじ、と天井で鳴っている。餅湯にはLEDではない照明がたくさんある。
「俺はマルちゃんのこと、サイテーなやつなんて思わない」
　気恥ずかしかったが、怜は思いきって言った。「むしろ、いいやつだと思ってる。いままでも、美大の話を聞いたあとも」
　怜とてだれかに嫉妬するほど経済学部を志してみたいものだが、到底無理だ。絵を描くことに対する丸山の情熱、秘められたうねりは、怜にはまばゆく感じられた。そんな情熱を抱えながらも、心平の降って湧《わ》いたような美大受験話に対して親身に相談に乗ってやり、才能を認め、自身の物思いを醜《みにく》いと嫌悪《けんお》する丸山の優しさ、誠実さを、好ましく受け止めこそすれ、いやだなどと思うはずもない。
　丸山はサイダーを飲み干し、
「そうかな……。さんきゅ」
　と照れくさそうに言って、小さくげっぷをした。

（三浦《みうら》しをん『エレジーは流れない』より）

（注）　1　田岡……博物館の学芸員。
　　　2　寿絵……怜の母親。
　　　3　鷹揚……ゆったりと構えていること。
　　　4　波濤……うねる大波。
　　　5　重吾……生き別れになった、怜の父親。

問一　二重傍線部a～cの漢字の読みをひらがなで答えなさい。

問二　傍線部①「まんまと」・傍線部③「お茶を濁した」の語句の意味として最も適当なものを、それぞれ後のア～オの中から一つずつ選び、記号で答えなさい。

①「まんまと」
ア　運良く　　イ　計略通りに　　ウ　不幸にも
エ　調子に乗って　　オ　愚かにも

③「お茶を濁した」
ア　適当に周りの批判を受け流した

いいらだちを感じて、

「だけどうして、マルちゃんが自分をいやになるんだよ」

と、怜はおずおずと尋ねた。

「心平が指を骨折したって聞いたとき」

丸山は低くかすれた声で言った。「俺はまっさきに、『じゃあしばらくデッサンの練習できないな』と思った。そのまま美大受験に飽きてくればもっといいのにって喜んだ」

怜は咄嗟《とっさ》に言葉が出なかった。そうか、マルちゃんは心平に嫉妬《しっと》して、でもそんな自分がたまらなくいやなんだ。

二月にあった文化祭で、丸山が出品した絵が思い浮かんだ。ずっと取り組んでいたその油絵は、餅湯城と青い海が描かれているはずだったが、怜がしばらく部活をさぼっているあいだに、夜の海と丘のてっぺんに白く浮かびあがる不吉な廃墟《はいきょ》に変じていた。キャンバスのうえで、闇《やみ》からにじむ暗紫の注4波濤《はとう》がC逆巻く。マルちゃん、新境地だな、と怜は呑《のん》気《き》に思ったものだが、あれは自身に対する不安やあせりを感じた丸山の、荒々しい心象風景だったのかもしれない。

怜はといえば画用紙に適当に絵の具を塗りたくり、抽象画だと言い張って③お茶を濁した。

「マルちゃんはずっと真剣に絵を描いて、美大を目指してきたんだから、ちらっとそんなふうに思っちゃうのも当然なんじゃないの」

「でも、骨折だよ？　大怪我《けが》だ。なのに一瞬でも喜ぶなんて、ほんとサイテーだ」

「いや、カンチョーが原因の骨折だし……」

なんとか丸山の気持ちを楽にしたくて、怜は必死になだめようとしたが、

「いいんだ、怜」

と丸山は立ちあがり、浴槽から出ていく。「とにかく自分のサイテーぶりをだれかに聞いてほしかっただけで……」

そこまで言って、丸山は洗い場にしゃがみこんでしまった。

「マルちゃん⁉」

どうやら湯あたりを起こしたらしい。怜は慌てて洗い場に飛びだし、シャワーなどという洒落《しゃれ》たものは「餅の湯」にはないので、蛇口から洗面器に冷水を汲《く》んで丸山の頭からかけた。

「マルちゃん、しっかりしろ！　おじさーん、ちょっと来てくださーい！」

金物屋のおじさんと協力し、丸山を脱衣所にかつぎだした。おじさんが持ってきてくれた貸し出し用のバスタオルで丸山をくるみ、板張りの床に横たわらせる。おじさんと二人がかりで団扇《うちわ》で扇《あお》いでいたら、ややあって丸山が意識を取り戻《もど》した。

「マルちゃん、大丈夫か」

「うん、ごめん。なんかクラッとした」

「よかったよかった。長風呂もほどほどにしないとな」

と、おじさんは餅湯温泉サイダーを怜と丸山におごってくれた。

「ちょっと休んでから帰りなさい」

おじさんは表の電気を消し、浴槽の湯を抜いて掃除をはじめる。怜は持参したタオルを腰に巻いた格好のまま、丸山のかたわらにしゃがみこんだ。丸山も身を起こし、二人は脱衣所で冷えたサイダーを少しずつ飲んだ。

らない」と言う近所の高齢者は多かった。長年「餅の湯」を利用してきたおばあさんたちは、たしかに年齢のわりに肌《はだ》がつやつやしている。そんな彼女たちが、商店街で店番をするついでに「餅の湯」の効能を観光客に吹聴《ふいちょう》するのだから、説得力がある。最近では、旅館やホテルをチェックアウトしたあと、帰りがけに「餅の湯」へ立ち寄る観光客もちらほらいた。タイル貼《ば》りの浴槽や、旧式の蛇口《じゃぐち》がついた狭い洗い場、二階にある畳敷きの休憩所と檜《ひのき》の格天井《ごうてんじょう》など、レトロなつくりが「かわいい」と人気なのだそうだ。

とはいえ、怜と丸山が「餅の湯」を訪れたときには、あと三十分ほどで営業時間が終わる頃合《ころあ》いだったからか、男湯にほかに客はいなかった。出入り口の引き戸を開けてすぐ右手にある、二畳ほどの事務スペースで暇そうにテレビを見ていた金物屋のおじさんに代金を渡し、下駄箱《げたばこ》に靴《くつ》を収める。

手早く髪と体を洗い、二人そろって湯船に浸かると、自然と「ふぃー」と声が出た。ここの湯は無色透明だが、ほのかに海の香りがし、舐《な》めると少ししょっぱい。

「『餅の湯』に来た夜って、布団《ふとん》に入るとなんか足がむずむずするときがある」

と、怜は洗い場に立ちこめる湯気を見ながら言った。

「俺もある。血行がよくなるからかな」

「見た目はふつうのお湯と変わらないのに、温泉って不思議だね」

会話が途切れ、怜は隣にいる丸山をさりげなくうかがった。丸山は電灯を映して揺れる湯面を眺《なが》めている。ふくふくとした耳たぶが熱気のせいで少し赤くなっている。

「俺さ、自分がいやになったよ」

しばしの沈黙ののち、丸山が静かに話しだした。

「どうして」

「心平が美大受けることにしたの、知ってる?」

「いや、初耳」

怜はびっくりし、湯のなかで丸山のほうに体を向けた。「いまからやってまにあうもんなの? デッサンとか大変なんだろ」

「山本《やまもと》先生も驚いたみたいで、俺や美術の林《はやし》先生にいろいろ聞いてきたよ」

山本先生の慌てぶりを思い出したのか、丸山はちょっと笑った。「俺が通ってる丘の麓《ふもと》の絵画教室を紹介してあげた。心平は部活があるから土日しか来られないし、まだ初級者コースだけど、デッサンはどんどんうまくなってる」

「学科だってあるのに、あいつなに考えてんだ」

「そっちはまた俺たちが特訓してあげればいいんじゃない」

丸山はあくまでも[注3]鷹揚《おうよう》である。「怜もこのあいだ、心平が粘土で作った馬の埴輪《はにわ》を見たでしょ。才能ってこういうことなのかもなあって、俺はつくづく思った」

「もしかして心平、土器づくりが楽しかったことを思い出して、美大を受けるなんて言いだしたの?」

「詳しくは聞いてないけど、そうなんじゃないかな。絵画よりは陶芸とか彫刻とか、立体物に興味があるみたいだったし」

お湯から出した手で顔をぬぐった丸山は、ついでに表面張力を楽しむように、掌《てのひら》で二度ほど湯を叩《たた》いた。その行為に、丸山にしてはめずらし

まだ通話の最中だというのに、心平が元気よく手を挙げた。

俺の友だち、ものを深く考えるやつが一人もいない。怜はもう諦《あきら》め、再びフェンスにもたれて目を閉じた。なるようになる、と思うほかなかった。

ところが結局、心平は張り込みからはずれることになった。屋上で悪だくみをしたその日の午後、右手の中指と人差し指を骨折したからだ。なぜ骨折したかというと、放課後、部活にa励んでいた心平は、校庭をランニングしていた際にふといたずら心を起こし、野球部の守備練習でライトに立っていた竜人に背後から忍《しの》び寄った。そして渾身《こんしん》の力で「カンチョー！」をかましたところ、指が折れたのである。

脱力の骨折理由としか言いようがなく、

「てなわけで今夜、博物館に行こう」

と竜人から電話で誘われた怜は、

「②断る」

と、それこそカンチョーの勢いで画面をタップして通話を切り、「お土産　ほづみ」の二階で夕飯づくりを続行した。ちなみに保健の先生の車で病院に運ばれていく心平が、博物館通用口の鍵《かぎ》をb託しながら竜人に言い残した言葉は、「おまえのケツは硬すぎる」だったらしい。

骨折の痛みに悶絶《もんぜつ》しているだろう心平には気の毒だが、怜は一人で夕飯を食べながら、「カンチョーで指折るって」と何度も噴きだしてしまった。いまどき小学生でもやらないだろう。底抜けのバカは周囲を明るくしてくれるなと、感に堪《た》えなかった。

注2寿絵《としえ》と交代し、店じまいをしていたら、洗面器に石鹸《せっけん》やらタオルやらを入れた丸山がやってきた。

「おう、マルちゃん。心平のこと聞いた？」

「聞いた」

丸山はなぜか浮かない表情でうなずいた。「竜人に博物館へ誘われたけど、断ったよ」

「俺も。ほっときゃいいんだ、あいつらのことは」

「うん……」

「どした？　なんかあった？」

「ううん……」

力なく首を振った丸山は、気を取りなおしたようにあえて明るく、「怜も風呂《ふろ》行かない？」

と持ちかけてきた。怜はすでに夕飯まえ、家の風呂に入っていたが、もちろん、

「いいね。ちょっと待ってて」

と答えた。急いで二階に上がり、風呂の道具をそろえて、また階段を駆け下りる。

丸山は洗面器を抱え、店のまえでうつむきかげんに立っていた。怜はシャッターを半分だけ下ろし、丸山と連れだって、商店街のなかほどへと歩きだした。

「餅の湯」は、五、六人も入ればみちみちの浴槽《よくそう》しかない、古くてこぢんまりした公衆浴場だ。商店街の住民が当番制で清掃や管理をすることで、ほそぼそとつづいてきた。地元住民は木札を見せれば一回百円で入れるし、観光客も三百円を払えば利用できる。

源泉かけ流しで泉質がいいので、「この湯に浸《つ》からないと一日が終わ

「なるほど」
心平が再びコンクリートの床面に腰を下ろした。「でも、どうやって？」
「いま展示されてる、心平が作った土器はどんな模様や装飾のものなんだ？」
と藤島が尋ねた。
「おい！」
まさか常識派の藤島が竜人の提案に乗るとは思っておらず、怜は驚いて制止した。「犯罪行為を誘発するような真似《まね》すんのか」
「狙《ねら》われてるのは、たぶん餅湯だけじゃない。いろんな博物館から土器を盗んで、売っ払ってるんだろう。そんな卑劣なやつ、お縄にかけないとな」
藤島はそう言い、スマホになにやら文字を入力しはじめた。「心平、どんな土器だ」
「波みたいな飾りがついたのがメインだけど、特徴的でわかりやすいのは、縁にウリ坊の飾りがついた土器のほうかな。盗まれた土器と一緒《いっしょ》に展示してたこともあったはずだよ」
「猪《いのしし》か……。あまり特定しすぎても、犯人に警戒されるかもな。動物の飾りがついた土器って、よくあるものなのか？」
「うん。ヘビみたいな飾りはけっこう多いんじゃね」
「よし」
藤島はうなずき、しばし無言で指を動かしたのち、コメント欄に打ちこんだ文面を読みあげた。
「『さっそく写真をアップしてくださり、ありがとうございます。とてもいい状態だと思ったのですが、残念ながら今回は遠慮させていただきます。しかし小生、もし猪やヘビの飾りがついている土器で、今回と同様の美品がありましたら、ぜひとも購入《こうにゅう》したく思っております。今後ともどうぞよろしくお願いいたします』。どうだ？」
「とても高校生が書いたとは思えない」
「絶妙におっさんくさい」
「犯人のやつ、①まんまと盗みに入るんじゃないか」
「『鉢形《はちがた》土器』ってしたほうが、それっぽいかも」
と、一同は感想を述べた。心平の指摘を受け、
「『猪やヘビの飾りがついている鉢形土器で』と……」
と書きなおした藤島は、「じゃ、コメント送信っと」と画面をタップする。
なんだかとんでもないことをしてしまってるんじゃないのか。怖いような、期待で高揚するような、妙な心地になって怜は心臓のあたりをさすった。ほかのメンツの様子をうかがってみるも、一番びくつきそうな印象のある丸山は案外平然としていた。心平はサイトの該当ページのＵＲＬを藤島に転送してもらい、それを博物館のメールアドレスに送った。ついで田岡に電話をかけ、盗品発見を伝えるとともに、開館時間中の警戒を強めるように念押ししている。
「さて、昼間は田岡さんと掃除のおばちゃんにがんばってもらうとして、これからしばらく、夜は交代で博物館で張り込みだ」
と竜人は言った。「二人一組がいいかな。まずは俺が行くけど、もう一人は……」
「はいはいはーい！」

ションを起こす権利が与えられるとあり、【文章B】は、正解だと信じられていることを疑うことで得られる本物の知性によって、今日の文明が支えられているとあり、どちらも社会の中の常識を疑うことの重要性を説いている。

ウ　【文章A】は、常識を疑うことは容易ではないが、イノベーションには常識を疑うことが必須だとあり、【文章B】は、前提となることを疑い、知的営みの枠組みを再構築するという態度がイノベーションを起こすとあり、どちらもイノベーションは既存の枠組みからの脱却とともにあると捉えている。

エ　【文章A】は、正解だと思われてきたことでも世界のありよう一つでいとも簡単に無効になってしまう世の中の残酷《ざんこく》さを指摘しており、【文章B】は、正解だと教えられてきたことが、必ずしも正解ではなかったことに直面している日本の現状を指摘しており、どちらも「正解」を不確かな概念と捉えている。

オ　【文章A】は、イノベーションを起こす上で、目の前の世界のありようを疑うことは必須であることを指摘しており、【文章B】は、イノベーションが起こった世界では、知的営みの枠組み自体が再構築されるのは必須であると指摘しており、どちらもイノベーションに関連して必須のものを指摘している。

二、次の文章を読んで、後の問いに答えなさい。

〈この場面までのあらすじ〉

餅湯《もちゆ》温泉の土産物屋の息子・怜《れい》は地元の高校に通う高校生である。同級生で幼《おさな》馴《な》染《じ》みの丸山《まるやま》とともに、美術部に属しているが、怜は丸山ほど熱心には取り組んでいない。

彼らが暮らす餅湯町では、一年ほど前から、餅湯博物館に展示されていた土器が何者かに盗まれ、その盗品がフリーマーケットサイトで転売されるという事件が起こっている。この事件に興味を持った彼らは、犯人を突き止めるために友人の藤島《ふじしま》や竜人《りゅうじん》の協力のもと捜査《そうさ》を開始する。

そしてこの日、昼食を食べるために校舎の屋上に集まった彼らは、ネットで転売されている土器の中に、同じ学校に通う心平《しんぺい》が囮《おとり》として作った土器があるのを見つけた。

注1「田岡《たおか》さんに電話する！」

自身のスマホを手に立ちあがりかけた心平を、竜人がズボンの裾《すそ》をつかんで引きとめた。

「待て待て待て、ちょっと考えたんだけどさ」

「聞きたくない」

と怜は言った。竜人が悪い笑みを浮かべていたからだ。いやな予感がする。竜人はもちろんおかまいなしにつづけた。

「警察に通報しても、すぐに捕まるとはかぎらないだろ。俺《おれ》たちは俺たちで、同時に動こう」

「というと？」

と、丸山がおっとりと首をかしげる。

「博物館にせっかく囮の土器を展示してあるんだ。犯人をおびき寄せて、俺たちで捕まえよう。そのまえに警察が動いてくれりゃ、それはそれでいいわけだし」

ウ　スティーブ・ジョブズは世界のありようを分析《ぶんせき》し、確固たる勝ちパターンを得たが、リベラルアーツの重要性も認識していた。

エ　目の前の世界のありようを捉え、問題意識を持って功利的に動くことによって「勝ち組」になるのは、実際は非常に困難だ。

オ　リベラルアーツを身につけることで、世界を相対化し、普遍性に欠ける「疑うべき常識」を選び取る視点を持つことができる。

カ　リーマンショックは世界のありようの激変の典型であるが、本来、世界は人間を裏切る過酷なものであり、人間は無力である。

キ　必要とされるスキルや知識は日々変化するので、今の世界に合うキャリアや立ち居振る舞いを身につけるだけでは不十分だ。

問六　次にあげる【文章B】と【文章A】の内容について説明した文として最も適当なものを、後のア～オの中から一つ選び、記号で答えなさい。

【文章B】

今日の文明を支えているデジタル・コンピュータの理論的原型をつくったイギリスの天才数学者、アラン・チューリングの若き日について、いつかどこかで読んだ記述が忘れられない。教室で何かの説明を受けているとき、他の学生たちが納得した顔をしているのに、チューリングだけが当惑した表情をしていたのだという。そんな件に触れて、そこに、アラン・チューリングの天才の本質が顕《あらわ》れているように感じた。

これが「正解」だと教えられて、それを鵜呑《うの》みにするのは「二流」の知性に過ぎない。本物の知性とは、前提になっていることを疑うこと、通常行われている知的営みの枠組み自体を再構築することだろう。そのような態度は、現代文明を支えるイノベーションを起こす上で欠かせない。

（中略）

現代の文明の本質は、むしろ、「正解」が必ずしもない中で、何かを進めていく「プロセス」の中にある。日本の家電メーカーが「ものづくり2・0」において遅れをとったのも、インターネット上の情報の流通において、著作権保護などの施策の「正解」があるという思い込みに起因するところが大きい。

インターネット上の動画サービスのいわばスタンダードとなったユーチューブは、著作権保護について、最初から完全な正解があるとは思っていないサービスである。たとえ、著作権違反のコンテンツがアップロードされたとしても、それを指摘された時点で対応すれば責任を問われない。さらには、最近では、著作権者が、自分たちのコンテンツがユーチューブに上げられることを、作品の宣伝としてむしろ容認、歓迎する傾向すら出てきている。

（茂木健一郎《もぎけんいちろう》『新しい日本の愛し方』より　一部中略）

ア【文章A】は、現実のありようを前提に、その中でいかにして功利的に動くかということに現代人は苦慮しすぎであると述べており、【文章B】は、通常行われている知的営みの枠組みを疑いもしない現代人の知性が二流であると述べており、どちらも現代人が未熟であることを指摘している。

イ【文章A】は、常識を疑い破壊する勇気を持つ者だけに、イノベー

そ、我々は、七転八倒しながらも取っ組み合いをしている世界に振り回されないための、いわば「知的な足腰」を養わなければなりません。世界のありように目を向けて自分のキャリアや立ち居振る舞いを設計するのではなく、世界のありようについて一応は適応しつつも、それを相対化しながらしたたかに立ち回って変革の機会を待つための「知的な足腰」が必要なのです。そして、そのような「知的基礎筋力」はリベラルアーツを学ぶことでしか身につけることができないと筆者は考えています。

（山口周《やまぐちしゅう》『自由になるための技術　リベラルアーツ』より　一部中略）

（注）　1　パラドックス……逆説。
2　カリグラフィー……西洋や中東における、文字を美しく表現する技法。
3　チェ・ゲバラ……ラテンアメリカの革命家。
4　プラトン……古代ギリシャの哲学者。
5　アプローチ……目標に近づくこと。目標に至る道。
6　コンテンツ……映画や音楽、ゲームなどの内容。
7　リーマンショック……二〇〇八年にアメリカの投資銀行リーマン・ブラザーズの破綻をきっかけに起きた、世界的な金融《きんゆう》危機。

問一　二重傍線部a～dのカタカナを漢字で書きなさい。

問二　傍線部①「リベラルアーツ」とは、どのようなことができることか。本文中の言葉を使って、六十字以内で書きなさい。

問三　[A]～[C]にあてはまる語句として最も適当なものを、それぞれ次のア～カの中から一つずつ選び、記号で答えなさい。

ア　あるいは　　イ　しかし　　ウ　なぜなら
エ　つまり　　オ　例えば　　カ　では

問四　傍線部②「ここに、よく言われる『常識を疑え』という陳腐なメッセージのアサハカさがあります」とあるが、筆者がこのように述べるのはなぜか。理由として最も適当なものを、次のア～オの中から一つ選び、記号で答えなさい。

ア　常識を疑うためにはコストがかかるが、イノベーションを起こすためには常識を疑うことが必須《ひっす》であるというパラドックスは、そう易々《やすやす》と解けるものではないことを理解していないから。

イ　一口に「常識を疑え」と言っても、日常生活で常識とされている物事を疑うことで、どのような代償《だいしょう》をはらう必要があるのかについてはまったく議論されていないから。

ウ　イノベーションを起こすためには、日常生活で常識を疑うことが必須だとしても、それによる代償が決して小さくないことをわきまえていない発言だと感じているから。

エ　重要なのは、すべての「当たり前」を疑うことではなく、目の前の常識に対して、流してもよいものか、疑うべきものかを判断できる目を持つことだと考えているから。

オ　「常識を疑え」という言葉には、すべての常識を疑っていては日常生活が成り立たなくなってしまうという視点が欠けており、常識を疑いつつも日常生活を保つ術《すべ》が考慮されていないから。

問五　本文の内容と合致するものを、次のア～キの中から二つ選び、記号で答えなさい。解答順は不問とする。

ア　現代社会を生き抜くための功利的な武器になりうるリベラルアーツを、筆者は社会人に必須の教養として高く評価している。

イ　人間は新約聖書を学び「真理」を知ることで、目の前の世界で支配的な物事の見方や思い込みから自由になることができる。

は破綻《はたん》してしまうでしょう。②ここに、よく言われる「常識を疑え」という陳腐なメッセージのアサハカさがあります。常識を疑うのはじつはとてもコストがかかるのです。一方で、イノベーションを駆動するには「常識への疑問」がどうしても必要になります。このパラドックス[注1]がなかなか解けないからこそイノベーションは難しいのです。

　結論から言えば、このパラドックスを解くカギは一つしかありません。つまり、重要なのは、よく言われるような「常識を疑う」という態度を身につけることではなく、「見送っていい常識」と「疑うべき常識」を見極める選球眼を持つということなのです。そしてこの選球眼を与えてくれるのがまさにリベラルアーツなのです。リベラルアーツというレンズを通して目の前の世界を眺《なが》めることで、世界を相対化し、普遍性がより低いところを浮き上がらせる。スティーブ・ジョブズ[注2]は、カリグラフィーの美しさを知っていたからこそ「なぜ、コンピューターフォントはこんなにも醜《みにく》いのか?」という問いを持つことができたのですし、[注3]チェ・ゲバラは[注4]プラトンが示す理想国家を知っていたからこそ「なぜキューバの状況はこんなにもbヒサンなのか」という問いを持つことができたのです。

　目の前の世界を、「そういうものだ」と受け止めてあきらめるのではなく、比較相対化する。そうすることで浮かび上がってくる「普遍性のなさ」にこそ疑うべき常識があり、リベラルアーツはそれを見るレンズとしてもっともシャープな解像度を持っているのです。

　いまこの瞬間の世界のありようを前提にして、その中でいかに功利的に動くか、という問題意識に、現代人の多くは囚《とら》われすぎているように思えます。世界のありようについて、そのcゼヒを問わず、「そういうものだ」と割り切って自分を変えるというアプローチ[注5]を、特にエリートと呼ばれる人は取りがちです。そのようなアプローチの末に、めでたく高額の収入と他者からの尊敬を同時に勝ち取る人が多いのも確かです。そして、そういう「勝ち組」と言われる人を見て、彼らがしたのと同じような努力を積み重ねようとする他者が次から次へと現れ、そのような人々をカモにしようとする書籍やコンテンツ[注6]が書店のビジネス書コーナーに溢《あふ》れています。

　C気をつけなければなりません。世界のありようは常に変化しており、昨日うまくいった勝ちパターンは一瞬で無効化されます。かつての世界においてうまくいった闘い方が、ある日突然まったく通用しなくなってしまうということがいつ起こるかもしれないのです。

　近年での典型事例はリーマンショック[注7]でしょう。二〇〇〇年代、多くのビジネススクール卒業生は投資銀行の門をたたき、「バラ色の人生＝La Vie en Rose」ともいうべき華々しいキャリアを築こうとしました。しかし祝宴は唐突に終わりを告げ、世界のありようは変化してしまいました。変化する前の、いわば「旧世界のありよう」に最適化すべくスキルと知識を積み重ねてきた多くの人は、いわば「世界に裏切られ」て、野に放り出されてしまったのです。投資銀行というのは極めてdトクシュな職場で、求められるノウハウやスキルの普遍性は高くありません。彼らの多くは、放り出された荒野から、ふたたび人生を歩み始めるために、異なるスキルやノウハウを身につけることを強いられていますが、これはじつに過酷《かこく》なことです。

　リーマンショックによって職にあぶれた投資銀行マンはほんの一例に過ぎません。世界というものは気まぐれに人を裏切るのです。だからこ

【国　語】（五〇分）〈満点：六〇点〉

【注意】字数制限の設問については、特別な指示がない限りは、、や。
「　」などの記号を字数に含めます。

一、次の文章を読んで、後の問いに答えなさい。

【文章Ａ】

①リベラルアーツを、社会人として身につけるべき教養、といった薄っぺらいニュアンスで捉《とら》えている人がいますが、これはとてももったいないことです。リベラルアーツのリベラルとは自由という意味であり、アート（アーツ）とは技術のことです。改めて確認すれば「リベラルアーツ」とは「自由になるための技術」ということなのです。

［Ａ］、ここで言う自由とは何のことでしょうか？　もともとの語源は新約聖書のヨハネ福音書の第八章三一節にあるイエスの言葉、「真理はあなたたちを自由にする」から来ています。

「真理」とは読んで字のごとく、「真の理（＝ことわり）」です。時間を経ても、場所が変わっても変わらない、普遍《ふへん》的で永続的な理（＝ことわり）が「真理」であり、それを知ることによって人々は、その時、その場所だけで支配的な物事を見る枠組《わくぐ》みから、自由になれる、と言っているのです。その時、その場所だけで支配的な物事を見る枠組み、それは例えば「金利はプラスである」という思い込みです。つまり、目の前の世界において常識として通用して誰《だれ》もが疑問を感じることなく信じ切っている前提や枠組みを、一度引いた立場で相対化してみる、つまり「問う」ための技術がリベラルアーツの真髄ということになります。

　これがなぜ社会を生き抜くための功利的な武器となりうるのでしょうか？　答えは「なぜならイノベーションには〝相対化〟が不可欠だから」ということになります。過去のイノベーションを並べてみると、そこに何らかの形で、それまでに当たり前だと思っていた前提や枠組みが取り払われて成り立っていることに気づきます。

（中略）

　イノベーションというのは常に「それまでは当たり前だと思っていたことが、ある瞬間から当たり前ではなくなる」という側面を含んでいます。［Ｂ］イノベーターには「当たり前」を疑うスキルが必要なのです。ハーバード・ビジネス・スクールのクレイトン・クリステンセンは、著書『イノベーションのＤＮＡ』の中で、イノベーターに共通する特徴として、誰もが当たり前だと思っていることについて「Ｗｈｙ？」を投げかけることができる、という点を挙げています。

　確かに、数多くのイノベーションを主導したアップルの創業者スティーブ・ジョブズは、いつもこの「Ｗｈｙ？」という疑問を周囲のスタッフに投げかけていたことで知られています。その彼が、常々アップルを、テクノロジーとリベラルアーツの交差点に位置する会社にしたい、と語っていたのはａグウゼンではありません。リベラルアーツというのは相対化の技術であり、相対化することによって初めて人は、誰もが常識だと思っている世界のありようについて、なぜそうなのか？　なぜ他のやり方ではないのか？　という問いを持てるのです。

　しかし一方で、すべての「当たり前」を疑っていたら日常生活は成り立ちません。どうして朝になると自然に目が醒《さ》めるのだろう、どうして人間は昼間に働き、夜に休むようになったのだろう……。いちいちこんなことを考えていたら哲学者にはなれるかもしれませんが、個人として

MEMO

大切なことはメモしておこうネ！

2022年度

解　答　と　解　説

《2022年度の配点は解答欄に掲載してあります。》

＜数学解答＞

Ⅰ　〔1〕　-20　　〔2〕　-3　　〔3〕　-12　　〔4〕　$(x-11)(x-1)$　　〔5〕　$x=-\frac{18}{5}$，$y=4$

〔6〕　$x=2$，17

Ⅱ　〔1〕　5.55回　　〔2〕　(1)　2通り　　(2)　$\frac{1}{6}$　　(3)　$\frac{2}{9}$

Ⅲ　〔1〕　(9，18)　　〔2〕　$y=2x+12$　　〔3〕　$y=\frac{4}{3}x+8$　　〔4〕　$\left(\frac{24}{5},\ \frac{108}{5}\right)$

Ⅳ　〔1〕　144cm^3　　〔2〕　$2\sqrt{5}\,\text{cm}$　　〔3〕　$\frac{128}{9}\text{cm}^3$　　〔4〕　$\frac{112}{9}\text{cm}^3$

Ⅴ　〔1〕　黒　　〔2〕　32個　　〔3〕　$(3n-2)$個　　〔4〕　答え　7500個　　計算過程　解説参照

○推定配点○

Ⅰ　各2点×6　　Ⅱ　各3点×4　　Ⅲ　各3点×4　　Ⅳ　各3点×4　　Ⅴ　各3点×4

計60点

＜数学解説＞

Ⅰ　(正負の数，式の値，平方根，因数分解，連立方程式，2次方程式)

基本　〔1〕　$(-6)^2\div9-(-2)^3\times(-3)=36\div9-(-8)\times(-3)=4-24=-20$

〔2〕　$\left(-\frac{2}{3}xy^2\right)^2\div8x^2y\times(-36xy)=\frac{4x^2y^4}{9}\times\frac{1}{8x^2y}\times\frac{-36xy}{1}=-2xy^4=-2\times24\times\left(-\frac{1}{2}\right)^4=-\frac{48}{16}=$
-3

基本　〔3〕　$\frac{(2\sqrt{3}-\sqrt{6})^2}{\sqrt{2}}-3\sqrt{18}=\frac{12-12\sqrt{2}+6}{\sqrt{2}}-9\sqrt{2}=\frac{\sqrt{2}(18-12\sqrt{2})}{2}-9\sqrt{2}=9\sqrt{2}-12-9\sqrt{2}=-12$

基本　〔4〕　$3x(x-2)-(x-4)(x+4)-(x+1)(x+5)=3x^2-6x-(x^2-16)-(x^2+6x+5)=x^2-12x+11=$
$(x-11)(x-1)$

基本　〔5〕　$\frac{3x-y}{2}+x+2y=-3$より，$3x-y+2x+4y=-6$　　$5x+3y=-6$…①　　$0.5x+1.2y=3$より，$5x+12y=30$…②　　②−①より，$9y=36$　　$y=4$　　これを①に代入して，$5x+12=-6$　　$x=$
$-\frac{18}{5}$

基本　〔6〕　$2(x-3)(x+2)-3(x-2)(x-5)=-8$　　$2(x^2-x-6)-3(x^2-7x+10)=-8$　　$2x^2-2x-12-$
$3x^2+21x-30=-8$　　$x^2-19x+34=0$　　$(x-2)(x-17)=0$　　$x=2$，17

Ⅱ　(平均，場合の数，確率)

基本　〔1〕　回数が5回の度数は，$40-(0+2+3+2+1+12+10+4)=6$(人)　　よって，平均値は，$(0\times0+$
$1\times2+2\times3+3\times2+4\times1+5\times6+6\times12+7\times10+8\times4)\div40=\frac{0+2+6+6+4+30+72+70+32}{40}=$
$\frac{222}{40}=5.55$(回)

基本 〔2〕 (1) 点Pが頂点Eにあるのは，大きいさいころの目が2または6のときで，点Qが頂点Dにあるのは，目の数の和が3または11のときだから，このような目の出方は，(大，小)＝(2，1)，(6，5)の2通り。 (2) さいころの目の出方の総数は$6\times6=36$(通り) 点Pがある頂点は，大きいさいころの目が1，2，3，4，5，6のとき，それぞれC，E，G，A，C，Eであり，点Qがこれらの頂点にあるのは，目の数の和が2，4，6，8，10，12のときだから，このような目の出方は，(大，小)＝(1，1)，(2，2)，(3，3)，(4，4)，(5，5)，(6，6)の6通り。よって，求める確率は，$\frac{6}{36}=\frac{1}{6}$ (3) 直角三角形BAE，BAF，BCF，BCG，BEF，BFGとなる目の出方は，(大，小)＝(2，6)，(6，2)，(4，1)，(1，4)，(1，5)，(5，1)，(2，3)，(3，2)の8通り。よって，求める確率は，$\frac{8}{36}=\frac{2}{9}$

Ⅲ (図形と関数・グラフの融合問題)

重要 〔1〕 $y=\frac{2}{3}x^2$に$x=6$，-3をそれぞれ代入して，$y=24$，6 よって，A$(6,\ 24)$，B$(-3,\ 6)$ 平行四辺形の対角線はそれぞれの中点で交わる。線分OAの中点をMとすると，Mのx座標は$\frac{0+6}{2}=3$，y座標は$\frac{0+24}{2}=12$ よって，M$(3,\ 12)$ C$(x,\ y)$とすると，線分BCの中点はMだから，$\frac{x-3}{2}=3$より，$x=9$ $\frac{y+6}{2}=12$より，$y=18$ よって，C$(9,\ 18)$

基本 〔2〕 直線ABの式を$y=ax+b$とすると，2点A，Bを通るから，$24=6a+b$，$6=-3a+b$ この連立方程式を解いて，$a=2$，$b=12$ よって，$y=2x+12$

重要 〔3〕 $y=2x+12$に$y=0$を代入して，$0=2x+12$ $x=-6$ よって，D$(-6,\ 0)$ 求める直線DMの式を$y=mx+n$とすると，2点D，Mを通るから，$0=-6m+n$，$12=3m+n$ この連立方程式を解いて，$m=\frac{4}{3}$，$n=8$ よって，$y=\frac{4}{3}x+8$

〔4〕 E$(0,\ 12)$とすると，$\triangle\mathrm{OAB}=\triangle\mathrm{OAE}+\triangle\mathrm{OBE}=\frac{1}{2}\times12\times6+\frac{1}{2}\times12\times3=54$ よって，平行四辺形OCABの面積は，$2\triangle\mathrm{OAB}=108$ 点Pのx座標をtとすると，y座標は$2t+12$と表せるから，$\triangle\mathrm{OQP}=\frac{1}{2}\times10\times(2t+12)=10t+60$ よって，$10t+60=108$ $10t=48$ $t=\frac{24}{5}$ y座標は$2\times\frac{24}{5}+12=\frac{108}{5}$ したがって，P$\left(\frac{24}{5},\ \frac{108}{5}\right)$

Ⅳ (空間図形の計量)

基本 〔1〕 $\frac{1}{2}\times6\times8\times6=144$(cm^3)

重要 〔2〕 AG：GB＝DI：IE＝2：1より，GK//BEで，$\mathrm{GK}=\frac{2}{2+1}\mathrm{BE}=\frac{2}{3}\times6=4$ よって，$\mathrm{KI}=6-4=2$，$\mathrm{DI}=\frac{2}{3}\mathrm{DE}=\frac{2}{3}\times6=4$ よって，$\mathrm{DK}=\sqrt{2^2+4^2}=2\sqrt{5}$(cm)

重要 〔3〕 AG：GB＝AH：HC＝2：1より，GH//BCで，$\mathrm{GH}=\frac{2}{3}\mathrm{BC}=\frac{2}{3}\times8=\frac{16}{3}$ よって，$\mathrm{KL}=\mathrm{IJ}=\mathrm{GH}=\frac{16}{3}$より，四角錐D−IJLKの体積は，$\frac{1}{3}\times$長方形IJLK$\times\mathrm{DI}=\frac{1}{3}\times2\times\frac{16}{3}\times4=\frac{128}{9}$(cm^3)

重要 〔4〕 JからEFにひいた垂線をJMとすると，$\mathrm{JM}=\mathrm{IE}=2$，$\mathrm{EM}=\mathrm{IJ}=\frac{16}{3}$より，$\mathrm{FM}=8-\frac{16}{3}=\frac{8}{3}$ 立

体KL－IEFJの体積は，三角柱KIE－LJMと三角錐F－LJMの体積の和として求められるから，$\frac{1}{2}\times 2\times 2\times\frac{16}{3}+\frac{1}{3}\times\frac{1}{2}\times 2\times 2\times\frac{8}{3}=\frac{32}{3}+\frac{16}{9}=\frac{112}{9}$ (cm^3)

Ⅴ （規則性）

基本 〔1〕 石の色は「黒，白，黒，黒」の順を繰り返す。8段目の10列目に置かれる石は，はじめから数えて1＋3＋5＋7＋9＋11＋13＋10＝59(番目)の石であるから，59÷4＝14あまり3より，黒石である。

重要 〔2〕 k段目に置かれる石の個数は$(2k-1)$個で，1段目からk段目までの石の総数は，$\frac{(1+2k-1)\times k}{2}=k^2$(個)　64段目までの石の総数は，$64^2=(2\times 32)^2=4\times 32^2$(個)で，65段目に置かれる石の個数は，$2\times 65-1=129$(個)　よって，65段目に置かれる石は，黒，白，黒，黒，…の順に置かれるから，白石は，129÷4＝32あまり1より，32個。

〔3〕 kが奇数のとき，k段目に置かれる石は，黒，白，黒，黒，…の順に置かれる。$(2n-1)$段目に置かれる石の個数は，$2\times(2n-1)-1=4n-3=4(n-1)+1$(個)この段に置かれる白石は$(n-1)$個だから，黒石は，$4n-3-(n-1)=3n-2$(個)

〔4〕 1段目から100段目までにある石の個数は，$100^2=10000$(個)　10000÷4＝2500より，白石の数は2500個。よって，黒石の個数は，10000－2500＝7500(個)

★ワンポイントアドバイス★

昨年と出題構成は変わらないが，小問数が2題増え，やや考えにくい問題もあった。時間配分を考えながら，できるところからミスのないように解いていこう。

＜英語解答＞

筆記テスト

Ⅰ 〔1〕 ① 2番目　オ　5番目　エ　④ 2番目　オ　5番目　イ　⑤ 2番目　エ　5番目　オ　〔2〕 ② take　③ been　⑥ got　⑦ eating

Ⅱ 〔1〕 [A] ア　[B] イ　[C] イ　〔2〕 イ
〔3〕 He belongs to the basketball team[club].　〔4〕 ウ，オ

Ⅲ 〔1〕 (例) できるだけ少ない材料で，できるだけ大きな部屋を作ることができる。／(例) 衝撃に対して強いので，壁がとても薄いハチの巣でも重いハチミツを支えることができる。　〔2〕 nature　〔3〕 [A] エ　[B] ア　[C] イ　〔4〕 ア，ウ

Ⅳ (例) I want to join the tennis team. I have a grandfather in Nagoya, and I like him very much. He has played tennis since he was a boy, but I have never had a chance to try it. He will be happy if we can play tennis together. I'm glad the tennis team will welcome a beginner like me.

リスニングテスト

Ⅰ・Ⅱ 解答省略

○推定配点○

筆記テスト　Ⅰ　各2点×7([1]各完答)　Ⅱ 〔1〕 各1点×3　他　各2点×4
Ⅲ 〔1〕 各2点×2　〔2〕・〔3〕 各1点×4　〔4〕 3点(完答)　Ⅳ 8点
リスニングテスト　Ⅰ・Ⅱ　各2点×8　計60点

＜英語解説＞

Ⅰ　（資料読解問題：語句整序，語形変化，助動詞，分詞，前置詞，不定詞，現在完了，時制，動名詞，熟語）

（全訳）

スリー・スター・クッキーズ　1,500円
スリー・スター・クッキーズは私たちのショップのすべてのお菓子で最も人気があります。1つの箱に3つの素晴らしい味をお届けします！ ①3種類のクリームとチョコレートでコーティングされたこのおいしいクッキーをお試しください。「キャラメルクリームとミルクチョコレート」「メロンクリームとホワイトチョコレート」「チーズクリームとブラックチョコレート」です。
こんにちは，私たちは慶香亭です
慶香亭は1990年に北海道で設立されました。私たちは北海道で生産された果物や野菜を使って様々な種類のお菓子を作っています。私たちのお菓子は皆さまを幸せにします。一休みして私たちのお菓子を楽しみませんか？
セールをお見逃しなく！
2月15日から2月28日までセールを開催します。セール期間中は送料を払う必要がありません。また，2つ以上お買い上げの場合，10％割引いたします。私たちのお菓子の賞味期限は長いので，たくさん買うことができます。お見逃しなく！

［レビュー］スリー・スター・クッキーズ

（★★★★★）　エリ（女性）
これは私の祖母のお気に入りです。私たちは5年前に北海道に旅行し，カフェでお菓子を楽しむために慶香亭を訪問しました。私の祖母はあなたがたのお菓子が大好きで，それ以来私たちは北海道であなたがたの店やカフェに何度も③行ったことがあります。しかし最近は私たちは旅行できませんでした。先週の日曜日は私の祖母の誕生日だったので，私は祖母の誕生日にスリー・スター・クッキーズを買いました。今朝，祖母は私に写真付きのメールを送ってくれました。④写真の中で，祖母は手にスリー・スター・クッキーズの箱を持って微笑んでいます。とても喜んでいるようです。

（★★★☆☆）　ポンズ（女性）
スリー・スター・クッキーズは他のどのクッキーよりおいしいです。実際に，私の友達全員が大好きです。でも私は1つ言いたいことがあります。私はあの箱が嫌です。もちろん，プラスチック製の箱は丈夫で見た目も良いです。でも環境に良くありません。紙箱に入れて販売してくれるといいなと思います。

（★★★★★）　テツ（男性）
私はセール期間中にスリー・スター・クッキーズを買いました。⑤安い値段でそれらを買うことができてうれしかったです。3か月前，私は友人のためにプレゼントとしてそれら⑥を買いましたが，自分は食べませんでした。彼らは私にそのクッキーがとてもおいしかったと言ったので，私は自分用に買いました。とてもおいしかったので⑦食べるのを止められませんでした。私はスリー・スター・クッキーズが大好きです！

やや難　［1］　①　（You） should try these delicious cookies covered with three （kinds of cream and chocolate.）　try「～を試す，～を食べてみる」 covered with ～「～で覆われた」 直後の文に3種類の味の説明があることから，three kinds of cream and chocolate「3種類のクリームとチョコレート」という語のつながりを作る。　④　（In the picture, she is smiling） with the box of THREE STAR COOKIES in her hand.　with ～ in one's hand「手に～を持って」　⑤　（I） was happy to get them at （a lower price.）　〈be happy to ＋動詞の原形〉「～してう

れしい」 at a low price「安値で」 ここでは low が比較級なので「(普段よりも)安い値段で」の意味。

〔2〕 ② Why don't you ~?「~しませんか」 take a break「休みを取る」 ③ 現在完了 have been to ~「~へ行ったことがある」 ⑥ 過去形 got にする。 ⑦ can't stop ~ing「~せずにはいられない，~するのをやめられない」

Ⅱ （会話文読解問題：文補充・選択，指示語，英問英答，内容一致）

亜紀 ：こんにちは，ビリー。うれしそうね。何かいいニュースがあるの？

ビリー：やあ，亜紀。そうなんだ。実は，新しい友達ができたんだよ。

亜紀 ：本当？ 新しい友達はバスケットボール部に入っているの？ あなたはその部員だよね？

ビリー：うん，僕はバスケットボール部で毎日放課後に練習して，たくさんの友達ができたよ。でも，そこの友達じゃない。僕の新しい友達も中学生だけど，彼女はインド出身なんだ。彼女の名前はジャスミン。インドのムンバイに住んでいる。

亜紀 ：へえ，インド？ [A]あなたはどうやって彼女と友達になったの？

ビリー：僕は彼女とネットで出会ったんだ。3か月前に日本に来る前，僕はカナダの友達と連絡を取り続けるためにソーシャルメディアを使い始めた。僕はアートが好きで，ソーシャルメディアによく僕の絵を載せる。2週間前，ジャスミンが僕の絵を見つけて，その絵が格好いいって言うために，僕にメッセージを送ってくれたんだよ。僕たちはお互いにメッセージを送り合っているよ。

亜紀 ：あなたはジャスミンに会ったことがないっていうこと？

ビリー：その通りだよ。でもお互いに自分の写真も送ったから，僕は彼女の顔を知っている。この写真を見て。これがジャスミンだ。僕たちは来週会うことになっているんだよ，彼女が日本に来るから。僕は待ちきれないよ！

亜紀 ：うーん，あなたはもう少し慎重にすべきだと思う。インターネットは世界中の誰に対しても開かれている。悪い人たちもいるかもしれない… [B]あなたはジャスミンにどんな写真を送ったの？

ビリー：先月の文化祭で僕たちが写真を撮ったことを覚えている？ 僕はそのうちの1枚を送った。見て！ これは僕のお気に入りだよ。

亜紀 ：ひどいわ！ 私たちの学校の名前が写真の中で読めてしまう。あなたの周りの人たちの顔が隠されていない。この写真にはあなたに関する情報がたくさんある。あなたはそういう写真を見せるべきではないわ。

ビリー：わかった，でも心配しないで，亜紀。ジャスミンは僕の友達の友達なんだよ。

亜紀 ：あなたの友達の友達？ どういう意味？

ビリー：えーと，僕の友達のトムが昨年インドで勉強して，彼はその時にジャスミンと友達になった。実は来週，僕はジャスミンだけでなくトムにも会うんだよ。

亜紀 ：ああ，なるほど。

ビリー：僕はネット上の誰かと連絡を取る時は，ふつう僕の本名や個人情報を言わないよ。例えば，僕は時々，世界中の人とオンラインゲームする。僕は本名じゃなく，オンライン用の名前を使う。そして自分の顔写真を使わない。とあるゲームのキャラクターの顔を使うよ。

亜紀 ：ソーシャルメディアはとても便利で，友達とつながるのに役に立つかもしれない。でもネットの情報がすべて正しいとは限らないわ。

ビリー：[C]僕は君の意見に賛成だよ。僕たちはインターネットの使い方について学び，使う時には注意すべきだ。

〔1〕 全訳下線部参照。

〔2〕 イ「ビリーはジャスミンと知り合って2週間だが，まだ彼女に会っていない」

重要 〔3〕「ビリーは何部に入っているか」「彼はバスケットボール部に入っている」 ビリーの2番目の発言より，バスケットボール部員とわかる。belong to ～「～に所属している」 答えの文では主語 Billy を代名詞 He にし，動詞に -s をつけて belongs to the basket team とする。

〔4〕 ウ「ビリーは来週，日本でジャスミンとトムに会うことになっている」(○) オ「トムは昨年インドに留学し，そこでジャスミンと出会った」(○)

Ⅲ **(長文読解問題・論説文：内容吟味，語句補充，内容一致)**

(全訳) 昨年はウイルスのため，外出して買い物を楽しむことが難しかった。そのためネットショッピングがさらに人気になった。先週，私はオンラインショップの商品を郵便で受け取った。その箱を開けると，面白いものを見つけた。商品の周りに，たくさんの六角形でできた紙があったのだ。それはハチの巣のようだった。私は父に，それは何かと尋ねた。父は私に，その紙のおかげで商品が配送中に傷つかないのだと教えてくれた。その紙はクッションの働きをする。以前はクッションとして箱の中の商品のまわりに風船のようなものが入っていたと思うが，近頃は六角形の紙がよく使われている。しかし，なぜ六角形が使われていて，三角形や四角形ではないのか。

この六角形の構造は①ハニカム構造と呼ばれている。人々はこのアイデアをハチの巣から思いついた。ハチは巣を作る時，できるだけ少ない材料で，できるだけ大きな部屋を作ろうとする。例えば，各部屋の形が円形だと，部屋と部屋の間に空間ができて部屋がその分狭くなる。また，六角形の形は衝撃に対して強い。このため，ハチの巣の壁はとても薄いのに，重いハチミツを支えることができる。

実は，私たちは身の回りでたくさんのハニカム構造を見つけることができる。例えば，いくつかのクッションにはハニカム構造が使われていることを知っていますか。それらはとても頑丈なので，人がその上に座っても壊れない。また，その構造のおかげで重さが分散されるので，座ると，空気の上に座っているように感じられる！ このように自然界からアイデアを得ることは生体模倣と呼ばれる。私は初めてハニカム構造について学んだ時に生体模倣に興味を持った。私は生体模倣について学び，身の回りでその実例を見つけようとした。あなたはドローンを使ったことがありますか。ドローンにはふつう，4つか8つのプロペラがある。そのプロペラのデザインはカエデの種の形から来たものだ。カエデの種はその形のおかげで，回転して長距離を飛ぶ。

私たちが困ったときは②自然から学ぶ。今生きている動物や植物は長い間自然界で生き残ってきた。別の言葉で言えば，彼らは難しい環境で生き延びるためにたくさんの方法で変化してきた。自然界のものを注意深く見ると，私たちは良いアイデアを見つけてこれらのアイデアから新しいものを発明することができるかもしれない。

生体模倣表

製品	自然界のアイデア	利点
ドローン	カエデの種	長距離を飛ぶことができる
新幹線	カワセミ	[A]すばやくなめらかに動くことができる
傘	ハスの葉	水をはじくことができる
接着テープ	ヤモリの指	・[B]強力に接着する ・簡単にはがれる
注射器	蚊	[C]あまり痛みを感じない

重要 〔1〕 第2段落第3文の「できるだけ少ない材料でできるだけ大きな部屋を作る」と，第2段落第5，6

文の「衝撃に強いので薄い壁でも重いハチミツを支えられる」という2点について書く。

〔2〕 第3段落第5文に Getting ideas from nature like this is called biomimicry.「このように自然界からアイデアを得ることは生体模倣と呼ばれる」とある。また，Biomimicry Chart「生体模倣表」にも Idea in nature「自然界のアイデア」とある。これらから nature を抜き出し，we learn from nature「自然から学ぶ」とすると適切。

重要 〔3〕 Biomimicry Chart「生体模倣表」の全訳を参照。

〔4〕 ア 第1段落の内容と一致する。 ウ 第3段落第2～4文の内容と一致する。

重要 Ⅳ （条件英作文）

（全訳）

新入部員募集！
参加してください！

テニス部
いつ：月曜日から金曜口
どこで：テニスコート
何を：
・テニスを練習する
・週末に市立コートで試合をする
★今までにテニスをしたことがなくても，楽しめます！

茶道部
いつ：水曜日と金曜日
どこで：茶室
何を：
・抹茶のたて方を学ぶ
・和菓子を食べることもある
★他の部に入っている部員もいます。

水泳部
いつ：【6月－9月】月曜日から金曜日
【10月－5月】火曜日，木曜日，土曜日
どこで：プール
何を：
・夏→学校のプールで泳ぐ
・冬→学校の周りを走る
→市立プールで泳ぐ（土曜日のみ）
★私たちは昨年度，市内で優勝しました。

写真部
いつ：土曜日または日曜日
どこで：様々な場所
何を：
・写真を撮る
・公園，動物園，川などに行く
★部のカメラを使えます。

自然科学部
いつ：金曜日
どこで：理科室
何を：
・自然を観察し，レポートを書く
・毎年，科学コンテストに参加する
★科学に興味があるなら私たちの部が最適！

（解答例の訳）「私はテニス部に入部したいです。私は名古屋に祖父がいて，私は祖父が大好きです。祖父は少年の頃からテニスをしていますが，私は今までそれをやってみる機会がありませんでした。もし私たちが一緒にテニスをすることができたら，祖父は喜ぶでしょう。テニス部が私のような初心者を歓迎してくれてうれしいです」

最初に I want to join ～「私は～に参加したいです」などの文で部活名を示し，その後にその理由を述べる。I'm interested in ～「私は～に興味があります」などの表現を用いるとよい。

リスニングテスト

Ⅰ・Ⅱ リスニング問題解説省略。

★ワンポイントアドバイス★

筆記テストのⅡは，SNSにおける個人情報についての会話文である。

＜理科解答＞

Ⅰ 〔1〕 イ 〔2〕 カ 〔3〕 イ 〔4〕 102.9(g) 〔5〕 富岳 〔6〕 ウ

Ⅱ 〔1〕 (1) 0.25(N) (2) 3.0(cm) (3) (X側のばねP) D (Y側) C
(4) A・D 〔2〕 (1) ストローE，Fをティッシュペーパ－Gでこすることで，ストローE，Fが同じ種類(－)の電気を帯びたから。 (2) ア

Ⅲ 〔1〕 $HCl+NaOH \rightarrow H_2O+NaCl$ 〔2〕 (1) c (2) b
〔3〕 c 〔4〕 H_2 〔5〕 エ 〔6〕 10(cm^3)

Ⅳ 〔1〕 エ 〔2〕 0.27(秒) 〔3〕 ウ 〔4〕 1.68(秒)
〔5〕 2.95(m) 〔6〕 2.13(秒)

Ⅴ 〔1〕 P波 〔2〕 右グラフ 〔3〕 14(時)23(分)21(秒)
〔4〕 18(秒) 〔5〕 7(km/s) 〔6〕 イ

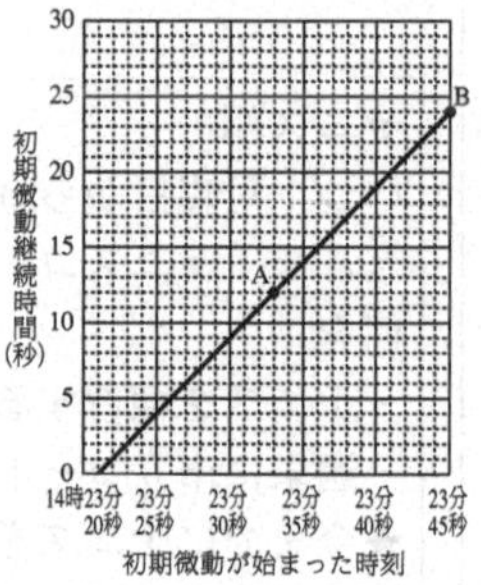

○推定配点○

Ⅰ 各2点×6 Ⅱ 各2点×6(〔1〕(3)・(4)各完答) Ⅲ 各2点×6(〔1〕・〔2〕各完答)
Ⅳ 各2点×6 Ⅴ 各2点×6 計60点

＜理科解説＞

Ⅰ (小問集合)

重要 〔1〕 細胞の形を保ち，体を支えるのに役立つつくりは植物細胞にしかない細胞壁である。よって，ヒトのほほの内側の細胞は×で，その他は○となる。

基本 〔2〕 電熱線Aに4.0Vの電圧がはたらいたので，電熱線Bには6.0(V)－2.0(V)の電圧がはたらく。よって，電熱線Aの方がBより抵抗が大きいことがわかる。電熱線は直列につなぐと抵抗が大きくなり，並列につなぐと抵抗が小さくなるので，抵抗の大きい順に並べるとr_3，r_1，r_2，r_4の順になる。

重要 〔3〕 日中は海上より陸上の方が暖かくなる(気圧が低くなる)ため，海風が吹く。

やや難 〔4〕 80℃100gの水に硝酸カリウムは168.8gまで溶けるので，80℃100gの水のときの硝酸カリウムの飽和水溶液は，268.8gとなる。80℃の硝酸カリウムの飽和水溶液201.6g中に水は，100(g)：268.8(g)＝x(g)：201.6(g)より，75g含まれている。80℃の水100gに硝酸カリウムを溶けるだけ溶かし，20℃にすると，硝酸カリウムは168.8(g)－31.6(g)＝137.2(g)出てくるので，水75gの場合は，100(g)：137.2(g)＝75(g)：x(g)より，102.9gの硝酸カリウムの結晶が出てくる。

〔5〕 2020年6月，11月，2021年6月の3期連続で世界ランキング1位になったスーパーコンピュータの名前は富岳という。

〔6〕 絶滅の恐れのある野生動物の種の国際取引に関する条約をワシントン条約という。

Ⅱ (力)

基本 〔1〕 (1) B(200g)をつるしたときと，D(75g)をつるしたときでばねの長さは5.0cmちがう。よって，このばねは125gで5.0cm伸びるばねなので，1.0cm伸ばすには125(g)÷5.0(cm)＝25(g)＝0.25(N)の力が必要である。

(2) 浮力は押しのけた液体と同じ大きさで表される。物体Cにはたらく浮力は，25gなので，物体Cをつるしている糸には，100(g)－25(g)＝75(g)＝0.75(N)の力がはたらいている。この力がばねPにはたらくので，ばねPは，0.25(N)：1.0(cm)＝0.75(N)：x(cm)より，3.0cm伸びる。

(3) Y側にCをつるすと糸にはたらく力は75gになるので，X側のばねPに75gのDをつるすとてんびんはつりあう。

(4) 浮力を考えたときに同じ力がばねPと糸にはたらけばよいので，AとDのときてんびんはつりあう。

〔2〕 (1) ストローE，Fをティッシュペーパーで Gでこすると，ストローE，Fともに－の電気を帯電するので，ストローE，Fはしりぞけあう。

重要 (2) －の電気を帯びやすい順に並べると，ポリプロピレン，ティッシュペーパー，ガラスの順である。

重要 Ⅲ (酸とアルカリ・中和)

〔1〕 塩酸と水酸化ナトリウム水溶液が反応する化学変化を化学反応式でかくと，$HCl+NaOH \rightarrow H_2O+NaCl$となる。

〔2〕 (1)・(2) リトマス紙の色が変化したことから，水溶液A～Cは塩酸が残っている。塩酸はH^+とCl^-に電離し，H^+は陰極に引き寄せられるので，青色リトマス紙(c)を赤くする。リトマス紙の色が変化したことから，水溶液D～Fは水酸化ナトリウム水溶液が残っている。水酸化ナトリウム水溶液はNa^+とOH^-に電離し，OH^-は陽極に引き寄せられるので，赤色リトマス紙(b)を青くする。

〔3〕 実験1の水溶液Bと同じ結果になるので，cが赤くなる。

〔4〕 アルミニウムを水溶液と反応させるとH_2が発生する。

〔5〕 実験3でできた白い物質は塩化ナトリウムである。塩化ナトリウムは化合物で，分子をつくらない。

基本 〔6〕 表2から水溶液A～Cを見ると，水酸化ナトリウム水溶液3cm^{3}ずつ増やしていくと，発生した水素は45cm^{3}ずつ減ることがわかる。よって，Cから15cm^{3}の水素の発生を減らす水酸化ナトリウム水溶液の量は，3(cm^3)：45(cm^3)＝x(cm^3)：15(cm^3)より，1cm^{3}なので，Cで加えた9cm^{3}の水酸化ナトリウム水溶液に1cm^{3}を加えると(水酸化ナトリウム水溶液10cm^{3}を加えると)，塩酸X6cm^{3}は完全中和する。

Ⅳ (ヒトの体のしくみ)

重要 〔1〕 実験1で，右手をにぎられてから，左手で次の人の右手をにぎるまでに刺激と命令の信号が伝わる経路として正しいものはエである。

基本 〔2〕 実験1の平均が，(1.82(秒)＋1.93(秒)＋1.96(秒)＋1.85(秒))÷4＝1.89(秒)なので，1人の平均は，1.89(秒)÷7(人)＝0.27(秒/人)である。

重要 〔3〕 実験2の①の刺激と命令の信号が伝わる経路はウである。

基本 〔4〕 1人あたりの反応時間は，実験2の①から(2.17(秒)＋1.81(秒)＋2.08(秒)＋1.62(秒))÷4÷8＝0.24(秒/人)である。鏡が1人分を減らすので，実験2の②で示したストップウォッチの時間は0.24(秒)×7(人)＝1.68(秒)である。

やや難 〔5〕 5.0(m/s)×0.24(s)＋1.75(m)＝2.95(m)

やや難 〔6〕 0.27(秒)×7＋0.24(秒)＝2.13(秒)

Ⅴ (地震)

重要 〔1〕 初期微動を起こす波はP波である。

〔2〕 地点Aの初期微動継続時間は，14時23分45秒－14時23分33秒＝12(秒間)，地点Bの初期微動の

始まりは，14時24分09秒－24秒＝14時23分45秒である。よって，それぞれの値を点にして直線でつなげる。

〔3〕〔2〕のグラフにより，14時23分21秒である。

〔4〕地点Cの主要動の始まりは，地点Aの12秒後，地点Bの12秒前である。よって，初期微動継続時間は地点AとBの平均である(12(秒間)＋24(秒間))÷2＝18(秒間)である。

〔5〕地点Aでは，主要動が地震の始まりから14時23分45秒－14時23分21秒＝24(秒後)に始まったので，地点Aの震源距離は3.5(km/s)×24(秒)＝84(km)である。地点Aの初期微動は，地震の始まりから14時23分33秒－14時23分21秒＝12(秒後)に始まったので，初期微動を起こす波(P波)の速さは，84(km)÷12(s)＝7.0(km/s)である。

〔6〕震源距離が近い順に地点A，地点C，地点Bとなるので，震央の位置はイであると考えられる。

★ワンポイントアドバイス★

問題の条件情報を素早く見抜く読解力と計算能力を養おう。

＜社会解答＞

Ⅰ．〔1〕(早い) A　(遅い) C　〔2〕図1 エ　図2 ア　〔3〕(例) 人口増加を抑える効果があった一方で，少子高齢化が急速に進んだ。　〔4〕地中海式農業
〔5〕エ　〔6〕ア　〔7〕① イ　④ ア　〔8〕A ア　B イ　C ウ
〔9〕エ

Ⅱ．〔1〕公地公民　〔2〕壬申の乱　〔3〕正倉院　〔4〕(記号) ウ　(名称) 蝦夷
〔5〕エ→ウ→ア→イ　〔6〕(例) 承久の乱の前には東国にとどまっていたが，承久の乱後に西国にも影響が及ぶようになった。　〔7〕ア　〔8〕エ　〔9〕エ
〔10〕イギリス　〔11〕五箇条の御誓文　〔12〕イ　〔13〕ア

Ⅲ．〔1〕エ　〔2〕(例) 流通の過程でかかる人手が減るため，商品の価格が安くなる
〔3〕集団的自衛(権)　〔4〕a 均衡価格　b ア　c 需要　d カ　e エ
〔5〕(環境)アセスメント　〔6〕X 50分の1(以上)　Y 首長　〔7〕身体(の自由)

○推定配点○

Ⅰ．〔3〕3点　〔4〕2点　他 各1点×12
Ⅱ．〔1〕～〔3〕・〔4〕名称・〔10〕・〔11〕各2点×6　〔6〕3点　他 各1点×7
Ⅲ．〔1〕・〔4〕b・d・e 各1点×4　〔2〕3点　他 各2点×7　計60点

＜社会解説＞

Ⅰ．(地理―自然・地域の特色・産業など)

重要 〔1〕ロンドン郊外の旧グリニッジ天文台を通る本初子午線(世界時)を0とするとAは＋8時間，Bは＋1時間，Cは－8時間，Dは－3時間となる。

〔2〕中国：1970年代末から始まった改革開放政策で急激に経済が発展，世界の工場となった。フランス：ドイツやスペインなどEU各国で部品を生産しフランスのツールーズで組み立てる国際分業で製造。イはアメリカ，ウはブラジル。

〔3〕 急速な人口増加が経済発展の足かせとなるとして取った政策。人口の抑制には成功したが少子高齢化が予想以上に進行，現在の出生率は人口減少に悩む日本以上となってしまった。

〔4〕 夏の高温乾燥に耐える樹木栽培と冬の降雨を利用した小麦栽培などを組み合わせた農業。

〔5〕 大規模な機械化農業が発展しているアメリカの第1次産業従事者の割合は1％台と極めて小さく，反対に一人当たりの耕地面積は極めて大きい。アは中国，イはブラジル，ウはフランス。

〔6〕 アンデス山中は高度差による垂直格差が大きく気候に合わせた農業がおこなわれている(エ→イ→ウ→ア)。リャマやアルパカはラクダ科の動物で荷役や繊維原料などに用いられる。

重要 〔7〕 ① 八幡製鉄所の操業を契機に発展した工業地域。 ④ 輸送に便利な高速道路沿いにIC工場が進出，シリコンロードとも呼ばれる。ウは東海工業地域，エは阪神工業地帯。

〔8〕 企業や学校が都心部に集中，そのため都心の昼間人口は夜間人口に比べると多くなる。東京は120前後と全国で1番高く，埼玉・千葉・神奈川は90前後と一番低くなっている。

〔9〕 千葉港は京葉工業地域の中核となる港で面積は日本1といわれる。取扱品は京葉工業地域の特徴から化学工業の原料などが多い。アは関西国際空港，イは名古屋港，ウは東京港。

Ⅱ. (日本と世界の歴史―古代～現代の政治・社会・文化史など)

基本 〔1〕 国家が土地や人民を直接支配する律令制の大原則。6年ごとに戸籍を作成し口分田を支給(班田収授)，これに対し租庸調などの税を徴収した。

〔2〕 天智天皇の死後，大友皇子と実の弟である大海人《おおあま》皇子(天武天皇)が皇位をめぐって対立した古代最大の内乱。勝利した天武天皇は天皇の力を強化し国史の編さんなどを進めた。

〔3〕 聖武天皇の死後，光明皇后が寄進した天皇の愛用品などが収蔵されている倉。

〔4〕 胆沢《いさわ》城を築き鎮守府を多賀城から移設，東北の経営を発展させた。蝦夷とは大和王権の支配に入らなかった東北の人々の総称で，アイヌとの関係は不明瞭といわれる。

〔5〕 10世紀前半，承平天慶の乱で藤原純友らが歴史の表舞台に登場→12世紀中頃，保元・平治の乱で平氏政権が誕生→12世紀末，源頼朝が奥州藤原氏を滅ぼして東国の支配を完成。

〔6〕 幕府は上皇側に加担した貴族や武士の所領を没収，恩賞として東国の御家人に与えたため幕府の勢力は西国を中心に強化されることになった。

〔7〕 3代将軍・足利義満は太政大臣に任じられるなど武家と公家双方のトップとして君臨，観阿弥・世阿弥父子を援助し能の大成に貢献した。ウは元禄文化を代表する人形浄瑠璃。

〔8〕 15世紀の末以降，コロンブスやガマ，マゼランの新航路開拓によりヨーロッパは競ってアジアや新大陸に進出。マルコポーロは13～14世紀，クロムウェルは17世紀，十字軍は11世紀末。

〔9〕 日本の古典を研究し「古事記伝」を完成，日本固有の精神の中に真理があると主張した。

〔10〕 開国を主導したアメリカは南北戦争の発生で大きく後退，変わってイギリスが進出した。

重要 〔11〕 江戸城総攻撃の前日に発表された新政府の基本方針。

〔12〕 1899年，欧米列強の進出に対し発生した外国排斥運動。日本などの出兵で鎮圧され中国の反植民地化が進んだ。憲法は1889年，アは1886年，ウは1875年，エは1876年。

〔13〕 1964年に開催された東京オリンピック。オリンピックに合わせ新幹線や高速道路などのインフラが急ピッチで整備された。イは1972年，ウは1956年，エは1989年。

Ⅲ. (公民―経済生活・憲法・政治のしくみなど)

〔1〕 不特定多数の人々が利用する公共のための様々な財やサービス。

〔2〕 1次問屋や2次問屋など流通機構が複雑な日本の流通機構は価格が高い原因にもなっている。近年はネット以外にも産地直送など中間業者を省いて価格を下げる工夫も増えている。

〔3〕 個別的自衛権に対応する考え方。これまでは憲法前文や9条の平和主義との関係で認められないとされてきたが，解釈を変更してこれを認め各種の安全保障関連法も成立した。

〔4〕 需要と供給の均衡(一致)した点で成立する価格。需要が増えると需要曲線は右に移動する。

〔5〕 アセスメントとは評価するという意味。1993年に環境基本法が制定されたが環境権などが明示されていなかったため，1997年に環境アセスメント法が制定された。

重要 〔6〕 条例の制定改廃や監査請求は50分の1，解散や解職請求は3分の1が基本的な条件。請求先は首長や監査委員，選挙管理委員会で議会にかけたり住民投票が実施される。

重要 〔7〕 国家の不当な介入を排除する自由権は，心の中の自由を保障する「精神の自由」，無実の人を守る「身体(人身)の自由」，公共の福祉による制限がある「経済活動の自由」に分類される。

★ワンポイントアドバイス★

時代の並び替えは歴史を苦手とする受験生にはなかなか厳しい問題である。細かな年号を覚えるのではなく，大きな流れをつかむことを考えよう。

＜国語解答＞

一 問一 a 偶然 b 悲惨 c 是非 d 特殊 問二 (例) 目の前の世界の常識を一度相対化し，疑うべき常識を見極めた上で，その常識に対して問いを持つことができること。 問三 A カ B エ C イ 問四 エ 問五 オ・キ 問六 ウ

二 問一 a はげ b たく c さかま 問二 ① イ ③ オ 問三 ア 問四 イ 問五 ウ・カ 問六 (例) 心平の才能に嫉妬した丸山は，心平が指を骨折したことを少しでも喜んだ自分のことがたまらなくいやになり，その気持ちをだれか他の人に聞いてほしいと思ったから。

三 問一 エ 問二 A オ B ウ 問三 ② 形容動詞 ③ 副詞 問四 c 問五 (例) 生徒たちに実施したアンケートから校則に対する要望があがった時に，私は生徒会長として生徒総会で校則を改正するために，合意形成を目指した。

○推定配点○

一 問一 各1点×4 問二 5点 他 各2点×7 二 問一 各1点×3 問六 6点 他 各2点×6 三 問二 各1点×2 問五 6点 他 各2点×4 計60点

＜国語解説＞

一 (論説文－漢字の書き取り，内容吟味，接続語の問題，文脈把握，大意)

問一 a 「偶然」とは，何の因果関係もなく，予期しない出来事がある様。 b 「悲惨」とは，悲しくいたましいこと。 c 「是非」とは，道理にかなうこととかなわないことと，よしあしの判断や批評。 d 「特殊」とは，普通と異なること，全体の内の，若干のものについてだけいえる性質のこと。

重要 問二 文章の中に「目の前の世界において常識として通用して誰も疑問を感じることなく信じ切っている前提や枠組みを，一度引いた立場で相対化してみる」「目の前の世界を，『そういうものだ』と受け止めてあきらめるのではなく，比較相対化する。そうすることで浮かび上がってくる『普遍性のなさ』にこそ疑うべき常識があ」ると述べられているので，それらの内容を指定字数内でまとめる。

問三 A 「リベラルアーツ」とは，「自由になるための技術」であると確認した後，その中にある

「自由」とは何か，という事で転換をはかっている。 B 空欄の前後で，イノベーションには「それまで当たり前だと思っていたことが，ある瞬間から当たり前ではなくなる」という側面が含まれている事，イノベーターには「当たり前」を疑うスキルが必要である事を述べているので，言い換えが行われている。 C リベラルアーツを用いて，比較相対化し，自分の動き方を知った人は成功をするが，そのパターンは一瞬で無効化されるという流れなので，逆接の接続詞が入る。

問四 傍線部の後に，「『常識を疑う』という態度を身につけることではなく，『見送っていい常識』と『疑うべき常識』を見極める選球眼を持つ」ことが重要であるとし，この選球眼を与えるのがリベラルアーツだとしている。

問五 オ「目の前の世界を，『そういうものだ』と受け止めてあきらめるのではなく，比較相対化する。そうすることで浮かび上がってくる『普遍性のなさ』にこそ疑うべき常識があ」るという内容と合致するので，適当。 キ「変化する前の，「いわば『旧世界のありよう』に最適化すべくスキルと知識を積み重ねてきた多くの人は，いわば『世界に裏切られ』て，野に放り出されてしまった」とリーマンショックで失業した投資銀行の例を挙げ，「世界のありように目を向けて自分のキャリアや立ち居振る舞いを設計するのではなく，世界のありようについて一応は適応しつつも，それを相対化しながらしたたかに立ち回って変革の機会を待つための『知的な足腰』が必要」であると述べている。

問六 【文章A】において，常識を疑うのはコストがかかる，しかしイノベーションには「常識への疑問」が必要であるとして，このパラドックスが解けないので，イノベーションは難しいとしている。【文章B】は「本物の知性とは，前提になっていることを疑うこと，通常行われている知的営みの枠組み自体を再構築すること」と述べ，これこそがイノベーションを起こす上で欠かせないものとしている。

二 （物語文一漢字の読み，語句の意味，文脈把握，内容吟味，大意）

問一 a 「励む」とは，気を荒立てる，ある目的に向かって心を奮い立たすこと。 b 「託す」とは，たのみあずけること。 c 「逆巻く」とは，流れにさからって波が巻きかえる，水底から波がわきあがるように激しく波立つこと。

問二 ① 「まんまと」とはうまく，首尾よくという意味。 ③ 「お茶を濁す」とは，いい加減にしてその場をごまかすこと。

問三 元々，犯罪行為を誘発するような真似をする事に対して，怜は消極的であり，カンチョーで指を折った心平の代わりに博物館へ張り込み行くのが，馬鹿馬鹿しかったのである。

問四 屋上で皆と集って今後の対策を立てている時，周りがどのような行動をしているかを観察しつつも，自分の意見を主張することなく，また丸山が自身の嫌な面を吐露している際も無駄口を挟まず，色々と聞いてあげている事から読み取る。

問五 ウ前半は屋上にて高校生の会話を中心に流れを進め，後半は丸山の自身の心情を聞いた怜が「サイテーなやつなんて思わない」「むしろ，いいやつだと思ってる」と丸山の事を理解している場面が見られる。カ「カンチョー」や「サイテー」など，普段，高校生が用いる言葉を文章化する事によって，気を遣わず，気軽に話し合える仲間たちである事を表出している。

重要 問六 見る見る美術の才能を開花させていく心平に嫉妬していたが，今回，骨折した事によって，丸山は「じゃあしばらくデッサンの練習できないな」「そのまま美大受験に飽きてくれればもっといいのに」と喜んでしまい，「そんな自分がたまらなくいや」であると感じている。またそのように感じた「自分のサイテーぶりをだれかに聞いたほしかった」ので，怜を風呂に誘ったのである。

三 （論説文―熟語，慣用句，品詞・用法，作文（課題））

問一 「隔離」は，「隔てる」「離れる」と同義の漢字を合わせた熟語。同じ構成を持つのは「安らかになる」「穏やかになる」と同義の漢字を合わせたエ「安穏」が適当。

問二 A「引き金」とは，物事が引き起こされる直接的原因，きっかけのこと。江戸時代の地域格差が直接的原因となって，現在の過疎化へと展開していると述べている。 B「歯止めをかける」とは，物事が進行しないように食い止めること。「地域経済が安定し，地域社会が独自のコミュニティとして成り立てば」，人口減少が食い止められるとしている。

問三 ②「大事に」は，形容動詞「大事だ」の連用形。③「まさに」は間違いなく，今にもという意味を表す副詞。

問四 c「ない」は形容詞であり，自立語で単独で文節をつくる。他の選択肢は，助動詞となる。

重要 問五 合意形成とは，多様な利害関係者の意見の一致を図ること。特に議論などを通じて，関係者の根底にある多様な価値を顕在化させ，意思決定において相互の意見の一致を図る過程のことをいう。この内容に見合う，自身の出来事を指定字数内にまとめる。

★ワンポイントアドバイス★

要約力をつけておこう！ 知識分野をしっかり蓄えておこう！

2021年度

★★★★★★★★★★★★★★★★★★★★★★★

入　試　問　題

2021年度

立命館慶祥高等学校入試問題

【数　学】（50分）　＜満点：60点＞

【注意】　1　答えはできるだけ簡単にしなさい。

　2　図やグラフは参考のためのものです。

　3　特別な指示がないときは，円周率πや$\sqrt{\ }$は近似値を用いないで，そのまま答えなさい。

Ⅰ．次の問いに答えなさい。

〔1〕　$(-3)^2\times2+4\times(-1)^3$ を計算しなさい。

〔2〕　$\dfrac{10\sqrt{2}-1}{\sqrt{3}}-\dfrac{2\sqrt{3}+7\sqrt{6}}{3}$ を計算しなさい。

〔3〕　$\dfrac{8}{9}a^5b^6\div\left(-\dfrac{2}{3}ab\right)^3\div\left(-\dfrac{3}{4}ab^2\right)^2$ を計算しなさい。

〔4〕　連立方程式 $\begin{cases}2(x+2y)+(x-9y)=2\\(x-7)-4(y-3)=1\end{cases}$ を解きなさい。

〔5〕　2次方程式 $(3x-5)(2x+1)=3(x-2)^2-15$ を解きなさい。

〔6〕　$x=2\sqrt{3}-5$のとき，$x^2+11x+19$ の値を求めなさい。

Ⅱ．次の問いに答えなさい。

〔1〕　下の図のように，数直線上を動く点Pがあり，最初は0の位置にある。また，箱の中に，赤色のカードが4枚，青色のカードが2枚入っていて，赤色のカードには1，2，3，4の数字，青色のカードには2，5の数字がそれぞれ1つずつ書かれている。箱の中から，1枚ずつ2回カードを取り出し，次の規則にしたがって，点Pを移動させる。

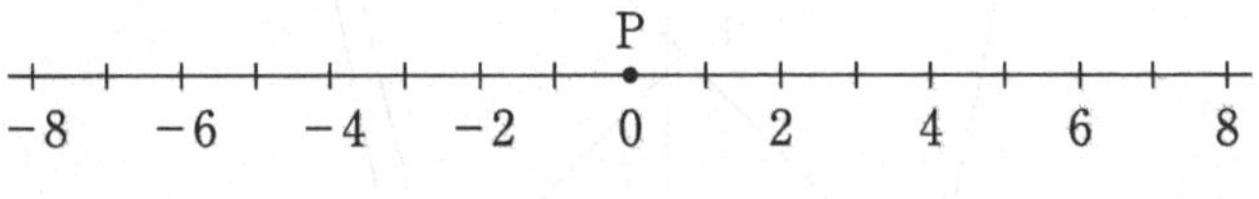

〈規則〉
・赤色のカードを取り出したときは，正の方向に，書かれている数字の分だけ点Pを移動させる。
・青色のカードを取り出したときは，負の方向に，書かれている数字の分だけ点Pを移動させる。
・1回目に取り出したカードは，2回目にカードを取り出す前に箱の中に戻す。
・2回目に取り出したカードの色が，1回目に取り出したカードの色と同じときは，2回目の移動はしない。

この規則で移動させたときの点Pの位置について考える。

⑴　点Pが１の位置にあるカードの取り出し方は何通りか，求めなさい。

⑵　０の位置から点Pまでの距離が２となるカードの取り出し方は何通りか，求めなさい。

〔２〕　袋の中に，赤玉２個，青玉３個，白玉１個の計６個の玉が入っている。袋の中から同時に２個の玉を取り出すとき，同じ色の玉を取り出す確率を求めなさい。

〔３〕　右の図は，ある中学校の図書室で，本を借りに来た生徒50人にアンケートをとり，先月に借りた本の冊数を調査した結果をヒストグラムに表したものである。中央値をふくむ階級の相対度数を求めなさい。

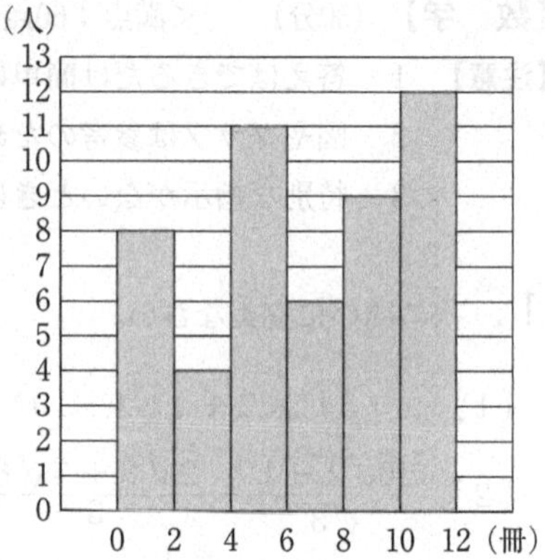

Ⅲ．下の図のように，放物線 $y=\frac{1}{3}x^2$ がある。３点A，B，Cは放物線上の点で，その x 座標はそれぞれ9，3，－6である。点Dは線分AB上の点で，点Dの y 座標と点Cの y 座標は等しい。また，点Dを通り直線BCに平行な直線と線分ACとの交点をEとする。このとき，次のページの問いに答えなさい。

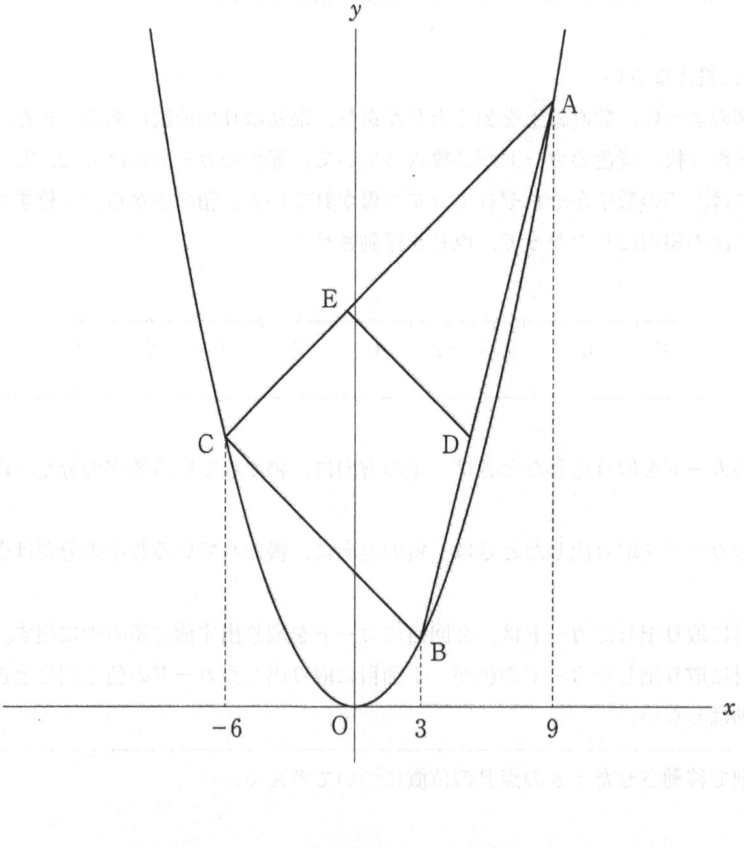

〔1〕 直線ABの式を求めなさい。

〔2〕 点Dの座標を求めなさい。

〔3〕 △OBCの面積を求めなさい。

〔4〕 四角形OBECの面積を求めなさい。

Ⅳ．下の図のような三角柱ABC－DEFがあり，AB＝８㎝，BC＝６㎝，AC＝10㎝，AD＝10㎝，∠ABC＝90°である。点Gは辺BEの中点で，点Hは辺DE上にあり，DH：HE＝３：１である。このとき，次の問いに答えなさい。

〔1〕 三角柱ABC－DEFの側面積を求めなさい。

〔2〕 立体Ａ－GHFの体積を求めなさい。

〔3〕 点Gから面ADFCに下ろした垂線と面ADFCとの交点をＩとするとき，線分GIの長さを求めなさい。

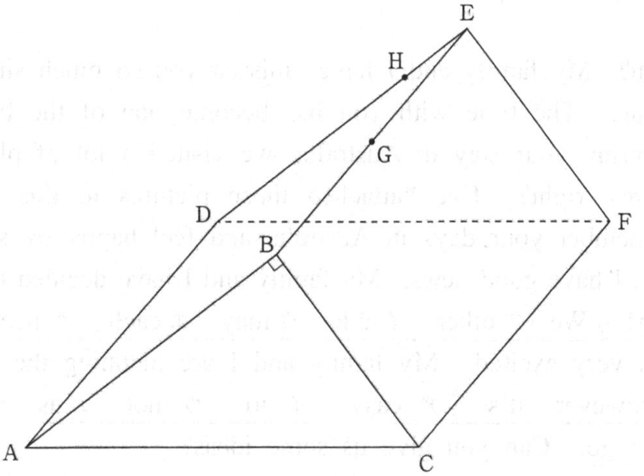

Ⅴ．下の図のように，奇数が書かれた正方形をある規則にしたがって並べて図形をつくり，2番目以降の図形は，図形の左下にある正方形に色を塗る。このとき，次の問いに答えなさい。

１番目の図形　　２番目の図形　　３番目の図形　…

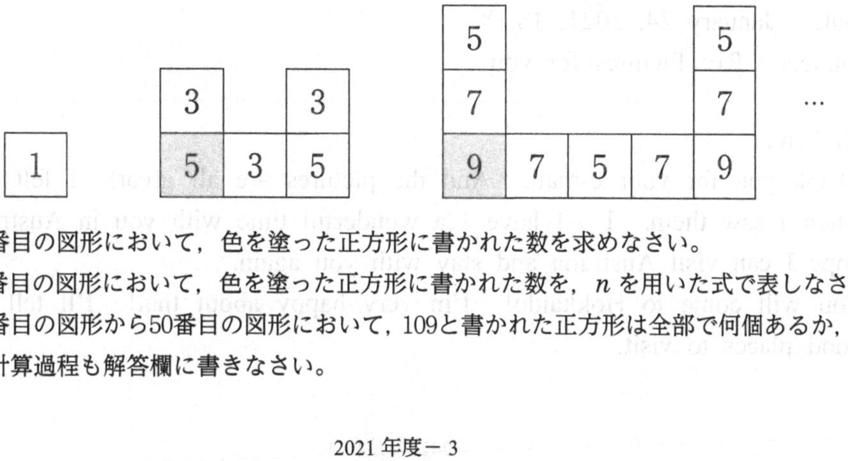

〔1〕 ４番目の図形において，色を塗った正方形に書かれた数を求めなさい。

〔2〕 n 番目の図形において，色を塗った正方形に書かれた数を，n を用いた式で表しなさい。

〔3〕 １番目の図形から50番目の図形において，109と書かれた正方形は全部で何個あるか，求めなさい。計算過程も解答欄に書きなさい。

【英　語】（50分）　＜満点：60点＞

【注意】 リスニング・テストは，試験開始から約５分後に行われます。指示があるまでリスニング・テストの問題に進んではいけません。リスニング・テストが始まるまでは，筆記テストの問題を解答しなさい。

Ⅰ．次の２つの英文は，オーストラリアに住むエリック (Eric) と，エリックの友人の浩一 (Koichi) のＥメールのやりとりです。これを読んで，あとの〔１〕〔２〕の問いに答えなさい。

From : Eric
To : Koichi
Date : January 23, 2021, 12:32
Subject : Pictures for you

Hi Koichi,
How are you? My family and I have *missed you so much since you ①[go] back to Japan. The time with you has become one of the best memories in my life. During your stay in Australia, we visited a lot of places and took a lot of pictures, right? I've *attached those pictures to this e-mail. I hope you will remember your days in Australia and feel happy by seeing them.
*By the way, I have good news. My family and I have decided to visit Hokkaido next summer! ②We（ア other　イ able　ウ may　エ each　オ meet　カ be　キ to ）then, so I'm very excited. My family and I are planning the trip now. ③However, it's（ア easy　イ to　ウ not　エ us　オ where　カ for　キ decide ）to go. Can you give us some ideas?
Please write me back soon.

Eric

From : Koichi
To : Eric
Date : January 24, 2021, 18:18
Subiect : RE: Pictures for you

Hi Eric,
Thank you for your e-mail. And the pictures are all great! I felt so happy when I saw them. I ④[have] a wonderful time with you in Australia, so I hope I can visit Australia and stay with you again.
You will come to Hokkaido! I'm very happy about that! I'll tell you two good places to visit.

First, you should visit Shiretoko. It ⑤[choose] as a *World Natural Heritage Site about fifteen years ago. Some of the animals and plants in Shiretoko can't ⑥[see] in any other area. You will be surprised when you see Shiretoko's beautiful nature.

If you like animals, Asahiyama Zoo is also a good place to visit. The zoo has about 110 kinds of animals. If you visit the zoo and see the animals there, ⑦(ア their イ living ウ you エ of オ learn カ ways キ can).

I hope this information will help you. I'm looking forward to seeing you in Hokkaido next summer!

Koichi

＊注 miss：～がいなくて寂しく思う　attach ～ to...：～を…に添付する　by the way：ところで
World Natural Heritage Site：世界自然遺産

〔1〕 ①④⑤⑥の［ ］内の動詞を適切な形にしなさい。ただし，2語になる場合もあります。

〔2〕 ②③⑦の（ ）内に与えられた語を並べかえて文を作り，3番目と6番目にくる語の記号を答えなさい。

② We (_____ _____ [　　] _____ _____ [　　] _____) then

③ However, it's (_____ _____ [　　] _____ _____ [　　] _____) to go

⑦ (_____ _____ [　　] _____ _____ [　　] _____)

Ⅱ．次の英文は，中学生の寛人（Hiroto）と，寛人の家にホームステイしているアメリカ人留学生のサラ（Sarah）との会話です。これを読んで，あとの〔1〕～〔4〕の問いに答えなさい。

Hiroto : Hi, Sarah. [A]

Sarah : I think it's a lot of fun. Today was my first day at school in Japan, but I have already made a Japanese friend.

Hiroto : That's wonderful. You looked so worried while we were going to school this morning, so I'm very happy to hear that. Have you decided what club to join?

Sarah : No, I haven't. I'm interested in some clubs, but it's very hard for me to choose one.

Hiroto : What are those clubs?

Sarah : The first one is the basketball club. I hear the team is very strong and it has won a lot of games in this city. I've played basketball for a long time. I'm fifteen years old now, and started playing it when I was five. I'm good at it, so I want to play on the team.

Hiroto : I see. What is the next one?

Sarah : The next one is the *calligraphy club. When I was in the USA, I saw some calligraphy *works for the first time. I was very impressed with them.

Since then, I have wanted to learn calligraphy. In fact, I'm looking for a calligraphy class.

Hiroto : Oh, really? Have you found a good one?

Sarah : Well, there are two good classes, but they are not good for me.

Hiroto : [B]

Sarah : One of them is far from our house. Another has lessons only in the morning.

Hiroto : I see. Learning Japanese calligraphy will be a great experience for you. So I think the best club for you is the calligraphy club!

Sarah : Wait! I also have a third choice. It's the volunteer club, but I couldn't get much information about it. Who should I ask about it?

Hiroto : Oh, do you want to know about the volunteer club? Then, here is the best person to ask.

Sarah : Who is the person? Maybe you?

Hiroto : Yes! Actually, I'm a member of the volunteer club. I'll tell you about it.

Sarah : Oh, really? I didn't know that. Please tell me, Hiroto.

Hiroto : Sure. The club has twenty-five members. We volunteer in this city on the first and third weekends, Saturdays and Sundays, every month. One of our activities is cleaning the river near our school. It has a lot of waste now, so it isn't a good home for animals.

Sarah : [That]'s too bad.

Hiroto : We can do only small things, but we believe that our activities can make a good change. So we work hard for the people and animals in this city.

Sarah : Your club is wonderful. I want to join it!

Hiroto : And we don't have the club every day, so [C].

Sarah : Sounds good! I'll join them!

*注 calligraphy：書道 work：作品

〔1〕 本文中の［A］～［C］に当てはまるものをそれぞれア～ウの中から１つ選び，記号で答えなさい。

［A］ ア．What do you think about your new club?
イ．How did you go to school today?
ウ．How is your new school life?

［B］ ア．What do you mean?
イ．When is the class?
ウ．What kind of class do you go to?

［C］ ア．you can join our club on Friday
イ．you can join the calligraphy club, too
ウ．you should join the basketball club

〔2〕 [That]が指し示す内容に最も近い意味を持つものを次のページのア～エの中から１つ選び，記号で答えなさい。

ア. Hiroto's club does not have a lot of members.
イ. There is a river near Hiroto's junior high school.
ウ. It's difficult for animals to live in the river because of the waste there.
エ. People can do only small things to save animals living in the river.

〔3〕 次の英語の質問に英文で答えなさい。

How many years has Sarah played basketball?

〔4〕 本文の内容と一致するものを，次のア～オの中から２つ選び，記号で答えなさい。

ア. Sarah didn't go to school with Hiroto this morning.
イ. Sarah saw calligraphy works for the first time before coming to Japan.
ウ. Hiroto is in the calligraphy club at his junior high school.
エ. Hiroto's volunteer club meets four days a month.
オ. Sarah goes to a calligraphy class near her house.

Ⅲ. 次の英文を読み，あとの〔1〕～〔4〕の問いに答えなさい。

Can you answer if someone asks you, "What is IoT?" IoT is "the Internet of Things." It means that we can transfer many kinds of data through the Internet. By connecting all "things" to the Internet, we can make our lives better.

In the old days, computers could be only connected to other computers. However, various things such as smartphones, tablets or other *devices can be connected to each other now. In IoT technology, we attach a *sensor to a device and get the information given by the sensor to do various things. We can know how the device is through the sensor. We can operate the device even if we are away from it.

*Home appliances are one of the examples of products using IoT technology. IoT allows you to control home appliances *remotely by connecting them to the Internet. For example, you can control your air conditioner and heater with IoT. In summer and winter, you'll be glad if the temperature in the room is comfortable when you get home. You can switch on the air conditioner with a smartphone. If you are worried about forgetting to turn the air conditioner off, you can check the status and operate it with your smartphone, too.

The table shows popular IoT home appliances in an electrical appliance store. Air conditioners are the most popular. The device for locking the door comes in second, followed by LED lamps. With the lamps, we can change the color of the room for doing different things like reading books or listening to music and so on. If you often lose important things, the fourth device is useful. We can use the fifth device for [①] of our cats or dogs. When we go out, we can see our pets and also can feed them with our smartphones. I'm interested in this kind of device, so I checked the *word of mouth reviews of one model, "MY PET," on the Internet. There were 516 reviews and the item has over four out of five stars.

IoT technology is used not only for home appliances but also for other various *fields. Here are ②some examples. At IoT bus stops, bus *operation data is sent *on a real-time basis, so we can know how long we have to wait for the bus. In the USA, if you don't feel good, you can see a doctor at home without going to the hospital. There is no need to wait in the waiting room when you are sick. With the appearance of 5G, the number of devices connected to the Internet will increase and become more familiar in our lives.

*注 device：機器　sensor：センサー　home appliance：家電製品　remotely：遠隔で
word of mouth review：口コミ　field：分野　operation data：運行データ
on a real-time basis：リアルタイムで

Table

The Ranking	IoT Home Appliance
1	Air Conditioners
2	A
3	B
4	C
5	Devices for Monitoring Pets

Word of Mouth Reviews of MY PET

★★★★★	Great! I live alone, so I'm always worried about my dog when I go out. With this device, I can see what my dog is doing at any time. I can also talk to my dog with the speaker.
★★★★☆	I think it is useful. Also, I like all the different colors.
★★☆☆☆	When my dog gets up or walks around the room, the messages are sent to my smartphone. There are too many! I don't need so many messages ....

〔1〕 Tableはある家電量販店における人気のIoT家電ランキングを表している。本文を読んで，Table中のA～Cに入るものの正しい組み合わせを，あとのア～エの中から1つ選び，記号で答えなさい。

ア．A：LED Lamps
　　B：Devices for Finding Something
　　C：Devices for Locking up

イ．A：Devices for Locking up
　　B：LED Lamps
　　C：Devices for Finding Something

ウ．A：Devices for Finding Something
　　B：LED Lamps
　　C：Devices for Locking up
エ．A：LED Lamps
　　B：Devices for Locking up
　　C：Devices for Finding Something

〔2〕 本文や Word of Mouth Reviews of MY PET の内容に合うように，空欄［①］に入る語を２語で書きなさい。

〔3〕 下線部②の some examples について１つをとりあげ，「どのようなシステムか」，「どのような良い点があるか」の２点を具体的に日本語で書きなさい。

〔4〕 本文や Word of Mouth Reviews of MY PET の内容と一致するものを，次のア～オの中からすべて選び，記号で答えなさい。

ア．昔はコンピューターはスマートフォンとのみ接続することができた。
イ．IoT 技術においては，センサーを取りつけることにより，ものの場所やものの状態を知ることができる。
ウ．筆者が調べた口コミには516件のコメントがあり，評価は４点には届いていなかった。
エ．Word of Mouth Reviews of MY PET によると，MY PET には外出中にペットに話しかけられる機能がある。
オ．Word of Mouth Reviews of MY PET によると，MY PET はペットが部屋を出て行ったときにのみ，飼い主にメッセージを送る。

Ⅳ．あなたは英語クラブの一員です。英語クラブのメンバーで，留学生と旅行に行くことになりました。スミス先生から配られた旅行についてのアンケートの質問に答えなさい。ただし，質問には５文以上，かつ，各文５語以上の英語で答えること。

Weekend Trip

Last week, three students came from Australia. They'll study with you at this school for three months. Next month, we'll go somewhere to enjoy Japan with them.

Where do you think we should go and why?

（リスニングテスト）

Ⅰ．〔1〕から〔4〕まで，２人の対話が放送されます。それぞれの対話の最後の発話に対する応答として最も適切なものを，選択肢ア～エの中から１つ選び，記号で答えなさい。対話はそれぞれ１回だけ放送されます。

〔1〕 病院で

ア．About three days ago.
イ．This is the third time for me.
ウ．It's a very strong headache.
エ．Since last Tuesday or Wednesday.

〔2〕 路上で

ア．Sure. I'll take you to school.
イ．Sure. I'll send this letter for you.
ウ．Sure. I'll ask that man about it.
エ．Sure. I'll draw a map for you.

〔3〕 教室で

ア．That's a good idea! Let's go together.
イ．I'd love to. I'll bring some snacks.
ウ．I'm sorry. I need to go shopping on that day.
エ．Sounds good. What movie will you watch?

〔4〕 教室で

ア．Yes, I do. I just want to make some time for resting.
イ．Yes, I do. So I'll help you after school today.
ウ．No, I don't. I have to get ready for the speech contest.
エ．No, I don't. The soccer game is very important.

Ⅱ．〔1〕から〔4〕まで，短い文章や対話が放送されます。文章や対話のあとに放送される質問の答えとして最も適切なものを，選択肢ア～エの中から１つ選び，記号で答えなさい。文章や対話，それについての質問はそれぞれ２回放送されます。

〔1〕

ア．His father's job is teaching at a high school.
イ．He met Takuya at their school last Friday.
ウ．He often plays tennis with Takuya.
エ．He has fifteen friends at school in Japan.

〔2〕

ア．It is a commercial for a comic book.
イ．It is a commercial for a video game.
ウ．It is a commercial for a new movie.
エ．It is a commercial for a DVD.

〔3〕

ア. He will buy a pair of red basketball shoes.

イ. He will buy a pair of blue basketball shoes.

ウ. He will buy a T-shirt with a picture of a basketball player on it.

エ. He will buy a T-shirt with a picture of a pair of basketball shoes on it.

〔4〕

ア. It is 4:50 in the evening.

イ. It is 5:00 in the evening.

ウ. It is 5:40 in the evening.

エ. It is 6:00 in the evening.

※リスニングテストの放送台本は非公表です。

【理　科】（50分）　＜満点：60点＞

Ⅰ．この問題は，理科の基礎知識を問う問題である。次の問いに答えなさい。

［1］ 図1は，物質A～Eの質量と体積の関係を表している。最も密度が小さい物質を，A～Eの中から1つ選び，記号で答えなさい。

図1

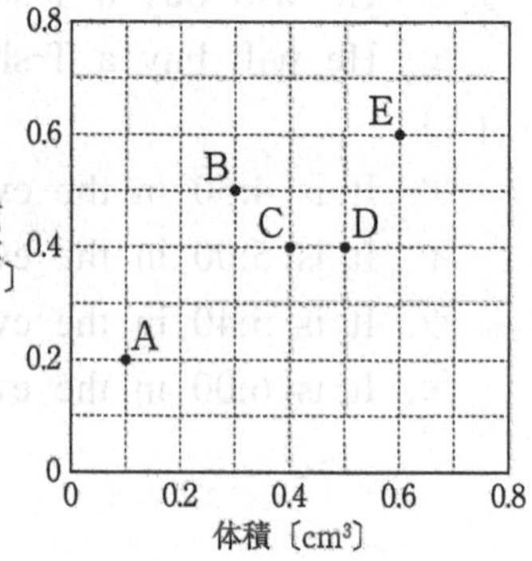

［2］ 図2は，6月の日本付近の天気図である。6月ごろに見られるXの前線は，どのような2種類の気団の間にできるか。正しいものを次のア～エの中から1つ選び，記号で答えなさい。

ア　あたたかく湿った気団と冷たく乾いた気団

イ　あたたかく湿った気団と冷たく湿った気団

ウ　あたたかく乾いた気団と冷たく乾いた気団

エ　あたたかく乾いた気団と冷たく湿った気団

図2

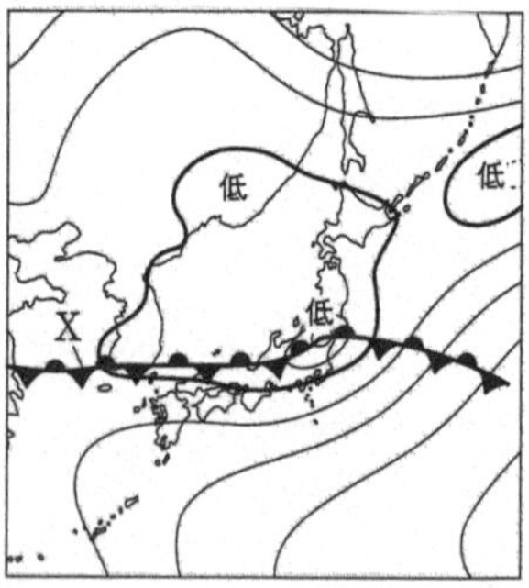

［3］ 外骨格におおわれている動物として正しいものを次のア～エの中から1つ選び，記号で答えなさい。

ア　クモ　　イ　イモリ　　ウ　ミミズ　　エ　タコ

［4］ 表は，ある日の7時から21時まで気温と湿度をまとめたものである。9時，17時，21時で，空気中の水蒸気量が多い順に左から並べたものを下のア～カの中から1つ選び，記号で答えなさい。

表

時刻〔時〕	7	9	11	13	15	17	19	21
気温〔℃〕	19.0	21.5	23.0	24.5	23.5	21.5	20.0	21.5
湿度〔%〕	90	89	84	80	79	72	71	74

ア　9時，17時，21時　　イ　9時，21時，17時　　ウ　17時，9時，21時

エ　17時，21時，9時　　オ　21時，9時，17時　　カ　21時，17時，9時

［5］ リチウムイオン電池の開発などの功績で2019年にノーベル化学賞を受賞した科学者はだれか。次のア～エの中から1つ選び，記号で答えなさい。

ア　田中《たなか》耕一《こういち》　　イ　野依《のより》良治《りょうじ》　　ウ　白川《しらかわ》英樹《ひでき》　　エ　吉野《よしの》彰《あきら》

［6］ ふだん私たちが使っているレジ袋，ペットボトル，弁当の容器，トレイなどが適切に処分されず海洋に流入し，海洋汚染を引き起こしている。それをふまえて，2020年7月1日からレジ袋

が有料化されることになった。レジ袋，ペットボトル，弁当の容器，トレイなどのように，石油などを原料として人工的に合成された物質の総称を何というか，カタカナで答えなさい。

Ⅱ．この問題は，光の反射，および電流と磁界に関する問題である。次の問いに答えなさい。

〔1〕 光の反射に関して，次の３つの実験を行った。ただし，図１～３は真上から見たようすを表し，方眼の１目盛りは１mを表しているものとする。

【実験１】

鏡Ｘと鏡Ｙが90°になるように置きＡ，Ｂ，Ｃの３人が，図１のような位置に立って，鏡Ｘ，Ｙに映る像を調べた。このとき，Ａは鏡Ｘ，鏡ＹのそれぞれにＣの像が見え，Ｂは鏡ＹにＣの像が見えた。

図１

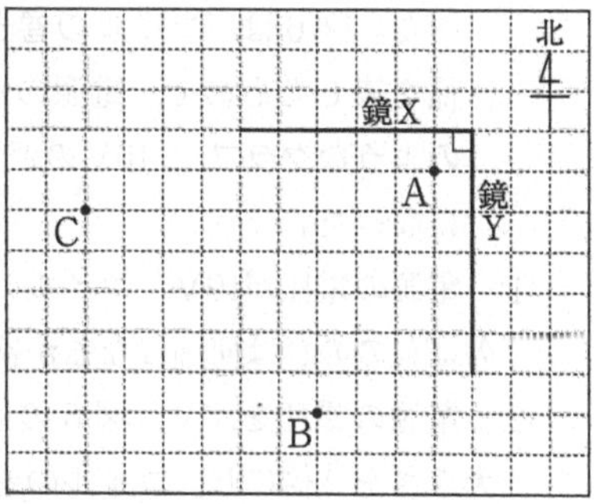

【実験２】

Ａが図１の位置関係で手に時計を持って，鏡Ｘ，Ｙに映った自分の像を調べると，図２のように鏡ＸにＰ，鏡ＹにＱ，鏡Ｘ，Ｙの境目にＲの合計３つの像が映っていた。

図２

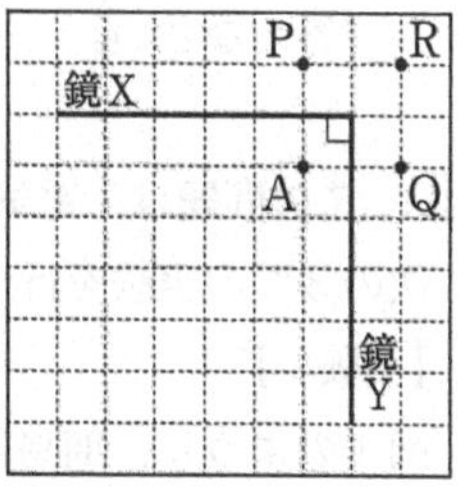

【実験３】

図２の状態から，鏡Ｘ，Ｙを図３のように，それぞれ15°回転させて，Ａが鏡Ｘ，Ｙに映る自分の像を調べた。

図３

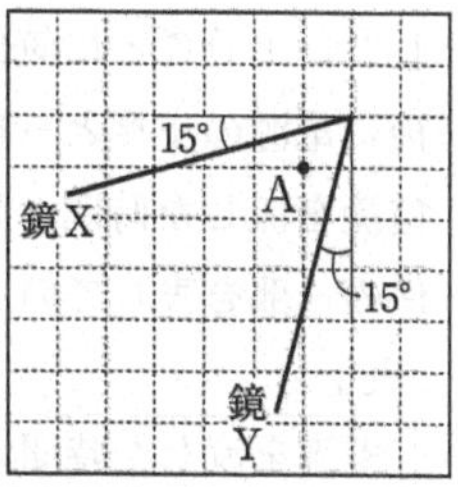

⑴ 実験１のあと，Ｂが鏡Ｘに映ったＣの像を見るためには，Ｂは図１の位置から少なくとも何mより北へ移動しなければならないか。

⑵ 実験１のあと，Ｂが鏡Ｙに２つ目のＣの像を見るためには，Ｂは図１の位置から少なくとも何mより西へ移動しなければならないか。

⑶ 実験２で，鏡Ｘに映ったＰの像では，Ａが手に持っていた時計の像が図４のように映った。このときのＲの像に映った時計の像と，このときの時刻の組み合わせとして正しいものを次のア～エの中から１つ選び，記号で答えなさい。

図４

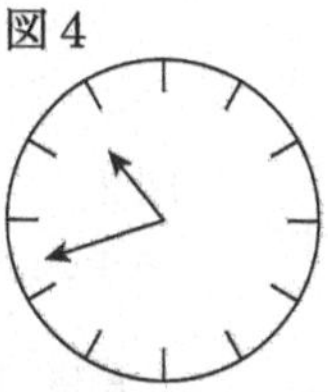

ア

10時42分

イ

13時18分

ウ

10時42分

エ

13時18分

⑷ 実験３で，鏡Ｘ，ＹにＡの像はいくつ見えたか。

〔2〕 電流と磁界の関係に関して，次の実験を行った。ただし，ばねの重さは考えないものとする。

【実験４】

① ばねに重さが１Ｎの鉄のおもりをつるすと，ばねが５㎝のびた。

② ばねに鉄のおもりをつるしたまま，図５のような装置のコイルの上におもりをのせた。スイッチを入れ，コイルにおもりがついてから，ばねをゆっくりと上げていき，コイルからおもりが離れるときのばねののびを調べた。

③ 電源装置の電圧を変えたり，コイルの巻き数を変えたりして，②と同様に，ばねののびの変化を調べた。図６は，コイルの巻き数とばねののびの関係を表したもので，電源の電圧が20Ｖのときにａのようなグラフ，10Ｖのときにｂのようなグラフになった。

図５

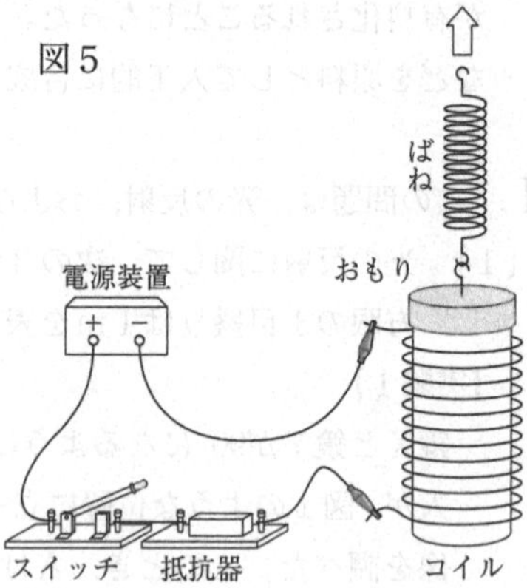

図６

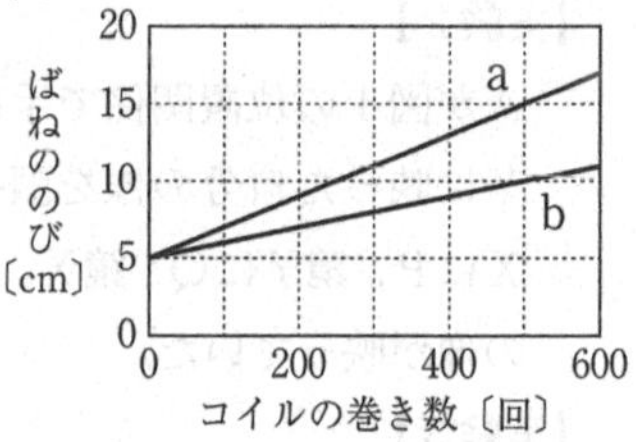

⑴ 電源の電圧が10Ｖ，コイルの巻き数が400回のときのばねののびは何㎝になるか答えなさい。

⑵ 電源の電圧を20Ｖ，図５の回路の抵抗器の抵抗の大きさを２倍にし，コイルの巻き数を300回にして同様の実験を行ったとき，ばねののびは何㎝になるか答えなさい。

Ⅲ．この問題は，電気分解に関する問題である。次の問いに答えなさい。

次の３つの実験を行った。

【実験１】

図１のように，簡易電気分解装置Ｘに少量の水酸化ナトリウムを加えた水を入れて電流を流すと，陽極から気体Ａ，陰極から気体Ｂが発生した。１分ごとに気体Ａ，Ｂの体積を調べて４分間電流を流し，４分後に電源の＋極と－極を切りかえて，さらに電流を流した。表１は，電流を流した時間と陽極側，陰極側に集まった気体Ａ，Ｂの体積の関係の一部を表している。

図１

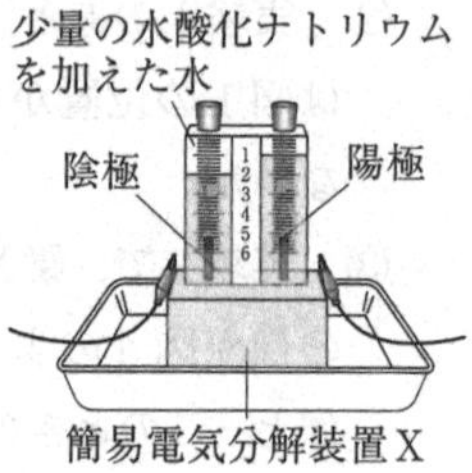

表１

電流を流した時間〔分〕	1	2	3	4
気体Ａの体積〔cm^3〕	0.5			
気体Ｂの体積〔cm^3〕	1.0	2.0	3.0	4.0

【実験２】

図２のように，簡易電気分解装置Ｙにうすい塩酸を入れて電流を流すと，陽極から気体Ｃ，陰極から気体Ｄが発生した。１分ごとに気体Ｃ，Ｄの体積を調べて４分間電流を流した。表２（次のページ）は，電流を流した時間と陽極側，陰極側に集まった気体Ｃ，Ｄの体積の関係を表している。

図２

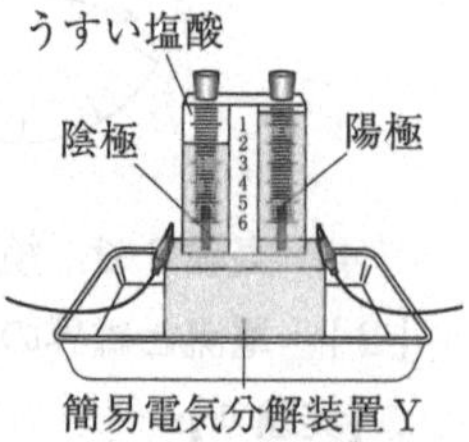

表2

電流を流した時間〔分〕	1	2	3	4
気体Cの体積〔cm^3〕	0.0	0.0	0.1	0.2
気体Dの体積〔cm^3〕	1.0	2.0	3.0	4.0

【実験3】

図3のように，塩化銅水溶液が入ったビーカーに，電源の＋極につないだ炭素棒P，－極につないだ炭素棒Qを入れて電流を流すと，炭素棒Pから気体Eが発生し，炭素棒Qに物質Fが付着した。実験開始から6分ごとに物質Fが付着した炭素棒Qの質量を調べながら30分間電流を流した。表3は，電流を流した時間と炭素棒Qの質量の関係を表している。ただし，物質Fが付着した炭素棒Qの質量をはかるとき，炭素棒Qには水滴など物質F以外は何もついていないものとする。

図3

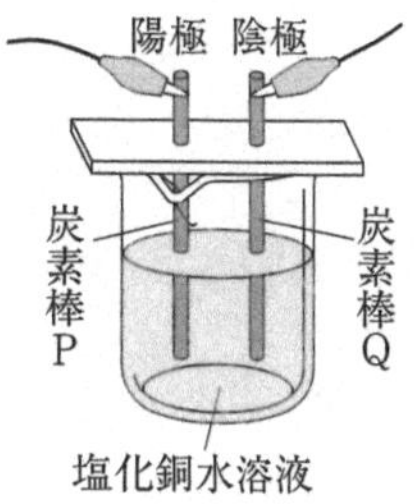

表3

電流を流した時間〔分〕	0	6	12	18	24	30
炭素棒Qの質量〔g〕	1.75	1.84	1.93	2.02	2.11	2.20

〔1〕 実験1では，水の電気分解を行っている。水に少量の水酸化ナトリウムを加えた理由を説明しなさい。

〔2〕 実験1で，簡易電気分解装置Xの陽極側と陰極側に集まった気体の体積が等しくなるのは，電流を流し始めてから何分後か答えなさい。

〔3〕 実験2で，電流を流し始めてから4分間，陽極側に気体Cはほとんど集まらなかった。この理由を説明しなさい。

〔4〕 実験1～3で発生した気体A～Eで，同じ気体の組み合わせとして正しいものを次のア～クの中からすべて選び，記号で答えなさい。

ア　AとC　　イ　AとD　　ウ　AとE　　エ　BとC

オ　BとD　　カ　BとE　　キ　CとE　　ク　DとE

〔5〕 実験3で，炭素棒Qに物質Fが付着したとき，液中のイオンがどのように変化したかについて述べた文として正しいものを次のア～エの中から1つ選び，記号で答えなさい。

ア　液中の陰イオン1個が，炭素棒Qに電子1個を与えて，原子になり付着した。

イ　液中の陰イオン1個が，炭素棒Qに電子2個を与えて，原子になり付着した。

ウ　液中の陽イオン1個が，炭素棒Qから電子1個を受けとり，原子になり付着した。

エ　液中の陽イオン1個が，炭素棒Qから電子2個を受けとり，原子になり付着した。

〔6〕 実験3で，炭素棒Qに付着した物質Fの質量と電流を流した時間の関係を表すグラフを解答欄にかき入れなさい。

図4

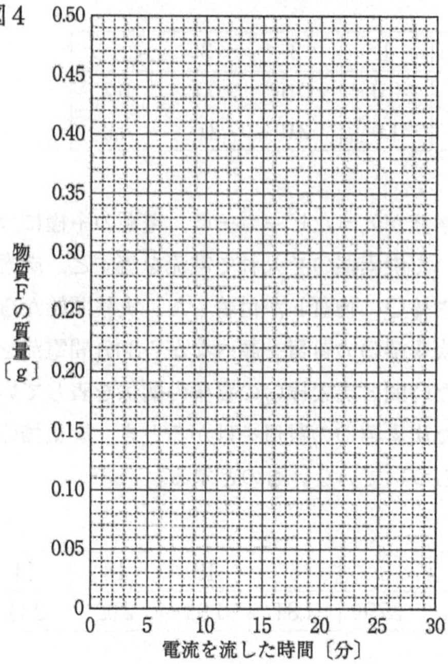

Ⅳ．この問題は，細胞分裂に関する問題である。次の問いに答えなさい。

細胞分裂を観察するために，タマネギの根を用いて次の実験を行った。図1は，観察したタマネギの根の縦断面を拡大した図である。

【実験】

① タマネギの根の先端を縦にうすく切り，染色し，プレパラートをつくった。

② 図1のX～Zの3か所の細胞のようすを顕微鏡で観察した。図2は，Zを観察したときに見えた細胞を模式的に表したものである。また，表1は，顕微鏡の視野の中に見えた，図2のa～fの各時期の細胞の数を表している。

図1

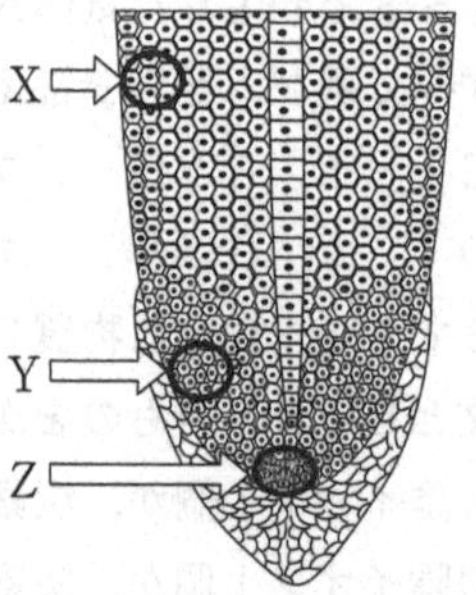

図2

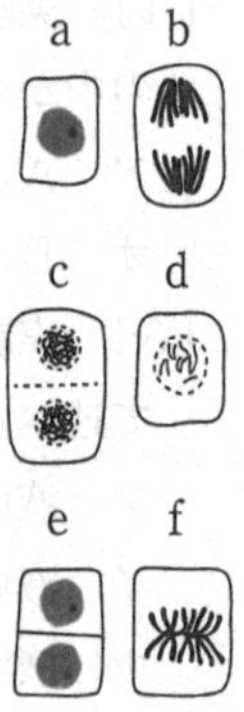

表1

時期	a，e	b	c	d	f	計
細胞数	83	3	5	7	7	105

③ 接眼レンズの中に，図3のような1目盛りが0.01㎜のミクロメーターPを入れ，顕微鏡のステージに図4のような1目盛りが0.01㎜のミクロメーターQをセットした。

④ 顕微鏡の接眼レンズをのぞきながら，ミクロメーターP，Qの目盛りを平行にして，2つのミクロメーターの目盛りの線が一致するところを2か所さがし，その間のそれぞれの目盛り数を数えた。図5は，このときの2つのミクロメーターの目盛りの線を表している。

⑤ ステージにセットしたミクロメーターQをとりのぞき，ステージにプレパラートを置き，細胞の長さを測定した。図6は，このときのようすを表している。

図3

図4

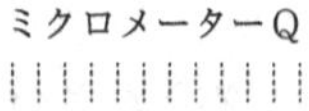

図5

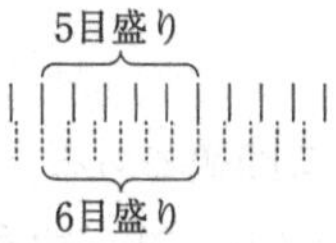

図6

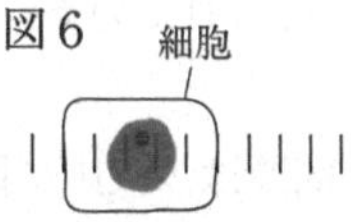

⑥ ③～⑤の測定方法で，X～Zそれぞれの部分の5つの細胞の長さと核の直径を測定した。表2は，この結果を表したものである。

表2

	X		Y		Z	
	細胞の長さ	核の直径	細胞の長さ	核の直径	細胞の長さ	核の直径
1	0.14mm	0.019mm	0.12mm	0.019mm	0.05mm	0.019mm
2	0.13mm	0.018mm	0.10mm	0.016mm	0.04mm	0.019mm
3	0.13mm	0.019mm	0.11mm	0.018mm	0.06mm	0.021mm
4	0.15mm	0.020mm	0.11mm	0.020mm	0.04mm	0.018mm
5	0.16mm	0.021mm	0.11mm	0.021mm	0.05mm	0.020mm

〔1〕 実験の①で，細胞の核や染色体を赤色に染色するために用いた染色液として正しいものを次のア～エの中から1つ選び，記号で答えなさい。

ア ヨウ素液　イ フェノールフタレイン液　ウ 酢酸カーミン液　エ ベネジクト液

〔2〕 図1のXの部分の細胞に見られないものを次のア～エの中から1つ選び，記号で答えなさい。

ア 細胞壁　イ 葉緑体　ウ 細胞膜　エ 液胞

〔3〕 ミクロメーターPの1目盛りの長さは，実験の④で2つのミクロメーターの目盛りの線が一致したときの，$\dfrac{\text{ミクロメーターQの目盛り数}}{\text{ミクロメーターPの目盛り数}}\times 0.01$㎜で表される。実験の⑤で，図6の細胞の長さは何㎜になるか答えなさい。

〔4〕 図2のa～fの細胞を，aから始め，細胞分裂が行われる順に左から並べ，記号で答えなさい。

〔5〕 実験の②で，顕微鏡の視野の中には，細胞分裂のさまざまな時期の細胞が見られたが，それぞれの細胞の細胞分裂の開始は同時ではない。同じ視野の中に見られる細胞の数が多いほど，その時期に必要とする時間は長く，観察される各時期の細胞の数とその時期に必要とする時間は比例すると考えられる。図2のcの時期に必要とする時間が80分であるとすると，dの時期に必要とする時間は何分になるか答えなさい。

〔6〕 実験の⑥の表2の結果から考えられることとして正しいものを次のア～エの中から1つ選び，記号で答えなさい。

ア 細胞の長さと核の直径は反比例している。

イ X～Zのどの部分も同じようにさかんに細胞分裂が行われ，細胞が成長して大きくなっている。

ウ X～Zの中で，Xの部分では最もさかんに細胞分裂が行われ，Zの部分では細胞が最も成長している。

エ　X～Zの中で，Xの部分では細胞が最も成長していて，Zの部分では最もさかんに細胞分裂が行われている。

V．この問題は，火山に関する問題である。次の問いに答えなさい。

火山の特徴について調べるために，次の観察を行った。

【観察】

図1　火山灰A

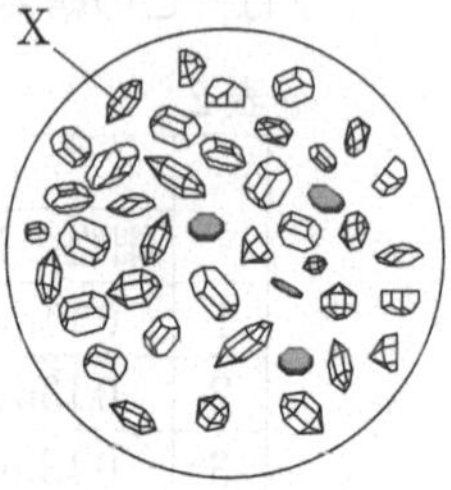

① いろいろな火山から噴出した火山灰A～Cを，それぞれ少量ずつ蒸発皿に入れて，ふくまれている鉱物を観察するため，ある操作を行った。

② 双眼実体顕微鏡で火山灰Aを観察した。図1は，このときの火山灰Aのスケッチである。

③ 火山灰A～Cの色と粒の大きさについて表にまとめた。

表

火山灰	A	B	C
色	白っぽい	灰色	黒っぽい
粒の大きさ	小さい	小さい	大きい

④ 双眼実体顕微鏡で，ある火成岩を観察した。図2は，このときの火成岩のスケッチである。

図2

〔1〕 観察の①で行った下線部の操作として正しいものを次のア～エの中から1つ選び，記号で答えなさい。

ア　ガスバーナーで加熱し，粒をばらばらにした。これを粒が細かくなるまでくり返した。

イ　水を加えて指で軽く押し洗いし，にごった水を捨てた。これをにごりがなくなるまでくり返した。

ウ　うすい塩酸を加えて，気体を発生させた。これを気体の発生がなくなるまでくり返した。

エ　鉄製の乳鉢に入れ，細かくくだき，ふるいにかけた。これを粒が細かくなるまでくり返した。

〔2〕 観察の②で，図1の鉱物Xは白色の柱状で，決まった方向に割れる。この鉱物として正しいものを次のア～エの中から1つ選び，記号で答えなさい。

ア　チョウ石　　イ　キ石　　ウ　セキエイ　　エ　クロウンモ

〔3〕 観察の③で，火山灰Aが噴出せず，地下深くのマグマだまりで冷えて固まったとしたら，どのような岩石になっていたか。正しいものを次のア～エの中から1つ選び，記号で答えなさい。

ア　玄武岩　　イ　花こう岩　　ウ　流紋岩　　エ　斑れい岩

〔4〕 観察の④で，図2の火成岩のようなつくりを何というか答えなさい。

〔5〕 火成岩は，つくりのちがいから大きく2つに分けられる。このうち，図2のようなつくりの火成岩を何というか答えなさい。

〔6〕 図3（次のページ）は，もとになるマグマの性質が異なる2種類の火山P，Qの断面を表している。R，Sは火山の例，図4（次のページ）の地点ア～オは日本の代表的な火山がある場所を示している。火山灰Aのもとになるマグマと同じ性質のマグマからできた火山の形をP，Qか

ら，火山の例をR，Sから，その火山がある場所をア～オからそれぞれ1つずつ選び，記号で答えなさい。

図3

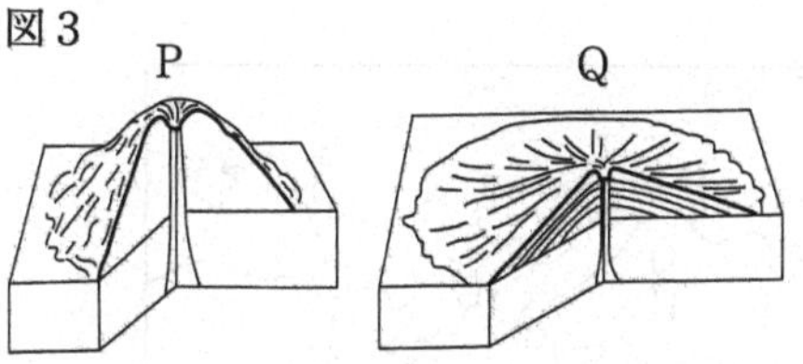

R　有珠山

S　三原山

図4

【社　会】（50分）　＜満点：60点＞

Ⅰ．以下の問いに答えなさい。

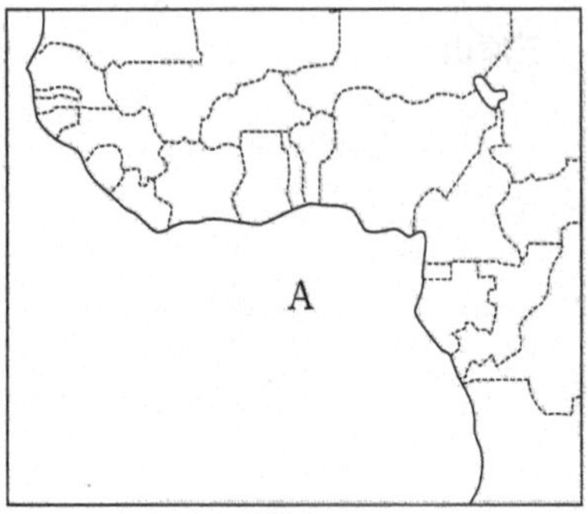

図１

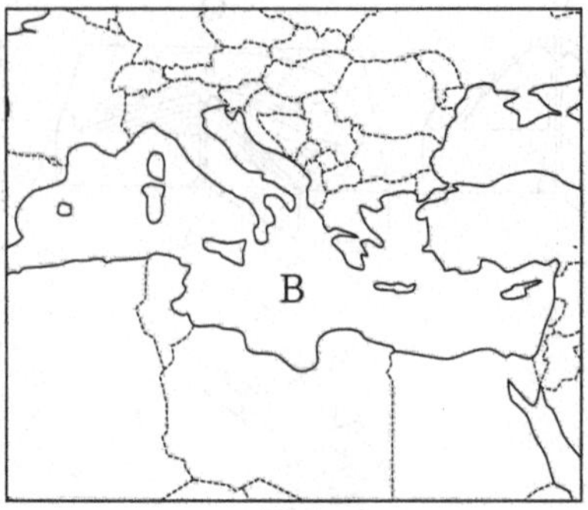

図２

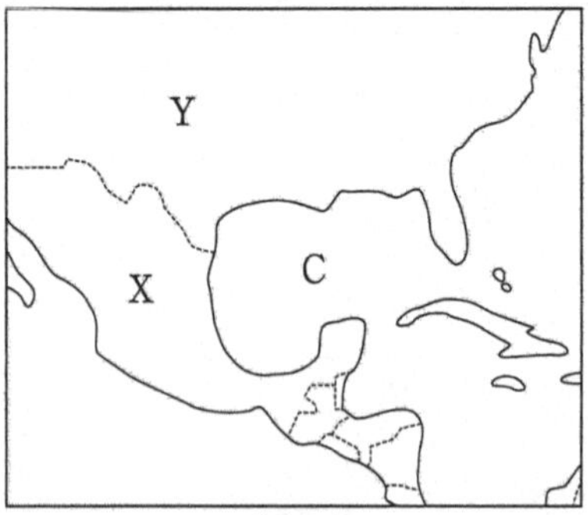

図３

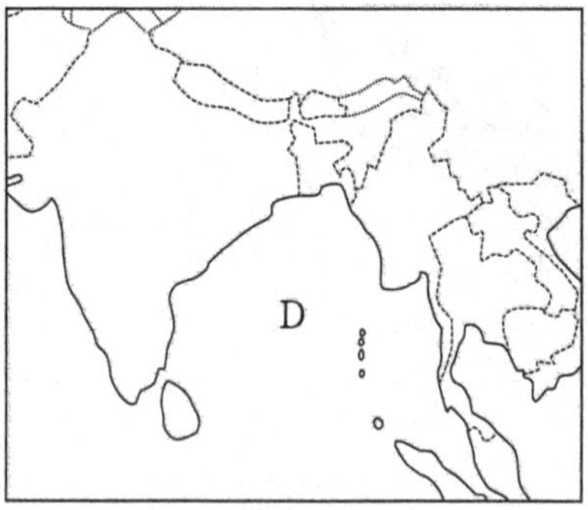

図４

〔１〕 次のア～エは，図１～図４中のＡ～Ｄの海の沿岸についての説明である。このうち，Ａ～Ｃにあてはまる説明を，それぞれ１つずつ選び，記号で答えなさい。

ア．石油を産出することから，石油化学工業がさかんな都市がある。ハリケーンの通り道になることが多く，暴風や大雨によってしばしば大きな被害を受ける。

イ．モンスーン（季節風）の影響が強く，雨季と乾季がはっきりとみられる気候である。稲作がさかんなほか，茶の栽培などもさかんに行われている。

ウ．かつては南北アメリカ大陸に向けた奴隷の輸出地となっていた。現在ではプランテーションにおけるカカオ豆の生産がさかんな国々が多い。

エ．夏の降水量がきわめて少なく，強い日差しをさえぎるための白壁の住宅が多くみられる。また，オリーブやぶどうなどの栽培がさかんである。

〔２〕 図３中のＸの国などには，経済的な豊かさを求めてＹの国に移り住む人々がいる。スペイン語を日常的に話す，Ｙの国に流入する移民を何というか，答えなさい。

〔３〕 次のページの図５は，ＥＵ（ヨーロッパ連合），ＡＳＥＡＮ（東南アジア諸国連合），中華人民共和国，アメリカ合衆国の人口，面積，国内総生産を比較したものである。ＥＵとＡＳＥＡＮにあてはまる項目を，図５中のア～エからそれぞれ１つずつ選び，記号で答えなさい。

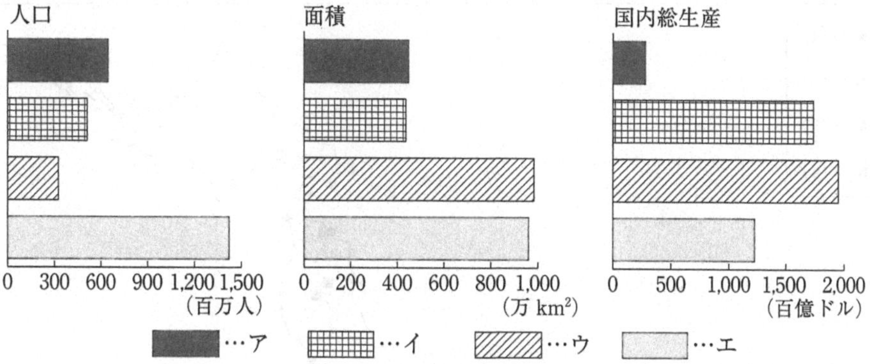

(注) ＥＵには，2020 年 1 月に脱退したイギリスを含む。

(2017 年，「世界国勢図会 2019/20 年版」をもとに作成)

図 5

〔4〕 次の表は，エジプト，インド，ニュージーランド，日本の家畜の飼育頭数を示している。エジプトにあてはまるものを，表中のア～エから 1 つ選び，記号で答えなさい。また，そのように判断した理由を，エジプトの文化や習慣と関連づけて，簡単に書きなさい。

表

	牛（千頭）	豚（千頭）	羊（千頭）
ア	185,104	8,800	63,069
イ	10,146	274	27,527
ウ	5,065	9	5,698
エ	3,822	9,346	15

(2017 年，「世界国勢図会 2019/20 年版」をもとに作成)

〔5〕 次のページの図 6 は，日本の主な発電所の分布を示している。このうち，①～③にあてはまる発電所の種類についての説明を，あとのア～エからそれぞれ 1 つずつ選び，記号で答えなさい。

ア．安定した電力の供給が可能で，発電量の調節がしやすいという利点があるが，排出する二酸化炭素が地球環境に影響を与える可能性がある。

イ．輸入資源にたよらずにできる発電であるが，発電のための施設をつくる際の自然破壊が問題となることがある。

ウ．再生可能エネルギーの一つとして注目されているが，発電に適した場所が活火山の周辺に限られ，また発電量の維持が難しいなどの課題がある。

エ．安定して大きな出力を得ることができるが，発電にともなってできる放射性廃棄物の処理方法が確立していないことなどが課題となっている。

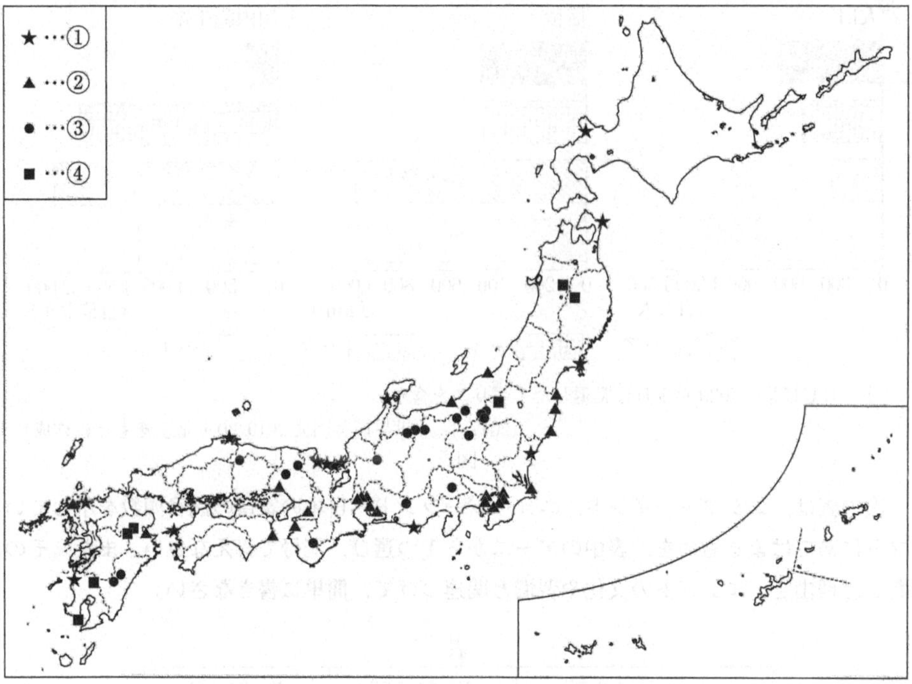

図6

［6］ 次の図7，図8は，中部地方各県について，ある農業生産額の全国平均を100とした場合の数値を示している。図7，図8にあてはまる生産額として正しいものを，あとのア～エから1つ選び，記号で答えなさい。

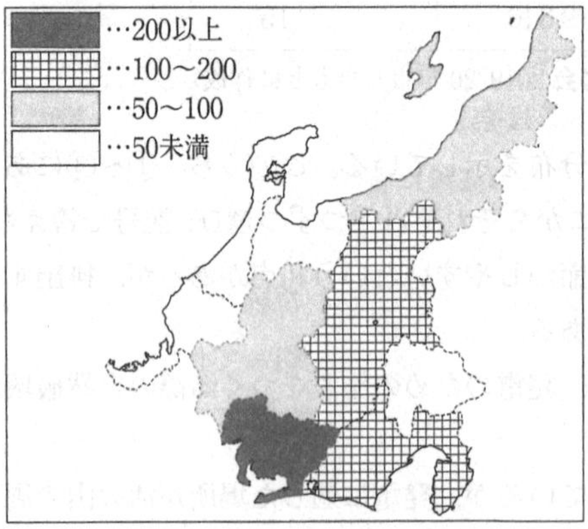

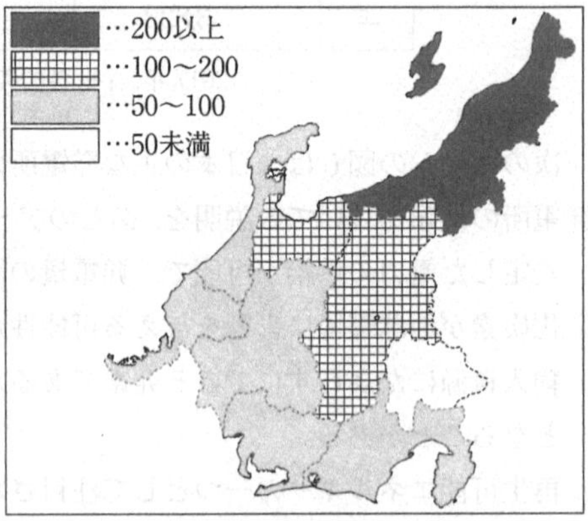

（図7，8とも2017年，データでみる県勢2020年版をもとに作成）

図7　　図8

ア．米

イ．果実

ウ．野菜

エ．畜産

［7］ 次のページの写真は，ある都市の様子を上空から写したものである。この都市を，次のページの図9中のア～エから1つ選び，記号で答えなさい。

写真

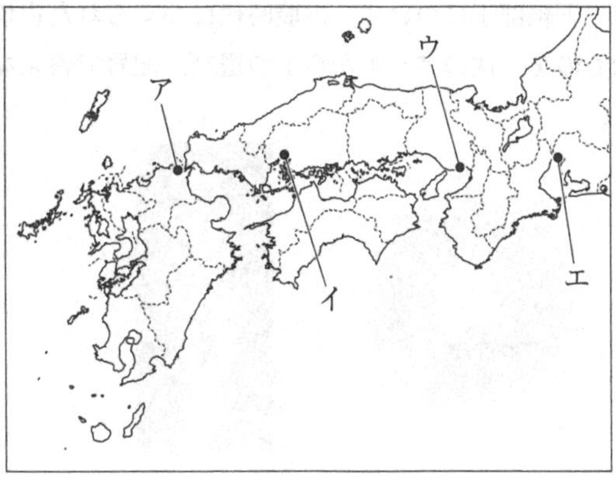

図9

Ⅱ．日本の建築の歴史に関する次の文章を読んで，以下の問いに答えなさい。なお，特に指定のない限り，固有名詞等，漢字で表記すべきものはすべて漢字で答えなさい。

氷河期が終わって温暖になったころから，日本では地面に穴を掘り，茅ぶきの屋根をかけて中央に炉を置く竪穴住居がつくられるようになった。①古墳時代ごろには竪穴住居にかまどがつくられるようになったが，基本的な形は奈良時代ごろまで変わらず，一般の人々の住居として用いられた。一方で，有力者は高床の住居に暮らすようになり，仏教が日本に伝わると，②寺院の建築の影響も強く受けるようになっていった。

平安時代になると，都の有力な貴族は複数の建物を廊下で繋いだ寝殿造の邸宅に暮らした。寝殿造では壁ではなく，屏風やすだれなどを使って部屋を仕切って使っていたことが，当時の③大和絵などからうかがい知ることができる。平安時代後期ごろから力をつけた④武士は，簡素なつくりの住居に暮らし，住居の周囲には防御のための濠や土塁をめぐらせるようになった。室町時代ごろからは⑤禅宗の影響を受け，畳を敷きつめ，ふすまで部屋を区切るといった書院造の部屋がみられるようになった。現在私たちが「和室」とよぶ部屋のつくりの基本は，⑥戦国時代から安土桃山時代にかけてつくられたと考えられる。一方で，大名の屋敷などではふすまや屏風に豪華な装飾画が描かれるようになった。

⑦江戸時代になると，⑧「合掌造」など，地域の特色や風土に応じた民家がみられるようになった。また，⑨京都などの都市では間口が狭く奥行きの長い「うなぎの寝床」とよばれる町屋がみられるようになった。

幕末以降の急速な西洋化は，日本の住居にも大きな影響を与えた。皇族や華族，⑩有力な政治家などは西洋風の邸宅を積極的につくるようになり，その流れはしだいに一般の住宅にも広まった。⑪大正時代には，「文化住宅」とよばれる住宅の形が流行した。ここでは，全体的なつくりは和風住宅であるが，洋風の応接間を設けるといった和洋折衷のつくりがよくみられた。また，都市では住宅の需要の高まりを受けて集合住宅もみられるようになった。

⑫太平洋戦争後には都市で住宅が著しく不足したことから，大都市の郊外にニュータウンとよばれる住宅地がさかんにつくられるようになった。1990年代ごろからは都市の再開発が進んで，都心部で高層マンションなどが増えるようになった一方，⑬阪神・淡路大震災などの経験を通して，耐震性を高めることが住宅づくりの重要な要素と考えられるようになっている。

〔1〕 下線部①について，古墳時代につくられた古墳の周囲に置かれたものの資料として最も適切なものを，次のア～エから１つ選び，記号で答えなさい。

ア

イ

ウ
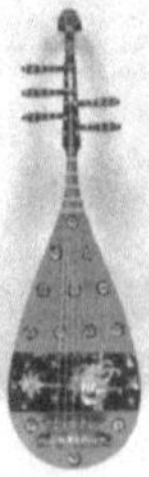

エ

〔2〕 下線部②について，次の資料１は，ある寺院を建てることを命じた天皇の命令の一部を示している。下線部ⓐの「私」とは誰のことか，天皇名を答えなさい。また，下線部ⓑの寺は一般的に何とよばれているか，漢字３字で答えなさい。

> ⓐ私は徳の薄い身であるにもかかわらず，天皇という重い任務についているが，いまだに民衆を教え導くには至らず，日夜恥ずかしい思いである。…
> 近年は凶作が続き，疫病も流行しており，恐れと恥ずかしさがつのり，自分を責めるばかりである。…
> そこで広く民衆のために幸福を求めたい。…諸国にそれぞれ七重塔をつくり，金光明最勝王経と妙法蓮華経を写させよ。私もまた金文字で金光明最勝王経を写して一部ずつ納めようと思う。…国ごとの僧寺には五十戸と水田十町を与え，尼寺には水田十町を与えよ。僧寺には二十人の僧を住まわせ，その寺の名はⓑ金光明四天王護国之寺としなさい。尼寺には十人の尼を住まわせ，その寺の名は法華滅罪之寺としなさい。…

資料１

〔3〕 下線部③について，次の資料２は，平安時代に描かれた大和絵の代表的な作品で，ある文学作品の場面を描いたものである。この文学作品の作者名を答えなさい。

資料２

〔4〕 下線部④について，源頼朝と主従関係にあった武士は御家人とよばれ，御恩と奉公の関係で結ばれていた。御恩と奉公の関係について述べた文として最も適切なものを，次のページのア～エから１つ選び，記号で答えなさい。

ア．将軍は御家人の先祖代々の領地を保障する代わりに，戦いが起こったときに御家人は将軍のために命をかけて戦った。

イ．将軍は御家人の先祖代々の領地を保障する代わりに，御家人は領地で収穫した米を幕府に献上した。

ウ．将軍は御家人に対して京都や鎌倉の警備を命じる代わりに，戦いが起こったときに御家人は将軍のために命をかけて戦った。

エ．将軍は御家人に対して京都や鎌倉の警備を命じる代わりに，御家人は領地で収穫した米を幕府に献上した。

〔5〕 下線部⑤について，宋で禅宗を学んで日本に伝えた僧を，次のア～エから１つ選び，記号で答えなさい。

ア．運慶　　イ．行基　　ウ．空海　　エ．栄西

〔6〕 次のア～エは，下線部⑥のころに起こったできごとを示している。ア～エを年代の古い順に並べて，記号で答えなさい。

ア．農民から武器を取り上げて耕作に専念させる，刀狩令が出された。

イ．安土城が築かれ，城下町を楽市・楽座として自由な商売を行わせた。

ウ．武田氏の「甲州法度之次第」や今川氏の「今川仮名目録」などがつくられた。

エ．織田信長が，家臣の明智光秀に裏切られ，本能寺で自害した。

〔7〕 下線部⑦について，次のような政策が行われた改革を何というか，答えなさい。

・凶作に備えて農村に倉を設けて米をたくわえさせ，商品作物の栽培を制限した。 ・江戸に出てきていた農民を故郷に帰そうとした。 ・江戸の湯島聖堂の学問所で，朱子学以外の学問を禁じた。 ・生活に苦しむ武士を救うため，旗本や御家人が商人からしていた借金を帳消しにした。

〔8〕 下線部⑧で有名な「白川郷」が存在する県として正しいものを，次のア～エから１つ選び，記号で答えなさい。

ア．福島県　　イ．岐阜県　　ウ．和歌山県　　エ．島根県

〔9〕 下線部⑨について，京都で起こった戦乱として正しいものを，次のア～エから１つ選び，記号で答えなさい。

ア．保元の乱　　イ．壇ノ浦の戦い　　ウ．壬申の乱　　エ．長篠の戦い

〔10〕 下線部⑩について，次のページの資料３は，明治政府のある有力な政治家が，政府を去った後に出した「民撰議院設立の建白書」の一部を示している。「民撰議院設立の建白書」を提出し，のちに自由党を結成して党首となった人物名を答えなさい。また，その人物は，「民撰議院設立の建白書」の中で明治政府のどのような状況を批判しているか，次のページの表を参考にして，簡単に書きなさい。

私どもがつつしんで，今政権をどこにあるかを考えると，上は皇室にもなく，下は人民にもなく，ただ一部の官僚に独占されています。…法律や命令が，朝出ては夕方に改めるありさまで，政治が私情によって行われ，賞罰は愛憎によって決まり，言論の道が塞がれて困苦を訴えることもできません。…そこでこれを救う方法をたずねてみましたが，ただ天下の公議をのばすほかはありません。天下の公議をのばすには，民撰議院を立てるしかありません。…

資料３

表：1874 年の明治政府の中心人物

官職	人物名	出身
太政大臣	三条実美	公家
右大臣	岩倉具視	公家
文部卿	木戸孝允	長州藩
内務卿	大久保利通	薩摩藩
外務卿	寺島宗則	薩摩藩
大蔵卿	大隈重信	肥前藩
司法卿	大木喬任	肥前藩
工部卿	伊藤博文	長州藩
海軍卿	勝安芳	幕臣
陸軍卿	山県有朋	長州藩

〔11〕　下線部⑪について，大正時代に女性の地位向上を目指して活動し，新婦人協会の設立にかかわった人物を，次のア～エから１つ選び，記号で答えなさい。

ア．樋口一葉　　イ．津田梅子　　ウ．平塚らいてう　　エ．与謝野晶子

〔12〕　下線部⑫について，太平洋戦争後に行われた民主化政策のうち，地主の土地を政府が買い上げて小作人に安く売り渡し，その結果，多くの自作農が生まれた政策を何というか，答えなさい。

〔13〕　下線部⑬について，阪神・淡路大震災よりも後に起こったできごととして正しいものを，次のア～エから１つ選び，記号で答えなさい。

ア．ＰＫＯ協力法が成立した。　　イ．アメリカで同時多発テロが発生した。

ウ．東西ドイツが統一した。　　エ．日中平和友好条約が結ばれた。

Ⅲ．裕太さんと彩奈さんが，2020年に起こったできごとについて話している。次の会話文を読んで，以下の問いに答えなさい。

裕太：「2020年は東京都知事選挙が行われたね。立候補した人の数が22人もいて，ポスターを貼る掲示板の大きさに驚いたよ。」

彩奈：「都道府県知事選挙の選挙期間は，参議院議員選挙と同じ17日間もあって，日本の①選挙では最も長い期間になっているのね。②衆議院議員総選挙の方が期間が短いのは意外だったわ。」

裕太：「おそらく，選挙区の広さの違いが，選挙期間の長さに反映されているんだと思うよ。参議院議員選挙や都道府県知事選挙は，その都道府県全体が１つの選挙区になるからね。」

彩奈：「選挙に立候補するときは，一定の金額を納めなければならないって聞いたわ。」

裕太：「供託金のことだよね。一定以上の得票数を得た場合は返還されるんだよ。当選を目的とせず，売名目的での立候補を防ぐねらいがあると聞いたことがあるよ。それ以外にも，③選挙には細かいルールがあって，候補者や協力者がルールに違反していないかどうかを確認するのが大変みたいだよ。」

裕太：「コンビニなどでレジ袋が有料になったね。」

彩奈：「④法律が改正されて，⑤小売店でのレジ袋が有料化されたからね。私のお母さんも，いつも

エコバッグを持ってスーパーに行くのに，昨日はうっかり忘れてしまってレジ袋を買ったと言っていたわ。」

裕太：「⑥経済産業省は，海洋プラスチックごみの問題とか，資源の節約とかを理由に，国民に対して協力をよびかけているね。」

彩奈：「レジ袋そのものも，微生物によって分解されるプラスチックや，植物由来のバイオマス素材を多く配合したものに変えていくことを推進しているわ。」

裕太：「ぼくたちが何気なく送っている⑦生活のスタイルを変えることは，不便がともなうことも多いけれど，環境とのかかわりも考えていかなければならない時代なんだね。」

〔1〕 下線部①について，日本の選挙制度に関して述べた次の文中の［A］にあてはまる数字，［B］にあてはまる国会の種類を漢字4字で，［C］にあてはまる語句を，それぞれ答えなさい。

> 衆議院が解散されたとき，その日から［A］日以内に衆議院議員総選挙が行われ，選挙の後に［B］が開かれて，内閣総理大臣の指名が行われる。近年では，若い世代を中心に投票率が低迷していることから，投票時間の締め切りを延長したり，投票日より前でも簡単な手続きで投票できる［C］投票の制度を整えたりしている。

〔2〕 下線部②について，衆議院には，いくつかの点で参議院より優越した権限が与えられている。衆議院の優越が認められていることを，次のア～エから1つ選び，記号で答えなさい。

ア．憲法改正の発議　イ．弾劾裁判の実施　ウ．予算の議決　エ．国政調査権の発動

〔3〕下線部③について，選挙運動に関する細かいルールを定めている法律を何というか，答えなさい。

〔4〕下線部④について，右の表は，近年の法律案の提出数と成立数を，内閣提出と国会議員提出に分けて示している。日本の法律案の成立率にみられる特色を簡単に書きなさい。

表

	内閣提出		国会議員提出	
	提出数	成立数	提出数	成立数
2016年	75	68	198	31
2017年	75	71	164	12
2018年	78	73	159	29
2019年	72	68	96	22

（内閣法制局資料をもとに作成）

〔5〕 下線部⑤について，小売店ではクレジットカードや電子マネー，ＱＲコード決済など支払い手段が多様化しているほか，バーコードを用いて商品の売れ行きや在庫などを管理するＰＯＳシステムを導入するなど，情報通信技術を取り入れる動きが進んでいる。こうした情報通信技術の略称を何というか，アルファベットで答えなさい。

〔6〕 下線部⑥と同じ中央省庁の一つで，社会福祉や雇用といった，国民の生活の向上にかかわる仕事を担っている行政機関を，次のア～エから1つ選び，記号で答えなさい。

ア．国土交通省　イ．法務省　ウ．防衛省　エ．厚生労働省

〔7〕 下線部⑦について，近年では日本にもさまざまな国の出身者が暮らし，多様な生活のスタイルをもつ人々が身近に暮らすようになっている。また，貿易によって多くの輸入品が日常的にみられるようになっている。このように，人や物，情報などが国境を越えてさかんに行き来することを［　　］化という。［　　］にあてはまる語句をカタカナで答えなさい。

味覚とは関係なく、不満な折にそういう表情を浮かべると、やはり「渋い顔」と表現する。けちで金品を出し惜しむことを「渋い」と言うのも、金をいやいや払う際の表情とつながるのだろうか。一方、「渋い衣装」「渋い演技」のように、地味で落ち着いた深い味わいをさす、むしろプラスイメージとなる象徴的な表現もある。

穴や海のようなくぼんだものの最下部、容器の場合は外側の下の面を含めて「底」と言う。これが基本的な用法だが、「心の底」のように、物理的な窪《くぼ》みに関係なく、奥深いところをさすこともある。そのため、「底が浅い」という表現が内容に②深みがないという意味になることもある。「底が知れる」は③その人間や作品などにさほど深みを感じないという意味になりやすく、逆に「底が知れない」という表現は外から推測できないほど奥深さを感じさせるという意味合いになる。また、「底抜け」という語は、底というものが存在しないと思われるほど、どこまでも、といった意味合いで、「底抜けの大酒呑《の》み」「底抜けに明るい」などと使われる。

(中村明《なかむらあきら》『五感にひびく日本語』より)

問一　傍線部①「断念」と同じ構成の熟語を、次のア～オの中から一つ選び、記号で答えなさい。

ア　観劇　　イ　山頂　　ウ　禁止　　エ　取捨　　オ　腹痛

問二　[A]～[C]にあてはまる語句として最も適当なものを、それぞれ次のア～オの中から一つずつ選び、記号で答えなさい。

ア　削る　　イ　打つ　　ウ　巻く　　エ　曲げる　　オ　投げる

問三　二重傍線部a～eの中で、文法的性質が異なるものを一つ選び、記号で答えなさい。

問四　傍線部②「深み」・傍線部③「その」の品詞名を、それぞれ漢字で書きなさい。

問五　波線部「姿勢を正す」とあるが、あなたはこれまでにどのような場面で「姿勢を正」したか。「～場面で、～と姿勢を正した。」の形で、具体的に七十字以内で述べなさい。

して薬品の調合を①断念する、つまり見放すことを意味する。

伝統的な和風建築の昔は、その家を訪問することを「敷居をまたぐ」という一つの動作で象徴的に表した。「敷居が高い」という表現も、その家では敷居を特別に高く造ってあるわけではない。敷居がやたらに高いと客がまたぎにくいところから、不義理をしてしまい、どうも訪問しにくいという心理を、物理的に象徴してみせた表現である。

筋肉の一部が凝って硬くなることを「しこり」と称している。これは肉体のしこりだが、相手との間にもめごとが生じ、あとまで気持ちのわだかまりが消えずに残るという心理的な状態を表すのに、象徴的にそういう言い方をする例も少なくない。

「姿勢を正す」という表現は基本的に、あぐらをかいた楽な姿勢から、きちんと正座して背中を真っ直《す》ぐに保つ改まった姿勢をとる体の動きをさしている。そこから、物事に対する態度や考え方をきちんとするといった精神的な在り方をさす場合にも象徴的に使われるように意味範囲が広がった。

「尻尾《しっぽ》」はもちろん動物の尾のことだが、犬などの習性からの連想で人間の態度や行動を比喩《ひゆ》的に表現することもある。上位者に取り入ることを「尻尾を振る」と言い、降参して逃げることを「尻尾を［B］」と言うのはそういう表現にあたる。また、悪事やごまかしなどが露見することを「尻尾を出す」、相手 a の悪事などを暴く手がかりを得ることを「尻尾を摑《つか》む」と比喩的・象徴的に表現する慣用も定着した。

「死に体」といっても「死体」 b のことではない。相撲《すもう》で、取り組んでいる途中に一方の力士の体勢が大きく崩れ、自力では立て直せないと判断された場合、それを「死に体」と称する。これは専門語に近いが、それを立ち直る力 c のなくなった内閣や企業や団体などを評する比喩として用いる例も散見する。

刀 d の刃《は》と峰の間にある小高く盛り上がった線状 e の部分を「鎬《しのぎ》」と言う。刀剣を激しくぶつけ合いながら斬《き》り合いを演ずると、その部分が少し剝《は》がれ落ちることもある。「鎬を［C］」という表現はもともとそういう物理的な現象をさしたが、今では現実にそんな決闘もめったになく、「しのぎ」が何であるかもほとんど意識にのぼらない。そのため、力量の接近した者どうしが同じ目標に向かって激しい争いを展開するという意味に使う象徴表現と化した。

「芝居」という語は歌舞伎《かぶき》などの伝統的な劇をさして使われてきたが、広く演劇一般を意味することもある。「芝居がうまい」のように演技をさす用法もある。上演する劇の筋や台詞《せりふ》の内容は原則として脚本・台本に記したものであり、事実そのものではない。そのため、「芝居」という語が相手を騙《だま》すための偽《いつわ》りの行為をさす象徴的表現ともなるから油断はできない。「芝居がうまい」と言われても喜んでばかりもいられないのである。

体の一部の感覚が一時的に麻痺《まひ》する現象を「しびれる」と言う。そういう肉体の感覚ではなく、強い刺激を受けて陶酔状態に陥《おちい》るという精神的な現象をさす象徴的表現ともなる。また、長い時間同じ姿勢で正座を続けると足がしびれてくる。そういう肉体的な現象を「痺《しび》れを切らす」と言うが、この表現も、脚の痺れとは無関係に、待ちくたびれていらいらするという精神的な状態をさすこともある。触覚的な記憶から感覚的にわかりやすい。

渋柿《しぶがき》を食べたときのように舌がしびれるような感じを「渋い」と言う。

問三　「俺」との会話における片原の話の進め方として最も適当なものを、次のア～オの中から一つ選び、記号で答えなさい。

ア　言葉巧みに「俺」を誘導して「俺」の本音を引き出し、その内容を作品に取り入れようとしている。

イ　まずは大まかな提案を行ったが、そこから先は「俺」に任せ、思うように書いてもらおうとしている。

ウ　読者の傾向を客観的なデータで確認し、売れるにはどうすべきかを説得力をもって示している。

エ　自分の中である程度決まった考えをもっており、「俺」との話がその方向に行くように仕向けている。

オ　新しい読者の獲得に焦点を当て、「俺」のこれまでの作品の魅力を一度取り払うべきだとほのめかしている。

問四　本文中から読み取れる「俺」の人物像についての説明として最も適当なものを、次のア～オの中から一つ選び、記号で答えなさい。

ア　自分の考えというものをもっておらず、相手がどう感じているかということばかりを気にしている人物。

イ　自分自身では特にこだわりをもつことがなく、基本的に状況に流されてしまう人物。

ウ　他人に対して自分の意見をはっきりと伝えることができず、周りの主張に合わせてしまう人物。

エ　他人の心の奥底にある思いをくみ取るために、常に自分や周囲の人間の生き方を見つめている人物。

オ　自分に対する自信がない割には自分を否定されると傷つくため、誰とも距離を置こうとしている人物。

問五　この文章における表現の特徴について説明した文として適当なものを、次のア～キの中から二つ選び、記号で答えなさい。解答順は不問とする。

ア　片仮名の表記を多く使うことによって、主人公の感じた現代社会への問題意識を浮かび上がらせている。

イ　比喩《ひゆ》を使って食べ物の見た目や味を表現することによって、読者の興味を引きつけやすくしている。

ウ　主人公の視点から相手の様子や主人公の思考を詳細に描くことによって、主人公の心情を読み取りやすくしている。

エ　一文を短くし、体言止めを多用することによって、作品全体にテンポのよさやスピード感をもたせている。

オ　途中、過去を思い出す場面をはさむことで、主人公の迷いがどこから生じているのかがわかるようにしている。

カ　「……」や「?」を効果的に使用することによって、会話のテンポや口調を想像しやすくしている。

キ　周囲にある物の色調を鮮やかに描くことによって、登場人物の悩みの深さが推し量れるようにしている。

問六　波線部「そうなのかな」とあるが、「俺」が片原の言葉に疑問を感じたのはなぜか。五十字以内で説明しなさい。

三、　次の文章を読んで、後の問いに答えなさい。

「匙《さじ》を［　A　］」と言うと、現代人は洋食の際に癇癪《かんしゃく》を起こす場面を思い浮かべやすいが、この「匙」は「匙加減」と同様、薬を調合する道具をさし、この病人は薬をどう調合しても助かる見込みがないと判断

俺はショーケースの中に目をやりながら、店内を歩いた。シュークリームにショートケーキにゼリー。華やかなものも、おいしそうなものもたくさんあるが、何がいいのかわからない。誰かが食べることを想定して買い物をしたことがないから、ぴんとこない。

そもそも智は何が好きなのだろうか。俺の家に最初に現れた時は、豆大福を持ってきた。よく買ってくるからローソンのからあげクンも好きなのだろう。ついでにコーヒーを淹《い》れるのもうまい。大福は甘く、唐揚げはスパイシーで、コーヒーは苦い。三つの共通点は何だ。好物を推測するのは、推理小説を練るより難しい。

頭を悩ませながら足を進めると、和菓子屋が並ぶコーナーが出てきた。ケーキよりあっさりしていていいだろうかとショーケースをのぞきながら歩いていた俺は、小ぶりの大福が並ぶ店の前で足が止まった。

抹茶《まっちゃ》大福、豆大福、栗《くり》大福、え？

「カフェオレ大福？」

そんなものがあるんだと、思わず声が出た。

「こちら、コーヒー味の大福でとても人気の商品なんです。中に餡《あん》とコーヒークリームが入っていておいしいですよ」

俺のつぶやきにすかさず店員が声をかけてきた。

コーヒーが大福になっているとは。そんな不思議なc代物があったのか。

「大福はほんのり塩味が利いているので、それほど甘ったるくもなく、男性の方でもぺろりと召し上がっていただけると思います」

豆大福とからあげクンとコーヒー。それぞれの一部を引き継いだような商品があるだなんて。

「じゃあ、これ、これをください。二人分」

「えっと、お二つでいいですか？」

「あ、はい」

カフェオレ大福。和と洋が融合《ゆうごう》された画期的な菓子だ。これは、すごいものを見つけた。智はびっくりするにちがいない。俺はわくわくして、紙袋を受け取ると帰り道を急いだ。

（瀬尾《せお》まいこ『傑作《けっさく》はまだ』より　一部中略）

（注）

1　笹野さん……笹野幾太郎。智がアルバイトをしているコンビニの店長。

2　フレッシュ……コーヒーなどに加えるクリーム。

問一　二重傍線部a～cの漢字の読みをひらがなで答えなさい。

問二　傍線部①「着くや否や」・傍線部②「眉を寄せた」の語句の意味として最も適当なものを、それぞれ次のア～オの中から一つずつ選び、記号で答えなさい。

①「着くや否や」

ア　着くまで待たず。　イ　着くとすぐに。

ウ　着くことを促し。　エ　着いて落ち着いたら。

オ　着くかどうか尋ねて。

②「眉を寄せた」

ア　腹を立てて怒りの表情を示した。

イ　信じられないとあきれた表情をした。

ウ　疑問を抱いて困った顔をした。

エ　わかっているような顔つきをした。

オ　困り果てて泣きそうな表情になった。

ですけど」

　まだ二十代であろう片原が若者について語るのを、俺はぼんやりと聞いていた。最近の若者って、彼はいったい誰《だれ》のことを指して言っているのだろうか。このプリントにたいそうに書かれている結果は、どこの誰を分析してまとめられたものなのだろう。「積極性がない」「打たれ弱い」「自信がない」。並べられたプリントに書かれた特徴。さしあたって、俺が知っている唯一《ゆいいつ》の若者、智はどれにも当てはまっていない。こんなデータをいくら読んでも、誰のこともわかるわけがない。

「評論や分析をたくさん読むより、一分でいいから人と話せって、確か笹野幾太郎《いくたろう》さんが言ってたな」

　俺がぼそりと言うのに、片原は大きくうなずいた。

「ですよね。大学生かフリーター、そういう人間にインタビューする機会設けますね。彼らの闇、掘り下げていきましょう」

「いや、いい、いい」

「どうしてですか？　今の若い人間、自分についてしゃべりたがってるやつ多いから、いくらでも取材対象は見つけられますよ」

「いいんだ。そう、若い人間は、身近にいる」

　見ず知らずの若者と話すなんてとんでもない。しかも、他人の闇になど触れたくもない。俺は即座に断った。

「そうなんですか。じゃあ、とりあえず新作はこの方向で行きましょう。苦悩を抱えてる若者は多いから、共感してもらえるはずですよ。新しい読者の獲得につながりそうですね」

　方向性が決まり、片原は満足げに微笑《ほほえ》んだ。

「ああ、そうかな」

　残念ながら、次の小説のb装丁も黒か灰色。また暗い色になりそうだ。

　打ち合わせは一時間程度で終わり、店の前で片原と別れると、俺はバス停へ向かって歩いた。

「人間の闇を書いた小説か……」

　片原に言われたことを思い出すと、気が重くなる。

　夏目《なつめ》漱石《そうせき》や太宰《だざい》治《おさむ》。十代のころ夢中で読んだ小説は、美しいものも汚いものも含め、俺に人間の奥底にあるものや、生きることの真実を見せてくれた。現代だって、生きるとは何かを語る素晴らしい小説はたくさんある。人間や生命のたくましさや醜さ、本来ある姿を描こうとしている作品はおもしろい。でも、俺はそれを、書くべき人間なのだろうか。

（中略）

　人間とは、生きるとは、そんな大きなことを探る以前に、自分が父親と言えるのか、息子とは何なのか。その辺りに目を向けるのが先のような気もする。

　バス停で時刻表を確認すると、通勤時間帯でもないせいか、あと三十分以上バスは来なかった。智は家にいるのだろうか。せっかく駅まで出てきたのだから、何か買って帰ろうか。そう考えて、俺は大人になってから土産というものを買ったことがないことに気づいた。土産なんて、中学校の修学旅行の時に、親に買って以来だ。

　やっぱり食べ物が無難だろうと、俺は駅前のショッピングセンターの地下へと足を踏み入れた。洋菓子に和菓子、惣菜《そうざい》に弁当。様々な店が並び、平日の昼間なのに、人が行きかっている。

「誕生日を祝ったり、どこか出かけたり、仕事仲間の枠《わく》を少しずつ越えていくというか」

「はあ……」

片原はさっきまでの勢いをなくして困った表情を浮かべた。

「生活環境も年代も違う人間同士が、仕事という括《くく》りで一緒《いっしょ》になって、距離を縮めていく過程は興味深いと思ったんだけど」

俺が説明を加えると、片原はますます②眉《まゆ》を寄せた。

「で、どうなるんでしょう？　店長が青年の不注意で亡くなるとか、経営が破たんするとか？」

「いや……。そういう大きなことは起こらなくて」

「どうかな。今までの加賀野さんの作風と違い過ぎませんか？　僕はまだ新人なのでよくわからない部分もあるんですが、率直に言わせてもらうと、それおもしろくなりますかね」

遠慮がちにそれでもはっきりと彼は言った。どうやらあまりいい思い付きではなかったようだ。

「ほか、ないですか？　もっと身近な題材で」

「身近……。それなら、地域の活動に焦点を当てるとか、どうだろう。大掛かりじゃない祭りとか」

「嫌《いや》だな。加賀野さん」

片原は小さく笑った。

「それ、題材聞いただけで薄っぺらい感じがしますよ。心温まる交流とか、みんなで集まって何かを成し遂げるとか。いかにも安っぽい」

「そう、だよな」

「それより、もっと加賀野さんらしい、加賀野さんの本当に書きたいことで行きましょう」

「俺らしい話か」

「そうですよ。読者に迎合するのはやめましょう。無理に温かい小説に持って行く必要ないですよ。人間って醜《みにく》いものでしょう？　そういうものから目を背けず現実を書くのが小説の役割でもあるって僕は思うんですよね」

片原はそう言うと、運ばれてきたコーヒーに口をつけた。

「生きるとは何か。そこ掘り下げていったら、闇《やみ》に触れずにはいられないですから」

「そうなのかな」

俺もコーヒーを飲もうとして、牛乳が入っていないことに気づいた。ブラックでは飲めないし、[注2]フレッシュは好きじゃない。しかたなく水を口に入れると、

「最近の若者の特徴をネットで調べてきたんですけど」

と、片原が何枚かのプリントをテーブルの上に出してきた。

「今の若い人間って、人に認められたい欲求やつながりたい思いは強いけど、リアルな対人関係を結ぼうとはしないみたいですね。あと、我慢することも苦手らしいですよ」

「はあ……」

ホームページをいくつか印刷したものだろう。プリントには若者についての分析《ぶんせき》が書かれている。

「今の若者ってマニュアルどおりのことしかできないんですよね。そこから外れた時、若者が何に気づくのか。自分の無能さを思い知った若者はどう行動するのか。そこ書いていくのって意味があることだと思うん

二、次の文章を読んで、後の問いに答えなさい。

〈この場面までのあらすじ〉
小説家の「俺《おれ》」（加賀野《かがの》）の家に、生まれてすぐ生き別れとなった息子の智《とも》がやってきて、二人での生活が始まった。この日、「俺」は新しい担当編集者と打ち合わせをすることになっている。

誰《だれ》かに見送られたことなど、子どものころ以来だ。実家を出てから一人で暮らしてきたから、「いってきます」や「ただいま」は三十年以上発していない言葉になる。
「いってきます」と言おうかと思ったが、言い慣れない言葉のせいか、うまく口にできず、俺は「ああ。じゃあ」とだけ言って家を出た。
駅前の喫茶店に入ると、二十代後半くらいの男が俺を見つけてすぐさま「加賀野さん」と奥の席から声をかけてきた。
「片原《かたはら》と言います。やっと加賀野さんの担当になれました。僕《ぼく》、加賀野さんの作品は全部読んでいるし、暗記している言葉もたくさんあるくらいなんですよ。僕は主人公だけでなく、加賀野さんの作品の登場人物みんな好きなんですよね。どれも人間らしくて」
片原と名乗った編集者は俺が席に①着くや否や、目を輝かせてそう語った。
「今の連載が終われば、うちの社で書いていただけるんですよね？　次の作品、どうしましょう。ああ、加賀野さんと本を作れるなんてわくわくする」
そう言って、挨拶《あいさつ》もそこそこにメモを取り出した編集者に、俺の心はどことなくa弾み始めた。最近はどの出版社も長く付き合いのある編集者ばかりで、新しい人間と会うことはなかった。それが、こんなに楽しみにしてくれる人と作品を作れるのだ。どうしよう、何を書こうかと、久しぶりに心の隅《すみ》が奮い立つ気がした。
「今、書きたいものありますか？　気になってることとか」
片原は俺の分もコーヒーを注文すると、さっそく本題に入った。
「そうだな、どうだろう」
「今までにない感じがいいですよね。攻めた作品にしましょうよ」
「ああ」
「加賀野さんの作品の主人公、最近は三十代四十代が多いから次は学生とかどうでしょう？」
「ああ、そうだな」
「加賀野さん、今の若者の言動とか見ててどう思います？　若者が主人公だったらどんな話できそうですか？」
片原に次々と投げかけられ、俺も頭の中に浮かべてみた。
「若者……バイトをしてる青年とか……」
「いいですね。フリーター。どこか刹那《せつな》的で投げやりな生き方をして」
「ああ。その青年がバイト先の年老いた店長と……、なんというか、仲を深めていくとか」
注1笹野《ささの》さんと智みたいな組み合わせは、おもしろいんじゃないだろうか。ああいう二人なら、ごく普段の日常を描くだけでも、物語になりそうだ。
「仲を深めていく？」

のです。地域にある豊かな自然や暮らしに感謝しながら、自然と共生し、自然資源を最大限に活用するという持続可能な新しい循環型の社会が、今、各地に次々と誕生しているのです。

仮に、海外から輸入する化石燃料由来の電気から、その一部でも純国産の再エネ由来の電気に切り替えれば、海外に流出していたお金の一部が再エネ電気を生む地域に還流《かんりゅう》し始め、日本国内でエネルギーとお金の循環が始まることにつながります。

（山口豊《やまぐちゆたか》『「再エネ大国　日本」への挑戦』より）

問一　二重傍線部a～dのカタカナを漢字で書きなさい。なお、送り仮名が必要な場合はその部分をひらがなで書きなさい。

問二　A～Cにあてはまる語句として最も適当なものを、それぞれ次のア～カの中から一つずつ選び、記号で答えなさい。

ア　さらに　イ　例えば　ウ　つまり
エ　それでは　オ　一方　カ　そのため

問三　傍線部①「大きな成功」とあるが、具体的にはどのようになっていることか。それを述べた一文を、傍線部①より前から抜き出し、その最初の五字を答えなさい。

問四　傍線部②「エネルギー革命」についての説明として最も適当なものを、次のア～オの中から一つ選び、記号で答えなさい。

ア　流出した若い人々を都会から呼び戻すことによって、その場所にある自然資源を有効に活用していくというもの。

イ　地方にある自然資源を、現代の最先端の技術を使うことによって、効率的・画一的に利用して便利さをもたらすというもの。

ウ　地方でまだ使われていない化石燃料を再生可能エネルギーに加工して利用し、その地域の生活を豊かにするというもの。

エ　かつての田舎と同様にその地方にある自然資源を利用する取り組みを、現代のテクノロジーによって行うというもの。

オ　かつての日本で集落があった場所に着目し、その地域にある豊かな自然資源を用いて人々の暮らしを養うというもの。

問五　本文の内容と合致するものを、次のア～キの中から二つ選び、記号で答えなさい。解答順は不問とする。

ア　国立社会保障・人口問題研究所によると、日本の人口の自然減は、予想より2年早いペースで50万人を超えている。

イ　地方の人口減少が進むと、その結果としての税収の落ち込みにより、老朽化したインフラを整備することが困難となる。

ウ　道路網や送電線が整備されることで地方は便利にはなるが、一方で、水や森や温泉などの資源を失うことにもつながる。

エ　都会に流出した若者たちが原因となったバブル経済の崩壊により、地方の不況や過疎化は深刻な状況に追い込まれている。

オ　再生可能エネルギーは、二酸化炭素や窒素・硫黄酸化物などを排出することがないクリーンなエネルギー資源と言える。

カ　再生可能エネルギーの発電所を設置、メンテナンスするための費用は、発電以外の新しい事業による収益が元手となる。

キ　再生可能エネルギーによって生まれた電気を最大限に活用することで、若い人たちが地域に戻ってくるようになる。

問六　波線部「重要なことが見えてきます」とあるが、ここでの「重要なこと」とはどのようなことか。本文中の言葉を使って、七十字以内で説明しなさい。

苦しみ、都会に流出した若者たちも帰ってこなくなり、超高齢化や過疎《かそ》化が進みました。その結果、限界集落が増え、人々の生活の基盤となっていた地域が消滅の危機に瀕《ひん》するという大ピンチに追い込まれているのです。

このギリギリに追い込まれた状況のなかで、今、各地で、dネムッテいた自然資源にもう一度注目し、その可能性に懸《か》け、立ち上がる人々が現れ始めました。その人物たちが地域の命運を託したのが、「再生可能エネルギーの地産地消」だったのです。それは、その場所にある自然資源を、最先端の技術を利用して電気や熱として生まれ変わらせる、地域発の「エネルギー革命」でした。

各地域では、立ち上がった人物の提案を激しい議論の末に受け入れ、地域一丸となって協同組合などの組織をつくり、再生可能エネルギーによる発電事業などに挑戦《ちょうせん》し始めました。こうした各地の取り組みが今、様々な困難を乗り越え①大きな成功を収めているのです。

再生可能エネルギーとは、非化石エネルギー源のうち、エネルギー源として永続的に利用できると認められるもので、政令で、太陽光・風力・水力・地熱・太陽熱・大気中の熱その他の自然界に存する熱・バイオマス（動植物由来の有機物）の7種類と定められています。石油や石炭といった化石燃料のように枯渇《こかつ》したり、二酸化炭素や窒素・硫黄《いおう》酸化物などを排出することのないクリーンなエネルギー資源で、自然エネルギー、グリーンパワーという呼び名もあります。

その土地にある自然資源を再生可能エネルギーで活かすという「②エネルギー革命」は、なぜ成功し、地域に豊かさをもたらすのでしょうか。

化石燃料を中心としたこれまでの社会と、再生可能エネルギーを中心とした新しい社会との違いをお金の流れで追ってみると、重要なことが見えてきます。

[A]、これまでのように石油や石炭といった海外からの化石燃料を中心とした社会では、電気代として支払ったお金は、大手資本を通じて地域から逃げていき、最終的には産油国など海外に流出してしまいます。日本エネルギー経済研究所によれば、日本が化石燃料の輸入に支払ったお金は２０１８年度に年間19兆円を超えるという莫大《ばくだい》な額に膨らんでいます。同じ２０１８年度に私たちが支払った所得税の総額19・9兆円にほぼ匹敵する膨大な額のお金が海外に流出しているのです。

[B]、地域の再生可能エネルギーを中心とした新しい社会では、再エネ由来の電気に支払われたお金は海外には流れず、再エネで発電した国内の地域に向かい、その中を循環します。お金の流れが、「海外へ流出」から「地域内を循環」へと変わり始めるのです。再エネ由来の電気に支払われたお金は、電力小売事業者を通じて、その電気を生んだ地域の再エネ発電会社や協同組合などに流れ、施設の設置やメンテナンスなど、それぞれの地域に雇用を生み、最終的には地域の住民に届きます。再エネの発電所は従来の火力発電所などに比べれば一般的に規模が小さく、その地域の住民でも資格を取得すれば十分に維持管理が可能なものが多くあります。こうした地域の発電所が地元の住民に雇用をもたらし、地域の中をお金が循環するようになるのです。

[C]、再エネで得たお金を元手にして、発電以外の新しい事業がその地域で始められると、そこには新たな雇用が生まれ、地域内をお金が循環しながら経済活動が拡大していきます。それは人の流れにも変化を生み、都会に流出していた若い人たちが、地域に戻ってくるようになる

【国　語】（五〇分）〈満点：六〇点〉

【注意】字数制限の設問については、特別な指示がない限りは、、や。「」などの記号を字数に含めます。

一、次の文章を読んで、後の問いに答えなさい。

２０１９年12月、厚生労働省は、この1年に国内で生まれた日本人の赤ちゃんが86万４０００人にとどまり、統計開始以来、初めて90万人を下回ったことを発表しました（推計値）。国立社会保障・人口問題研究所は出生数が86万人台になるのは２０２１年と予想していたので、予想より2年早いペースで出生数の減少が進んでいることになります。また、死亡数は戦後最も多い１３７万６０００人で、死亡数から出生数を引いた自然減は初めて50万人を超えました。1年に50万人も日本人がいなくなってしまう社会になったのです。この出生数は前年比で約6％の急減で、少子化、人口減少が予想以上に加速していると見られます。

人口減少は特に地方に深刻な影響を及ぼします。人口減少が進めば、現役世代の減少によって、地域の産業が衰退、税収が落ち込み、老朽化したインフラは徐々に崩壊して再整備が困難になります。仕事を失った若い世代が都会へ流出し、加速度的に人口が減少する結果、行政機能も維持できなくなり、地域はやがて消滅に至るのです。

この国を苦しめる人口減少の流れを、少しでも食い止めるすべはないのでしょうか。

私は全国を歩くなかで、この大問題を解決するヒントを目撃してきました。今、人口減少というaゼツボウ的な現状に立ち向かい、その流れを変えようと動き始めている場所が、各地に現れています。そこでは、疲弊《ひへい》した町が再生され、地域に活気があふれ、若い人たちが都会から戻《もど》ってきて、新しい命がその土地で誕生するという、素晴らしい循環《じゅんかん》が生まれ始めているのです。

その現場の中心には、ある共通点がありました。それは、その土地に昔からありながら忘れられていた自然資源を、現代のテクノロジーを駆使して蘇《よみがえ》らせることです。

かつて日本の田舎は、その場所にある自然資源を中心として人々が豊かに暮らしていました。集落を流れる清らかな水、緑豊かな深い森、大地から湧《わ》き出す温泉の熱など、それぞれの地域がそれぞれの特性を活《い》かし、そこにある自然の恵みに感謝しながら、その自然由来のエネルギーを活かした個性豊かな暮らしを送っていたのです。逆に言えば、そこに集落があったということは、当時の人々の暮らしを養うだけの豊かな自然資源がすでにその地域に存在していたということなのです。

しかし、高度成長期以降、道路網が整備され、送電線が結ばれ、地域は格段に便利になりました。便利になることはもちろん地域にとっても歓迎すべきことなのですが、その一方で、全国で効率化や画一化が重視され、地域にあった自然資源は次第に使われなくなりました。そして、工業化にbトモナウ労働力人口の移動や集中が進み、地方から都市への人口流出が続き、地域の豊かさは失われていきました。

また、電気は海外から輸入した化石燃料をcエンガン部にある大規模な火力発電所で燃やして作り、巨大な送電網で日本の各地域に届けられるようになりました。その陰で、それぞれの場所にある自然由来のエネルギーは次第に忘れられていったのです。

さらにその後のバブル経済の崩壊などもあり、地方は長い間、不況に

MEMO

大切なことはメモしておこうネ！

2021年度

解 答 と 解 説

《2021年度の配点は解答欄に掲載してあります。》

＜数学解答＞ 《学校からの正答の発表はありません。》

Ⅰ 〔1〕 14 〔2〕 $\sqrt{6}-\sqrt{3}$ 〔3〕 $-\frac{16}{3b}$ 〔4〕 $x=4$，$y=2$ 〔5〕 $x=\frac{1}{3}$，-2

〔6〕 $2\sqrt{3}+1$

Ⅱ 〔1〕 (1) 6通り (2) 10通り 〔2〕 $\frac{4}{15}$ 〔3〕 0.12

Ⅲ 〔1〕 $y=4x-9$ 〔2〕 $\left(\frac{21}{4},\ 12\right)$ 〔3〕 27 〔4〕 $\frac{621}{8}$

Ⅳ 〔1〕 240cm^2 〔2〕 50cm^3 〔3〕 $\frac{24}{5}$cm

Ⅴ 〔1〕 13 〔2〕 $4n-3$ 〔3〕 90個 (計算過程) 解説参照

○推定配点○

Ⅰ～Ⅳ 各3点×17 Ⅴ 〔1〕 2点 〔2〕 3点 〔3〕 4点 計60点

＜数学解説＞

Ⅰ (正負の数，平方根，式の計算，連立方程式，2次方程式，式の値)

基本 〔1〕 $(-3)^2\times2+4\times(-1)^3=9\times2+4\times(-1)=18-4=14$

基本 〔2〕 $\frac{10\sqrt{2}-1}{\sqrt{3}}-\frac{2\sqrt{3}+7\sqrt{6}}{3}=\frac{\sqrt{3}(10\sqrt{2}-1)-(2\sqrt{3}+7\sqrt{6})}{3}=\frac{10\sqrt{6}-\sqrt{3}-2\sqrt{3}-7\sqrt{6}}{3}=\frac{3\sqrt{6}-3\sqrt{3}}{3}=\sqrt{6}-\sqrt{3}$

基本 〔3〕 $\frac{8}{9}a^5b^6\div\left(-\frac{2}{3}ab\right)^3\div\left(-\frac{3}{4}ab^2\right)^2=\frac{8a^5b^6}{9}\times\frac{-27}{8a^3b^3}\times\frac{16}{9a^2b^4}=-\frac{16}{3b}$

基本 〔4〕 $2(x+2y)+(x-9y)=2$より，$3x-5y=2$…① $(x-7)-4(y-3)=1$より，$x-4y=-4$…②
①－②×3より，$7y=14$ $y=2$ これを②に代入して，$x-8=-4$ $x=4$

基本 〔5〕 $(3x-5)(2x+1)=3(x-2)^2-15$ $6x^2+3x-10x-5=3(x^2-4x+4)-15$ $3x^2+5x-2=0$
解の公式を用いて，$x=\frac{-5\pm\sqrt{5^2-4\times3\times(-2)}}{2\times3}=\frac{-5\pm7}{6}=\frac{1}{3}$，$-2$

〔6〕 $x^2+11x+19=x^2+10x+25+x-6=(x+5)^2+x-6=(2\sqrt{3}-5+5)^2+(2\sqrt{3}-5)-6=12+2\sqrt{3}-11=2\sqrt{3}+1$

Ⅱ (場合の数，確率，ヒストグラム)

〔1〕 (1) 題意を満たすのは，(1回目，2回目)＝(赤1，赤1)，(赤1，赤2)，(赤1，赤3)，(赤1，赤4)，(赤3，青2)，(青2，赤3)の6通り。

(2) 題意を満たすのは，(1回目，2回目)＝(赤2，赤1)，(赤2，赤2)，(赤2，赤3)，(赤2，赤4)，(赤3，青5)，(青5，赤3)，(赤4，青2)，(青2，赤4)，(青2，青2)，(青2，青5)の10通り。

基本 〔2〕 玉の取り出し方は，(赤$_1$，赤$_2$)，(赤$_1$，青$_1$)，(赤$_1$，青$_2$)，(赤$_1$，青$_3$)，(赤$_1$，白)，(赤$_2$，青$_1$)，(赤$_2$，青$_2$)，(赤$_2$，青$_3$)，(赤$_2$，白)，(青$_1$，青$_2$)，(青$_1$，青$_3$)，(青$_1$，白)，(青$_2$，青$_3$)，(青$_2$，白)，

(青$_3$，白)の15通り。このうち，題意を満たすのは，下線の4通りだから，求める確率は，$\frac{4}{15}$

基本 〔3〕 資料数50の中央値は，少ない順に並べたときの25番目と26番目の平均となる。累積度数は順に8，12，23，29，…だから，中央値をふくむ階級は6冊以上8冊未満の階級となり，その相対度数は，$\frac{6}{50}=0.12$

Ⅲ （図形と関数・グラフの融合問題）

基本 〔1〕 $y=\frac{1}{3}x^2$に$x=3$，9をそれぞれ代入して，$y=3$，27　よって，A(9，27)，B(3，3)　直線ABの式を$y=ax+b$とすると，2点A，Bを通るから，$27=9a+b$，$3=3a+b$　この連立方程式を解いて，$a=4$，$b=-9$　よって，$y=4x-9$

基本 〔2〕 $y=\frac{1}{3}x^2$に$x=-6$を代入して，$y=12$　よって，C(-6，12)　点Dのy座標は12となるから，$y=4x-9$に$y=12$を代入して，$12=4x-9$　$x=\frac{21}{4}$　よって，D$\left(\frac{21}{4},\ 12\right)$

基本 〔3〕 B′(3，0)，C′(-6，0)とすると，△OBC＝台形BCC′B′－△OBB′－△OCC′$=\frac{1}{2}\times(3+12)\times(3+6)-\frac{1}{2}\times3\times3-\frac{1}{2}\times6\times12=27$

重要 〔4〕 DE//BCより，△EBC＝△DBC$=\frac{1}{2}\times\left(\frac{21}{4}+6\right)\times(12-3)=\frac{405}{8}$　よって，四角形OBECの面積は，△OBC＋△EBC$=27+\frac{405}{8}=\frac{621}{8}$

Ⅳ （空間図形の計量）

基本 〔1〕 (AB＋BC＋CA)×AD＝(8＋6＋10)×10＝240(cm^2)

重要 〔2〕 BG＝EG$=\frac{1}{2}\times10=5$，EH$=\frac{1}{3+1}$DE$=\frac{1}{4}\times8=2$，DH＝8－2＝6　△AGH＝長方形ABED－△ABG－△GEH－△HDA$=8\times10-\frac{1}{2}\times8\times5-\frac{1}{2}\times2\times5-\frac{1}{2}\times6\times10=25$　よって，立体A－GHFの体積は，$\frac{1}{3}\times$△AGH×EF$=\frac{1}{3}\times25\times6=50$(cm^3)

重要 〔3〕 BからACにひいた垂線をBJとすると，GI＝BJ　△ABC$=\frac{1}{2}\times$AB×BC$=\frac{1}{2}\times$AC×BJ　BJ$=\frac{8\times6}{10}=\frac{24}{5}$　よって，GI$=\frac{24}{5}$cm

Ⅴ （規則性）

基本 〔1〕 4番目の図形の左端には，縦に4個の正方形が並び，上から順に7，9，11，13となるから，色を塗った正方形に書かれた数は13

基本 〔2〕 n番目の図形の色を塗った正方形に書かれた数をNとすると，nとNの関係は右の表のようになる。Nは最初の数が5で，nの値が1増えると4ずつ増えるので，N＝5＋4×(n－2)＝4n－3と表せる。

n	2	3	4
N	5	9	13

〔3〕 109と書かれた正方形が最初に現れるのは，4n－3＝109　4n＝112　n＝28より，28番目の図形である。これ以降は，1つの図形に4個ずつあるので，109と書かれた正方形は，全部で2＋4×(50－28)＝90(個)

★ワンポイントアドバイス★

昨年と出題構成は変わらないが，取り組みやすい内容であった。できるところからミスのないように解いていこう。

＜英語解答＞ 《学校からの正答の発表はありません。》

筆記テスト

Ⅰ 〔1〕 ① went ④ had ⑤ was chosen ⑥ be seen
〔2〕 ② 3番目 イ 6番目 エ ③ 3番目 カ 6番目 キ
⑦ 3番目 オ 6番目 エ

Ⅱ 〔1〕 〔A〕 ウ 〔B〕 ア 〔C〕 ウ 〔2〕 ウ
〔3〕 She has played it for ten years. 〔4〕 イ，エ

Ⅲ 〔1〕 イ 〔2〕 taking care 〔3〕 システム：バス停でバスの運行状況がリアルタイムに送信される。 良い点：バスをどのくらい待つかわかる。［システム：自宅で医師の診断が受けられる。 良い点：体調が悪い時に待合室で待つ必要がない。］ 〔4〕 イ，エ

Ⅳ （解答例） I want to go to the fish market with them. Hokkaido is famous for its seafood. They will be surprised at the variety of seafood. Sushi is loved all over the world now and they will surely enjoy it. We will have a wonderful time there.

リスニングテスト

Ⅰ・Ⅱ 解答省略

○推定配点○

筆記テスト Ⅰ 各2点×7(〔2〕各完答) Ⅱ 〔1〕 各1点×3 他 各2点×4
Ⅲ 〔1〕・〔2〕 各2点×2 〔3〕 各2点×2 〔4〕 3点(完答) Ⅳ 8点
リスニングテスト Ⅰ・Ⅱ 各2点×8 計60点

＜英語解説＞

筆記テスト

Ⅰ **（読解問題・メール文：語形変化，時制，受動態，語句整序，助動詞，不定詞，熟語）**

（全訳）

送信者：エリック
受信者：浩一
日付 ：2021年1月23日 12時32分
件名 ：写真をどうぞ

やあ，浩一，

元気？ 君が日本に①帰ってから，僕の家族と僕は君がいなくてさみしいよ。君との時間は僕の人生の中で最高の思い出の1つになった。君のオーストラリア滞在中，僕たちはたくさんの場所を訪問し，たくさん写真を撮ったよね。このメールにそれらの写真を添付したよ。それらを見ることで君がオーストラリアでの日々を思い出し，喜んでくれることを願っているよ。

ところで，良い知らせがある。僕の家族と僕は次の夏に北海道を訪問することにしたよ！ ②僕

たちはその時にお互いに会えるかもしれないから，僕はとてもわくわくしている。僕の家族と僕は今，旅行の計画を立てている。③でも僕たちにとってどこへ行くか決めるのは簡単ではない。いくつかアイデアをくれる？
すぐに返信してね。
エリック

送信者：浩一
受信者：エリック
日付　：2021年1月24日　18時18分
件名　：RE：写真をどうぞ

やあ，エリック，
メールをありがとう。そして写真はどれもすばらしい！　僕はそれらを見てとてもうれしかったよ。僕はオーストラリアで君と一緒にすばらしい時④を過ごしたから，またオーストラリアを訪問し，君のところに滞在できることを願っている。
君は北海道に来るんだね！　それはすごくうれしい！　訪問すべき良い場所を2つ教えるよ。
まず，君は知床を訪問すべきだ。それは15年ほど前に世界自然遺産に⑤選ばれた。知床の動植物のいくつかは他の地域では⑥見られない。知床の美しい自然を見たら君は驚くだろう。
もし動物が好きなら旭山動物園も訪問すべき良い場所だ。その動物園には約110種の動物がいる。その動物園を訪問してそこの動物たちを見ると，⑦君は彼らの生活様式を見ることができる。
この情報が君に役立つといいな。次の夏に君に北海道で会うことを楽しみにしているよ！
浩一

〔1〕 ①　浩一が日本に帰国したのは過去のことなので，過去形にする。　④　浩一がオーストラリアに滞在したのは過去のことなので，過去形にする。〈have a ＋形容詞＋ time〉「～な時を過ごす」　⑤　受動態〈be動詞＋過去分詞〉にする。「15年ほど前」のことなので，be動詞は過去形の was にする。choose － chose － chosen　⑥　受動態〈be動詞＋過去分詞〉にする。助動詞 can't が前にあるので，be動詞は原形の be となる。

やや難 〔2〕 ②　(We) may be able to meet each other (then)　助動詞 may「かもしれない」の後に〈be able to ＋動詞の原形〉「～できる」を続ける。each other「お互いに」
③　(However, it's) not easy for us to decide where (to go.)　形式主語構文〈It is … for ＋人＋ to ＋動詞の原形〉「(人)にとって～することは…」　decide「～を決める」〈where to ＋動詞の原形〉「どこに～するべきか」　⑦　you can learn their ways of living　one's way of ～ing「－の～する方法」　their ways of living は「彼らの生き方，生活様式」という意味。

Ⅱ　**(会話文読解問題：文補充・選択，指示語，英問英答，内容一致)**
寛人：やあ，サラ。[A]新しい学校生活はどう？
サラ：すごく楽しいと思うわ。今日は私の日本の学校の初日だったけれど，もう日本人の友達を作ったの。
寛人：それはすばらしい。今朝，僕たちが学校へ向かっている時，君はとても心配している様子だったから，僕はそう聞いてとてもうれしいよ。何のクラブに入るかもう決めた？
サラ：いいえ，まだ決めていない。いくつかのクラブに興味を持っているけれど，1つを選ぶのはとても難しいわ。

寛人：それらのクラブは何？

サラ：1つ目はバスケットボール部よ。そのチームはとても強くて，市内でたくさんの試合に勝っていると聞いたわ。私は長い間バスケットボールをやってきたの。今15歳で，5歳の時にプレーし始めた。私はバスケットボールが得意だからそのチームでプレーしたいな。

寛人：なるほど。次は？

サラ：次は書道部よ。私はアメリカにいた時，初めていくつかの書道の作品を見た。とても感銘を受けたわ。それ以来，書道を習いたい。実際に私は書道教室を探しているわ。

寛人：へえ，本当？　良い教室が見つかった？

サラ：うーん，良い教室が2つあるけれど，私には都合が悪い。

寛人：[B]どういう意味？

サラ：1つは私たちの家から遠い。もう1つはレッスンが午前中だけ。

寛人：なるほど。日本の書道を習うことは君にとってすばらしい経験になるよ。だから君にとって一番のクラブは書道部だ！

サラ：待って！　3つ目の選択肢もあるの。それはボランティア部よ，でもそれについてあまり情報が得られなかった。誰に聞くべきかな？

寛人：え，ボランティア部について知りたいの？　それならここに聞くのに最適な人物がいる。

サラ：その人は誰？　もしかしてあなた？

寛人：そう！　実は僕はボランティア部の部員なんだ。君にそれについて教えるよ。

サラ：え，本当？　知らなかったわ。寛人，教えてよ。

寛人：もちろん。部員は25人だよ。僕たちは市内で，毎月第1週と第3週の週末に，土日ともボランティアをする。僕たちの活動の1つは僕たちの学校の近くの川を清掃することだ。今，ゴミがたくさんあって，動物たちの良いすみかではないんだ。

サラ：それはひどいわ。

寛人：僕たちは小さなことしかできないけれど，僕たちの活動が良い変化を生むことができると信じている。だから僕たちはこの市の人々と動物のために頑張るよ。

サラ：あなたのクラブはすばらしいわ。入部したい！

寛人：僕たちは毎日クラブがあるわけじゃないから，[C]書道部にも入れるよ。

サラ：いいね！　2つの部に入るわ！

〔1〕 全訳下線部参照。

〔2〕 ウ「ゴミのため，動物たちにとってその川に住むのは難しい」

重要 〔3〕「サラは何年間バスケットボールをしていますか」「彼女はそれを10年間しています」 疑問文が現在完了形〈have ＋過去分詞〉なので，答えの文も現在完了にする。

〔4〕 イ「サラは日本に来る前，初めて書道の作品を見た」(○)　エ「寛人のボランティア部は月に4日間集まる」(○)

Ⅲ (長文読解問題・論説文：語句補充・選択，熟語，動名詞，内容吟味，内容一致)

(全訳) もし誰かがあなたに「IoT とは何ですか」と尋ねたら，答えられますか。IoT は the Internet of Things である。それは私たちがインターネットを通じて様々な種類のデータをやりとりできるという意味だ。すべての “things”「もの」をインターネットにつなぐことによって私たちは生活をもっと良くすることができる。

昔は，コンピュータは他のコンピュータにのみ接続することができた。しかし今ではスマートフォンやタブレットや他の機器もお互いに接続することができる。IoT 技術では，私たちは機器にセンサーを取り付け，様々なことを行うためにセンサーが与える情報を入手する。私たちはセンサーを通じてその機器がどんな状態であるか知ることができる。私たちは離れていてもその機器を操作できる。

家電製品はIoT技術を使っている製品の1例だ。IoTにより，家電製品をインターネットに接続することで，それらの家電製品を遠隔でコントロールすることができる。例えば，IoTであなたはエアコンやヒーターをコントロールすることができる。夏や冬には，帰宅時に部屋の温度が快適だとあなたはうれしいだろう。あなたはスマートフォンでエアコンのスイッチを入れることができる。エアコンの電源を切るのを忘れたか心配であれば，スマートフォンを使って状態を確認し，操作することもできる。

表は，電気店で人気のあるIoT家電を示している。エアコンは1番人気がある。ドアをロックする機器が2位で，LEDランプが次に続く。そのランプを使って，私たちは読書したり音楽を聴いたりするなど違う事をするのに部屋の色を変えることができる。もしあなたが大切なものをよく失くすなら，4番目の機器が役に立つ。私たちは猫や犬の①世話をするために5番目の機器を使うことができる。私たちは外出時にスマートフォンを使ってペットを見たり，餌をあげたりすることができる。私はこのような機器に興味があり，インターネットで「マイペット」というモデルの口コミをチェックした。516件のコメントがあり，その商品は星5つのうち星4つ以上である。

IoT技術は家電製品に使われるだけでなく，他の様々な分野で使われている。②いくつかの例を挙げよう。IoTのバス停ではバスの運行データがリアルタイムで送られるので，私たちはどのくらいバスを待たなくてはならないか知ることができる。アメリカでは，具合が悪ければ病院に行くことなく家で医師に診察してもらえる。具合が悪い時に待合室で待つ必要がない。5Gの出現でインターネットに接続される機器の数が増え，私たちの暮らしのなかでもっと身近になるだろう。

表

順位	IoT家電製品
1	エアコン
2	🄰ドアをロックする機器
3	🄱LEDランプ
4	🄲ものを見つける機器
5	ペットのモニター機器

「マイペット」の口コミ

★★★★★	すばらしい！　私は一人暮らしをしているので，外出時はいつも私の犬のことが心配です。この機器を使って，私は私の犬が何をしているのか，いつでも見ることができます。スピーカーを使って私の犬に話しかけることもできます。
★★★★☆	便利だと思います。また，どの色もすべて気に入っています。
★★☆☆☆	私の犬が起きたり部屋を歩き回ったりすると，私のスマートフォンにメッセージが送られてきます。それが多すぎます！　私はそんなに多くのメッセージは必要ありません。

〔1〕 第4段落参照。

やや難 〔2〕 「マイペット」はペットを監視したり餌をあげたりする機器なので，「ペットの世話をする機器」と言える。take care of ～「～の世話をする」 前置詞forに続くため，動名詞にしてtaking careとする。

重要 〔3〕 例として，「バスの運行がリアルタイムでわかるシステム」と「家で医師の診察を受けるシステム」の2つが挙げられている。どちらか1つを選んで書き，その良い点について解答する。

重要 〔4〕 イが第2段落第3，4文の内容と一致する。また，表の4位の「ものを見つける機器」は，ものの場所を知ることができる機器だと推測できる。エが「マイペット」の口コミと一致する。

重要 **Ⅳ （条件英作文）**

（全訳）

週末旅行

先週，3人の生徒がオーストラリアから来ました。彼らはこの学校であなたたちと一緒に3か月間勉強するつもりです。来月，私たちは彼らと一緒に日本を楽しむためにどこかに行くつもりです。

あなたはどこに行くべきだと思いますか，そしてその理由は？

（解答例の訳）「私は彼らと魚市場に行きたいです。北海道は海産物で有名です。彼らは海産物の多様さに驚くでしょう。寿司は今，世界中で愛されていて，彼らもきっと喜ぶでしょう。私たちはそこですばらしい時を過ごすでしょう」

最初にI think we should go to ～「私は，私たちは～へ行くべきだと思います」や，I want to visit ～「私は～を訪問したいです」などの文で行く場所を示し，その後にその理由を述べる。

リスニングテスト

Ⅰ・Ⅱ　リスニング問題解説省略。

★ワンポイントアドバイス★

筆記テストのⅢの長文はIoTに関する文章。インターネットやスマートフォン，SNSについての文章も，最近はよく入試で取り上げられている。

＜理科解答＞ 《学校からの正答の発表はありません。》

Ⅰ．〔1〕 D　〔2〕 イ　〔3〕 ア　〔4〕 イ　〔5〕 エ
〔6〕 プラスチック

Ⅱ．〔1〕 (1) 6m　(2) 4m　(3) エ　(4) 5つ
〔2〕 (1) 9cm　(2) 8cm

Ⅲ．〔1〕 純粋な水は電流を通さないから。　〔2〕 8分後
〔3〕 陽極に発生した塩素が水に溶けたから。
〔4〕 オ，キ　〔5〕 エ　〔6〕 右図

Ⅳ．〔1〕 ウ　〔2〕 イ　〔3〕 0.06mm
〔4〕 a→d→f→b→c→e　〔5〕 112分　〔6〕 エ

Ⅴ．〔1〕 イ　〔2〕 ア　〔3〕 イ　〔4〕 斑状組織
〔5〕 火山岩　〔6〕 形 P　例 R　場所 ア

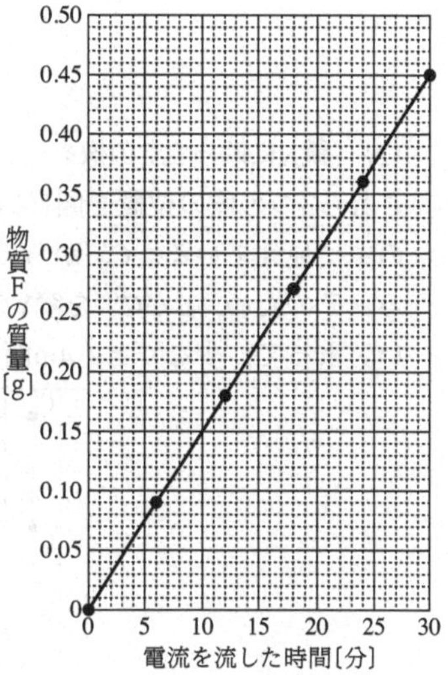

○推定配点○

Ⅰ．各2点×6　Ⅱ．各2点×6　Ⅲ．各2点×6
Ⅳ．各2点×6　Ⅴ．各2点×6（〔6〕完答）　計60点

＜理科解説＞

Ⅰ．（小問集合―各分野の基礎知識）

〔1〕 密度の大小は，グラフのそれぞれの点と原点(0，0)とを結び，その直線の上下を見ればわかる。最も密度が小さいのは，直線が最も下にくるDである。

〔2〕 Xの梅雨前線は，南北の海洋性の気団(高気圧)が衝突してできる。南側は温暖で湿潤な小笠原気団(太平洋高気圧)，北側は冷涼で湿潤なオホーツク海気団(高気圧)である。

〔3〕 外骨格におおわれているのは，主に節足動物であり，選択肢ではアがあてはまる。節足動物には他に昆虫類や甲殻類などが含まれる。イはセキツイ動物で，内骨格がある。また，ウは環形動物，エは軟体動物である。

〔4〕 9時，17時，21時は，すべて気温が等しいので，湿度が大きいほど，空気中の水蒸気量が多い。よって，89％の9時，74％の21時，72％の17時の順である。

〔5〕 リチウムイオン電池の開発で2019年にノーベル化学賞を受賞したのは，吉野彰氏である。田中耕一氏は2002年に生体高分子の構造解析で，野依良治氏は2001年に不斉反応の研究で，白川英樹氏は2000年に電導性プラスチックの発明で，それぞれノーベル化学賞を受賞した。

〔6〕 石油を原料につくられた，さまざまな合成樹脂を総称した呼び方がプラスチックである。生態系の中で分解されないため，廃棄されたプラスチックによる環境汚染が広がっている。

Ⅱ．（光の性質，電流と磁界―複数の鏡での反射，電磁石の強さ）

重要 〔1〕 (1) 鏡Xに映ったCの像をC′とする。C′の位置を図1に書き込むと，下図のとおりである。C′から出た光のうち，鏡Xの左端を通る光も図示する。BがC′を鏡Xの中に見るためには，下図の光線よりも北側に行かなければならない。よって，少なくとも6m北へ移動しなければならない。

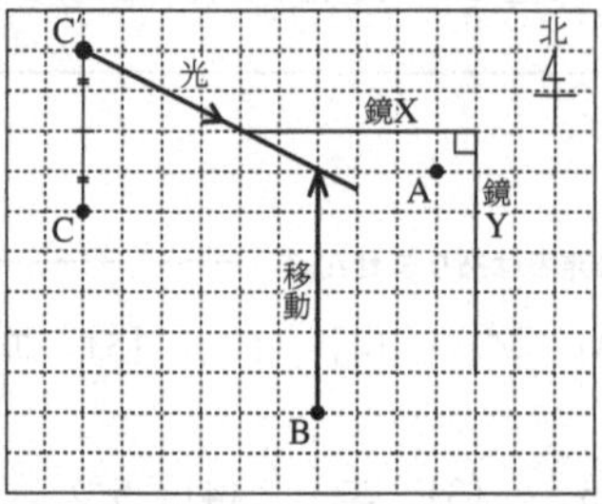

(2) 鏡Xに映ったCの像をC′，鏡Yに映ったCの像をC″，両方によってできたCの像をC‴とする。これら3つの像の位置を図1に書き込むと，下図のとおりである。Bから見ると，すでにC″は鏡Yの中に見えている。C‴からの光は，鏡Yの向こう側にある鏡Xの像の範囲を通ってから鏡Yを通る。そのため，BがC‴を鏡Yの中に見るためには，下図の光線よりも西側に行かなければならない。よって，少なくとも4m西へ移動しなければならない。

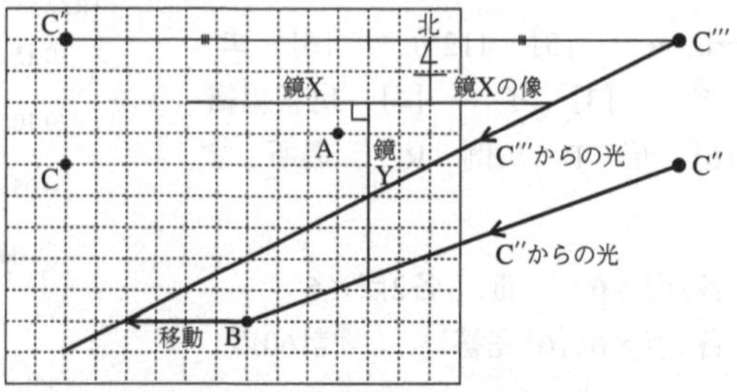

(3) Aが鏡に向けて手に持った時計の左右の位置を，右側が「3」，左側が「9」として図3に書き込むと，次ページの図3のとおりである。問題の図4はPの像だから，次ページの図4のように左右反対に見えている。つまり，示す時刻は1時18分か13時18分である。また，Rの像は元の時計と同じ

向きに見える。

図3

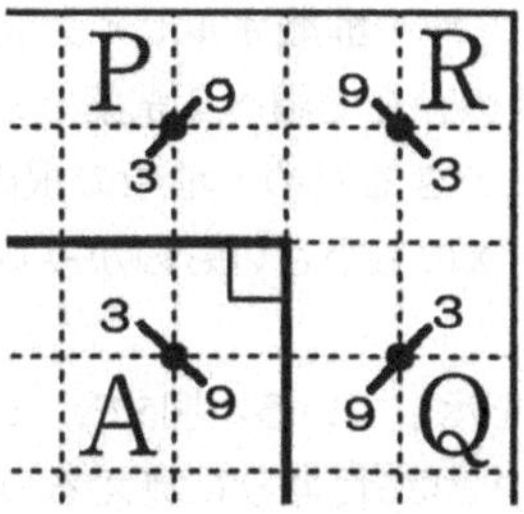

図4

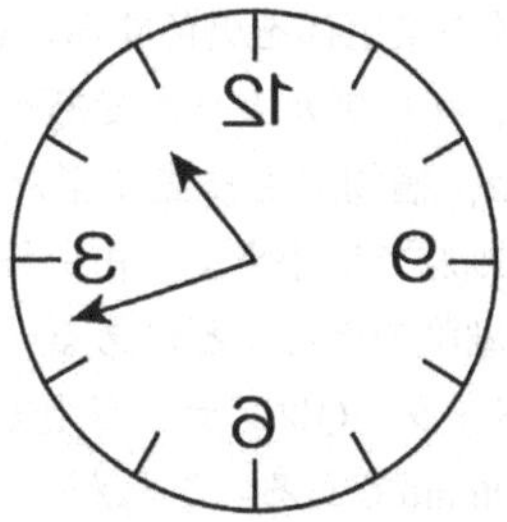

(4) 鏡Xと鏡Yの角度は，90－15×2＝60°である。よって，鏡に映ったAの像が60°おきにできる。360÷60＝6で，そのうち1個は像ではなく実物なので，像の数は5個である。

〔2〕 (1) 問題の図6で，bのグラフの400回のときを読めばよい。0回のとき(電磁石になっていないとき)にばねののびは5cmで，500回のときにばねののびは10cmだから，400回のときのばねののびは9cmである。

(2) 電圧が20Vで抵抗が2倍のときの電流は，電圧が10Vで抵抗が元のままのときの電流と同じである。よって，問題の図6で，bのグラフの300回のときを読めば，ばねののびは8cmである。

Ⅲ．(電気分解―水，塩酸，塩化銅の電気分解)

〔1〕 純粋な水は電流を通さない。水の電気分解では，電流を流しやすくするため，水に少量の水酸化ナトリウム，あるいは少量の硫酸などを加えてから電流を流す。水酸化ナトリウム水溶液やうすい硫酸は，電気分解によって陽極に酸素，陰極に水素ができ，水の電気分解と全く同じ結果が出るため，加えておいても影響がない。

〔2〕 実験1で，陽極の気体Aは酸素，陰極の気体Bは水素であり，その体積比は，気体A：気体B＝1：2である。表1をもとにして，4分後に＋極と－極を入れ替えたことをふまえ，表を作ると次のようになる。よって，はじめの4分でできた差は，次の4分で追いつくので，8分後に体積が等しくなる。

電流を流した時間〔分〕	1	2	3	4	入れ替え	5	6	7	8
陽極側〔cm^3〕	0.5	1.0	1.5	2.0	陰極側	3.0	4.0	5.0	6.0
陰極側〔cm^3〕	1.0	2.0	3.0	4.0	陽極側	4.5	5.0	5.5	6.0

〔3〕 実験2で，陽極の気体Cは塩素，陰極の気体Dは水素であり，発生する体積比は，気体C：気体D＝1：1である。ところが，表2では気体Cの集まる量が少ない。これは，塩素が水に溶けてしまったためである。

〔4〕 上記のとおり，気体Aは酸素，気体Bは水素，気体Cは塩素，気体Dは水素である。そして実験3では，陽極Pに発生した気体Eは塩素，陰極Qに付着した物質Fは銅である。よって，同じ気体の組合せは，BとDの水素，CとEの塩素の二組である。

重要 〔5〕 実験3では，水溶液中で塩化銅が$CuCl_2 \rightarrow Cu^{2+} + 2Cl^-$のように電離している。陰極Qには陽イオンである銅イオンCu^{2+}が引き寄せられ，電子を2つ受け取って銅原子Cuとなり付着する。

〔6〕 実験3では，炭素棒Qと物質Fを合わせた質量が測定されている。そのうち1.75gが，最初(0分)の炭素棒の質量だから，増加した分が物質F，つまり銅の質量である。そこで，表3から銅の質量を求め，その値についてグラフ用紙にしっかりと点を取り，直線を描く。

電流を流した時間〔分〕	0	6	12	18	24	30
炭素棒Qの質量〔g〕	1.75	1.84	1.93	2.02	2.11	2.20
物質Fの質量〔g〕	0	0.09	0.18	0.27	0.36	0.45

Ⅳ．（細胞—細胞分裂の観察）

基本 〔1〕 細胞の核や染色体を染色するのは，酢酸カーミン液や酢酸オルセイン液である。アはデンプンの存在を，イはアルカリ性であることを，エは糖の存在を調べる試薬である。

〔2〕 葉緑体は，植物でも日光に当たる部分の細胞にできるため，地中の根の細胞にはできない。液胞は若い細胞では小さく，古い細胞では大きい。Xにも小さいものがみられる。細胞壁と細胞膜は，植物細胞のほとんどにある。

〔3〕 ミクロメーターQはステージ上での0.01mm間隔を示している。図5で，ミクロメーターQの6目盛りは，0.06mmである。これが，ミクロメーターPでは5目盛りに見えるのだから，ミクロメーターPの1目盛りは，ステージ上の0.06÷5＝0.012mmに相当する。問題文の式を使っても同じ値0.012mmが出る。図6の細胞は，ミクロメーターPの5目盛りぶんなので，実際の長さは，0.012mm×5＝0.06mmとなる。

〔4〕 細胞分裂では，まず核の中に染色体が見え始め(a→d)，その染色体が細胞の中央に並んだあとで，両側に引っ張られる(f→b)。そして，両側それぞれに核ができ，最後に染色体が見えなくなる(c→e)。

〔5〕 細胞分裂が活発な部分で，ある瞬間に観察される各段階の細胞の数は，その段階にとどまる時間に比例する。よって，表1より，c：d＝5：7＝80分：x分 で，x＝112分となる。

〔6〕 アについて，細胞の長さが異なっても，核の大きさはどれも同じくらいである。イ～エについて，Zの部分は1つ1つの細胞が小さいので，細胞分裂がさかんである。そして，Z→Y→Xとなるにつれ，1つの細胞の長さが長いので，細胞が成長していることがわかる。

Ⅴ．（大地の変化—火山）

〔1〕 火山灰の中から，泥などの細かな粒を取り除き，大きめの鉱物の結晶だけを残す方法はイである。アやエだと，結晶の形が変わってしまう。ウは炭酸カルシウムが取り除けるが，泥などの多くは取り除けない。

〔2〕 図1の鉱物Xの形をみると，六角柱状の石英と見間違いやすいが，石英は無色であり，また，決まった方向に割れる性質(へき開)はない。問題文のように，白色の結晶であって，へき開の性質を持つのは長石である。輝石と黒雲母は黒っぽい結晶である。

〔3〕 火山灰Aは白っぽいので流紋岩質の火山灰である。同じ成分のマグマが地下深くでゆっくり冷えて固まると，花こう岩になる。

〔4〕・〔5〕 図2は，大きめの結晶である斑晶と，微結晶や非結晶(ガラス)である石基の両方がみられる。この組織は斑状組織とよばれ，マグマが地上や地下の浅いところで急に冷えて固まった火山岩のなかまに見られる。具体的には，玄武岩，安山岩，流紋岩などである。

〔6〕 火山灰Aは白っぽいので，粘性が強く温度の低い流紋岩質のマグマから放出されたものと考えられる。その例として，北海道の有珠山やその一部である昭和新山が挙げられる。小規模に活動すると，粘性が強いために溶岩ドームを形成する。大規模な場合は，マグマ中にガス成分が蓄積されるために，爆発的な噴火を起こしたり，カルデラを形成したりする。一方，図3のQは，粘性の弱い玄武岩質のマグマによるもので，伊豆大島の三原山(図4イ)などの例がある。なお，図4のウは富士山，エは阿蘇山，オは雲仙普賢岳である。

★ワンポイントアドバイス★

図表の豊富な問題である。日ごろから，文字や言葉だけでなく，図や表，グラフや写真などを多用した学習を心がけよう。

＜社会解答＞ 《学校からの正答の発表はありません。》

Ⅰ. 〔1〕 A ウ　B エ　C ア　〔2〕 ヒスパニック　〔3〕 EU イ　ASEAN ア
〔4〕 記号 ウ　理由 イスラム教では豚は不浄な動物とされ食べる習慣はないから。
〔5〕 ① エ　② ア　③ イ　〔6〕 図7 ウ　図8 ア　〔7〕 ウ

Ⅱ. 〔1〕 イ　〔2〕 ⓐ 聖武天皇　ⓑ 国分寺　〔3〕 紫式部　〔4〕 ア　〔5〕 エ
〔6〕 ウ→イ→エ→ア　〔7〕 寛政の改革　〔8〕 イ　〔9〕 ア
〔10〕 人物名 板垣退助　状況 特定の藩出身者による専制的な政治が国家の危機を招いていると批判。 〔11〕 ウ　〔12〕 農地改革　〔13〕 イ

Ⅲ. 〔1〕 A 40日以内　B 特別国会　C 期日前投票　〔2〕 ウ　〔3〕 公職選挙法
〔4〕 内閣提出の法案は国会議員提出の法案より数は少ないが成立割合ははるかに高い。
〔5〕 ICT　〔6〕 エ　〔7〕 グローバル化

○推定配点○

Ⅰ. 〔2〕 2点　〔4〕理由 4点　他 各1点×12
Ⅱ. 〔1〕・〔4〕～〔6〕・〔8〕・〔9〕・〔11〕・〔13〕 各1点×8　〔10〕状況 4点　他 各2点×6
Ⅲ. 〔2〕・〔6〕 各1点×2　〔4〕 4点　他 各2点×6　計60点

＜社会解説＞

Ⅰ. （地理―自然・地域の特色・産業など）

〔1〕 A ギニア湾沿岸のコートジボワール，ガーナはカカオ生産の世界1位・2位を占める。またガーナからナイジェリアにかけてはかつて奴隷海岸と呼ばれ大量の奴隷が新大陸に送られた。
B 地中海周辺は夏の乾燥した暑さに耐えるかんきつ類を栽培している。 C メキシコ湾岸は石油の大生産地であり，ハリケーンが頻繁に襲来する地としても知られている。

重要 〔2〕 中南米はスペイン語を母語とする国が大多数で，それらの国から流入する移民が多く今では黒人を抜いてアメリカ最大のマイノリティーとなっている。

〔3〕 EU 2020年にイギリスが離脱したが依然として経済的に大きな力を持っておりユーロはドルに次ぐ国際通貨となっている。 ASEAN 東南アジア諸国連合の略。現在10か国まで拡大し市場統合も目指している。ウはアメリカ，エは中国。

〔4〕 エジプトでは国民の大多数がイスラム教徒。コーランでは豚は不浄なものとされ，鱗《うろこ》やひれのないウナギやタコなどと共に食べる習慣はない。アはインド，イはニュージーランド，エは日本。

重要 〔5〕 ① 若狭湾に集中していたが2011年の東日本大震災以降ほとんど稼働していない。 ② 天然ガスなどCO_2排出の少ない燃料に変えてはいるが反温暖化の逆風が吹いている。 ③ 1960年ごろまでは日本の主力だった発電。建設までの時間が長く送電ロスも大きい。

〔6〕 図7 大消費地を抱える愛知はキャベツ生産2位など近郊農業が盛んである。 図8 降雪量の多い新潟は米の単作が中心で生産量は日本1を誇っている。

〔7〕 背後の六甲山地を削りその土砂で作られたポートアイランドや六甲アイランド。

Ⅱ. （日本の歴史―古代～現代の政治・社会・文化史など）

〔1〕 前期には円筒埴輪が中心で，後期になると動物や人物などの形象埴輪が発達した。

重要 〔2〕 741年，聖武天皇は疫病の流行や政治不安から国家の平安を願って各国に国分寺の建立を命令。

〔3〕 藤原道長の娘，中宮・彰子に仕えた女官。平安末期に藤原隆能《たかよし》が描いた源氏物語絵巻。

〔4〕 将軍と御家人の土地を仲立ちとした主従関係。御家人は所領の安堵を受ける代わりに，軍事

奉仕や朝廷と鎌倉の警備のほか建物の修造など経済的な課役も含まれていた。

〔5〕 比叡山で学んだ後2度にわたって入宋した禅僧。彼の伝えた臨済宗は幕府の支持を受け五山を中心に栄えた。また，茶を日本に伝えたことでも知られる。

〔6〕 戦国大名の分国法→安土城→本能寺の変→豊臣秀吉の刀狩の順。

〔7〕 天明の飢饉で失脚した田沼意次に代って白河藩主の松平定信が老中首座に就任，享保の改革に倣《なら》って財政再建と農村の復興に力を注いだが厳しい政策に庶民が反発して失敗した。

〔8〕 岐阜県の北西部に位置，隣接する富山県の五箇山とともに世界遺産に登録されている。

〔9〕 崇徳《すとく》上皇と後白河天皇が対立，これに摂関家や源氏，平家がそれぞれ分裂して起きた反乱。

〔10〕 征韓論で下野した板垣退助らは藩閥政府を批判して民撰議院(国会)の設立を要求，これを契機に自由民権運動が全国に広がった。これに対し政府は法令を制定して弾圧を加えた。

〔11〕「元始，女性は太陽であった」という創刊号巻頭で知られる青鞜社設立メンバー。

重要 〔12〕 侵略戦争を引き起こした社会的基盤は農村の地主・小作の封建的な関係にあるとしてGHQがこの解体を目指した政策。これにより小作地は50%前後から10%近くまで低下した。

〔13〕 1995年1月，死者6000名以上の大きな被害が発生したM7.3の直下型地震。アは湾岸戦争翌年の1992年，イは2001年9月11日，ウは1990年，エは1978年。

Ⅲ．（公民ー憲法・政治のしくみなど）

〔1〕 A・B 衆議院が解散されると40日以内に総選挙，選挙から30日以内に国会が召集され新首相の指名が行われる。 C 直近の選挙では20%以上の有権者が利用し定着しつつある。

重要 〔2〕 予算の議決，首相の指名，条約の承認で衆参の議決が異なった場合は両院協議会を開催，それでも意見の一致が見られないときは衆議院の議決が国会の議決となる。

〔3〕 国会議員並びに地方公共団体の首長や議員の選挙について適用される法律。

〔4〕 法律案を提出できるのは内閣と国会議員のみ。ただし議員が提出する場合は衆議院20名，参議院10名以上，予算を伴う場合はそれぞれ50名，20名以上の賛成が必要となる。

やや難 〔5〕 ITが技術を指すのに対しICTはその技術を使ったコミュニケーションの意味で用いられる。

〔6〕 2001年の省庁再編で厚生省と労働省が統合されてできたマンモス省庁。

〔7〕 交通や通信の発達により地球規模で産業や社会，文化などが均一化される動き。地球規模で交流が進展する一方，産業の空洞化や経済格差の拡大など負の面も指摘されている。

★ワンポイントアドバイス★

現代社会の持つ様々な課題についての出題もみられる。日頃から身のまわりのニュースなどに注意を払うとともに，自分で考える習慣をつけよう。

＜国語解答＞ 《学校からの正答の発表はありません。》

一 問一 a 絶望 b 伴う c 沿岸 d 眠って 問二 A イ B オ C ア 問三 そこでは， 問四 エ 問五 イ，オ 問六 (例) 地域の再生可能エネルギーを中心とした新しい社会では，再エネ由来の電気に支払われていたお金は海外に流れず，国内の地域の中で循環するということ。

二 問一 a はず b そうてい c しろもの 問二 ① イ ② ウ 問三 エ 問四 イ 問五 ウ，カ 問六 (例) 若者について書けば闇に触れずにはいられない，というのは，自分の知っている若者には当てはまらないから。

三　問一　ア　　問二　A　オ　　B　ウ　　C　ア　　問三　c　　問四　②　名詞
③　連体詞　　問五　(例)　私は，部活動で入賞し，朝礼の時に皆の前で賞状を授与された場面で，部の代表としての責任を実感し，緊張感をもって，きちんと姿勢を正した。

○推定配点○

一　問一・問二　各1点×7　　問六　10点　　他　各2点×4　　二　問一・問二　各1点×5
問六　5点　　他　各2点×4　　三　問五　10点　　他　各1点×7　　計60点

＜国語解説＞

一　(論説文―漢字の読み書き，脱語補充，接続語，文脈把握，内容吟味，要旨)

問一　a「絶」を使った熟語はほかに「絶縁」「絶滅」など。訓読みは「た(える)」「た(つ)」「た(やす)」。　b「伴」の音読みは「ハン」「バン」。熟語は「随伴」「伴奏」など。　c「沿」を使った熟語はほかに「沿革」「沿道」など。訓読みは「そ(う)」。　d「眠」の訓読みは「ねむ(い)」「ねむ(る)」。音読みは「ミン」。熟語は「睡眠」「安眠」など。

問二　A　直前に「重要なことが見えてきます」とあり，直後に「石炭や石油といった海外からの化石燃料を中心とした社会では……流出してしまいます」と具体例が示されているので，例示を表す「例えば」が入る。　B　直前の段落に「これまでのように石油や石炭といった海外からの化石燃料を中心とした社会では」とあるのに対し，直後では「地域の再生可能エネルギーを中心とした新しい社会では」とあるので，もう一つの側を示す「一方」が入る。　C　直前に「こうした地域の発電所が地元の住民に雇用をもたらし，地域の中をお金が循環するようになるのです」とあり，直後で「再エネで得たお金を元手にして，発電以外の新しい事業が始められると……経済活動が拡大します」と付け加えているので，累加を表す「さらに」が入る。

やや難　問三　「大きな成功」とは，直前の「地域一丸となって協同組合などの組織をつくり，再生可能エネルギーによる発電事業などに挑戦」したことによる「成功」を指す。同様のことは「私は……」で始まる段落に「人口減少というゼツボウ的な現状に立ち向かい，その流れを変えようと動き始めている場所が，各地に現れています」とあり，その結果，「そこでは，疲弊した町が再生され，地域に活気があふれ，若い人たちが都会から戻ってきて，新しい命がその土地で誕生するという，すばらしい循環が生まれ始めているのです。」と述べられているので，この一文を抜き出す。

やや難　問四　直前に「その土地にある自然資源を再生可能エネルギーで活かす」と説明されており，同様のことは「その現場の……」で始まる段落に「その土地に昔からありながら忘れられていた自然資源を，現代のテクノロジーを駆使して蘇らせる」と説明されているので，エが適切。アは「若い人々を都会から呼び戻すことによって」，イは「効率的・画一的に利用して」，ウは「化石燃料を再生可能エネルギーに加工して利用」，オは「人々の暮らしを養う」が適切でない。

問五　アは，本文に「予想数より2年早いペースで出生数の減少が進んでいる」とあることと合致しない。イは，本文に「人口減少は特に地方に深刻な影響を及ぼします。人口減が進めば，現役世代の減少によって，地域の産業が衰退，税収が落ち込み，老朽化したインフラは徐々に崩壊して再整備が困難になります」とあることと合致する。ウは，「資源を失う」という部分が合致しない。本文には「全国で効率化や画一化が重視され，地域にあった自然資源は次第に使われなくなりました」とある。エは，「都会に流出した若者が原因」という部分が合致しない。本文には「バブル経済の崩壊などもあり，地方は長い間，不況に陥り，都会に流出した若者も帰ってこなくなり，超高齢化や過疎化が進みました」とある。オは，本文に「再生可能エネルギーとは，……。石油や石炭といった化石燃料のように枯渇したり，二酸化炭素や窒素・硫黄酸化物などを排出することのないクリーンなエネルギー資源で，自然エネルギー，グリーンパワーという呼び名もあります」とあることと合致する。カは，「発電以外の新しい事業による収益が元手となる」という部分が合致しない。本文には「省エネで得たお金を元手にして，発電以外の新しい事業がその地域で始められる」とある。キは，「C……」で始まる段落に「発電以外の新しい事業がその地域で進められると……都会に流出していた若い人たちが，地域に戻ってくるようになるのです」とあることと合致しない。

問六　直前に「化石燃料を中心としたこれまでの社会と，再生可能エネルギーを中心とした新しい社会との違いをお金の流れ」とあり，「B……」で始まる段落に「地域の再生可能エネルギーを中心とした新しい社会では，再エネ由来の電気に支払われたお金は海外に流れず，再エネで発電した国内の地域に向かい，その中を循環します」と説明されているので，この部分を70字以内に要約すればよい。「お金の流れ」の違いについて，「重要なこと」としていることをおさえる。

二　**(小説—漢字の読み，慣用句，文脈把握，大意，表現)**

問一　a「弾」の訓読みは「たま」「はず(む)」「ひ(く)」「はじ(く)」。音読みは「ダン」。熟語は「弾圧」「弾力」など。　b「装丁」は，本の外形の色や文字・絵などの工夫やデザインのこと。「装」を使った熟語は「装飾」「装置」など。ほかの音読みは「ショウ」。熟語は「装束」「衣装」など。訓読みは「よそお(う)」。　c「代物」は，品物，もの，という意味。「代」の訓読みは「か(える)」「か(わる)」「よ」「しろ」。音読みは「ダイ」「タイ」。熟語は「代表」「交代」など。

問二　①「～するや否や」は，～すると同時に，という意味なのでイが適切。　②　直前に「『で，どうなるんでしょう？……経営が破綻するとか？』」と疑問が示されているのでウが適切。「眉を寄せる」は，心配事や不快感で顔をしかめる，という意味。

問三　「片原」は，「『今，書きたいものありますか？　気になっていることとか』」と，「俺」に尋ねたものの，「『……攻めた作品にしましょうよ』」「加賀谷さんの作品の主人公……次は学生とかどうでしょう？』」「『いいですね。フリーター。……』」「『どうかな。……それおもしろくなりますかね』」「『生きるとは何か。……闇に触れずにはいられないですから』」と，自分の思惑に沿った流れをつくり，すでに決まっている方向へと誘導していく様子が読み取れるのでエが適切。自分の思い通りに話を進めようとしているので，アの「『俺』の本音を引き出し」，イの「そこから先は『俺』に任せ」はあてはまらない。ウは，本文には「プリントには若者についての分析が描かれている」とあるので，「読者の傾向」はあてはまらない。オは，本文に「新しい読者の獲得につながりそうですね」とはあるが，「これまでの……一度振り払うべきだ」とは言っていないのであてはまらない。

やや難　問四　主人公の「俺」は，片原の問いかけに対し，「『そうだな，どうだろう』」「『ああそうだな』」「『そう，だよな』」と，自分の考えを主張することはなく，「人間の闇を描いた小説」についても，「『そうかな』」「俺が知っている唯一の若者，智はどれにもあてはまっていない」と思いながら，結果的には，片原の考える方向で新作の方向性が決まってしまう，という人物として描かれているのでイが適切。アの「相手がどう感じているかということばかり気にしている」，オの「誰とも距離を置こうとしている」は，本文からは読み取れない。ウは，「『そうかな』」「『いや，いい，いい』」「『いいんだ。そう，若い人間は，身近にいる』」と，自分の考えは伝えているのであてはまらない。強く主張することはないが，自分の意思は伝えていることをおさえる。

問五　本文は，主人公である「俺」の視点から，「俺」の心情描写が中心となっているので，ウはあてはまる。本文中には，「『若者……バイトをしている青年とか……』」「『はあ……』」「『身近…

…。』」「『人間の闇を描いた小説か……』」と，主人公の心情が「……」によって表現されており，「『次は学生なんてどうでしょう？』」「『仲を深めていく？』」「『どうしてですか？』」と，自分の思い通りに話を進めようとする「片原」の様子を疑問符によって表現しているといえるので，カはあてはまる。アの「片仮名の表記を多く使う」，イの「比喩を使って食べ物の見た目や味を表現」，エの「体言止めを多用」，オの「途中，過去を思い出す場面をはさむ」，キの「色調を鮮やかに描く」は，本文の表現の特徴にはあてはまらない。

問六　「『そうかな』」という疑問は，「まだ……」で始まる段落の「『積極性がない』『打たれ弱い』『自信がない』。並べられたプリントに欠かれた特徴。さしあたって，俺が知っている唯一の若者，智はどれにも当てはまっていない」につながっている。「若者」を主人公にして，温かい小説ではなく「闇に触れる」小説にすべきだ，と言う片原の主張は，自分の知っている若者には当てはまらないので，疑問を感じているのである。

三　**（論説文─熟語の構成，脱語補充，品詞・用法，作文）**

問一　「断念」は，下の字が上の字の目的語になる構成。構成が同じなのは，ア。イの「山頂」は，上の字が下の字を修飾する構成。ウの「禁止」は，似た意味の字を重ねた構成。エの「取捨」は，反対の意味の字を組み合わせた構成。オの「腹痛」は，主語と述語の構成。

問二　A　「匙を投げる」は，努力してきた物事に見込みがないと判断してあきらめる，という意味。　B　「尻尾を巻く」は，降参する，という意味。　C　「鎬を削る」は，激しく争う，という意味。

問三　a・b・dの「の」は，その文節が連体修飾語であることを示す用法。cは，その文節が主語であることを示す用法で，「が」に置き換えることができる。

問四　②　「深み」は，形容詞「深い」の語幹に接尾語の「み」が付いて名詞化したもの。
③　「その」は，直後の名詞を修飾し，活用しないので「連体詞」。

重要　問五　「姿勢を正す」については，本文で「『姿勢を正す』という表現は基本的に，あぐらをかいた楽な姿勢から，きちんと正座して背中を真っ直ぐに保つ姿勢をとる体の動きをさしている。そこから，物事に対する態度や考え方をきちんとするといった精神的な在り方をさす場合にも象徴的に使われるように意味範囲が広がった」と説明されているので，思わず背筋を伸ばし，きちんとしなくては，と思った経験を題材にして，「～場面で，～と姿勢を正した。」という形にあてはめて書けばよい。

★ワンポイントアドバイス★

現代文の読解は，言い換え表現に着目し，指示内容や大意を要約する練習をしておこう！　漢字，語句，文法などの国語知識は，幅広い出題に備え，確実に得点できる力をつけておこう！

MEMO

大切なことはメモしておこうネ！

2020年度

入　試　問　題

2020年度

立命館慶祥高等学校入試問題

【数　学】（50分）　＜満点：60点＞

【注意】 特別な指示がないときは，円周率πや$\sqrt{\ }$は近似値を用いないで，そのまま答えなさい。

Ⅰ．次の問いに答えなさい。

［1］ $(-2^3)\times(-3)-(-2)^2\div0.2$ を計算しなさい。

［2］ $\frac{5}{4}xy^2\div\left(-\frac{3}{2}x^2y\right)^3\times\left(-\frac{3}{10}x^5y\right)$ を計算しなさい。

［3］ $\frac{\sqrt{3}}{\sqrt{2}}-(\sqrt{6}+1)(\sqrt{6}-3)$ を計算しなさい。

［4］ 連立方程式 $\begin{cases} x-\frac{2x-y}{3}=\frac{y}{2}+1 \\ 3x-2y=5 \end{cases}$ を解きなさい。

［5］ 2次方程式 $(2x-1)^2=(x-5)^2$ を解きなさい。

［6］ $4x^2-9-y^2+6y$ を因数分解しなさい。

Ⅱ．次の問いに答えなさい。

［1］ 1から7までの番号が書かれた7個の箱があり，箱の中にははじめ，下の図のように白色の球と黒色の球が入っている。

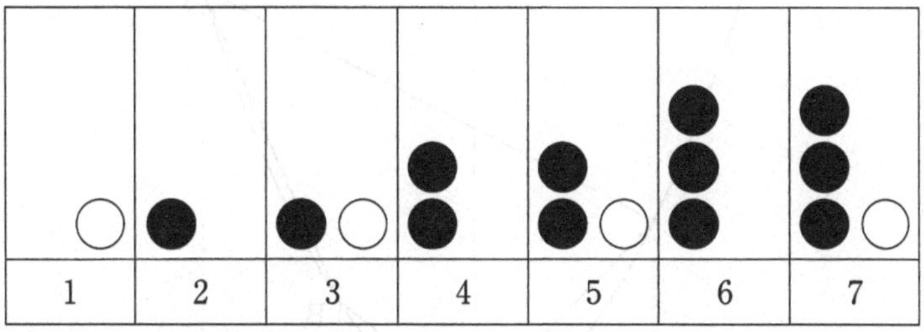

また，2つの袋A，Bがあり，それぞれの袋には1から7までの数字が1つずつ書かれた7枚のカードが入っている。

上の箱に次の①，②の順に球を追加していく。

> ①　袋Aからカードを1枚取り出し，取り出したカードに書かれている数字と同じ番号の箱の中に黒色の球を1個入れる。
> ②　袋Bからカードを1枚取り出し，取り出したカードに書かれている数字と同じ番号の箱の中に白色の球を1個入れる。

このとき，中身が同じになる箱の個数について考える。ただし，球の個数が同じでも色が違う場合は中身が異なる箱とする。

(1)　中身が同じになる箱がちょうど3個となるカードの取り出し方は何通りか，求めなさい。

⑵　中身が同じになる箱のペアがちょうど2組となるカードの取り出し方は何通りか，求めなさい。

〔2〕　大小2つのさいころを同時に1回投げて，大きいさいころの出た目の数をa，小さいさいころの出た目の数をbとするとき。$\sqrt{a+b-1}$ の値が自然数となる確率を求めなさい。ただし，さいころのどの目が出ることも同様に確からしいものとする。

〔3〕　あるテーマパークの昨日の入場者を無作為に抽出したところ，中学生が60人，中学生以外が140人であった。また，昨日の入場者のうち，中学生は3420人であった。このテーマパークの昨日の入場者はおよそ何人か，求めなさい。

Ⅲ． 下の図のように，放物線 $y=\frac{1}{4}x^2$ がある。3点A，B，Cは放物線上の点で，そのx座標はそれぞれ－4，3，6である。このとき，次の問いに答えなさい。

〔1〕　直線ABの式を求めなさい。

〔2〕　△OABの面積を求めなさい。

〔3〕　四角形OBCAの面積を求めなさい。

〔4〕　四角形OBCAの面積を，点Bを通る2本の直線で3等分する。このとき，2本の直線と直線ACとの交点のうち，x座標が小さい方の座標を求めなさい。

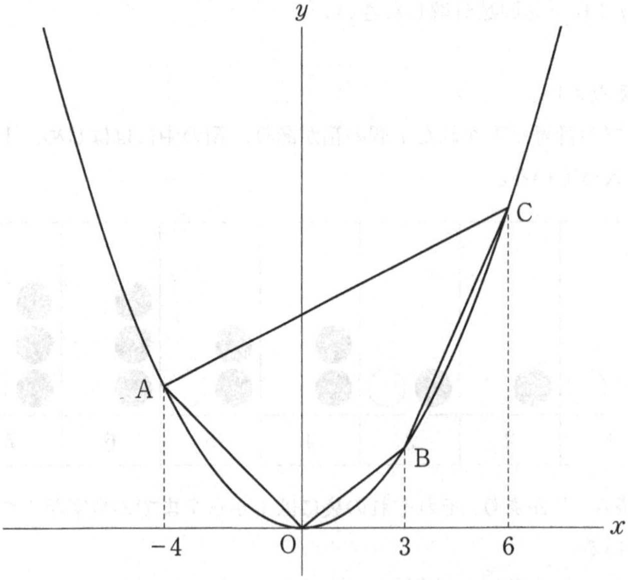

Ⅳ． 次のページの図は，円O，O′が底面で，高さが$3\sqrt{5}$㎝の円柱である。3点A，B，Cは上側の底面の円Oの周上の点で，AC＝6㎝，BC＝$6\sqrt{3}$㎝，線分ABは円Oの直径である。点Dは下側の底面の円O′の周上の点で，線分ADは線分OO′に平行である。このとき，次の問いに答えなさい。

〔1〕　線分ABの長さを求めなさい。

〔2〕　△OCDの面積を求めなさい。

〔3〕　5点C，A，O，O′，Dを頂点とする立体の体積を求めなさい。

〔4〕　3点O，O′，Dを通る平面において，点O′で直線O′Dと接する円のうち，線分ODにも接する円の半径を求めなさい。

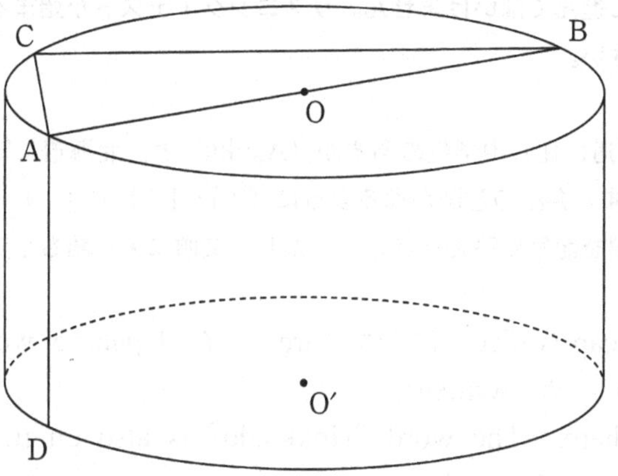

V．1辺の長さが3㎝の正方形の紙を横1列に重ね合わせて並べていく。それぞれの正方形の対角線の一方は同一直線上に並び，一定の間隔を空けて重ねるものとする。下の図は，$\sqrt{2}$㎝ずつ間隔を空けて重ねたものである。

このとき，次の問いに答えなさい。ただし，紙は3枚以上並べるものとする。

〔1〕　$\sqrt{2}$㎝ずつ間隔を空けて正方形の紙を10枚重ね合わせて並べたとき，他の紙と重なっていない部分の面積の合計を求めなさい。

〔2〕　$\sqrt{2}$㎝ずつ間隔を空けて正方形の紙をn枚重ね合わせて並べたとき，ちょうど2枚の紙が重なっている部分の面積の合計を，nを用いた式で表しなさい。

〔3〕　$\sqrt{2}\,x$㎝ずつ間隔を空けて正方形の紙を12枚重ね合わせて並べるときについて考える。ただし，$0 < x < \frac{3}{2}$とする。

⑴　1枚目の紙の他の紙と重なっていない部分の面積を，xを用いた式で表しなさい。

⑵　他の紙と重なっていない部分の面積の合計は48㎠であった。このとき，xについての方程式をつくり，xの値を求めなさい。

【英 語】（50分）　＜満点：60点＞

【注意】 リスニング・テストは，試験開始から約５分後に行われます。指示があるまでリスニング・テストの問題に進んではいけません。リスニング・テストが始まるまでは，筆記テストの問題を解答しなさい。

Ⅰ．次の英文は，北海道に住む中学生のあすか（Asuka）と，北海道に短期留学しているディック（Dick）との会話です。会話の意味が通るように［１］～［５］の（　）に与えられた語(句)を並べかえて文を作り，語順を記号で答えなさい。ただし，文頭に来る語も小文字になっているので注意しなさい。

Asuka: Wow! Your cap is nice. ［１］(ア are　イ Japanese words　ウ it　エ on　オ some　カ written).

Dick : Yes. Look here. The word "Hokkaido" is also on it.

Asuka: Good. Where did you buy it?

Dick : I didn't. My sister bought it for me last year. She joined a high school *study trip and visited Sapporo.

Asuka: A study trip? What's that? ［２］(ア it　イ school trip　ウ different　エ is　オ a　カ from)?

Dick : Yes. At her high school, students go to a school in a foreign country and study the language and culture there. They call this event a study trip. Students usually do it during school vacations and it is for about one month. ［３］They can (ア they　イ choose　ウ the　エ will　オ study　カ place) at.

Asuka: Wow, that sounds interesting. Why did your sister choose Japan?

Dick : My sister is interested in Japanese *dairy farming, so she chose Hokkaido!

Asuka: I see. What did she do here?

Dick : She studied Japanese at a high school. They studied at school and sometimes went to town in groups. They tried to speak Japanese while they enjoyed sightseeing.

Asuka: So, they tried their Japanese after studying. That is a good way to learn Japanese.

Dick : I think so, too. And she also experienced dairy farming. She stayed with a family that worked on a farm. ［４］(ア she　イ care　ウ cows　エ took　オ during　カ of) her stay every day. She had a good time and decided to go to college in Hokkaido to study Japanese dairy farming from next year.

Asuka: Really? I am happy to hear that. Well, you study Japanese at our junior high school now. Are you also interested in Japanese dairy farming like your sister?

Dick : A little, but I want to be a tour guide in the future. I like Japanese culture, Japanese food, and Japanese people. I think ［５］(ア a lot of　イ there

ウ visit エ to オ good places カ are) in Japan, and of course in Hokkaido. So, I want to tell people in my country about the good points of Japan.

Asuka : Nice. I hope your dreams will come true!

Dick : Thank you, Asuka.

＊注 study trip：研修旅行 dairy farming：酪農

Ⅱ. 次の2つの英文は，以前日本に留学したピーター（Peter）と，卓也（Takuya）のEメールのやりとりです。各文中の〔 〕内の単語を適切な形（原形も含む）にしなさい。ただし，2語になる場合もあります。

From:Peter
To:Takuya
Date:October 18, 2019, 16:32
Subject:My good news

How are you, Takuya?
I'm very busy these days because I'm preparing for a speech contest next week. I'm going to talk about my stay in Japan last year. I really enjoyed〔1. stay〕with your family. Thank you for the wonderful time we had together. Hey! I have some really good news. Yesterday my father〔2. get〕two tickets for the *Tokyo Olympics. I'm very happy. We will see some events at *New National Stadium. So, I will visit your country again in August. My father is very〔3. excite〕because it will be his first time to visit Japan. I hope I can see you again. My father also wants to meet you and your family. We have one problem, so I want you to help us. We don't know where〔4. stay〕in Tokyo. Are there any good hotels near the stadium? Please write me back soon.
Peter

From:Takuya
To:Peter
Date:October 19, 2019, 19:18
Subject:RE:My good news

Hi, Peter,
Thank you for sending me an e-mail. I was very happy when I〔5. hear〕about your good news.
You don't have to worry about finding a hotel. You can stay with us. Our house is near New National Stadium. My family is also looking forward to〔6. see〕you.
By the way, I also have some good news. I *did well on an English test

today. I like English better than any other subject now. But actually, I didn't like English last year. When you came to Japan and stayed with us last year, you couldn't speak Japanese well. So, we〔7. speak〕in easy English and easy Japanese. I was happy when you〔8. understand〕my English. Since you went back to your country, I have practiced listening to and speaking English hard. For example, I listen to an English radio program every day. And I try to talk with the *ALT at my school in English. When I〔9. see〕you again next August, you will〔10. surprise〕. And I hope I can talk with you about many things in English.
Good luck with your speech contest next week.
Takuya

＊注　Tokyo Olympics：東京オリンピック　　New National Stadium：新国立競技場
do well：うまくやる　　ALT：外国語指導助手

Ⅲ. 次の英文は，中学生の久美子（Kumiko）と，アメリカ人留学生のボブ（Bob）との会話です。これを読んで，あとの〔1〕～〔4〕の問いに答えなさい。

Kumiko: You speak Japanese very well, Bob. How long have you studied Japanese?

Bob　: [　A　] I started learning Japanese when I was twelve years old. I studied it for a year in America, and I came to Japan last year. Now, I can speak Japanese, but I'm not good at writing it.

Kumiko: Last week, you gave me a letter in Japanese. You wrote *hiragana* and *katakana* well in it.

Bob　: Thank you. I started learning *kanji* last month. Now, I'm learning some *kanji* with this dictionary. Sometimes I have a little trouble. Will you help me with one?

Kumiko: Of course. Which *kanji* is giving you trouble?

Bob　: This one. I don't know how to *pronounce it. Please read it to me.

Kumiko: It's "yama." Do you know the meaning of "yama"?

Bob　: [　B　] It means "mountain" in English, right?

Kumiko: You're right. Look at the shape of the *kanji* for "yama." It looks like the shape of mountains.

Bob　: Oh, yes! That looks like a mountain. We can guess the meaning of a *kanji* by its shape, can't we? That's interesting!

Kumiko: Yes. And we can guess the meanings of more difficult *kanji* if we know the meanings of easy ones. Have you learned the *kanji* for a tree?

Bob　: Yes. It is "ki." I learned it in yesterday's class.

Kumiko: Now, can you write the same *kanji* three times? And then, can you put them together?

Bob　: How should I write them?

Kumiko : Write the first "ki" above the line and the other two "ki" on the line under it. Now, you have written another *kanji*. [　C　]

Bob　: Well, I think it means a place which is full of trees. ... Oh! It's the *kanji* for a forest, right?

Kumiko : Yes. We pronounce it "mori." Now, you can write my *family name in *kanji*. Both "yama" and "mori" are used in it.

Bob　: You're Kumiko "Moriyama." Thanks for your help. I'll learn more *kanji* and write you a letter in *hiragana*, *katakana*, and *kanji* someday.

Kumiko : You are welcome. That sounds nice. I'm waiting for it!

＊注 pronounce ～：～を発音する　family name：名字

〔1〕 本文中の［A］～［C］に当てはまる組み合わせとして，最も適切なものを次のア～エの中から1つ選び，記号で答えなさい。

	[A]	[B]	[C]
ア.	I have studied it for about two years.	No, I don't.	Let's pronounce it together.
イ.	I have studied it twice.	No, I don't.	Try guessing its meaning.
ウ.	I have studied it for about two years.	Yes, I do.	Try guessing its meaning.
エ.	I have studied it twice.	Yes, I do.	Let's pronounce it together.

〔2〕 波線部Thatが指し示す内容に最も近い意味を持つものを次のア～エの中から1つ選び，記号で答えなさい。

ア. We can imagine the meaning of a *kanji* by looking at its shape.

イ. An easy *kanji* cannot help us when we guess the meaning of a difficult *kanji*.

ウ. We can pronounce a *kanji* if we look at its shape.

エ. Speaking Japanese is easier than writing Japanese for Bob.

〔3〕 次の英語の質問に英語で答えなさい。

When did Bob start learning *kanji*?

〔4〕 本文の内容と一致するものを，次のア～エの中から1つ選び，記号で答えなさい。

ア. Bob started studying Japanese in Japan when he was twelve.

イ. Bob wrote a letter only in *hiragana* to Kumiko last week.

ウ. Bob learned the *kanji* for "tree" from Kumiko.

エ. Bob learned how to write Kumiko's family name in *kanji*.

Ⅳ．次の英文を読み，あとの〔1〕～〔4〕の問いに答えなさい。

How much do you know about *global warming? The Earth is getting warmer year by year. It became about 0.5 degrees warmer than in 1950. Some scientists say the temperature will rise by about 4 degrees in 100 years if we don't do anything about it. If the Earth gets warmer, some problems happen. For example, the warming of the Earth causes the rise of the sea levels and *abnormal weather like typhoons and floods.

What makes the Earth warmer? One of the causes is too much *CO_2. Since *the Industrial Revolution, human beings have used a lot of *fossil fuels and have cut down a lot of trees. As a result, the *amount of CO_2 in the air is getting larger every year. Look at the graph. This graph shows the amount of CO_2 *produced by each of the top five countries in the production of CO_2 in 2016. The amount of CO_2 produced by China was the largest in the world. The United States came in second. How about Japan? The graph shows that Japan was the [①] largest producer in the world. The amount of CO_2 produced by Japan was almost as large as that by Russia. India produced more CO_2 than Russia. Every country is trying hard to *reduce CO_2 now. You may think it is difficult to do something about it, but we can do a lot of things in our daily lives.

First, we should stop using energy *excessively. Usually, when energy is used, CO_2 is made, too. Turn off the TV when you are not watching it. Use a bike or walk instead of using a car. Second, we should try to save the forests. Trees are very important. They need CO_2 to grow. So, ② they reduce the CO_2 in the air. But, many trees are cut down to make things we use daily such as paper. Just remember not to use too much paper and not to throw away notebooks you can still use. Try to reuse paper bags again and again. These are small things. But, if everyone does them together, we can save the Earth. The list on the next page gives you some ideas for what we can do.

Global warming is a big problem. We have to find a way to stop it and do everything we can do to save the Earth. Please think of what you can do, and talk about it with your friends. The Earth needs all the help it can get.

＊注　global warming：地球温暖化　abnormal weather：異常気象　CO_2：二酸化炭素
the Industrial Revolution：産業革命　fossil fuel：化石燃料　amount：量
produce ～：～を作り出す　reduce ～：～を減らす　excessively：過度に

〔1〕 次のページの Graph は「世界の二酸化炭素排出量（1位～5位の内訳）」を表している。本文を読んで，Graph 中のＡ～Ｄに入るものの正しい組み合わせを，次のア～エの中から１つ選び，記号で答えなさい。

ア．Ａ：China　Ｂ：The United States　Ｃ：Russia　Ｄ：India
イ．Ａ：China　Ｂ：The United States　Ｃ：India　Ｄ：Russia
ウ．Ａ：The United States　Ｂ：China　Ｃ：Russia　Ｄ：India
エ．Ａ：The United States　Ｂ：China　Ｃ：India　Ｄ：Russia

Graph

世界の二酸化炭素排出量（１位～５位の内訳）

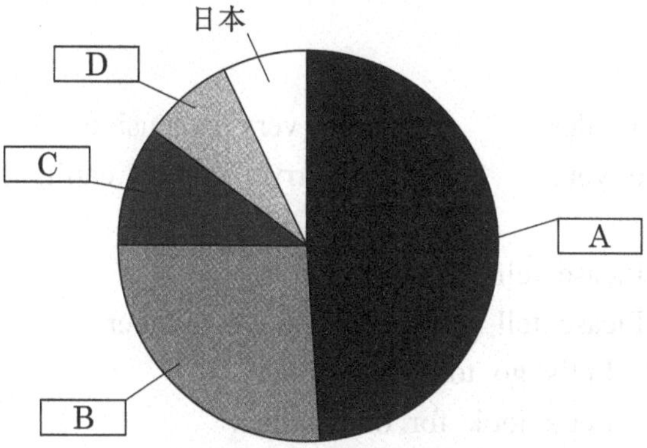

（全国地球温暖化防止活動推進センター資料より作成）

List

Place	The ideas to save the Earth
Living room	Close the curtains when you use the air conditioner.
Living room	Stay with your family in the same room when you use an air conditioner.
Living room	Reduce the brightness of your TV screen.
Kitchen	Put the refrigerator away from the wall.
Kitchen	Don't put too much food in your refrigerator, and open and close it quickly.
Bathroom	Get in a bath soon after another to avoid reheating the bath.

〔２〕 本文や Graph の内容に合うように，空欄［①］に入る語を１語で書きなさい。

〔３〕 下線部②が引き起こされる原因を20字程度の日本語で書きなさい。

〔４〕 本文や List の内容と一致するものを，次のア～オの中からすべて選び，記号で答えなさい。

ア．産業革命前と比べて，1950年にはおよそ４度気温が上昇した。

イ．地球温暖化は台風や洪水を引き起こす。

ウ．冷房使用時，家族はテレビを見てすごすべきだ。

エ．冷蔵庫は中に食べ物を入れすぎず，また壁に近づけすぎないようにすべきだ。

オ．家族が続けてお風呂に入るときは各自が追いだきをすべきだ。

（リスニングテスト）

Ⅰ．〔1〕から〔4〕まで，2人の対話が放送されます。それぞれの対話の最後の発話に対する応答として最も適切なものを，選択肢ア～エの中から1つ選び，記号で答えなさい。対話はそれぞれ1回だけ放送されます。

〔1〕 教室で

ア．That's a good idea.　　イ．That's very expensive.

ウ．I'll give it to you.　　エ．I'm sorry, but you can't.

〔2〕 リビングで

ア．Yes, I do.　Please tell me where it is.

イ．Yes, I do.　Please tell me the telephone number.

ウ．No, I don't.　Let's go to a restaurant.

エ．No, I don't.　Let's look for one online.

〔3〕 玄関で

ア．Of course.　Let's start.　　イ．OK.　I had a good time.

ウ．No problem.　I'm here now.　　エ．Don't worry.　I've had enough.

〔4〕 教室で

ア．Oh, really?　I like to watch dancing on the Internet.

イ．Wow, I'm very happy.　I want to go, too.

ウ．On March 14th.　I really hope you'll come.

エ．Sorry.　I have to do a lot of things.

Ⅱ．〔1〕から〔4〕まで，短い文章や対話が放送されます。文章や対話のあとに放送される質問の答えとして最も適切なものを，選択肢ア～エの中から1つ選び，記号で答えなさい。文章や対話，それについての質問はそれぞれ2回放送されます。

〔1〕

ア．She is a high school student.　　イ．She talked with Miki in Japanese.

ウ．She liked music when she was young.　　エ．She gave Miki a CD.

〔2〕

ア．It is a commercial for a trip.　　イ．It is a commercial for a novel.

ウ．It is a commercial for a house.　　エ．It is a commercial for a movie.

〔3〕

ア．Fried fish, tea, and a cherry tart

イ．Grilled chicken, coffee, and a cherry tart

ウ．Fried fish and coffee

エ．Grilled chicken and tea

〔4〕

ア．A nurse　　イ．A cook

ウ．A math teacher　　エ．A teacher of a cooking club

※リスニングテストの放送台本は非公表です。

【理　科】（50分）　＜満点：60点＞

Ⅰ．この問題は，理科の基礎知識を問う問題である。次の問いに答えなさい。

〔1〕 図1は，ヒトの目のつくりを模式的に表したものである。暗い部屋から急に明るい場所に出たときにひとみの部分が小さくなる反応について，正しく説明しているものを次のア～エの中から1つ選び，記号で答えなさい。

図1

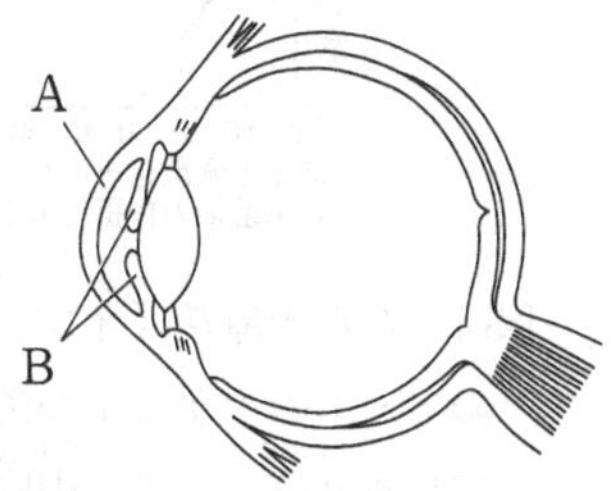

ア　意識して起こる反応で，Aによって目に入る光の量が調節される反応。

イ　意識して起こる反応で，Bによって目に入る光の量が調節される反応。

ウ　無意識に起こる反応で，Aによって目に入る光の量が調節される反応。

エ　無意識に起こる反応で，Bによって目に入る光の量が調節される反応。

〔2〕 抵抗が10Ωの電熱線A，Cと30Ωの電熱線B，Dを，同じ温度で同じ量の水が入ったビーカーに入れ，図2，図3の回路をつくり，電源の電圧を6Vにして5分間電流を流した。このとき，ビーカーの水の上昇温度が高い順に電熱線A～Dを正しく並べたものを次のア～エの中から1つ選び，記号で答えなさい。

図2

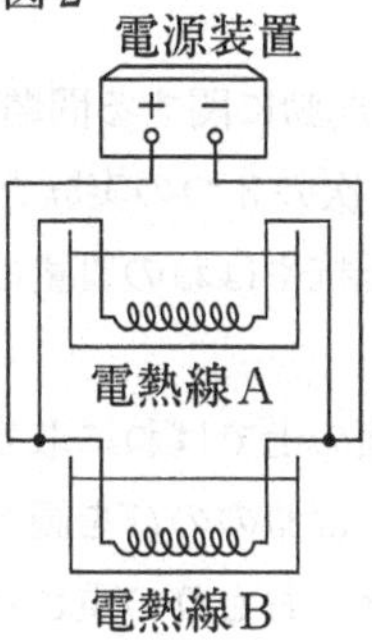

図3

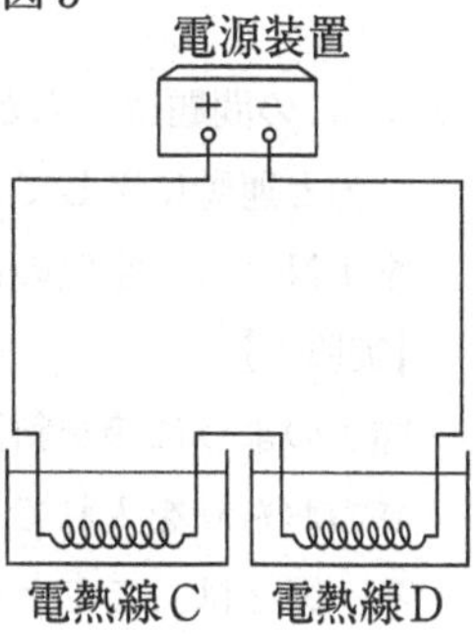

ア　電熱線A＞電熱線B＞電熱線C＞電熱線D

イ　電熱線A＞電熱線B＞電熱線D＞電熱線C

ウ　電熱線D＞電熱線C＞電熱線A＞電熱線B

エ　電熱線D＞電熱線C＞電熱線B＞電熱線A

〔3〕 地点Aにおいて，2つの地震X，Yが起こったときの地震計の記録を比べると，初期微動継続時間は，地震Yより地震Xのときのほうが短かった。このことからわかることとして正しいものを次のア～エの中から1つ選び，記号で答えなさい。

ア　地震Yより地震Xのほうが，震度が大きい。

イ　地震Yより地震Xのほうが，マグニチュードが大きい。

ウ　地震Yより地震Xのほうが，P波の伝わる速さが速い。

エ　地震Yより地震Xのほうが，震源からの距離が近い。

〔4〕 BTB溶液を加えたうすい塩酸40cm^3を入れたビーカーに，水酸化ナトリウム水溶液を少しずつ加え，BTB溶液の色の変化を調べた。表はこの結果を表している。

表

加えた水酸化ナトリウム水溶液〔cm^3〕	10	20	30	40	50
BTB溶液の色	黄色	黄色	緑色	青色	青色

次のページのア～エのグラフは，このときのビーカー内のイオンの数の変化を表したものである。水酸化物イオンのグラフとして，正しいものを次のア～エの中から1つ選び，記号で答えな

さい。

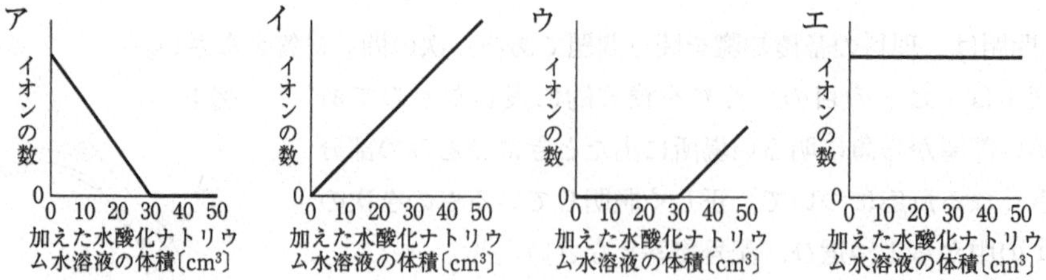

〔5〕 がん治療薬「オプジーボ」の開発などで2018年ノーベル医学・生理学賞を受賞した人物を次のア～エの中から1つ選び，記号で答えなさい。

ア 本庶佑《ほんじょたすく》　イ 山中伸弥《やまなかしんや》　ウ 湯川秀樹《ゆかわひでき》　エ 利根川進《とねがわすすむ》

〔6〕 冷蔵庫やエアコンに使われていて，空気中に放出されると，大気の上空まで上昇し，紫外線によって分解されることで塩素を生じ，上空に存在するオゾン層を破壊する原因となるガスを何というか答えなさい。

Ⅱ．この問題は，力と運動に関する問題である。次の問いに答えなさい。

力と運動に関して，次の3つの実験を行った。ただし，質量100ｇの物体にはたらく重力の大きさを1Nとし，空気の抵抗やばねの質量は考えないものとする。

【実験1】

図1のように箱を斜面の上でばねに取りつけ，箱が静止したのを確かめてから，箱にいろいろな重さのおもりを入れて，ばねののびを調べた。ただし，箱の底面と斜面の間には摩擦がないものとする。図2は，このときのおもりの重さとばねののびの関係を表したものである。

【実験2】

図1の斜面の角度Xを大きくし，箱にいろいろな重さのおもりを入れて，ばねののびを調べた。

図1

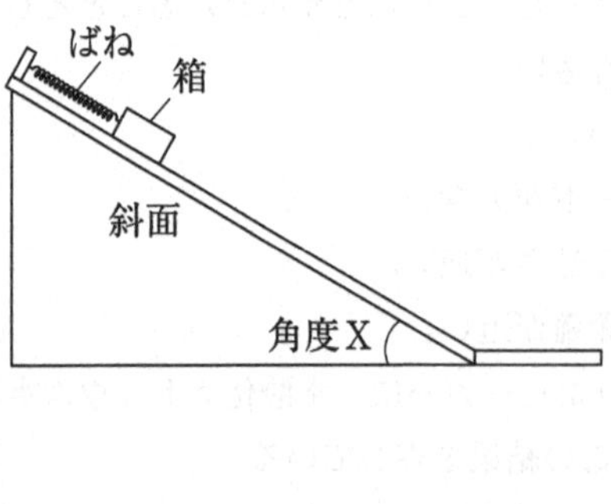

図2

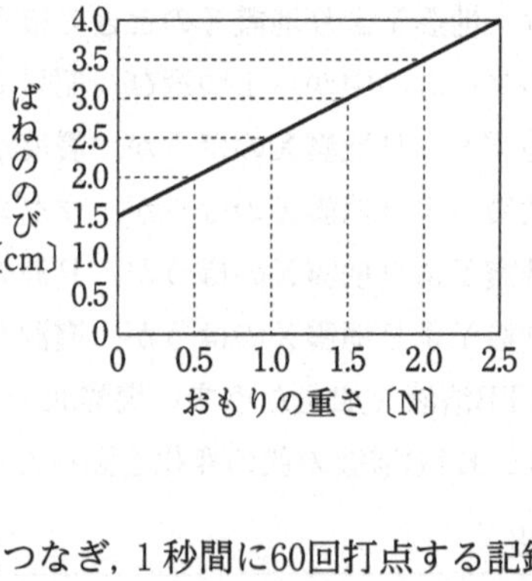

【実験3】

次のページの図3のように斜面と水平面をなめらかにつなぎ，1秒間に60回打点する記録タイマーに通した紙テープを，実験1で用いた箱に取りつけて斜面上の点Yに置いた。記録タイマーのスイッチを入れて，静かに手を離すと箱は斜面を下り，水平面を移動した。図4は，箱が斜面を下り，水平面を移動している間の記録テープを，6打点ごとに切って，テープａ～ｆとしてグラフ用紙にはり付けたものである。ただし，箱の底面と斜面，水平面の間には摩擦がなかったものとする。

図3

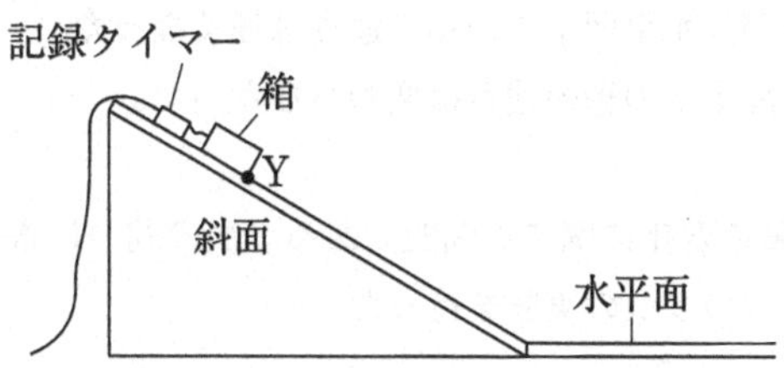

図4

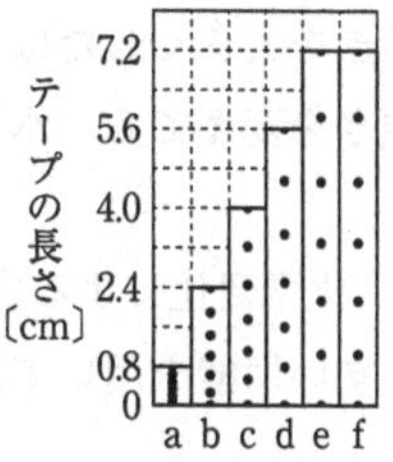

〔1〕 実験1の結果について説明した次の文の A に当てはまる値を答え，B に当てはまる語句として正しいものを下のア～ウの中から1つ選び，記号で答えなさい。

> 箱におもりを入れていないときのばねののびが1.5cmであることから，箱の重さは A Nで，ばねを1cmのばすのに必要な力は B 。

ア 1Nである　　イ 1Nより大きい　　ウ 1Nより小さい

〔2〕 実験2で，おもりの重さとばねののびの関係を正しく表したものを図5のア～エの中から1つ選び，記号で答えなさい。

図5

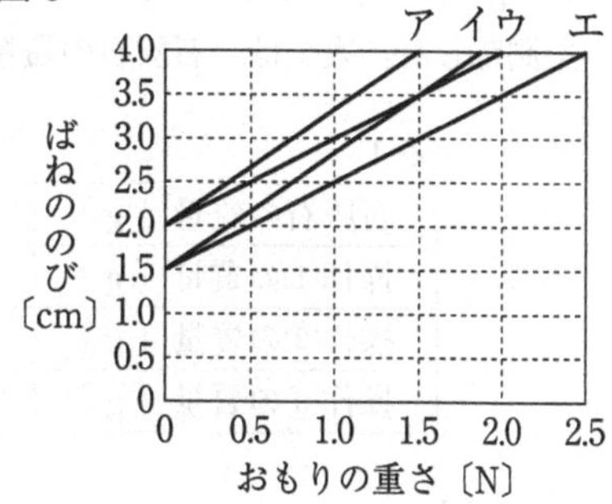

〔3〕 実験3で，テープbを記録したときの箱の平均の速さは何cm/sか答えなさい。

〔4〕 図6は，実験3で箱が水平面を移動しているとき，箱にはたらく重力を矢印で表している。重力以外で箱にはたらく力を解答欄に矢印でかき入れなさい。

図6

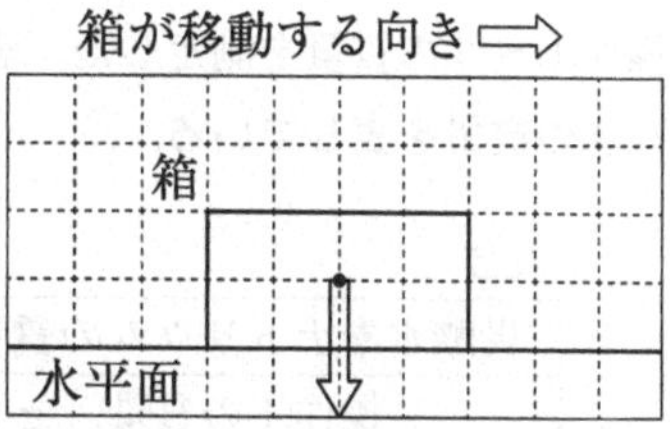

〔5〕 実験3で，箱が動き始めてから水平面を移動している間の時間と箱の速さの関係を表したグラフとして正しいものを次のア～エの中から1つ選び，記号で答えなさい。

ア

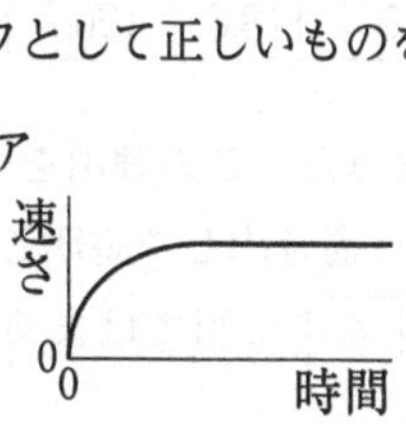

イ

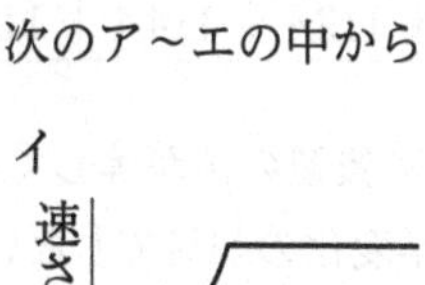

ウ

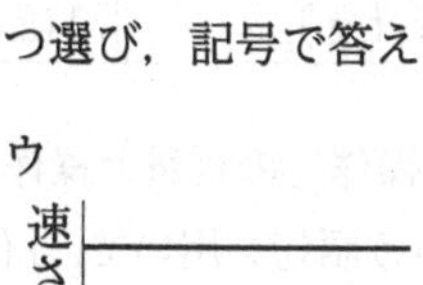

エ

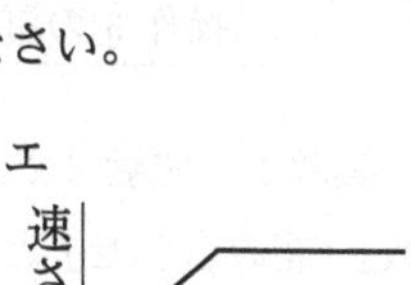

〔6〕 実験3で，斜面の傾きを大きくして，箱に1Nのおもりを入れて，斜面上の点Yから手を離したときの箱の運動のようすについて正しく説明したものを次のページのア～ウの中から1つ選び，記号で答えなさい。

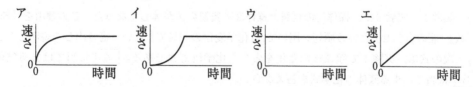

ア　斜面の傾きを大きくしたほうが，水平面上での箱の速さは遅くなった。

イ　斜面の傾きを大きくしたほうが，水平面上での箱の速さは速くなった。

ウ　斜面の傾きを変えても，水平面上での箱の速さは変わらなかった。

Ⅲ．この問題は，化学変化による質量の変化に関する問題である。次の問いに答えなさい。

同じ濃度のうすい塩酸を用いて，次の２つの実験を行った。

【実験１】

ふたのある容器に，石灰石2.0ｇとうすい塩酸30.0ｇを入れて，図１のように，容器全体の質量を測定し，操作①の質量とした。ふたを閉めたまま容器を傾け，石灰石とうすい塩酸を反応させ，ふたたび容器全体の質量を測定し，操作②の質量とした。次に，ふたを開けてしばらくして中の気体がすべて空気に置き換わってから，容器全体の質量を測定し，操作③の質量とした。石灰石の質量を4.0ｇ，6.0ｇ，8.0ｇ，10.0ｇ，12.0ｇに変えて，それぞれ同じ操作を行い，操作①～③の質量を測定した。表１は，石灰石の質量を変えて操作したときの操作①～③の質量を表している。

図１

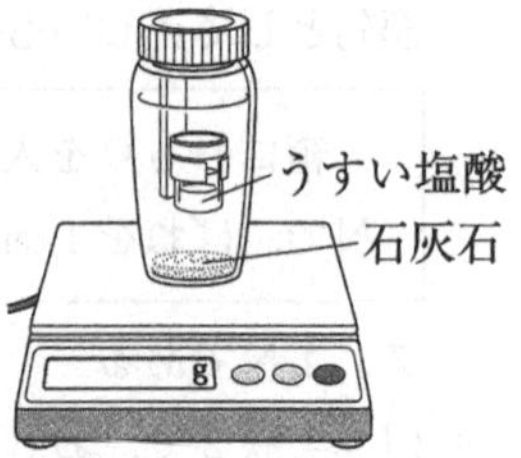

表１

石灰石の質量〔ｇ〕	2.0	4.0	6.0	8.0	10.0	12.0
操作①の質量〔ｇ〕	122.4	124.4	126.4	128.4	130.4	132.4
操作②の質量〔ｇ〕	122.4	124.4	126.4	128.4	130.4	132.4
操作③の質量〔ｇ〕	121.6	122.8	124.0	125.4	127.4	129.4

【実験２】

うすい塩酸20.0ｇを用い，実験１と同じふたのある容器を使い，石灰石のかわりに炭酸水素ナトリウムの質量を4.2ｇ，6.3ｇ，8.4ｇ，10.5ｇ，12.6ｇ，14.7ｇに変えて，それぞれ実験１と同じように，操作①～③の質量を測定した。表２は，炭酸水素ナトリウムの質量を変えて操作したときの操作①～③の質量を表している。

表２

炭酸水素ナトリウムの質量〔ｇ〕	4.2	6.3	8.4	10.5	12.6	14.7
操作①の質量〔ｇ〕	114.6	116.7	118.8	120.9	123.0	125.1
操作②の質量〔ｇ〕	114.6	116.7	118.8	120.9	123.0	125.1
操作③の質量〔ｇ〕	112.4	113.4	114.4	116.5	118.6	120.7

〔１〕　実験１，実験２で，操作①の質量と操作②の質量の値が等しくなった。この理由を「種類」「数」「組み合わせ」という語句を用いて，「化学変化の前後で」という書き出しで説明しなさい。

〔２〕　次の式は，実験１で起こった変化を表した化学反応式である。$\boxed{A}$ に当てはまる気体と，$\boxed{B}$ に当てはまる液体の化学式を答えなさい。

$CaCO_3 + 2HCl \rightarrow CaCl_2 + \boxed{A} + \boxed{B}$

〔３〕　実験１で，加えた石灰石の質量と，発生した気体の質量の関係を表すグラフを解答欄にかき入れなさい。

図2

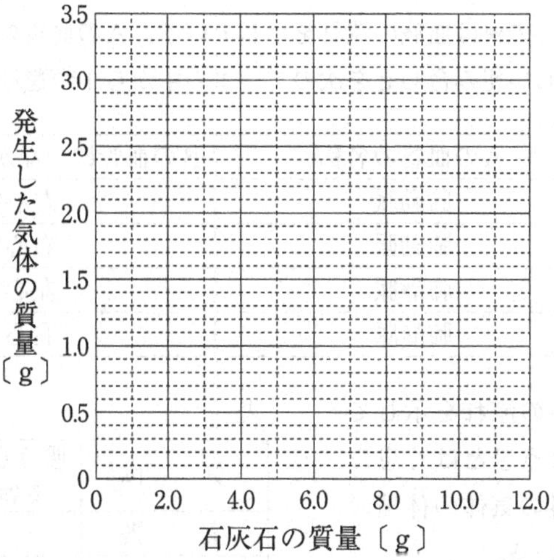

〔4〕 実験1で，うすい塩酸30.0gと過不足なく反応する石灰石の質量は何gか答えなさい。

〔5〕 実験1で，石灰石の質量を12.0gにして，うすい塩酸と反応させたときに，とけ残った石灰石をすべてとかすためには，少なくともあと何gのうすい塩酸が必要か答えなさい。

〔6〕 実験1，実験2の結果から，同じ質量のうすい塩酸と過不足なく反応する石灰石と炭酸水素ナトリウムの質量比（石灰石：炭酸水素ナトリウム）は何対何か。最も簡単な整数の比で答えなさい。

Ⅳ. この問題は，呼吸のしくみに関する問題である。次の問いに答えなさい。

ヒトの肺のしくみについて調べた。図1は肺呼吸に関係するつくり，図2は肺の内部のつくりを模式的に表したものである。

図1

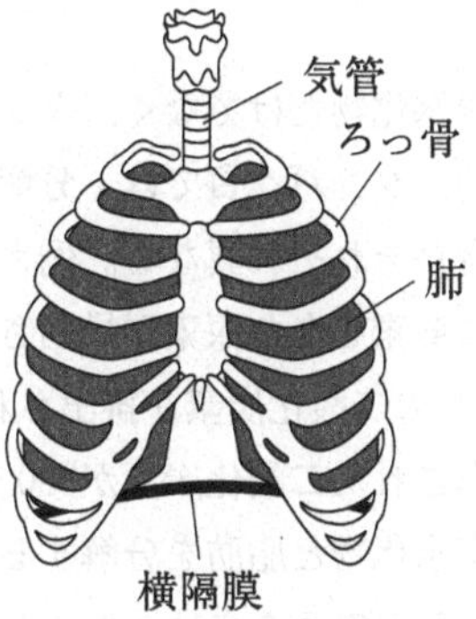

図2

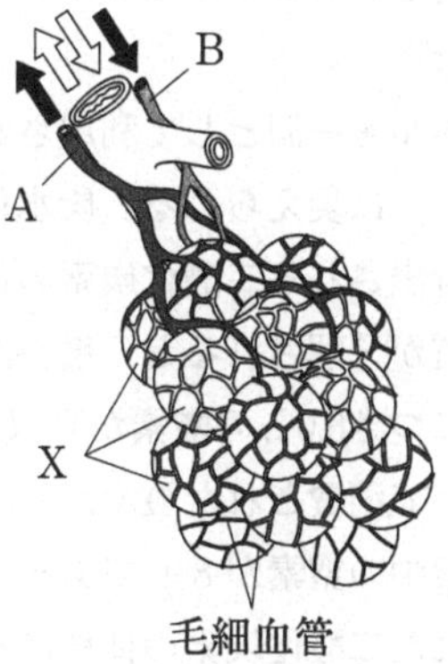

〔1〕 次の文は息を吸うときのしくみについて説明している。①～③に当てはまる語句をア，イからそれぞれ1つずつ選び，記号で答えなさい。

息を吸うときは，①〔ア　ろっ骨の間　　イ　肺〕にある筋肉によって，ろっ骨が②〔ア　引き上げられ　　イ　引き下げられ〕，横隔膜が③〔ア　上がる　　イ　下がる〕ことで肺がふくらむ。

〔2〕 肺の中に無数にある図2の袋Xを何というか答えなさい。

〔3〕 前のページの図2の➡は血液の流れを示している。Aの血管の名称とBの血管につながる心臓の部屋の名称の正しい組み合わせを次のア～エの中から1つ選び，記号を書きなさい。

	Aの血管の名称	Bの血管につながる心臓の部屋
ア	肺動脈	左心室
イ	肺動脈	右心室
ウ	肺静脈	左心室
エ	肺静脈	右心室

〔4〕 図2の⇨は気体の流れを示している。表はヒトの吸う息とはく息に含まれる水蒸気以外の気体の体積の割合（%）を表している。

表

気　体	吸う息に含まれる割合〔%〕	はく息に含まれる割合〔%〕
窒　素	79.0	79.2
酸　素	20.9	15.9
その他の気体	0.1	4.9

⑴ 1分間の呼吸で6.0Lの気体を吸収し，同じ量の気体を排出するとき，1時間で何Lの酸素が血液中に取りこまれたことになるか，表をもとに答えなさい。

⑵ 血液によって体の細胞に運ばれた酸素は，栄養分を分解して生命活動のためのエネルギーを取り出すときに消費される。エネルギー源として一般的に利用しているのは炭水化物（ブドウ糖）である。ブドウ糖だけを分解してエネルギーを取り出すとき，ブドウ糖，消費される酸素，排出される二酸化炭素，水の質量の関係は次の式になる。

ブドウ糖（180g）＋酸素（192g）→二酸化炭素（264g）＋水（108g）＋エネルギー

細胞に運ばれた酸素が，すべてブドウ糖の分解に消費されたとすると，1日あたり何gのブドウ糖が分解されることになるか。1gの酸素は750mLとし，運ばれた酸素の量は⑴の体積を用いて答えなさい。

⑶ 実際にエネルギー源として利用されるのは炭水化物だけでなく，タンパク質や脂肪も分解されてエネルギーに変えられる。炭水化物，脂肪，タンパク質では，分解されるときに消費される酸素と，排出される二酸化炭素の体積の割合がそれぞれ異なる。例えば，エネルギー源としてタンパク質が分解されると，最終的に尿中に窒素を含む尿素が排出される。このとき尿素中の窒素1gにつき6.0Lの酸素が吸収され，4.8Lの二酸化炭素が排出されている。

呼吸によって消費された酸素が428.0L，排出された二酸化炭素が380.4Lであり，その間に排出された尿素中の窒素が8gであったとき，炭水化物と脂肪を分解するために消費された酸素と，排出された二酸化炭素の体積はそれぞれ何Lか答えなさい。ただし，呼吸によって吸収された酸素と排出された二酸化炭素は，すべて栄養分の分解だけに関係したものとする。

Ⅴ. この問題は，天気に関する問題である。次の問いに答えなさい。

空気中の水蒸気について調べるために，次の実験を2日間にわたって行い，雲のでき方について調査を行った。

【実験】

1日目の9時に気温と同じ18℃ にした水を，金属製のコップに半分くらい入れ，図1のように，氷を入れた試験管でかき混ぜながら，水の温度をゆっくりと下げていき，コップの表面に水滴がつき始めたときの水の温度を調べると14℃ だった。2日目の6時から18時まで3時間ごとに乾湿計を使って気温と湿度を調べた。表1は2日目の乾球と湿球の示度をまとめたもので，表2は湿度表の一部，表3は気温と飽和水蒸気量の関係を表している。

図1

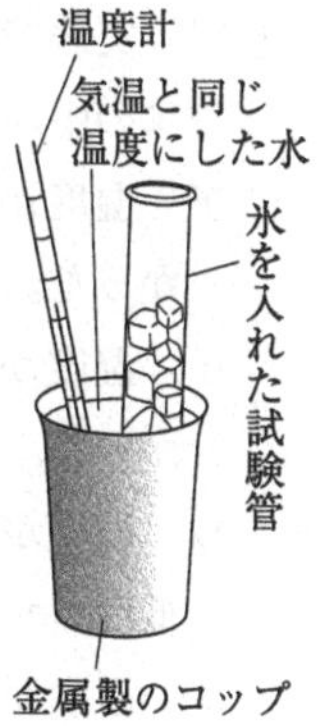

表1

時刻	6時	9時	12時	15時	18時
乾球の示度〔℃〕	16	17	19	18	17
湿球の示度〔℃〕	14	15	15	15	14

表2

乾球の示度〔℃〕	乾球と湿球の示度の差〔℃〕					
	0	1	2	3	4	5
15	100	89	78	68	58	48
16	100	89	79	69	59	50
17	100	90	80	70	61	51
18	100	90	80	71	62	53
19	100	90	81	72	63	54

表3

気温〔℃〕	飽和水蒸気量〔g/m³〕	気温〔℃〕	飽和水蒸気量〔g/m³〕	気温〔℃〕	飽和水蒸気量〔g/m³〕
1	5.2	11	10.0	21	18.3
2	5.6	12	10.7	22	19.4
3	5.9	13	11.4	23	20.6
4	6.3	14	12.1	24	21.8
5	6.8	15	12.8	25	23.0
6	7.3	16	13.6	26	24.4
7	7.8	17	14.5	27	25.8
8	8.3	18	15.4	28	27.2
9	8.8	19	16.3	29	28.8
10	9.4	20	17.3	30	30.4

【調査】

図2は，ある空気のかたまりが上昇し雲ができて，さらに発達しながら上昇したときの，温度と高度の関係を表したものである。空気のかたまりはXの高度で雲になった。

図2

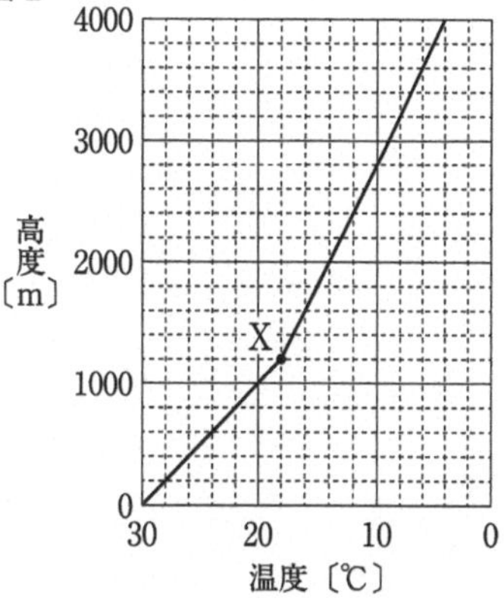

〔1〕 実験で，金属製のコップを使うのはなぜか。理由を正しく述べたものを次のア～エの中から1つ選び，記号で答えなさい。

ア 水滴がつきやすいから。

イ 水滴が観察しやすいから。

ウ 温度がゆっくり変化するから。

エ 熱が伝わりやすいから。

〔2〕 実験で，1日目の9時の湿度は何％か，小数第1位を四捨五入して整数で答えなさい。

〔3〕 実験で，2日目の12時，15時，18時の湿度と露点との関係について正しく述べたものを次のア～エの中から1つ選び，記号で答えなさい。

ア 湿度が最も高かった時刻は，露点が最も高く，湿度が最も低かった時刻は，露点が最も低かった。

イ 湿度が最も高かった時刻は，露点が最も低く，湿度が最も低かった時刻は，露点が最も高かった。

ウ 湿度が最も高かった時刻は，露点が最も高く，湿度が最も低かった時刻は，露点が2番目に低かった。

エ 湿度が最も高かった時刻は，露点が最も低く，湿度が最も低かった時刻は，露点が2番目に高かった。

〔4〕 調査で，高度0mの地上でのこの空気のかたまり1m^3中に含まれる水蒸気は何gか，答えなさい。

〔5〕 調査で，高度0mの地上でのこの空気の湿度は何％か，小数第1位を四捨五入して整数で答えなさい。

〔6〕 調査で，この空気のかたまりがXの高度で雲になったあと，標高2200mの山を越えるときに山頂で雲の中の水滴がすべて雨になるとすると，空気1m^3あたり何gの水滴が雨になるか，答えなさい。

【社　会】（50分）　＜満点：60点＞

Ⅰ．以下の問いに答えなさい。

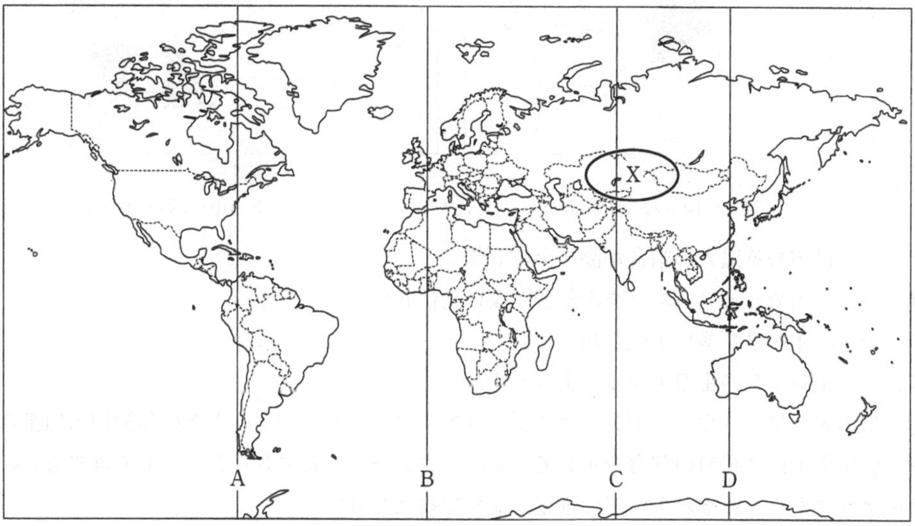

図1

〔1〕 次のア～エは，図1中の経線A～Dが通っている国々についての説明である。A～Cにあてはまる経線の説明を，次のア～エからそれぞれ1つずつ選び，記号で答えなさい。

ア．モンスーンの影響を強く受け，近年IT（ICT）産業が発達している都市の近くを通っている。また，タイガとよばれる針葉樹林が広がる冷涼な地域を通っている。

イ．大河の河口付近に位置し，近年工業化が著しく進んでいる都市の近くを通っている。また，世界有数の鉄鉱石の産出地が位置する地域を通っている。

ウ．かつて，アジアやアフリカ一帯に広大な植民地を手に入れた国の首都の郊外を通っている。また，カカオ豆の生産と金の産出がさかんな地域を通っている。

エ．国際連合の本部をはじめ，多くの国際機関が置かれている都市の近くを通っている。また，リャマやアルパカの放牧がさかんな，標高4000mをこえる地域を通っている。

〔2〕 図1中のXの地域などで行われている，草や水を求めて移動を続けながらラクダやヤギ，羊などを飼育する畜産業を何というか，答えなさい。

〔3〕 次の図2～図5は，それぞれアメリカ合衆国のある項目に関する上位5州を示している。図2，図3に当てはまる項目を，あとのア～エからそれぞれ1つずつ選び，記号で答えなさい。

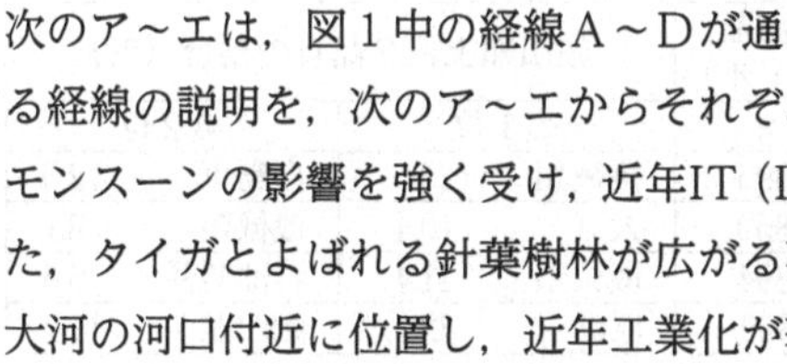

図2

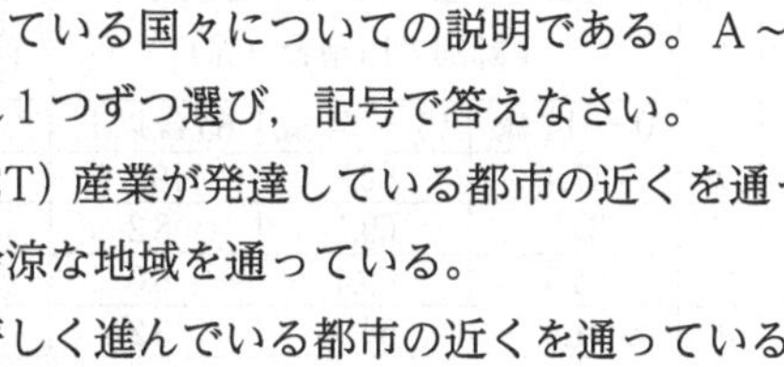

図3

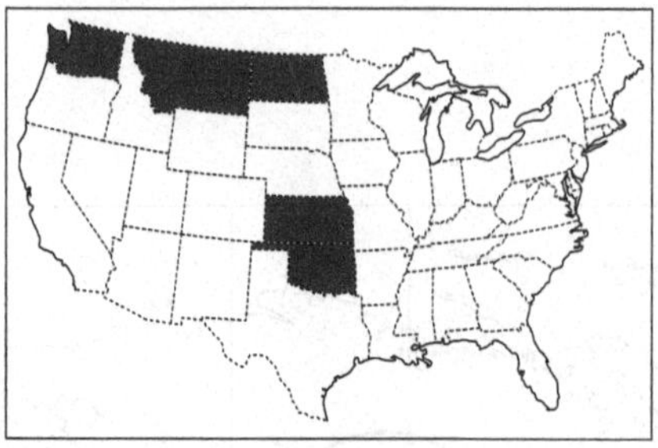

図4

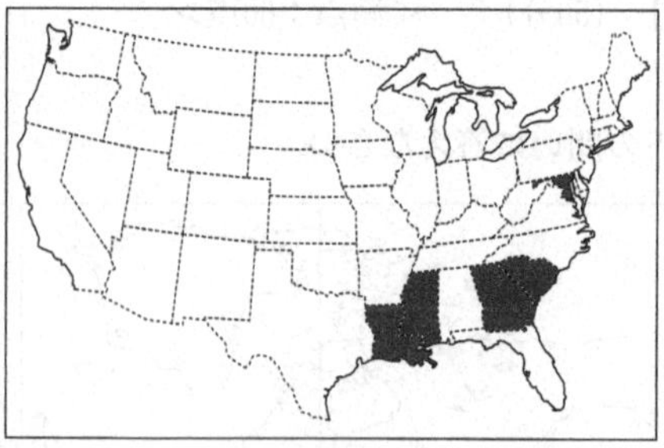

図5

（図2～図5はいずれもデータブック オブ・ザ・ワールド2019年版をもとに作成）

ア．人口に占める黒人の割合が高い上位5州

イ．人口に占めるヒスパニックの割合が高い上位5州

ウ．小麦の生産量が多い上位5州

エ．トウモロコシの生産量が多い上位5州

〔4〕 次の表1は，スウェーデン，ナイジェリア，ブラジル，マレーシアの年齢別人口割合と輸出額，輸出額上位2品目の割合を示している．スウェーデンとマレーシアにあてはまるものを，表1のア～エからそれぞれ1つずつ選び，記号で答えなさい。

表1

	年齢別人口割合（%）			輸出額（億ドル）	輸出額上位2品目の割合（%）			
	0～14歳	15～64歳	65歳以上		第1位		第2位	
ア	17.4	62.8	19.8	1395	機械類	25.6	自動車	12.6
イ	22.7	69.1	8.2	1852	大豆	10.4	機械類	8.1
ウ	24.5	69.4	6.0	1894	機械類	41.4	石油製品	6.6
エ	41.8	54.9	3.2	329	原油	82.0	液化天然ガス	11.7

（2016年，世界国勢図会2018/19年版をもとに作成）

〔5〕 次の図6は，日本の4つの都市の位置を表し，表2は図6中の4つの都市の特色と気候を示している。①～③の都市にあてはまるものを，表2のア～エからそれぞれ1つずつ選び，記号で答えなさい。

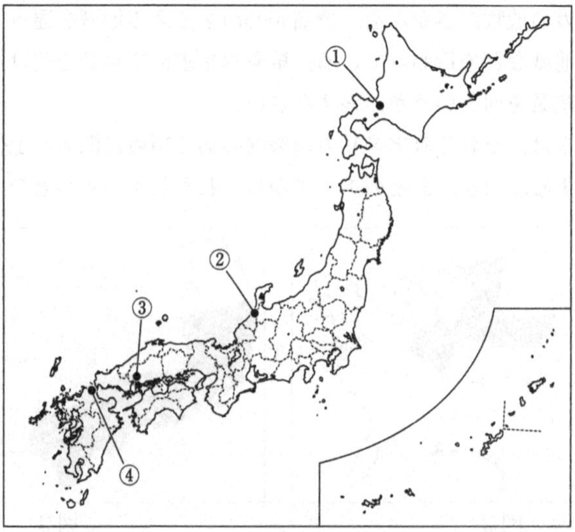

図6

表２

	都市の特色	気候（上段：１月，下段：８月）	
		平均気温（℃）	降水量（mm）
ア	三角州の上に中心市街地が形成されており，「負の遺産」とよばれる世界遺産が市内にある。	5.2	44.6
		28.2	110.8
イ	城下町として栄え，伝統工業として友禅染の生産や金箔の生産がさかんに行われてきた。	3.8	269.6
		27.0	139.2
ウ	明治時代に開拓使が置かれたことから発展し，碁盤の目状の整然とした通りが特徴的である。	－3.6	113.6
		22.3	123.8
エ	かつては日本有数の工業都市として公害が問題となったが，現在はエコタウン事業を展開している。	5.8	82.8
		27.4	168.5

（気象庁ホームページをもとに作成）

〔６〕 次の表３は，北海道と長崎県について，海岸線延長，面積を示している。面積が北海道の約20分の１にすぎない長崎県の海岸線延長が，北海道と同じように4000㎞以上ある理由を，図７，図８を参考に，簡単に説明しなさい。

表３

道県名	海岸線延長（km）	面積（km^2）
北海道	4,402	83,424
長崎県	4,196	4,131

（理科年表 2019 年版をもとに作成）

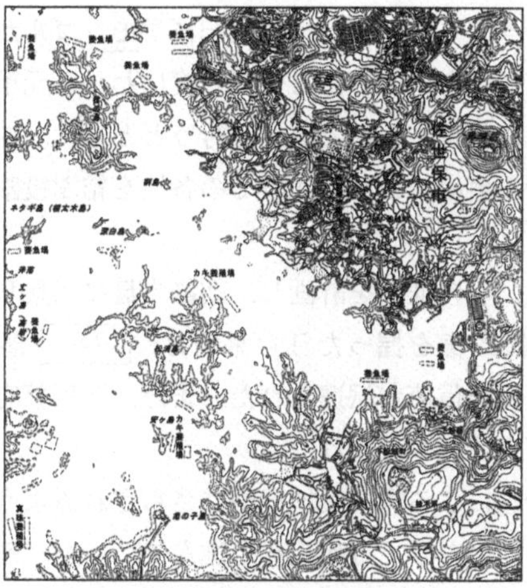

（国土地理院発行２万５千分の１地形図「佐世保南部」を 50％に縮小）

図７　長崎県の地形図の一部

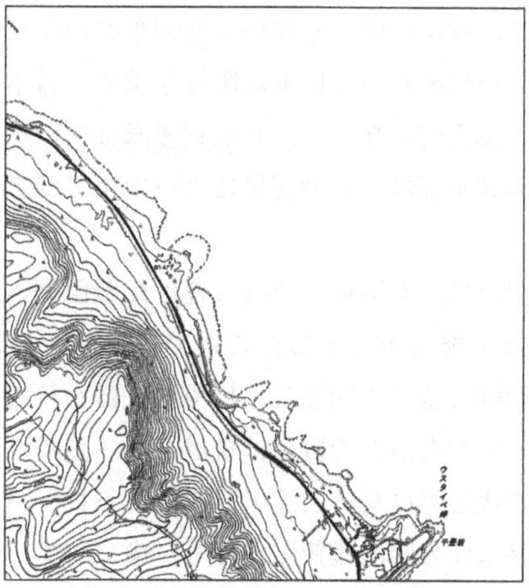

（国土地理院発行２万５千分の１地形図「枝幸」を 50％に縮小）

図８　北海道の地形図の一部

〔7〕 右の図9は，ある工業の都道府県別の製造品出荷額を示している。図9で示している工業にあてはまるものを，次のア～エから1つ選び，記号で答えなさい。

ア．印刷

イ．食料品

ウ．化学

エ．輸送用機械

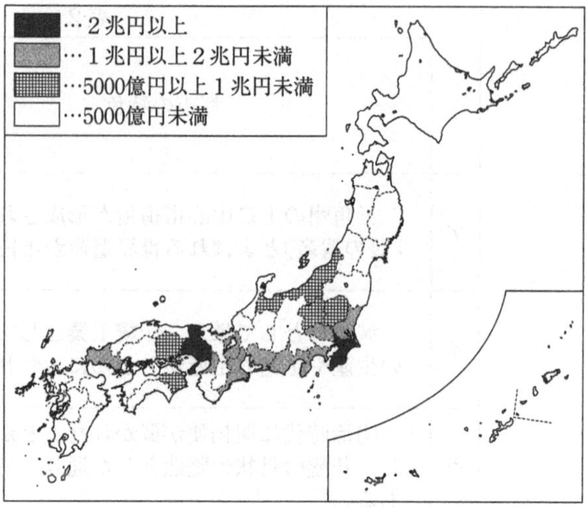

（2016年，データでみる県勢2019年版をもとに作成）

図9

Ⅱ．日本とアジアの関係の歴史に関する次の文章を読んで，以下の問いに答えなさい。なお，特に指定のない限り，固有名詞等，漢字で表記すべきものはすべて漢字で答えなさい。

稲作が広まった①弥生時代に小さな国が成立すると，その中から中国の王朝に使いを送り，皇帝から金印や銅鏡などを授かる国があらわれるようになった。3世紀後半から4世紀にかけて近畿地方に成立した大和政権（ヤマト王権）の大王は，②朝鮮半島で軍事的に優位に立つために，南朝の皇帝にたびたび使いを送った。③聖徳太子(厩戸皇子)は，隋の皇帝と日本の大王（天皇）が対等な立場とする内容の文書を送り，以後も，日本は中国へたびたび遣隋使や遣唐使を送った。

9世紀末に，唐の衰えや航海の危険を理由に，④遣唐使が行われなくなると，日本と中国の間に正式な使節の行き来はなくなった。しかし，商人による東アジアでの交易は絶えず行われ，⑤12世紀後半になると平清盛が瀬戸内海の航路を整備するなどして，宋との貿易をさかんに行った。⑥鎌倉時代には禅宗の僧などが日本と宋をさかんに行き来していたが，13世紀に⑦モンゴルが中国に進出して元を建国すると日本に服従を求め，日本がこれを拒否したことで二度にわたる元軍の襲来を受けた。15世紀になると，⑧足利義満は明の皇帝に朝貢する形で貿易を行うとともに，沖縄島に成立した琉球王国は，中継貿易によって東アジアから東南アジアにかけての各地を結ぶ役割を果たした。

16世紀末に，天下統一を成し遂げた豊臣秀吉は，明の征服を計画し，朝鮮半島に出兵した。この出兵は豊臣秀吉が死去したことで終わり，その後政権を握った江戸幕府は，［ ⑨ ］藩の努力によって朝鮮と国交を回復し，将軍の代替わりごとに通信使が派遣された。また，江戸幕府が鎖国政策をとる中でも清との貿易は続けられ，長崎に唐人屋敷が置かれた。

江戸時代後半になると，アジアはヨーロッパ諸国による⑩植民地侵略にさらされるようになり，日本は幕末から明治維新にかけて，東アジアの中でいち早く近代化へと進んでいった。その中で日本は朝鮮に開国を促し，朝鮮が朝貢する清との間に日清修好条規を結んで交渉を進めたが不調が続き，［ ⑪ ］をきっかけに日朝修好条規を結んで開国させた。日本は，朝鮮半島への進出を強めて1910年には韓国併合を行うとともに，⑫第一次世界大戦ではドイツが権益をもつ中国の山東半島に出兵するなど，しだいに進出を強めていった。1931年の満州事変で中国東北部に満州国を建国し，1937年に始まった日中戦争で日本と中国は長期にわたる戦争状態となったが，1945年に日本の太平洋戦争敗戦によって日本の中国への進出は終わった。太平洋戦争後に成立した中華人民共和国は，長い間日本と正式な国交が築かれなかったが，⑬1972年の日中共同声明，1978年の日中平和友好条約締結以降，日本と中国は密接な関係を築いている。

〔1〕 下線部①のころの日本について述べた文として正しいものを，次のア～エから1つ選び，記号で答えなさい。

ア．食物の豊かな実りを願うために，土偶とよばれる土製の人形がつくられた。

イ．渡来人によって，それまでよりも高温で焼く須恵器のつくり方が伝えられた。

ウ．周囲を堀や柵で囲み，物見やぐらを設けた集落がつくられるようになった。

エ．食物の残りかすなどを，のちに貝塚とよばれる場所にまとめて捨てていた。

〔2〕 下線部②について，図1は，5世紀ころの朝鮮半島を示している。日本と友好的な関係を築き，6世紀には日本に公式に仏教を伝えた国の位置として正しいものを，図1中のア～エから1つ選び，記号で答えなさい。また，その国名を答えなさい。

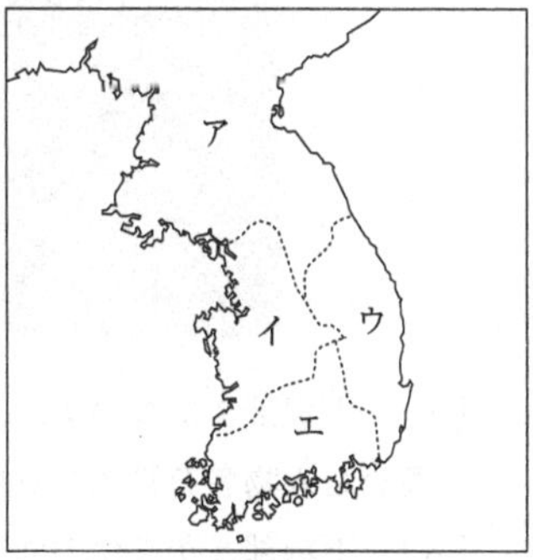

図1

〔3〕 下線部③について，資料1は，聖徳太子（厩戸皇子）が出した法令の一部を，現代語訳で示している。資料1の法令名を答えなさい。

> 一に日く，和を以て貴しとなし，さからうことなきを宗とせよ。
> 二に日く，あつく三宝を敬え。三宝とは仏・法・僧なり。
> 三に日く，詔をうけたまわりては，必ずつつしめ。

資料1

〔4〕 下線部④の影響について述べた，次の文章中の（　）にあてはまる人物名を答えなさい。

> 遣唐使が停止されたころから，唐の文化の影響がしだいに弱まり，日本の風土や日本人の習慣に合った文化が栄えるようになった。その代表的なものが仮名文字で，漢字の一部をとったり，漢字をくずしたりしてつくられたことで，日本人の細やかな感情が表現しやすくなった。その結果，（　　　）が著した枕草子や，紫式部が著した源氏物語などの文学作品がつくられた。

〔5〕 次のア～エは，下線部⑤のころにおこったできごとを示している。ア～エを年代の古い順に並べて，記号で答えなさい。

ア．保元の乱がおこった。　　イ．奥州藤原氏が滅ぼされた。

ウ．平治の乱がおこった。　　エ．壇ノ浦の戦いがおこった。

〔6〕 下線部⑥について，鎌倉時代の社会に関連する資料として適切なものを，次のページのア～

エから１つ選び，記号で答えなさい。

ア

イ

ウ

エ

〔７〕 下線部⑦について，モンゴルの諸部族を統一し，ユーラシア大陸の東西にまたがる大帝国を築いた人物名を答えなさい。

〔８〕 下線部⑧が文化の面で果たした役割について述べた文として正しいものを，次のア～エから１つ選び，記号で答えなさい。

ア．能を大成した，観阿弥・世阿弥父子を保護した。

イ．かぶき踊りを始めた，出雲の阿国を保護した。

ウ．鑑真和上を唐招提寺に招いて，仏教を振興した。

エ．狩野永徳に命じ，金閣のふすまに障壁画を描かせた。

〔９〕 ［⑨］ にあてはまる藩の名称を答えなさい。

〔10〕 下線部⑩について，次の資料２は1825年に，資料３は1842年にそれぞれ江戸幕府が出した命令である。この２つの資料から読みとれる江戸幕府の対外政策の変化を，同じ時期の東アジアの国際情勢の影響をふまえ，簡単に説明しなさい。

資料２　異国船打払令

　異国船乗寄せ候《そうろう》を見うけ候ハヾ《(ば)》，其《その》所ニ有合せ候人夫を以《もっ》て，有無に及ばず，一図ニ打払ひ《(い)》，…上陸致し候ハヾ搦《からめ》捕り，又は打留め候ても苦しからず候。

資料３　薪水《しんすい》給与令

　異国船と見うけ候ハヾ得《とく》と様子相糺《ただ》し，食料薪水等乏《とぼ》しく帰《き》帆《はん》成《なり》難《がた》き趣《おもむき》ニ候ハヾ，望《のぞみ》の品相応ニ与へ帰帆致すべき旨《むね》申し諭《さと》し，尤《もっと》も上陸は致させ間敷《まじく》候。

〔11〕 ［⑪］ にあてはまるできごとを，次のア～エから１つ選び，記号で答えなさい。

ア．盧溝橋事件　　イ．西南戦争　　ウ．江華島事件　　エ．甲午農民戦争

〔12〕 下線部⑫について，次のページの図２は，第一次世界大戦のころの日本の輸出額と輸入額の推移を示している。第一次世界大戦中の日本の景気について述べた文として正しいものを，次の

ア～エから１つ選び，記号で答えなさい。

ア．ａの輸入額がｂの輸出額を上回り，不況となった。

イ．ａの輸入額がｂの輸出額を上回り，好況となった。

ウ．ａの輸出額がｂの輸入額を上回り，不況となった。

エ．ａの輸出額がｂの輸入額を上回り，好況となった。

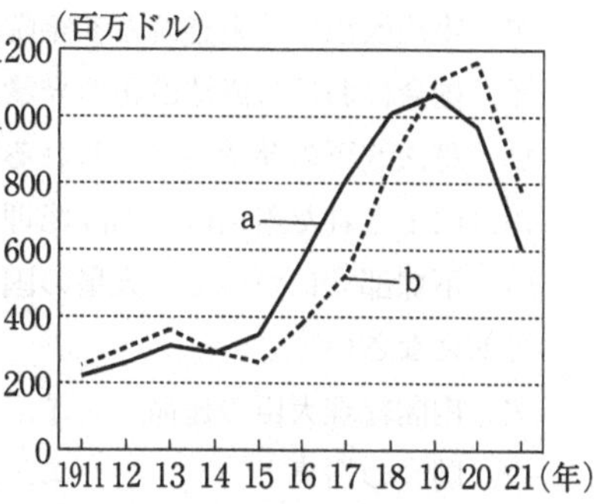

(数字でみる日本の100年をもとに作成)

図２　輸出額と輸入額の推移

〔13〕 下線部⑬について，1972年におこったできごととして正しいものを，次のア～エから１つ選び，記号で答えなさい。

ア．沖縄の日本復帰　　　イ．ベルリンの壁の崩壊

ウ．日本の国際連合加盟　エ．阪神・淡路大震災

Ⅲ. 次の表は，2019年におこったできごとのいくつかを取り上げたものである。この表を見て，以下の問いに答えなさい。

イギリスの動向	2016年に行われた①国民投票の結果を受け，イギリスは［A］からの離脱交渉を続けていたが，離脱協定が議会を通過せず，3月29日に予定されていた離脱は延期された。
天皇の退位と即位	5月1日に，新しい天皇が即位し，それまでの天皇は上皇となった。これに先立ち，4月1日には新元号を「令和」とすることが発表された。天皇は，日本国と日本国民統合の［B］として②国事行為を精力的に行っている。
G 20の開催	6月28日，29日に，大阪でG 20が開催された。G 20は，主要国首脳会議（G 7）に参加する7か国に加え，［A］，ロシアや新興国11か国などを加えた枠組みで，③経済や④環境問題などの国際的な課題を話し合う会議である。
参議院議員選挙の実施	7月21日に，⑤参議院議員選挙が実施された。参議院議員選挙は，原則都道府県単位の⑥選挙区選挙で74人，全国を1つの選挙区とする⑦比例代表制選挙で50人の議員を選出した。しかし，西日本の⑧豪雨の影響などもあり，⑨投票率は50%を下回った。

〔１〕 ［A］，［B］にあてはまる語句を，それぞれ答えなさい。

〔２〕 下線部①について，国民投票は，日本でも日本国憲法改正に関して行われることになっている。日本国憲法改正に関して述べた文として正しいものを，次のア～エから１つ選び，記号で答えなさい。

ア．憲法改正は，衆議院と参議院の議長が国会に改正案を提出することで始められる。

イ．国会における憲法改正の発議については，衆議院の優越が認められていない。

ウ．憲法改正の発議後に行われる国民投票では，3分の2以上の賛成で改正が決まる。

エ．改正された憲法は，内閣総理大臣が国民の名で公布することになっている。

［3］　下線部②について，天皇の国事行為にふくまれないことを，次のア～エから1つ選び，記号で答えなさい。

ア．内閣総理大臣の任命　　イ．最高裁判所長官の任命

ウ．国会の召集　　　　　　エ．弾劾裁判所の設置

［4］　下線部③について，経済の3つの主体について述べた次の文章中の（X），（Y）にあてはまる語句を，それぞれ漢字2字で答えなさい。

> 経済の3つの主体とは，（　X　），企業，政府である。政府は，（　X　）や企業が納める税をもとに，社会福祉・公的扶助などの社会保障や，公共事業による道路・港湾・学校といった社会（　Y　）の整備などにあてている。

［5］　下線部④について，1997年に地球温暖化防止を話し合う会議が行われ，先進国に温室効果ガスの排出削減を義務づける議定書が結ばれた日本の都市名を答えなさい。

［6］　下線部⑤について，参議院議員の被選挙権は何歳以上の国民に与えられているか，算用数字で答えなさい。

［7］　下線部⑥，下線部⑦について，右の表は，2019年7月に行われた参議院議員選挙で議席を獲得した政党のうち，4つの政党の得票率（全得票に占める政党別の割合）と獲得議席率（全改選議席に占める政党別の割合）を，選挙区選挙と比例代表制選挙に分けて示している。国民の意思の反映という面から見て，比例代表制選挙が選挙区選挙よりも優れている点を，簡単に説明しなさい。

表

政党名	選挙区		比例代表	
	得票率（%）	獲得議席率（%）	得票率（%）	獲得議席率（%）
A党	39.8	51.4	35.4	38.0
B党	15.8	12.2	15.8	16.0
C党	7.4	4.1	9.0	8.0
D党	0.4	0.0	4.6	4.0

（総務省資料をもとに作成）

［8］　下線部⑧について，市区町村では，豪雨によってもたらされる洪水の発生しやすい地域などを示し，避難所などの情報を掲載した□マップ（防災マップ）を作成して，防災意識を高める努力を行っている。□にあてはまる語句を，カタカナで答えなさい。

［9］　下線部⑨について，近年の日本の選挙の投票率について述べた次の文中の（　）にあてはまる語句として正しいものを，あとのア～エから1つ選び，記号で答えなさい。

> 近年の日本の選挙では，（　　　）の投票率の方が20%以上低くなっている。

ア．男性よりも女性　　イ．若者よりも高齢者

ウ．女性よりも男性　　エ．高齢者よりも若者

は、相手にそう感じさせないようにするには、どうすればいいのか。

　このケースでは、実は相手が改善の方向を示してくれています。そうです。「結論から言え」ばいいのです。では、『結論から言える』ようになるには、自分の話し方をどう改善していけばいいのか……このように、相手の言葉をヒントに、自分が改善できる部分を探り、それをどう行動に落とし込んでいけばいいのかを考える、という作業を行っていくわけです。

　この方法は、酷評されたときだけでなく、相手からの前向きのフィードバックで改善点を示されc、落ち込んだときにも活用できます。いくら前向きのフィードバックとはいえ、自分の行動や発言について、「こうしたほうがいいのでは？」と指摘されるのは、正直、心地よいものではありません。

　実際、私自身もそうです。そうした言葉をもらったときは、一瞬、カチンときたりします。「相手からそう見えたのは事実」と頭ではわかっていても、なかなか気持ちのほうではそれをすんなり受け入れられdなかったりします。

　ただ、それで「あんたに言われたくない」と無視してしまえば、なんら自分の改善に活《い》かせません。学生たちの中にも、改善のためのフィードバックをされ、「たしかにそうかもしれない」と受け入れ、改善に取り組もうとする人たちがいる一方で、「この人は、私の真価を何もわかっていない」と、まったく自分を変えていこうとしない人たちもいます。その場合、当然のことながら、リーダーシップを着々と身につけていくのは、前者の人たちです。

　人が何かを学び成長していくとき、そのもっともよい「教師」は「失敗」です。教員の立場にいる私がこう言わねばならないのは悔しい面もあるのですが、教員ができることには限界があります。学生たちを本当に成長させるのは、自分の失敗を通して、そこから何かを学ぼうとするときです。

（日向野《ひがの》幹也《みきなり》『高校生からのリーダーシップ入門』より）

（注）1　繰り返し述べているように…本文以前の部分で述べたことを示す。

問一　傍線部①「厳禁」と同じ構成の熟語を、次のア～オの中から一つ選び、記号で答えなさい。

ア　加熱　イ　基礎　ウ　天授　エ　倍増　オ　抑揚

問二　傍線部②「シュンとなってしまいます」とあるが、同じような様子を表す慣用句として最も適当なものを、次のア～オの中から一つ選び、記号で答えなさい。

ア　焼け石に水　イ　青菜に塩

ウ　月にむらくも　エ　柳《やなぎ》に風

オ　玉に瑕《きず》

問三　傍線部③「落ち込ん」と活用の種類が同じ動詞を、本文中の囲み文字ア～オの中から一つ選び、記号で答えなさい。

問四　二重傍線部a～dの中で、助動詞の意味が異なるものを一つ選び、記号で答えなさい。

問五　波線部「自分の失敗を通して、そこから何かを学ぼうとする」とあるが、あなたはどのような失敗からどのようなことを学んだ経験があるか。「～という失敗から、～を学んだ。」の形で、具体的に七十字以内で述べなさい。

視できているが、射品では負けていないというのは負け惜しみのような気もする。

エ　教本の内容は、初心者に実践させるというよりは、ある程度のことが出来るようになった人に、実践できる部分をよく理解させるようなものである。

オ　言葉から理解しようとするのではなく、自分にとって弓道とは何かを少しでも理解したときに、その内容を、分量にこだわらず言葉にすればいい。

問六　作品の表現の特徴について説明した文として適当なものを、次のア～キの中から二つ選び、記号で答えなさい。解答順は不問とする。

ア　文語調を基本とし、さらに漢語表現を多用することによって、表現のみならず内容にも格調高さを生んでいる。

イ　どの場面でも凛と波多野という二人の登場人物を対照的に描き、物語の構造を明確化したうえで話を展開している。

ウ　場面ごとに、周囲の風景を詳細に描くことで、自然にその場の様子が思い浮かべられるようになっている。

エ　弓道とは関係のない主題を弓道に重ね合わせ、本文中でしばしばその内容を示す比喩《ひゆ》を用いている。

オ　凛の視点で出来事や心情を描くことによって、読者が自分自身と重ね合わせながら読めるようになっている。

カ　「……」や「――」などの記号の使用によって、登場人物の発言の様子が分かりやすく表されている。

キ　凛と波多野の射の様子を詳しく描写することによって、二人の心情をそれぞれ浮かび上がらせている。

三、次の文章を読んで、後の問いに答えなさい。

フィードバックをする際に内容がネガティブであっても、攻撃する姿勢は①厳禁です。それでも学生の中には、「そうだからダメなんだ」など、ついつい相手を酷評《こくひょう》してしまうという人がたまにいます。こうなると、言われたほうは、案の定、②シュンとなってしまいます。さらにそれに引きずられるようにa、そのグループの雰囲気《ふんいき》も悪くなりがちです。

ただしこのようなとき、私は③落ち込んでいる学生を下手にア慰めたりはイしません。なぜなら「火のないところに、煙は立たない」からです。つまり、誇張はされてウいるかもしれませんが、エ酷評する相手がそう感じたということは事実であり、少しはそういう部分もオある、ということです。

このことは、リーダーシップの定義にもかかわってきます。[注1]繰り返し述べているように、リーダーシップの一面は「他者に影響を与えること」です。他人にそう感じさせ、酷評したい気持ちにさせたということは、その人はリーダーシップをうまく発揮できていない、ということの証拠だともいえます。

それなら、どうすればいいのか。重要なのは、「相手にはそう見えた」ということを事実として認めた上で、相手のその言葉を自分自身で「前向き・建設的に言い直す」という作業です。つまり、その言葉を自分が改善していくためにうまく使っていくにはどうすればいいのかを自分でじっくりと考えていくのです。

たとえば、「お前の話、長すぎ。ダラダラとりとめなく話すんじゃなくて、まず結論から言えよ」と言われbて、傷ついたとします。このとき、相手があなたの話を「長すぎ」と感じ、不快に思ったのは事実です。で

弓道の教本にしたってそうだ。射法射技や心構えについて、微に入り細を穿《うが》って説明されているが、初心者には何が書いてあるかほとんど分からない。どれほど丁寧《ていねい》に書かれた文章でも、それを読んだだけですぐ弓が引けるようになる人などいない。しかし、ある程度のことが出来るようになってから教本を読むと、途端に文章の意味が頭に入ってくる。すべてが納得できる。そして、自分がまだ実践《じっせん》出来ていない部分については、相変わらずよく分からないままなのだ。

分からない人間が、言葉を見つけたところで分かるようにはならない。それはむしろ言葉に意味を押し込めているだけだ。自分にとって弓道とは何か、ぼんやりとでも分かったなら、それを言葉にすればいい。一言か、原稿用紙百枚か、分からないけど。

収録の後、結局凛は波多野に請われてケータイのメールアドレスを交換したものの、確認のために交わした以外、メールは来ていない。そもそも、メール交換する間柄だ、とテレビカメラに見せたかっただけなのだろう。

もしかしたら番組放送後、何か言ってくるかもしれないな、と予感していたものの、結局その日は何も来なかった。特段の感想はなかったのかもしれない。

（我孫子武丸《あびこたけまる》『凛の弦音《つるね》』より）

問一　二重傍線部a～cの漢字の読みをひらがなで答えなさい。

問二　傍線部①「きれいで精密だけれど、それ以上の『何か』はない」とあるが、凛が感じたのはどういうことか。五十字以内で説明しなさい。

問三　傍線部②「射□人生」は「しゃそくじんせい」と読む弓道の世界で用いられる言葉である。空欄にあてはまる字として最も適当なものを、次のア～オの中から一つ選び、記号で答えなさい。

ア　速　　イ　即　　ウ　促　　エ　側　　オ　束

問四　傍線部③「はたと気づいた」とあるが、凛はどういうことに気づいたのか。最も適当なものを、次のア～オの中から一つ選び、記号で答えなさい。

ア　弓道を一言で言うとどうなるかをすぱっと答えられても、誰も感心してくれないということ。

イ　自分が弓道において、基本を知り、ある程度のことが出来るようになったということ。

ウ　分かりにくいことは、何とか言葉にすることで分かるようになるということ。

エ　分からないことを無理に言葉にしたとしても、それで理解が深まるわけではないということ。

オ　弓道の教本で、射法射技や心構えについて読んだことで、弓が引けるようになったということ。

問五　本文中で凛が射について考えたり感じたりした内容として**適当でないもの**を次のア～オの中から一つ選び、記号で答えなさい。

ア　波多野との〝試合〟での最初の二手は特に気合いの入ったいい射だったが、そう感じるのは射品というよりも凛の趣味としての感覚によるのかもしれない。

イ　矢が的に当たるかどうかというのは誰にも見間違いようがないのに、それよりも射品や射格というものを主張するのは心もとなく感じられる。

ウ　波多野の射を過小評価することによって自分は波多野をライバル

られていた質問だが、とてもそうは見えない。

『よく考えるんですけどね、むっつかしいなあ……。まあでもやっぱり、人生そのもの、としか言いようがないですよね。何だか、生きる目的のようでもあるし、弓をすること自体が生きてるってことのような気もするし。②射□人生て言うけど、結局そうとしか言いようがないんですよね、わたしにとっては』

――そこまで波多野さんを惹《ひ》きつける弓道の魅力とは何でしょうか？

腕を組んで考え込む波多野。

『何なんでしょうね。〝道〟と名がつくものの中でも、ここまで自分自身――心だけでなく身体とも向き合うことをC強いられるものってないんじゃないでしょうか。多分それが、一番の魅力でもあり、難しいところでもあるんじゃないかと思います』

事前に彼女の本音を聞いていなければ、我が意を得たりとばかりに大きく頷《うなず》いたことだろう。親友になれる、と思ったかもしれない。凛がずっと言葉に出来なくてもやもやとしていることをすぱっと言い表《あら》わしてくれたような言葉だったからだ。しかし、そんなことを思ってもいないはずの波多野に言われてしまうと、逆に間違っているような気さえしてくるから困ったものだ。

そして、同じ質問が今度は凛に向けられる。

――。では篠崎さん。一言で言って、篠崎さんにとって弓道とは何ですか？

質問も、その順番も、すべてが仕組まれたものではなかったのかという気がしていた。誰が仕組んだのかは分からないけれど。波多野が先に、凛の言いたいようなことをすべて言ってしまったのでは、凛としては「わたしも全く同じ気持ちです」と言うか、無理矢理別の言葉を探すしかない。余程のことを言わない限り、波多野の印象を超えることなどできないはずだ。もちろん、テレビカメラの前で気の利いたことを言いたいなどと思っているわけではない。しかし、自分にとって重要な質問に対し、はっきりとした答えを出しておきたいという気持ちは確かにあって、波多野の返答――心にもない返答だ――は、そんな凛の心をぐらつかせるのだった。でもこの時既に、何と答えるかは決めていたから、さほどの動揺はなかったはずだった。緊張の余りぎこちない喋《しゃべ》りなのは仕方ない。

『……あ、えっと、すみません。ずっと考えてるんですけど……正直分からないんです。何で弓に惹かれたのか、何でこんなに一所懸命《いっしょけんめい》やってるのか、分からないんです。頭が悪いんですかね』

自虐的な笑い。今自分で観て、余計なことを言ったと激しく後悔する。全然面白くもないし、余計頭が悪く見える。

でもそれ以外は今でも間違った答とは思っていない。分からないものは分からない。それ以外どう言えと言うのか。最初から「〇〇を一言で言うと？」という質問自体くだらないと思っていたはずなのに、いざ聞かれると、無理矢理にでも答えなければならないものだと思い込んでいた。心のどこかに、すぱっとそれらしいことを言って誰かを感心させたいという気持ちがあったのか、それとも逆に、何とか言葉にすることで分かりにくい何かが分かるようになるのではないかという思い込みがあったのか。

考えて考えて、考えているうちに、そんなものは錯覚なんじゃないか、③とはたと気づいたのだった。

「いいってば。もういいからやめて！　暑苦しい」
渾身《こんしん》の力で押しのけると悲しそうな顔で身を引く。
現場で生で見ていた母でさえ、「凛の射の方が好き」とは言ってもくれなかった。違いが分かるのは恐らく極めて限られた人間だけだ。いや、やはりこれは、射品の問題ではなく、趣味の問題なのかもしれない。テレビのスタッフも、ほとんどの視聴者も、凛の「健闘を称《たた》え」つつ、波多野に喝采《かっさい》を送ることだろう。
果たして波多野は、これを観てどう思っただろうか？　自分の射を繰り返しビデオで観て「完璧《かんぺき》」を目指してきた彼女は、これで満足しているだろうか？
分からなかった。射品とは何か。射格とは何か。そもそもそんなものは本当に存在するのか。矢が的に当たるという誰《だれ》にも見間違いようのない事実の前で、そんな言葉は余りにも頼りなく思える。
波多野の射は、いわゆる「中《あ》て射」なんかではない。もっと体配《たいはい》もいい加減で、着装も乱れていて、早気《はやけ》で、しかし射れば百発百中という人もいる。そういう人をこそ「中て射」と言うのだと思うが、それとは全然次元の違う、美しく整った射ではある。でもそこに、心はない――ような気がする。そう、もしも彼女が女優になり、弓道女子を演じることになってドラマであの射をしたなら、何も文句はないだろう。よくぞここまで美しい射を見せてくれた、と。それはまさに彼女が目指す「演技の弓道」としては完璧なものかもしれない。
でもこれまで、凛が憧《あこが》れ、感動したような射とは決定的に何かが違うような気がするのだ。
力衰え、視力を失いながらもなお的前《まとまえ》に立ちたいと思う棚橋《たなはし》先生の射には感動したし、その射を目に焼き付けようと思った。いつかの試合の前の演武で見た範士の先生の射も、忘れられない。ただ正確で上手い射など、記憶にも残らないし、ましてや感動とはほど遠い。
――しかしそれは、自分が波多野をライバル視しているから、あえて過小評価しようとしているのではないかと言われると、どうにも自信が持てない。中田が「君の射の方が好きだ」と言った言葉に誘導されている面もあるかもしれない。射品では負けていない、なんてただの負け惜しみのような気もする。正しい射は中《あ》たるはずなのだから、少なくとも最後に外れたあの一本は正しい射ではない、とも言える。
分からない。映像を見ていると自分の射は間違っていないような気もするのだが、それで負けた悔しさを誤魔化していちゃいけないような気もする。
やがて今度は場面が変わって、〝試合〟後に行《おこ》なわれた波多野郁美とのカフェシーン。お互いリラックスした様子で笑い合ったりしているように見えるが、実際には（少なくとも凛の方は）終始ピリピリと緊張しまくっていてリラックスどころではなかった。編集の魔術か、数年来の友人同士に見えないこともない。波多野の服装も、凛に合わせたつもりなのか本人の演出なのか、ダメージジーンズにロックスターか何からしいグループのTシャツで、さほどの「格差」はないように見える。
――一言で言って波多野さんにとって弓道とは何ですか？
画面には映っていないディレクターの質問が、テロップで表示される。
『えー』
波多野郁美は、まるでそんな質問されるとは思っていなかった、というような[b]困惑した笑みを浮かべる。もちろん、収録が始まる前から教え

とても観ていられない。あの人はきっと平気なんだろうけど。

凛は、自分はあくまでも脇役《わきやく》、当て馬なんだから出番は少ないだろうと思っていたのだが、〝女王〟の方は既に番組でお馴染《なじ》みだということなのか、先日の試合に始まり、凛の授業風景、練習風景と続いて、今回に限っては凛に強くスポットを当てた作りだった。

「このカメラマン、プロのくせに下手なんじゃないか？　中田って子の動画の方が可愛《かわい》く撮れてるよな？」

「そりゃね、気持ちが出るもんでしょ、好きな子を撮るときには」

父が漏らした文句に、母がまたいらぬことを言い添える。

「なんだって？　あいつとはつきあってないって……」

「うるさいな、もう！　静かにしてて！」

話題が変な風にならないよう、慌てて釘《くぎ》を刺す。

「……ああいうなよっとしたのは、俺《おれ》はあんまりなあ……」

小さい声でなおも続けるのでじろりと睨《にら》みつけると、ようやく口を閉じてくれた。番組に気を取られてる間に忘れてくれればいいのだが。

――ていうか、「好きな子」って何だよ。一体あいつの何を知ってるって言うの。そう思い、今度は母の後頭部を睨みつけたが、もちろん気づきもしない。後でちゃんと誤解を正しておかねば。

そう考えながらテレビ画面に意識を戻《もど》したものの、父の言うとおり何だか自分の映り方がいつも以上に地味でもっさりしているように観えて、改めて考え込んでしまう。これは一体何だろう。同じ画面で生粋《きっすい》のお嬢様と見比べてしまうからだろうか？　それともやはり中田は凛のベストの表情を選んで撮影したり、悪いのはカットしたりしているのだろうか？

分からなかった。何にしろビジュアルやファッションで波多野と張り合うつもりなどないのだからどうでもいい。特に貧乏くさくは見えていないことにとりあえずほっとする。

ルールが説明され、〝試合〟が始まる。テレビにしては真面目な方の番組らしく、さほど煽《あお》らない淡々としたナレーションと共に、波多野と凛の射を色んな角度から見せる。結果はもちろんとうに分かっているし、中田の撮ったビデオも繰り返し確認させてもらったけれど、それでもやはり凛は息を止めて見入ってしまった。

最初の二手《ふたて》（四本）は特に、自分でも惚《ほ》れ惚《ぼ》れするような気合いの入ったいい射だった。対する波多野郁美はやはり、①きれいで精密だけれど、それ以上の「何か」はない。しかし、たくさんの射を見ている人間でない限り、二人の射の違いなど分からないだろう。現に、ある程度は見慣れているはずの父でさえ、「やっぱこの子はすごいなあ。矢が全部真ん中だもんなあ。そりゃ勝てなくてもしょうがないよ」と敵ながらあっぱれとばかりにa感嘆している。

結果を知っている本人でも（本人だからか？）息詰まる射詰《いづめ》が延々と続く。途中ダイジェストになるのは時間の関係上仕方なかったのだろうが、もしそのまま観せられたらこちらの神経も持たなかったかもしれない。十六射目で遂《つい》に凛の矢はわずかに上に逸《そ》れてしまったところで、「女王勝利！」の文字が躍った。父は残念そうに呻《うめ》き声を上げ、凛の肩に手を回して抱き寄せようとする。抵抗したが、ぎゅっと抱きすくめられ、頭をじゃりじゃりとこすりつけられる。

「よく頑張《がんば》った！　すごいよ。この間の試合もすごかったけど、これはもっとすごい！」

必要があると述べているのか。理由を含めて七十字以内で説明しなさい。

問五 [A]・[B] にあてはまる語句として最も適当なものを、それぞれ次のア～カの中から一つずつ選び、記号で答えなさい。

ア また　イ なぜなら　ウ 要するに

エ ところで　オ たとえば　カ しかし

問六 本文の内容と合致するものを、次のア～オの中から一つ選び、記号で答えなさい。

ア 漱石が『草枕』の冒頭で言っているのは、人の世を生きていくためには人間関係のバランスをうまくとっていくことが大切だということである。

イ 毎日見聞する社会現象を大局的に見ることができれば、世界史の中における現代の立ち位置や日本の立ち位置、そして自分の立ち位置がはっきりしてくる。

ウ 手塚治虫は、漫画の上達に必要な心構えとして、漫画を描くことだけにこだわるのではなく、他分野の芸術作品も生み出そうとするべきだと述べている。

エ これからの教養を構成する知識は、ただ雑多にあるようなものではなく、情緒や形と一体化し、考える能力に結びつく現実対応型のものである。

オ 実体験によって知識を得ようとしない人は、井戸の底と上に見える小さな丸い空しか知らないままで生きようとしている蛙のようなものである。

二、次の文章を読んで、後の問いに答えなさい。

〈この場面までのあらすじ〉
弓道部の篠崎凛《しのざきりん》は、試合会場で出会った波多野郁美《はたのいくみ》に頼まれ、彼女の出るドキュメンタリー番組に対戦相手として出演することになった。今その番組が放送されようとしている。波多野は女優を目指しており、弓道は「見せるためのもの」でかっこいいからやっていると、かつて凛に告げた。

番組が始まった。日曜の朝七時という時間なので、何か理由でもない限り観《み》ることはない時間だ。試合や何かのイベントがあればその準備をしているし、そうでなければ昼まで寝ている。

『スポ魂』――しっかり観たことがなかったので「すぽこん」なのかなと思っていたが、すぽたま、と読むらしいことは今回の収録が決まって初めて知った。

当然タイマー予約してあるのだが、母だけでなく父までちゃんと着替えてテレビの前で待機しているので、凛は何だか居心地が悪く、いっそのこと後で一人で観ようかとも考えたほどだ。しかし、父は多分みんなで一緒《いっしょ》に観たいのだろうと分かってはいたので、三人掛けのソファを半分占領するその暑苦しい身体からなるべく距離を取りつつ、画面に意識を集中する。母は、ソファには座らず二人の間でカーペットに横座りしていて、父の膝《ひざ》に肘《ひじ》をついている。仲がいいのはいいことだと思うが、何かというとベタベタしているのがこそばゆい。

『無敗の弓道女王にライバル登場!』

派手なテロップが躍り、もう既にげんなりしはじめた。自分は「ライバル」の方だからまだましたが、「弓道女王」とか呼ばれる側だったら

対面することもできます。文庫本代をハラウだけで、あり得ないようなオンケイを受けることができるのです。

　ポジショントークしかしない政官財の人々や、テレビでもっともらしいことを自信満々に語る人々でなく、幾歳月にわたる歴史の星霜《せいそう》に耐えた、古今東西の賢人達の精魂こめた授業を、タダで聴講することができるのです。知識や思想を吸収できます。文学書を読めば古今東西の庶民《しょみん》の哀歌に触れることで人間としての美しい情緒や、醜《みにく》い情緒を学ぶことができます。それらに共感し、時には涙し、時にはフルイ立つことさえできるでしょう。

（中略）

　また、歴史や文明や文化に関する本を読むことで、世界史の中における現代の立ち位置、日本の立ち位置、そして究極的には自分の立ち位置が少しずつはっきりしてきます。立ち位置が確立されないと毎日見聞する社会現象を大局的に見ることができません。

　本を読まない人間は井の中の蛙《かわず》と同じになります。この蛙にとって、世界は井戸の底と上に見える小さな丸い空だけです。井戸の外を一切知らなくても蛙は幸せな一生を終えることができるのかも知れません。しかし私は、この蛙に広い広い世界を見せてやりたくてたまりません。実体験だけで満足する人は、一度しかない人生をじっと井戸の中で暮らすようなものです。

　こうして実体験は疑似体験により補完され、健全な知識と情緒と形、すなわちバランスのとれた知情形が身につきます。これこそがこれからの教養であり、あらゆる判断における価値基準となります。別の言葉で言えば、あらゆる判断における座標軸が形作られてくるのです。哲学を中心とした「生とは何か」を問うのがかつての教養で、「いかに生きるか」を問うのがこれからの教養と言ってもよいかも知れません。

（藤原正彦《ふじわらまさひこ》『国家と教養』より　一部中略）

問一　二重傍線部a～dのカタカナを漢字で書きなさい。なお、送り仮名が必要な場合はその部分をひらがなで書きなさい。

問二　傍線部①「死蔵」・傍線部④「概して」の語句の意味として最も適当なものを、それぞれ次のア～エの中から一つずつ選び、記号で答えなさい。

①　死蔵

ア　しまったままにすること

イ　いつのまにかなくすこと

ウ　取り出して処分すること

エ　持ち主がいなくなること

④　概して

ア　目立って　イ　なぜか

ウ　一般に　エ　おそらく

問三　傍線部②「京都がどんな町かは、京都に行って見なければ完全には理解することはできません」とあるが、この内容について筆者が気をつけなければならないと述べているのはどういうことか。それについて説明した次の文の空欄にあてはまる語句を、本文中から［X］は七字で、［Y］は五字で抜き出して答えなさい。

寺などの［X］だけではなく、［Y］についても知らなければ、京都について完全に理解できたとはいえない。

問四　傍線部③「大問題」とあるが、筆者はこの問題に対してどうする

る辛さも、欺《だま》されたり裏切られた時の悔しさも、そんな目にあって初めて分かります。自分自身の体験によって、そういう目にあっている人に同情したり、他人をそういう目にあわせないよう心がけることになります。

ここで③大問題は、充分な知識や情緒や形を得るために、実体験だけで足りるかということです。一生の間に実体験できることはとても限られています。自らが生涯《しょうがい》に歩いた道路の長さの総和は、世界全道路の長さの兆分の一にもなりません。出会った人の数だって限られています。言葉を交した人の数はさらに少なく、深い意志の疎通《そつう》を交した人の数ともなると、大抵の場合、家族を除くと片手の指、多くても両手の指で足りてしまうのではないでしょうか。

にもかかわらず私達は、人間とはこういうものだ、こういう状況ではこう考え、こう思い、こう行動する、というかなり正しいイメージを持っています。これを持たないと社会生活ができません。私達が、よく知る人はたった数名なのに、そんなイメージを持つことができるのは、映画やテレビドラマや読書などで、乏しい実体験を補強しているからです。

家族や学校で親や先生に教わる知識だって、ほんの基礎基本だけです。人間として真っ当で充実した生き方をするためにはとても充分とは言えません。これからの教養、すなわち情緒や形と一体化した知識を獲得するには、まず自ら努力して得る必要があります。実体験では余りにも足りないので、間接体験（追体験）によることになります。読書、文化、芸術などに親しむことが大切となるのです。人によっては自然や宗教もあるかも知れません。先ほど京都がどんな町かは京都に行って見なければ分からないと言いましたが、注意すべきは、それでは目に見えるものしか分からないということです。

例えば京都の金戒光明寺《こんかいこうみょうじ》は、何も知らない人にとって、京大近くの丘の上のだだっ広いお寺に過ぎません。 A 書物をひもとけば、ここは、十五歳より比叡山《ひえいざん》で修行を積んでいた法然上人《ほうねんしょうにん》が、四十三歳の時に山を下りて草庵《そうあん》を結んだ地であり、初めての浄土宗《じょうどしゅう》寺院であることが分かります。 B 、十四歳の美少年平敦盛《たいらのあつもり》の首を斬《き》った熊谷直実《くまがいなおざね》が、出家しようと法然の教えを受けに来た所と分かります。

aバクマツには京都の治安を保ち孝明《こうめい》天皇を守ろうと、京都守護職として会津《あいづ》武士一千名がここに滞在したことも分かります。御所まで二キロ、東海道の京都入口である粟田口《あわたぐち》まで二キロ、という警固上の絶好の位置にあることも分かります。京都を京都たらしめている歴史や文化を知って、初めて京都とは何かが分かるのです。

読書を代表とする疑似体験は、実体験に比べれば④概して深さも強烈さもはるかに小さく、人間の教養を豊かにする力としては微々たるもの、という声が聞こえてきそうです。その通りです。力としては十分の一かも知れません。しかし、一つ一つは十分の一の深さや強烈さの疑似体験でも、自ら求めさえすれば実体験の百倍に上る回数を体験することも可能です。そうすれば実体験だけの人に比べ十倍の教養を得ることができることになります。

特に疑似体験の柱となる読書なら時間も金もさほどかかりませんから、いくらでも重ねることが可能です。読書を通じ、古今東西の賢人や哲人や文人の言葉に耳を傾けることができます。漱石やドストエフスキーの言葉に耳を傾け、紫式部《むらさきしきぶ》や清少納言《せいしょうなごん》やシェークスピアと親しく

【国　語】〈五〇分〉　〈満点：六〇点〉

【注意】字数制限の設問については、特別な指示がない限りは、、や。「」などの記号を字数に含めます。

一、次の文章を読んで、後の問いに答えなさい。

これからの教養とは無論、インターネットにある雑多な情報の集合体ではありません。情報を論理的に体系化したものが知識とすると、これからの教養は書斎《しょさい》型の知識でなく、現実対応型のものでなくてはなりません。現実対応型の知識とは、屍《しかばね》のごとき知識ではなく、生を吹き込まれた知識、情緒《じょうちょ》や形と一体となった知識です。

ここで言う情緒や形とは一体何でしょうか。まず情緒ですが、ほぼ先天的に備わっている喜怒哀楽ではありません。それなら獣にもあります。より高次元とも言える、後天的に得られるもの、すなわちその人が生まれ落ちてからこれまでにどんな経験をしてきたか、によって培《つちか》われる心です。どんな親に育てられたか、どんな友達や先生と出会ってきたか、どんな美しいものを見たり読んだりして感動してきたか、どんな恋や失恋や片思いをしてきたか、どんな悲しい別れに会ってきたか……などにより形成されるものです。美的感受性やもののあわれなどの美的情緒、宗教によって得られる宗教的情緒なども含まれます。

また形とは、日本人としての形、すなわち弱者に対する涙、卑怯《ひきょう》を憎む心、正義感、勇気、忍耐《にんたい》、誠実、などです。論理的とは言えないものの価値基準となりうる、獣ではない人間のあり方です。こう書いてくると、これからの教養とはプラトンやカントまで、様々な哲学者が語った知情意や真善美に似ています。これらを荒っぽく要約すると、知（真）が知識、情（美）が情緒、意（善）が意志や道徳ですから、私の言う教養、すなわち情緒や形と一体になった知識、とはそれらに近いと言えます。

漱石《そうせき》も『草枕《くさまくら》』の冒頭で言っています。「山路を登りながら、こう考えた。智《ち》に働けば角が立つ。情に棹《さお》させば流される。意地を通せば窮屈《きゅうくつ》だ。兎角《とかく》に人の世は住みにくい」。バランスが大切ということでしょう。

一人前の人間として大切な教養については、人により言い方が異なります。東京女学館女子中高の校長をしていた四竈経夫《しかまつねお》先生は、「私が生徒にどうしても伝えたいのは三つのこと、読書と登山と古典音楽の愉《たの》しさです」と私に語りました。ある会社の社長は「人間にとって最も大切なのは、人と付き合い、本を読み、旅をすることだ」と言いました。手《て》塚治虫《づかおさむ》はこう言いました。「君たち、漫画から漫画の勉強をするのをやめなさい。一流の映画を見ろ、一流の音楽を聴け、一流の芝居を見ろ、一流の本を読め。そしてそれから自分の世界を作れ」。表現は様々ですが、大体、私と同じことを言っているように思います。

ニーチェは「本をめくることばかりしている学者は、ついにはものを考える能力をまったく喪失《そうしつ》する」と言いました。知識が充分《じゅうぶん》にあるだけでは、①死蔵された知識に過ぎず、考える能力に結びつかないのです。

これからの教養を構成するものは、情緒や形ばかりか知識も、基本は実体験によって得られるものです。②京都がどんな町かは、京都に行って見なければ完全には理解することはできません。象やキリンがどんな動物かも、何らかの方法で見る必要があります。モーツァルトやビートルズの音楽がどんなものかは、聴く以外にないのです。ぶたれた時の痛さも、貧しくて充分に食べられない悲しさや苦しさも、仲間外れにされ

2020年度

解　答　と　解　説

《2020年度の配点は解答欄に掲載してあります。》

＜数学解答＞

Ⅰ　〔1〕 4　〔2〕 $\frac{1}{9}$　〔3〕 $\frac{5\sqrt{6}}{2}-3$　〔4〕 $x=7$，$y=8$　〔5〕 $x=-4$，2

〔6〕 $(2x+y-3)(2x-y+3)$

Ⅱ　〔1〕 (1) 3通り　(2) 6通り　〔2〕 $\frac{2}{9}$　〔3〕 およそ11400人

Ⅲ　〔1〕 $y=-\frac{1}{4}x+3$　〔2〕 $\frac{21}{2}$　〔3〕 $\frac{147}{4}$　〔4〕 $\left(-\frac{10}{3},\ \frac{13}{3}\right)$

Ⅳ　〔1〕 12cm　〔2〕 $18\sqrt{2}\,\mathrm{cm}^2$　〔3〕 $18\sqrt{15}\,\mathrm{cm}^3$　〔4〕 $\frac{6\sqrt{5}}{5}$cm

Ⅴ　〔1〕 $26\mathrm{cm}^2$　〔2〕 $2n\mathrm{cm}^2$　〔3〕 (1) $(-x^2+6x)\mathrm{cm}^2$

(2) 方程式　$18x^2+12x=48$　答え $\frac{4}{3}$　計算過程：解説参照

○推定配点○

Ⅰ　各2点×6　Ⅱ　各3点×4　Ⅲ　各3点×4　Ⅳ　各3点×4　Ⅴ　〔1〕・〔2〕　各2点×2

〔3〕 (1) 3点　(2) 5点　計60点

＜数学解説＞

基本　Ⅰ　（正負の数，式の計算，平方根，連立方程式，2次方程式，因数分解）

〔1〕 $(-2^3)\times(-3)-(-2)^2\div 0.2=(-8)\times(-3)-4\div\frac{1}{5}=24-20=4$

〔2〕 $\frac{5}{4}xy^2\div\left(-\frac{3}{2}x^2y\right)^3\times\left(-\frac{3}{10}x^5y\right)=\frac{5xy^2}{4}\times\frac{8}{27x^6y^3}\times\frac{3x^5y}{10}=\frac{1}{9}$

〔3〕 $\frac{\sqrt{3}}{\sqrt{2}}-(\sqrt{6}+1)(\sqrt{6}-3)=\frac{\sqrt{6}}{2}-(6-2\sqrt{6}-3)=\frac{5\sqrt{6}}{2}-3$

〔4〕 $x-\frac{2x-y}{3}=\frac{y}{2}+1$より，$6x-2(2x-y)=3y+6$　$2x-y=6$…①　$3x-2y=5$…②　①×2－②より，$x=7$　これを①に代入して，$14-y=6$　$y=8$

〔5〕 $(2x-1)^2=(x-5)^2$　$(2x-1)^2-(x-5)^2=0$　$\{(2x-1)+(x-5)\}\{(2x-1)-(x-5)\}=0$　$(3x-6)(x+4)=0$　$3x-6=0$より，$x=2$　$x+4=0$より，$x=-4$

〔6〕 $4x^2-9-y^2+6y=4x^2-(y^2-6y+9)=(2x)^2-(y-3)^2=(2x+y-3)(2x-y+3)$

Ⅱ　（場合の数，確率，標本調査）

〔1〕 袋A，袋Bから取り出したカードに書かれている数をそれぞれa，bとする。

(1) 箱の中の球の個数が2個のとき，$(a,\ b)=(1,\ 2)$　箱の中の球の個数が3個のとき，$(a,\ b)=(3,\ 4)$　箱の中の球の個数が4個のとき，$(a,\ b)=(5,\ 6)$　よって，全部で3通り。

(2) 題意を満たすのは，$(a,\ b)=(1,\ 4)$，$(1,\ 6)$，$(2,\ 6)$，$(3,\ 6)$，$(4,\ 2)$，$(5,\ 2)$の6通り。

〔2〕 さいころの目の出方の総数は$6\times6=36$(通り)　題意を満たすのは，$a+b=2$，5，10のときで，$(a,\ b)=(1,\ 1)$，$(1,\ 4)$，$(2,\ 3)$，$(3,\ 2)$，$(4,\ 1)$，$(4,\ 6)$，$(5,\ 5)$，$(6,\ 4)$の8通りだか

ら，求める確率は，$\frac{8}{36}=\frac{2}{9}$

基本 〔3〕 中学生以外の入場者をx人とすると，$3420:x=60:140$　$x=\frac{3420\times140}{60}=7980$　よって，昨日の入場者は，$3420+7980=11400$（人）

Ⅲ （図形と関数・グラフの融合問題）

基本 〔1〕 $y=\frac{1}{4}x^2$に$x=-4$を代入して，$y=\frac{1}{4}\times(-4)^2=4$　よって，A$(-4,\ 4)$　$y=\frac{1}{4}x^2$に$x=3$を代入して，$y=\frac{1}{4}\times3^2=\frac{9}{4}$　よって，B$\left(3,\ \frac{9}{4}\right)$　直線ABの式を$y=ax+b$とすると，2点A，Bを通るから，$4=-4a+b$，$\frac{9}{4}=3a+b$　この連立方程式を解いて，$a=-\frac{1}{4}$，$b=3$　よって，$y=-\frac{1}{4}x+3$

基本 〔2〕 D$(0,\ 3)$とすると，$\triangle\mathrm{OAB}=\triangle\mathrm{OAD}+\triangle\mathrm{OBD}=\frac{1}{2}\times3\times4+\frac{1}{2}\times3\times3=\frac{21}{2}$

重要 〔3〕 $y=\frac{1}{4}x^2$に$x=6$を代入して，$y=\frac{1}{4}\times6^2=9$　よって，C$(6,\ 9)$　直線ACの式を$y=cx+d$とすると，2点A，Cを通るから，$4=-4c+d$，$9=6c+d$　この連立方程式を解いて，$c=\frac{1}{2}$，$d=6$　よって，$y=\frac{1}{2}x+6$　直線AC上にx座標が3である点Eをとると，点Eのy座標は，$y=\frac{1}{2}\times3+6=\frac{15}{2}$　よって，$\mathrm{EB}=\frac{15}{2}-\frac{9}{4}=\frac{21}{4}$　$\triangle\mathrm{ABC}=\triangle\mathrm{ABE}+\triangle\mathrm{CBE}=\frac{1}{2}\times\frac{21}{4}\times\{3-(-4)\}+\frac{1}{2}\times\frac{21}{4}\times(6-3)=\frac{105}{4}$　したがって，四角形OBCAの面積は，$\triangle\mathrm{OAB}+\triangle\mathrm{ABC}=\frac{21}{2}+\frac{105}{4}=\frac{147}{4}$

重要 〔4〕 求める点をFとすると，$\triangle\mathrm{FBC}=\frac{147}{4}\times\frac{2}{3}=\frac{49}{2}$　点Fのx座標をtとすると，$\triangle\mathrm{FBC}=\triangle\mathrm{FBE}+\triangle\mathrm{CBE}=\frac{1}{2}\times\frac{21}{4}\times(3-t)+\frac{1}{2}\times\frac{21}{4}\times(6-3)=\frac{21}{8}(6-t)$　よって，$\frac{21}{8}(6-t)=\frac{49}{2}$　$6-t=\frac{28}{3}$　$t=-\frac{10}{3}$　$y=\frac{1}{2}x+6$に$x=-\frac{10}{3}$を代入して，$y=\frac{1}{2}\times\left(-\frac{10}{3}\right)+6=\frac{13}{3}$　したがって，F$\left(-\frac{10}{3},\ \frac{13}{3}\right)$

Ⅳ （空間図形の計量）

基本 〔1〕 ABは直径だから，$\angle\mathrm{ACB}=90°$　よって，$\mathrm{AB}=\sqrt{\mathrm{AC}^2+\mathrm{BC}^2}=\sqrt{6^2+(6\sqrt{3})^2}=\sqrt{144}=12$(cm)

重要 〔2〕 $\mathrm{OA}=\frac{1}{2}\mathrm{AB}=6$　△OADと△CADにおいて，AD共通，OA＝CA，∠OAD＝∠CAD＝90°　2組の辺とその間の角がそれぞれ等しいから，△OAD≡△CAD　よって，$\mathrm{OD}=\mathrm{CD}=\sqrt{\mathrm{AC}^2+\mathrm{AD}^2}=\sqrt{6^2+(3\sqrt{5})^2}=\sqrt{81}=9$　線分OCの中点をMとすると，$\mathrm{DM}=\sqrt{\mathrm{CD}^2-\mathrm{CM}^2}=\sqrt{9^2-3^2}=6\sqrt{2}$　したがって，$\triangle\mathrm{OCD}=\frac{1}{2}\times6\times6\sqrt{2}=18\sqrt{2}$($\mathrm{cm}^2$)

重要 〔3〕 求める立体は四角錐C－ADO′Oである。底面の長方形ADO′Oの面積は，$6\times3\sqrt{5}=18\sqrt{5}$　高さは正三角形OACの高さに等しく，$\frac{\sqrt{3}}{2}\times6=3\sqrt{3}$　よって，求める立体の体積は，$\frac{1}{3}\times18\sqrt{5}\times3\sqrt{3}=18\sqrt{15}$($\mathrm{cm}^3$)

重要 〔4〕 円の中心をP，線分ODとの接点をQとし，半径を$r$cmとする。

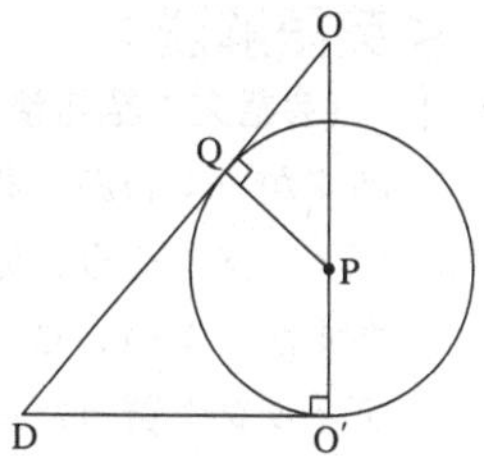

△ODO′と△OPQにおいて，∠OO′D＝∠OQP＝90°　共通な角だから，∠DOO′＝∠POQ　2組の角がそれぞれ等しいから，△ODO′∽△OPQ　OD：OP＝DO′：PQ　$9:(3\sqrt{5}-r)=6:r$　$9r=6(3\sqrt{5}-r)$　$15r=18\sqrt{5}$　$r=\frac{6\sqrt{5}}{5}$(cm)

Ⅴ（規則性）

基本 〔1〕 他の紙と重なっていない部分は，図のような，両端のL字形の図形aが2個，1辺の長さが1cmの正方形bが$(10-2)\times2=16$(個)だから，その面積の合計は，$(3^2-2^2)\times2+1^2\times16=26$(cm²)

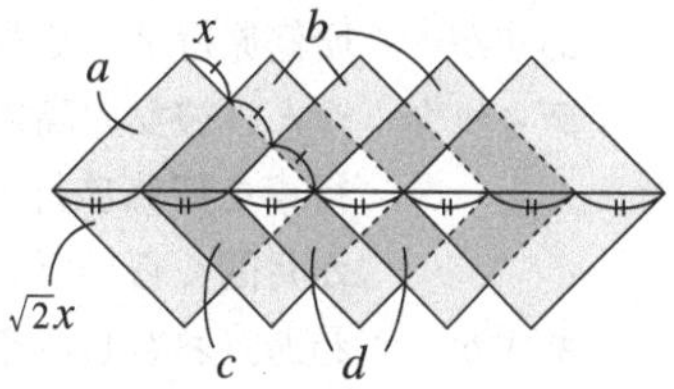

〔2〕 ちょうど2枚の紙が重なっている部分は，図のような，L字形の図形cが2個，1辺の長さが1cmの正方形dが$(n-3)\times2=2n-6$(個)だから，その面積の合計は，$(2^2-1^2)\times2+1^2\times(2n-6)=2n$(cm²)

〔3〕 (1) L字形の図形aの部分の面積は，$3^2-(3-x)^2=9-(9-6x+x^2)=-x^2+6x$(cm²)

(2) 〔1〕と同様に考えて，他の紙と重なっていない部分の面積の合計は，$(-x^2+6x)\times2+x^2\times(12-2)\times2=18x^2+12x$　よって，$18x^2+12x=48$　$3x^2+2x-8=0$　解の公式を用いて，$x=\frac{-2\pm\sqrt{2^2-4\times3\times(-8)}}{2\times3}=\frac{-2\pm10}{6}=\frac{4}{3}$，$-2$　$0<x<\frac{3}{2}$より，$x=\frac{4}{3}$

★ワンポイントアドバイス★

関数や図形の大問では，前問を手がかりにして次の小問を考えるので，ミスのないように解いていこう。時間配分を考えることも大切だ。

＜英語解答＞

筆記テスト

Ⅰ 〔1〕 オイアカエウ　〔2〕 エアウカオイ　〔3〕 イウカアエオ　〔4〕 アエイカウオ
〔5〕 イカアオエウ

Ⅱ 〔1〕 staying　〔2〕 got　〔3〕 excited　〔4〕 to stay　〔5〕 heard
〔6〕 seeing　〔7〕 spoke　〔8〕 understood　〔9〕 see　〔10〕 be surprised

Ⅲ 〔1〕 ウ　〔2〕 ア　〔3〕 He started (learning it) last month.　〔4〕 エ

Ⅳ 〔1〕 イ　〔2〕 fifth　〔3〕 木は成長するために二酸化炭素を必要とするから。
〔4〕 イ，エ

リスニングテスト

Ⅰ・Ⅱ　解答省略

○推定配点○

筆記テスト　Ⅰ・Ⅱ　各2点×15　Ⅲ 〔1〕・〔2〕 各1点×2　他　各2点×2
Ⅳ　各2点×4
リスニングテスト　Ⅰ・Ⅱ　各2点×8　計60点

＜英語解説＞

重要 Ⅰ （会話文：語句整序，受動態，熟語，関係代名詞，不定詞）

あすか　：わあ，あなたの帽子，いいね。[1]上に日本語が書いてある。

ディック：そう。見て。「北海道」という単語もあるよ。

あすか　：いいね。どこで買ったの？

ディック：買ったんじゃないよ。姉が去年，僕に買ってくれたんだ。彼女は高校の研修旅行に参加して札幌を訪問したんだよ。

あすか　：研修旅行？　それは何？　[2]それは修学旅行と違うの？

ディック：うん。彼女の高校では，生徒たちが外国の高校へ行き，そこの言語と文化を学ぶ。この行事を研修旅行と呼ぶんだ。生徒たちはふつう，学校の休暇中にそれを行い，期間は1か月間くらいだ。[3]彼らは自分が学ぶ場所を選ぶことができる。

あすか　：わあ，おもしろそうね。あなたのお姉さんはどうして日本を選んだの？

ディック：姉は日本の酪農に興味があって北海道を選んだよ！

あすか　：なるほど。彼女はここで何をしたの？

ディック：高校で日本語を学んだよ。彼女たちは学校で勉強して，ときどき町にグループで行った。観光を楽しみながら日本語を話そうとしたよ。

あすか　：では彼女たちは勉強した後，日本語を使ってみたのね。それは日本語を学ぶ良い方法よ。

ディック：僕もそう思うよ。そして彼女は酪農も体験した。彼女は農場で働く家族のところに滞在した。彼女は滞在中毎日，[4]牛の世話をした。彼女は楽しい時を過ごし，来年から日本の酪農を学ぶために北海道の大学へ通うことにしたんだよ。

あすか　：本当？　そう聞いてうれしいな。あなたは今，私たちの中学で日本語を勉強しているよね。あなたもお姉さんのように日本の酪農に興味があるの？

ディック：少しね，でも僕は将来ツアーガイドになりたい。僕は日本の文化，日本の食べ物，日本の人々が好きなんだ。[5]日本には訪れるべき良い場所がたくさんあると思う。もちろん北海道にも。だから僕は自分の国の人々に日本の良いところを教えたい。

あすか　：いいね。あなたの夢がかないますように！

ディック：ありがとう，あすか。

〔1〕　受動態〈be動詞＋過去分詞〉「～される」の文。on it の it は your cap を指す。

〔2〕　be different from ～「～と異なる」　疑問文で Is it different from ～? とする。

〔3〕　place の後ろに目的格の関係代名詞が省略されており，they will study at が place を後ろから修飾する。

〔4〕　take care of ～「～の世話をする」　take－took－taken

〔5〕　〈There are ＋複数名詞〉「～ある」　to visit は形容詞的用法の不定詞。

基本 Ⅱ （メール文：語形変化，動名詞，時制，不定詞）

〔1〕　enjoy ~ing「～することを楽しむ，～して楽しむ」〔2〕　過去形にする。get－got－got
〔3〕　be excited「わくわくしている」〔4〕　〈where to ＋動詞の原形〉「どこに～するべきか」
〔5〕　過去形にする。hear－heard－heard　〔6〕　look forward to ~ing「～することを楽しみにする」〔7〕　過去形にする。speak－spoke－spoken　〔8〕　過去形にする。understand－understood－understood　〔9〕　時，条件を表す副詞節中は未来のことでも現在形で表すので，see のままでよい。　〔10〕　be surprised「驚く」

（全訳）

送信者：ピーター
受信者：卓也
日付：2019年10月18日　16時32分
件名：僕の良い知らせ

卓也，元気？
僕は来週のスピーチコンテストの準備をしているから，最近はとても忙しいよ。僕は去年日本に滞在したことを話すつもりだ。僕は君の家族のところに滞在してとても楽しかった。一緒に過ごした素晴らしい時間をありがとう。ねえ！　僕は本当に良い知らせがあるよ。昨日，僕の父が東京オリンピックのチケットを2枚[2]手に入れた。僕はとてもうれしいよ。僕たちは新国立競技場でいくつかの競技を見る。だから僕は8月に再び君の国に行くんだ。父は今回が初めての日本訪問になるので，とても[3]わくわくしている。また君に会えるといいな。僕の父も君や君の家族に会いたがっている。僕たちは1つ問題がある，だから君に助けてほしい。東京でどこに[4]滞在すべきかわからないんだ。競技場の近くに良いホテルはあるかな？　すぐに返信してください。
ピーター

送信者：卓也
受信者：ピーター
日付　：2019年10月19日　19時18分
件名　：RE：僕の良い知らせ

やあ，ピーター，
メールを送ってくれてありがとう。君の良い知らせを[5]聞いた時，僕はとてもうれしかったよ。君はホテル探しを心配する必要はない。僕の家に滞在していいよ。僕の家は新国立競技場に近い。僕の家族も君に[6]会えることを楽しみにしているよ。
ところで，僕も良い知らせがある。今日，英語のテストがよくできたよ。今，僕は他のどの教科よりも英語が好きだ。でも実は，去年は英語が好きではなかった。去年君が日本に来て僕の家に滞在した時，君は日本語が上手に話せなかった。だから僕たちは簡単な英語と簡単な日本語で[7]話したよね。僕は君が僕の英語を[8]理解してくれた時うれしかった。君が国に帰って以来，僕は英語のリスニングとスピーキングを一生懸命練習しているんだ。例えば僕は英語のラジオ放送を毎日聞いている。そして学校のALTの先生と英語で話すように心がけている。今度の8月に僕が君に[9]再会した時，君は[10]驚くだろう。そして僕は君と英語でたくさんのことを話せたらいいなと思う。
来週のスピーチコンテスト，頑張って。
卓也

Ⅲ　**（会話文読解問題：語句補充・選択，指示語，英問英答，内容一致）**

（全訳）　久美子：ボブ，日本語が上手ね。どのくらい日本語を勉強しているの？
ボブ　：[A]2年間ほど勉強しているよ。僕は12歳の時に日本語を学び始めた。1年間アメリカで勉強して，去年日本に来たんだ。今僕は日本語を話せるけれど，書くのは得意ではないよ。
久美子：先週あなたは私に日本語の手紙をくれたよね。ひらがなとカタカナが上手に書けていたよ。

ボブ　：ありがとう。僕は先月漢字を学び始めたよ。今，僕はこの辞書を使って漢字を学んでいるんだ。時々少し困ったことがある。1つ手伝ってくれない？

久美子：もちろん。どの漢字が問題なの？

ボブ　：これだよ。発音の仕方がわからないんだ。読んでくれる？

久美子：それは「やま」よ。「やま」の意味はわかる？

ボブ　：[B]うん，わかるよ。英語でmountainの意味だよね？

久美子：そうよ。やまの漢字の形を見て。山の形に見えるでしょう。

ボブ　：ああ，そうだね！　山のようだね。形で漢字の意味が推測できるんだね？　それはおもしろい！

久美子：そうね。簡単な漢字の意味を知っていれば，もっと難しい漢字の意味も推測できるのよ。treeを表す漢字を勉強した？

ボブ　：うん。「木」だね。昨日の授業で習ったよ。

久美子：ではその同じ漢字を3回書ける？　そしてそれらを1つにまとめて。

ボブ　：どう書くの？

久美子：最初の「木」を線の上に書いて，残り2つの「木」をその下の線の上に書く。すると，別の漢字を書いたことになるわ。[C]意味を推測してみて。

ボブ　：えーと，それは木がいっぱいある場所という意味だと思う。あ！　それはforestを表す漢字だね？

久美子：そうよ。「もり」と発音するの。あなたはもう，私の名字を漢字で書けるわ。「山」と「森」の両方が使われているの。

ボブ　：君は「森山」久美子だね。教えてくれてありがとう。もっと漢字を勉強していつか君にひらがな，カタカナ，漢字で手紙を書くよ。

久美子：どういたしまして。それはいいね。待っているわ！

〔1〕　全訳下線部参照。

〔2〕　Thatは直前の文の内容を指す。ア「形を見ることで漢字の意味が想像できる」が適当。

重要　〔3〕「ボブはいつ漢字を学び始めたか」　ボブの2番目の発言の第2文を参照し，「彼は先月漢字を学び始めた」と答える。learning kanji「漢字を学ぶこと」は省略可。

〔4〕　ア「ボブは12歳の時に日本で日本語を勉強し始めた」（×）　イ「ボブは先週久美子にひらがなだけで手紙を書いた」（×）　ウ「ボブは久美子からtreeを表す漢字を習った」（×）　エ「ボブは久美子の名字を漢字で書く方法を学んだ」（○）

Ⅳ　**（長文読解・資料読解：内容吟味，内容一致）**

（全訳）　地球温暖化についてどのくらい知っていますか。地球は年々温かくなっている。1950年よりも約0.5℃温かくなった。私たちが何も対策をしなければ気温は100年で約4℃上がると言う科学者もいる。地球が温暖化するといくつかの問題が起きる。例えば，地球温暖化は海面上昇や，台風や洪水といった異常気象を引き起こす。

何が地球を温かくしているのか。原因の1つは二酸化炭素が多すぎることだ。産業革命以来，人間はたくさんの化石燃料を使い，たくさんの木を伐採してきた。結果として，空気中の二酸化炭素量が毎年増えている。グラフを見てください。このグラフは，2016年の二酸化炭素排出量の上位5つの国による，二酸化炭素排出量を示している。中国が排出した二酸化炭素量は世界で最も多かった。アメリカは2位だった。日本はどうか。グラフは，日本が世界で①5位の排出国だと示している。日本が排出した二酸化炭素量はロシアとほぼ同じだった。インドはロシアよりも多くの二酸化炭素を排出した。今，どの国も二酸化炭素を削減しようと努力している。それについて何かすることは難しいと思うかもしれないが，私たちは毎日の生活の中でたくさんのことができる。

まず，私たちはエネルギーを過度に使うのをやめるべきだ。ふつう，エネルギーが使われると二酸化炭素も作られる。テレビを見ていない時には消しなさい。車を使う代わりに自転車を使うか歩きなさい。次に，私たちは森を保護すべきだ。木は非常に大切だ。木は成長するのに二酸化炭素を必要とする。だから②それらは空気中の二酸化炭素を減らす。しかし多くの木が，紙など私たちが毎日使うものを作るために伐採される。紙を使い過ぎないようにし，まだ使えるノートを捨てないようにしなさい。紙袋を何度も使うようにしなさい。これらは小さなことだ。しかし皆が一緒にやれば，地球を守ることができる。次のページのリストに，私たちができることの案がある。

地球温暖化は大きな問題だ。私たちは地球を守るために，それを食い止める方法を見つけ，できることは何でもやらなくてはならない。自分に何ができるか考え，友人たちとそれについて話してください。地球は全ての援助を必要としている。

リスト

場所	地球を守るための案
居間	エアコンを使う時はカーテンを閉める
居間	エアコンを使う時は家族と一緒に同じ部屋で過ごす
居間	テレビの画面の明るさを落とす
キッチン	冷蔵庫を壁から離して設置する
キッチン	冷蔵庫に食品をたくさん入れず，素早く開け閉めする
浴室	風呂の追い炊きを避けるため，家族が次々と風呂に入る

重要 〔1〕 A　第2段落第7文より，1位は中国。　B　第2段落第8文より，アメリカが2位。come in second「2位になる」　C　第2段落第12文参照。インドはロシアより多いので3位。　D　第2段落第11文参照。日本とロシアが同じくらいの量なので，Dがロシアとわかる。

〔2〕 グラフより日本は5位とわかるので fifth「5番目」を入れる。〈the ＋序数＋最上級〉「～番目に…な」

重要 〔3〕 直前の文参照。They は Trees を指す。

〔4〕 イ（○）　本文の第1段落最終文に一致する。　エ（○）　リストの「キッチン」の欄に一致する。

リスニングテスト

Ⅰ・Ⅱ　リスニング問題解説省略。

★ワンポイントアドバイス★

Ⅳの長文は地球温暖化に関する文章。入試頻出のテーマである。

＜理科解答＞

Ⅰ 〔1〕 エ 〔2〕 イ 〔3〕 エ 〔4〕 ウ 〔5〕 ア
〔6〕 フロンガス

Ⅱ 〔1〕 A 1.5N B ウ 〔2〕 ア 〔3〕 24cm/s
〔4〕 右図 〔5〕 エ 〔6〕 イ

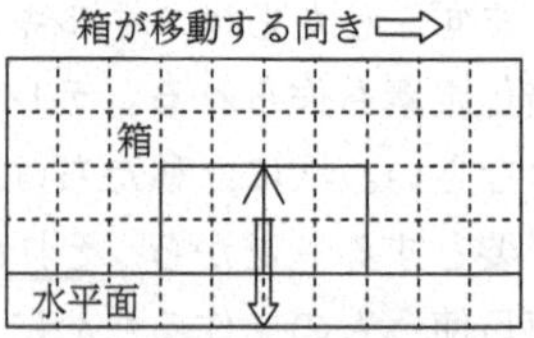

Ⅲ 〔1〕 (化学変化の前後で)原子の組み合わせは変化するが，数と種類は変化しないから。
〔2〕 A CO_2 B H_2O 〔3〕 右図
〔4〕 7.5g 〔5〕 18.0g 〔6〕 25：42

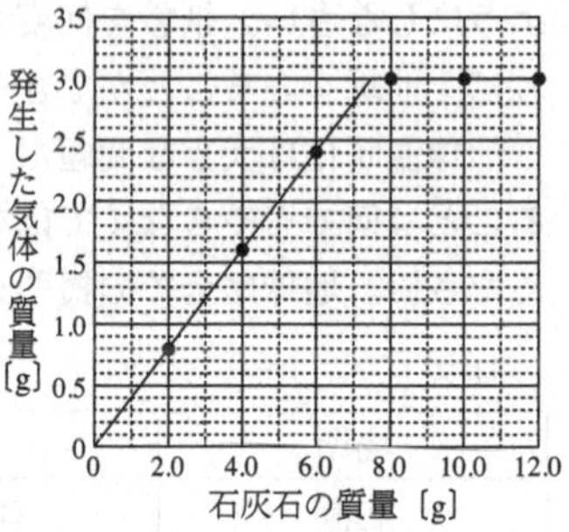

Ⅳ 〔1〕 ① ア ② ア ③ イ 〔2〕 肺胞
〔3〕 エ 〔4〕 (1) 18.0L (2) 540g
(3) 酸素 380.0L 二酸化炭素 342.0L

Ⅴ 〔1〕 エ 〔2〕 79％ 〔3〕 ウ 〔4〕 15.4g
〔5〕 51％ 〔6〕 4.0g

○推定配点○

Ⅰ 各2点×6 Ⅱ 各2点×6(〔1〕完答) Ⅲ 各2点×6(〔2〕完答)
Ⅳ 各2点×6(〔1〕，〔4〕(3)完答) Ⅴ 各2点×6 計60点

＜理科解説＞

Ⅰ (小問集合—各分野の基礎知識)

〔1〕 暗い場所から明るい場所に出ると，Bの虹彩の大きさが変わって，光が通るひとみの部分が小さくなる。これは無意識に起こる反応である反射の一つである。なお，Aは角膜である。

〔2〕 図2の並列つなぎに比べて，図3の直列つなぎでは，全体の抵抗が大きいため流れる電流が小さく，電熱線の発熱量も小さい。そのため，上位2つは図2，下位2つは図3となる。図2では，各電熱線にかかる電圧は等しい。抵抗の小さい電熱線Aが，抵抗の大きい電熱線Bに比べて流れる電流が大きいので，発熱量も大きい(A＞B)。図3では，各電熱線に流れる電流は等しい。抵抗の小さい電熱線Cが，抵抗の大きい電熱線Dに比べてかかる電圧が小さいので，発熱量も小さい(D＞C)。

〔3〕 ある地点で観測される初期微動継続時間は，その地点の震源からの距離に比例する。地点Aで，地震Yの方が初期微動継続時間が短かったのは，地震Yが近距離で起こったためである。

〔4〕 水酸化ナトリウム水溶液を入れはじめても，水酸化物イオンOH^-は塩酸中の水素イオンH^+と結びついて水H_2Oになるため，ビーカー内の数は0のまま増えない。中和点の30cm^3を過ぎて水酸化ナトリウム水溶液が余ると，水酸化物イオンOH^-の数が増え始める(ウ)。なお，アは水素イオンH^+，イはナトリウムイオンNa^+，エは塩化物イオンCl^-の数である。

〔5〕 がん治療薬「オプシーボ」の開発で，2018年にノーベル医学生理学賞を受賞したのは，本庶佑氏である。山中伸弥氏は2012年にiPS細胞の研究でノーベル医学生理学賞，湯川秀樹氏は1949年に中間子の研究で日本人初のノーベル物理学賞，利根川進氏は1987年に抗体生成の遺伝的原理の解明でノーベル医学生理学賞をそれぞれ受賞した。

〔6〕 20世紀後半に，冷蔵庫などの冷媒やスプレー缶などに大量に使用されていたフロンガスは，上空のオゾン層を破壊することが判明し，国際的に使用が規制された。

Ⅱ（運動とエネルギー―斜面を下りる箱の運動）

重要 〔1〕 図2を見ると，おもりが1.0N増えるごとに，ばねの伸びが1.0cm増えている。おもりの重さが0のとき，ばねは1.5cm伸びているから，箱の重さは1.5Nである。また，ばねにかかる力はおもりの重さそのものではなく，重さのうち斜面に平行な分力と等しい。そのため，ばねが1.0cm伸びるときのおもりの重さは1.0Nだが，ばねにかかる力は1.0Nよりも小さい。

〔2〕 角度Xを大きくすると，おもりの重さのうち斜面に平行な分力が大きくなる。同じ1.5Nの箱でも，ばねにかかる力は大きくなり，ばねの伸びは大きくなる。また，同じ1.0Nのおもりでも，ばねにかかる力は大きくなるので，グラフの傾きは大きくなる。

〔3〕 実験3では，1秒間に60回打点する記録タイマーを使った実験なので，6打点ごとに切ったテープ1本は0.1秒間を表している。その時間で箱は2.4cm進んでいるので，平均の速さは2.4cm÷0.1秒＝24cm/sとなる。

基本 〔4〕 箱が水平面を動いているときは，等速直線運動をしているので，箱にかかる力はつりあっている。上下方向には，箱に下向きにかかる重力と，水平面が箱を上向きに押す垂直抗力がつりあっている。左右方向には力は働いていない。

〔5〕 箱が斜面を下りる間，おもりの重さのうち斜面に平行な分力は一定なので，箱の速さは同じ割合で増加する。箱が水平面を動いているときは，速さは一定である。

〔6〕 斜面の傾きを大きくすると，点Yの高さが高くなるので，最初の位置エネルギーが大きく，下りてきたときの運動エネルギーが大きくなるため，水平面上での箱の速さは速くなる。

Ⅲ（化学変化と質量―二酸化炭素の発生量）

〔1〕 操作①と操作②では，ふたを閉めたまま実験をおこなっている。容器の中では二酸化炭素が発生しているが，容器の外との物質の出入りはないので，質量保存の法則が成り立っている。これは，化学変化の前後における質量の総和は変わらないという法則である。化学変化において，原子の組み合わせは変わるが，原子の種類や数が変わらないからである。

〔2〕 石灰石（炭酸カルシウム$CaCO_3$）を塩酸に溶かすと，二酸化炭素CO_2が発生する。化学反応式の［ A ］に当てはまる気体はCO_2である。この状態で左辺と右辺を見比べると，右辺に比べて左辺では，Hが2個とOが1個多いので，右辺の［ B ］にH_2Oを入れると完成する。

重要 〔3〕 表1で，操作②と操作③の差が，発生した二酸化炭素の量であり，次のようになる。

石灰石の質量〔g〕	2.0	4.0	6.0	8.0	10.0	12.0
操作②と操作③の差〔g〕	0.8	1.6	2.4	3.0	3.0	3.0

グラフ用紙上で，これら6つの値の点を取り，結ぶ。発生した気体の質量が最大の3.0gになるのは，石灰石の質量が6.0gと8.0gの間となり，その点でグラフは1回折れ曲がる。

〔4〕 うすい塩酸30.0gと過不足なく反応する石灰石の質量は，〔3〕で描いたグラフの折れ曲がりの点で表される。石灰石：二酸化炭素＝2.0：0.8＝x：3.0　より，x＝7.5g　となる。

〔5〕 〔4〕で計算したとおり，うすい塩酸30.0gに石灰石は7.5gまで溶ける。石灰石を12.0gにすると，12.0－7.5＝4.5gが余る。4.5gの石灰石をすべて溶かすために追加するうすい塩酸の量は，うすい塩酸：石灰石＝30.0g：7.5g＝x：4.5　より，x＝18.0g　となる。

やや難 〔6〕 表2で，操作②と操作③の差が，発生した二酸化炭素の量であり，次のようになる。

炭酸水素ナトリウムの質量〔g〕	4.2	6.3	8.4	10.5	12.6	14.7
操作②と操作③の差〔g〕	2.2	3.3	4.4	4.4	4.4	4.4

このように，うすい塩酸20.0gと過不足なく反応する炭酸水素ナトリウムの量は8.4gであり，そ

のとき発生する二酸化炭素の量は4.4gである。〔4〕の結果と比べると次のようになる。これらの比で，例えばうすい塩酸の量を10.0gであわせれば，求める比ができる。

うすい塩酸：石灰石　　　　　　＝30.0g：7.5g＝10.0g：2.5g

うすい塩酸：炭酸水素ナトリウム＝20.0g：8.4g＝10.0g：4.2g

よって，同じ質量のうすい塩酸と過不足なく反応する石灰石と炭酸水素ナトリウムの質量比は，2.5：4.2，つまり，25：42となる。

Ⅳ（ヒトの体のしくみ―肺のはたらき）

基本〔1〕 肺は筋肉をもたず，ろっ骨と横隔膜によって動かされている。息を吸うときは，ろっ骨の間にある筋肉によってろっ骨が上がり，横隔膜が下がることで，胸の空間(胸腔)が広がり，肺がふくらむ。逆に，息を吐くときは，ろっ骨が下がり，横隔膜が上がる。

〔2〕 肺は大きな袋ではなく，数億個の小さな袋である肺胞が集まっている。これにより，肺と毛細血管が触れる表面積が増え，酸素と二酸化炭素の交換が効率よくおこなわれている。

〔3〕 Aは肺から心臓の左心房へ向かう血管であり，動脈血が流れているが，血管の名前は肺静脈である。Bは心臓の右心室から肺へ向かう血管であり，静脈血が流れているが，血管の名前は肺動脈である。

〔4〕 (1) 1分間に吸い込んだ6.0Lの気体のうち，20.9％が酸素である。一方，はく息では酸素は15.9％であり，20.9－15.9＝5.0％が血液中に取り込まれている。よって，1分間に取り込まれた酸素は，6.0×0.050＝0.30Lである。1時間では，0.30×60＝18.0Lとなる。 (2) 1日に取り込まれた酸素は，(1)より18.0×24＝432Lである。酸素0.75Lが1gだから，酸素432Lは，432÷0.75＝576gである。問題文より，呼吸によって消費されるブドウ糖と酸素の質量比を用いると，ブドウ糖：酸素＝180：192＝x：576 より，x＝540g となる。 (3) 尿素中の窒素が8gのとき，タンパク質の分解に伴って吸収された酸素は6.0×8＝48.0Lであり，排出された二酸化炭素は4.8×8＝38.4Lである。これ以外の酸素と二酸化炭素は，炭水化物や脂肪の分解に伴うものだから，吸収された酸素は428.0－48.0＝380.0L，排出された二酸化炭素は380.4－38.4＝342.0Lとなる。

Ⅴ（天気の変化―空気中の水分）

〔1〕 金属製のコップのすぐ外の空気の温度を知るために，コップの中の水の温度を測っている。これは，金属が熱を伝えやすく，両方の温度が等しいと見なすことができるからである。

重要〔2〕 実験によると，1日目の9時の気温は18℃で，表3より飽和水蒸気量は15.4g/m^{3}であった。また，水滴が付き始めた温度，つまり露点は14℃で，表3より空気に実際に含まれていた水蒸気量は12.1g/m^{3}であった。これらのことから，湿度は12.1÷15.4×100＝78.57…で，四捨五入により79％となる。

〔3〕 表1の各時刻の測定値について，湿度と露点を求める。例えば6時の場合，乾球と湿球の示度の差は16－14＝2℃だから，表2の湿度表を読むと湿度は79％となる。乾球の示度16℃が気温だから，表3より飽和水蒸気量は13.6g/m^{3}である。湿度が79％なので，空気中に実際に含まれる水蒸気量は，13.6×0.79＝10.744g/m^{3}であり，表3より露点は12℃である。

同じ方法で，他の時刻でも湿度と露点を求めると，次のようになる。なお，次の表で実際の水蒸気量は四捨五入した値であり，露点は表3で最も近い温度を示している。

湿度が最も高かったのは9時の80％である。9時は露点が13℃で最も高い。湿度が最も低かったのは12時の63％である。一方，露点が最も低かったのは，実際の水蒸気量が最も小さい10.2g/m^{3}の18時である。

時　　刻	6時	9時	12時	15時	18時
乾球の示度〔℃〕	16	17	19	18	17
湿球の示度〔℃〕	14	15	15	15	14
乾球と湿球の示度の差〔℃〕	2	2	4	3	3
湿　度〔%〕	79	80	63	71	70
飽和水蒸気量〔g/m^3〕	13.6	14.5	16.3	15.4	14.5
実際の水蒸気量〔g/m^3〕	10.7	11.6	10.3	10.9	10.2
露　点〔℃〕	12	13	11	12	11

〔4〕 図2を見ると，この空気の塊は，気温が18℃まで下がったXの高度で雲ができているので，露点は18℃である。表3より，実際に含まれていた水蒸気量は15.4g/m^3である。

〔5〕 図2を見ると，この空気の塊が上昇する前の高度0mでの気温は30℃で，表3より飽和水蒸気量は，30.4g/m^3である。これと〔4〕のことから，湿度は15.4÷30.4×100＝50.65…で，四捨五入により51%である。

〔6〕 図2を見ると，標高2200mでの気温は13℃であり，表3より飽和水蒸気量は，11.4g/m^3である。〔4〕のことから，最初にこの空気の塊に含まれていた水蒸気量は15.4g/m^3だったから，15.4－11.4＝4.0gの水蒸気は水滴に変わり，雨となって地面に落ちた。

★ワンポイントアドバイス★

問題文や図，グラフをよく読んで，的確に要点を見つけ出し，基本事項を思い出しながら解き進めていこう。

＜社会解答＞

Ⅰ 〔1〕 A エ　B ウ　C ア　〔2〕 遊牧　〔3〕 図2 エ　図3 イ
〔4〕 (スウェーデン) ア　(マレーシア) ウ　〔5〕 ① ウ　② イ　③ ア
〔6〕 (例) 長崎県は北海道よりも島が多く，また海岸線が複雑であるから。　〔7〕 ウ

Ⅱ 〔1〕 ウ　〔2〕 (位置) イ　(国名) 百済　〔3〕 十七条の憲法　〔4〕 清少納言
〔5〕 ア(→)ウ(→)エ(→)イ　〔6〕 ア　〔7〕 チンギス・ハン　〔8〕 ア
〔9〕 対馬(藩)　〔10〕 (例) アヘン戦争で清がイギリスに敗れたことを受けて，日本に接近する外国船を打ち払う方針を緩め，食料や薪，水を与えて帰させる方針に改めた。
〔11〕 ウ　〔12〕 エ　〔13〕 ア

Ⅲ 〔1〕 A EU〔ヨーロッパ連合〕　B 象徴　〔2〕 イ　〔3〕 エ
〔4〕 X 家計　Y (社会)資本　〔5〕 京都(市)　〔6〕 30(歳以上)
〔7〕 (例) 獲得議席率が得票率に近くなっており，少数意見も議席に反映されている点。
〔8〕 ハザード(マップ)　〔9〕 エ

○推定配点○

Ⅰ 〔1〕・〔3〕・〔7〕 各2点×6　〔6〕 3点　他 各1点×6
Ⅱ 〔2〕・〔6〕・〔9〕・〔11〕 各1点×5　〔10〕 3点　他 各2点×8
Ⅲ 〔2〕・〔5〕 各2点×2　〔7〕 3点　他 各1点×8　計60点

＜社会解説＞

Ⅰ　（地理－世界の国々，農業，アメリカ，貿易，都道府県の特徴，日本の国土と自然，工業）

〔1〕　アについて，「タイガとよばれる針葉樹林が広がる冷涼な地域」はCとDがあてはまるが，「モンスーンの影響を強く受け」などから，Cと判断できる。イについて，「世界有数の鉄鉱石の産出地が位置する地域を通っている」がオーストラリア西部と考えられ，「大河の河口付近に位置し，近年工業化が著しく進んでいる都市」に中国の上海があてはまることから，Dと判断できる。ウについて，「かつて，アジアやアフリカ一帯に広大な植民地を手に入れた国」がイギリスと考えられることなどから，Bと判断できる。エについて，「国際連合の本部」はアメリカ合衆国のニューヨークにあるため，Aと判断できる。

〔2〕　草や水を求めて移動を続けながらラクダやヤギ，羊などを飼育する畜産業を，遊牧という。

やや難　〔3〕　図2は中西部に上位5州が集中しており，トウモロコシの生産が盛んな地域と重なっていることから，エがあてはまるとわかる。図3は南西部に上位5州が集中しており，上位5州のうち4州はメキシコと国境を接していることから，メキシコなどからの移民やその子孫であるヒスパニックの割合が高いと考えられ，イがあてはまるとわかる。なお，図4はウの小麦の生産量が多い上位5州，図5は人口に占める黒人の割合が高い上位5州となる。

〔4〕　スウェーデンは，4か国のなかで高齢化率が最も高いと考えられるので，65歳以上の割合が最も高いアとわかる。マレーシアは，近年は工業化が進んでおり機械類などの輸出が上位を占めていることから，ウと判断できる。なお，イはブラジル，エはナイジェリアである。

重要　〔5〕　図6の①は札幌市，②は金沢市，③は広島市，④は北九州市を示している。表2のアは「負の遺産」とよばれる世界遺産は「原爆ドーム」と考えられるので，広島市とわかる。広島市は太田川の三角州上に中心市街地が形成されている。イは「城下町」「友禅染の生産」「金箔の生産」から金沢市と考えられる。ウは「明治時代に開拓使がおかれた」から札幌市とわかる。エは「かつては日本有数の工業都市」「現在はエコタウン事業を展開」から北九州市とわかる。

〔6〕　図7からは，長崎県は海岸が複雑に入り組んでいるところが多くみられることがわかる。また，長崎県には小さな島が多くあることがわかる。よって，複雑に入り組んだ海岸や島が多いことは，海岸線が長くなることにつながる。一方，図8からは，北海道の海岸線はあまり入り組んでおらず，小さな島もみられないことがわかる。

〔7〕　図9からは，千葉県と兵庫県の製造品出荷額が2兆円以上で最も製造品出荷額が多いグループとなっているので，ウの化学があてはまる。アの印刷は東京都が最も多いと考えられ，イの食料品は北海道が最も多いと考えられ，エの輸送用機械は愛知県が最も多いと考えられる。

Ⅱ　（日本と世界の歴史－古代～現代）

〔1〕　アについて，土偶は縄文時代につくられたもの。イについて，須恵器のつくり方が伝えられたのは古墳時代。ウについて，周囲を堀や柵で囲み，物見やぐらを設けた集落は環濠集落といい，弥生時代につくられるようになった。エについて，貝塚の多くは縄文時代の遺跡である。よって，ウが弥生時代のころの日本について述べた文として正しい。

〔2〕　6世紀には日本に仏教を公式に伝えたのは，百済である。図1のアは高句麗，イが百済，ウは新羅，エは伽耶（任那）を示している。

基本　〔3〕　資料1の法令には「一に曰く，和を以て貴しとなし，さからうことなきを宗とせよ」とあるので，聖徳太子（厩戸皇子）が604年に出した十七条憲法（十七条の憲法）とわかる。

〔4〕　枕草子は，平安時代の国風文化のころに清少納言が著した。

〔5〕　アの保元の乱は崇徳上皇と後白河天皇の対立に摂関家の対立が絡んで1156年に起こった戦いで，平清盛や源義朝らが動員された後白河天皇側が勝利している。イの奥州藤原氏が滅ぼされた

のは平氏滅亡後の1189年。ウの平治の乱は1159年に源義朝らが兵をあげたが平清盛によって滅ぼされた戦い。エの壇ノ浦の戦いは1185年に平氏が滅んだ戦い。よって，年代の古い順に並べるとア→ウ→エ→イとなる。

〔6〕 アは鎌倉時代につくられた東大寺南大門である。イは江戸時代の寺子屋の様子が描かれており，ウは江戸時代の呉服屋(越後屋呉服店)の店先の様子が描かれており，エは室町時代に成立した書院造の写真である。

〔7〕 13世紀初頭にモンゴルの諸部族を統一し，ユーラシア大陸の東西にまたがるモンゴル帝国を築いたのは，チンギス・ハンである。

重要 〔8〕 足利義満は室町幕府3代将軍で，1392年に南北朝を合一したことで知られる。また，足利義満は勘合貿易を始めたことでも知られる。足利義満は観阿弥・世阿弥父子を保護したので，アが正しい。イの出雲の阿国は安土桃山時代から江戸時代初期にかけての人物。ウの鑑真は奈良時代に唐から日本へ渡り唐招提寺を創建した僧。エの狩野永徳は安土桃山時代の人物。

〔9〕 江戸時代に朝鮮との外交を担った藩は，対馬藩である。

〔10〕 資料2の「異国船打払令」では，「一図ニ打払ひ」として外国船が来航しても打ち払うように定めていたのに対して，資料3の「薪水給与令」では，来航した異国船に食料や薪・水などを支給して帰国させるよう定めていた。この変化は，1840年に起こったイギリスと清によるアヘン戦争にイギリスが勝利し，1842年の南京条約でイギリスが清から香港を割譲させたことなどから，江戸幕府が異国船打払令の危険性を考えて，方針を改めたためと考えられる。

〔11〕 1876年に日朝修好条規が結ばれるきっかけとなった出来事は，前年(1876年)の江華島事件である。

〔12〕 第一次世界大戦は1914年に勃発し，1918年に集結している。1915年から1918年にかけては，aのほうがbよりも多くなっており，第一次世界大戦中の日本は綿織物などの輸出先が増えて大戦景気と呼ばれる好景気になっていたことから，aは輸出額でbが輸入額と考えられ，エが正しい。

〔13〕 アの沖縄の日本復帰は1972年である。なお，イのベルリンの壁の崩壊は1989年，ウの日本の国際連合加盟は1956年，エの阪神・淡路大震災は1995年のできごととなる。

Ⅲ (公民―日本国憲法，選挙，経済のしくみ，環境問題，時事問題)

〔1〕 A イギリスは，2016年に行われた国民投票の結果を受けEU(ヨーロッパ連合)からの離脱交渉を続けていた。イギリスは2020年2月1日にEU(ヨーロッパ連合)から離脱している。 B 日本国憲法では，第1条に天皇は日本国と日本国民統合の象徴であることが規定されている。

〔2〕 日本国憲法の改正は，日本国憲法第96条第1項で各議院の総議員の3分の2以上の賛成で国会がこれを発議し国民投票で過半数の賛成を得なければならないことが規定されており，発議については衆議院の優越は認められていないので，イが正しいとわかる。また，ウが誤っていることもわかる。アについて，憲法改正案は，憲法審査会または衆議院議員100人以上の賛成(参議院議員50人以上の賛成)による提出で始められるので，誤りとわかる。エについて，改正された憲法は，天皇が国民の名で公布することが日本国憲法第96条第2項で規定されており，誤りとわかる。

基本 〔3〕 エの弾劾裁判所の設置は国会の仕事であり，天皇の国事行為にはふくまれない。アの内閣総理大臣の任命と，イの最高裁判所長官の任命，ウの国会の召集はいずれも日本国憲法に規定されている天皇の国事行為である。

〔4〕 X 経済の3つの主体には，家計，企業，政府がある。 Y 道路・港湾などの社会全体に必要なものは，社会資本という。

〔5〕 1997年に開かれた，地球温暖化防止を話し合う国際会議は，京都市で開かれた温暖化防止京都会議(気候変動枠組条約第3回締約国会議，COP3)であり，先進国に温室効果ガスの排出削減を

義務づける京都議定書が採択されている。

〔6〕 参議院議員の被選挙権は，満30歳以上の国民に与えられている。なお，衆議院議員の被選挙権は満25歳以上である。

やや難 〔7〕 表からは，選挙区選挙では政党の得票率と獲得議席率に大きな差がある場合が多くみられるのに対して，比例代表制選挙では得票率と獲得議席率に大きな差はみられない。よって，国民の意思の反映という面から見ると，比例代表制選挙のほうが選挙区選挙に比べて獲得議席率が得票率に近くなっており，少数意見も議席に反映されているという点で優れていると捉えられる。

〔8〕 豪雨によってもたらされる洪水の発生しやすい地域を示すなど，自然災害による被害を予測し，その被害範囲について地図に示したものを，ハザードマップ(防災マップ)という。

〔9〕 近年の日本の選挙では，若者の投票率が低いことが問題となっており，エが正しい。

★ワンポイントアドバイス★

文章記述問題に慣れるようにしておこう。

＜国語解答＞

一 問一 a 幕末 b 払う c 恩恵 d 奮い 問二 ① ア ④ ウ
問三 X 目に見えるもの Y 歴史や文化 問四 (例) 実体験だけでは，情緒や形と一体化した知識を充分に獲得できないので，読書を代表とする疑似体験を重ねることによって補完する必要がある。 問五 A カ B ア 問六 エ

二 問一 a かんたん b こんわく c し(い) 問二 (例) 波多野の射は，美しく整っているうえ，正確で上手いが，心が感じられず，感動とはほど遠いということ。
問三 イ 問四 エ 問五 ウ 問六 オ・カ

三 問一 エ 問二 イ 問三 オ 問四 d 問五 (例) 私は，模試の会場に向かう途中で迷って開始時間に間に合わなかったという失敗から，知らない場所に行く前には下調べをしておくことの大切さを学んだ。

○推定配点○

一 問四 6点 問五 各1点×2 他 各2点×9
二 問二 6点 他 各2点×7(問六完答) 三 問五 6点 他 各2点×4 計60点

＜国語解説＞

一 (論説文―大意・要旨，内容吟味，接続語，脱文・脱語補充，漢字の書き取り)

基本 問一 aは，江戸幕府の末期のこと。bの音読みは「フツ」。熟語は「払拭(ふっしょく)」など。cは，利益や幸福をもたらすもの。dの音読みは「フン」。熟語は「奮発(ふんぱつ)」など。

問二 傍線部①は「しぞう」と読み，活用しないでしまい込んでおくことなので，アが適当。傍線部④は「がい(して)」と読み，大体において，一般にという意味なので，ウが適当。

問三 「家族や学校で……」から続く3段落で，情緒や形と一体化した知識を獲得するには，実体験では足らず，読書，文化，芸術などに親しむ間接体験(追体験)が大切で，京都がどんな町か京都に行って見なければ分からないと言ったが，注意すべきは，それでは「目に見えるもの」しか分からないということであり，書物を通して「歴史や文化」を知って，初めて京都とは何かが分かる，と述べているので，これらの要旨に着目して，空欄にあてはまる語句を抜き出す。

重要　問四　傍線部③＝「十分な知識や情緒や形を得るために，実体験だけで足りるか」という問題に対し，「家族や学校で…」で始まる段落で，情緒や形と一体化した知識を獲得するには，実体験では足りないので，読書，文化，芸術などに親しむ間接体験(追体験)に親しむことが大切となる，ということを述べている。さらに後で，「間接体験」を「読書を代表とする疑似体験」と述べ，最後の段落で，実体験は疑似体験により補完され，バランスのとれた知情形が身につく，と述べていることも踏まえ，指定字数以内でまとめていく。

問五　空欄Aは，直前の内容とは相反する内容が続いているので「しかし」があてはまる。空欄Bは，直前の内容につけ加えた内容が続いているので「また」があてはまる。

やや難　問六　「漱石」の「『草枕』の冒頭」を引用しているのは，「情緒や形と一体化した知識」の「バランス」が大切であることを述べるためなので，「人間関係のバランス」とあるアは合致しない。歴史や文明や文化に関する本を読むことで，世界史の中における現代の立ち位置や日本の立ち位置，そして自分の立ち位置がはっきりすると述べているので，イも合致しない。手塚治虫が，一流の映画や音楽，芝居や本に触れて自分の世界を作れ，と言っていることを引用しているので，「他の芸術作品も生み出そうとするべきだ」とあるウも合致しない。「ニーチェは……」から続く2段落で，知識だけでは考える能力に結びつかず，これからの教養を構成するものは，情緒や形ばかりか知識も，実体験によって得られるものであることを述べているので，エは合致する。「井の中の蛙」は，本を読まない人間のたとえとして述べているので，オは合致しない。

二　(小説―情景・心情，内容吟味，脱語補充，漢字の読み)

基本　問一　aは，感心してほめること。bは，どうしてよいかわからず，困ること。cの訓読みは他に「つよ(い，まる，める)」。

やや難　問二　「波多野の射は……」から続く3段落で，波多野の射は美しく整った射ではあるが，心はないこと，正確で上手い射だが，感動とはほど遠いこと，という，波多野の射に対して凛が感じていることが描かれているので，これらの内容を指定字数以内にまとめる。

問三　傍線部②は，「弓をすること自体が生きてるってこと」を意味する言葉なので，「射即人生」＝射が即ち人生，である。

問四　傍線部③後で，弓道の教本を読んだだけですぐ弓が引けるようになる人などいないように，分からない人間が，言葉を見つけたところで分かるようにはならない，という凛の心情が描かれているので，エが適当。③直後の心情を踏まえて説明していない他の選択肢は不適当。

問五　「――しかしそれは……」で始まる段落で，「自分が波多野をライバル視しているから，あえて過小評価しようとしているのではないかといわれると，どうにも自信が持てない」という凛の心情が描かれているので，「波多野の射を過小評価することによって自分は波多野をライバル視できている」とあるウは適当でない。他はいずれも適当。

重要　問六　本文は，現在私たちが使っている口語体で描かれているので，アは不適当。本文全体を通して，凛の視点で描かれているので，イは不適当だが，オは適当。波多野と凛が出る『スポ魂』を家族で観る様子は描かれているが，「場面ごとに，周囲の風景を詳細に描」いていないので，ウも不適当。弓道にしっかり向きあい，弓道を通して気づいた凛の心情が描かれているので，エも不適当。「……」では父や母の話している様子，「――」では凛や波多野が考えている間(ま)を表しているので，カは適当。射の様子に対して，凛の心情のみが描かれているので，キは不適当。

三　(論説文―大意・要旨，熟語，慣用句，作文，品詞・用法)

問一　傍線部①とエは，上の字が下の字を修飾している構成。アは下の字が上の字の目的語になっている構成，イは同じような意味の漢字を重ねた構成，ウは上下が主語と述語の関係にある構成，オは反対の意味を表す字を重ねた構成。

問二　傍線部②と同じような様子を表すのは，青菜に塩を振りかけるとしおれることから，元気をなくして，すっかりしょげている様子を表すイが適当。アは，わずかばかりの努力や援助では役に立たないことのたとえ。ウは，月に雲がかかって見えないことから，良いことや楽しいことにはとかく邪魔が入りやすく長続きしないことのたとえ。「月にむらくも，花に風」ともいう。エは，柳が風になびくように，逆らわずに穏やかにあしらうこと。オは，それさえなければ完全であるのに，ほんの少しの欠点があること。

重要　問三　傍線部③とオは，五段活用。アは下一段活用，イとエはサ行変格活用，ウは上一段活用。

基本　問四　二重傍線部dのみ可能，他は受け身。

やや難　問五　模範解答では，模試の時間に間に合わなかった経験から，下調べの大切さを学んだとしているが，他にも，学校行事や部活動など学校での失敗，日常生活での失敗など，これまでの生活を振り返ってみよう。「具体的に」という指示を踏まえて述べることが重要だ。

★ワンポイントアドバイス★

小説は，誰の視点で描かれているか，本文で描かれている心情は誰のものか，をしっかり読み取っていくことも重要だ。

2019年度

★★★★★★★★★★★★★★★★★★★★★★★★★★★★

入　試　問　題

2019年度

立命館慶祥高等学校入試問題

【数　学】（50分）　＜満点：60点＞

【注意】 特別な指示がないときは，円周率πや$\sqrt{}$は近似値を用いないで，そのまま答えなさい。

Ⅰ． 次の問いに答えなさい。

〔1〕 $\dfrac{(-3)^2}{4}-(-5)\div\left(\dfrac{10}{7}\right)^2$を計算しなさい。

〔2〕 $\dfrac{3x-5y+8}{4}-\dfrac{5x-6(y-2)}{6}$ を計算しなさい。

〔3〕 $(\sqrt{2}+\sqrt{3})^2+(1-\sqrt{6})^2$ を計算しなさい。

〔4〕 連立方程式 $\begin{cases} 2(2y-x)=-\dfrac{2}{5}x+3y+9 \\ \dfrac{3}{2}y=-\dfrac{1}{2}x-1 \end{cases}$ を解きなさい。

〔5〕 2次方程式 $(2x-1)(2x-5)=(x-2)(x+2)+18$を解きなさい。

〔6〕 $(3x-2)^2-3(3x-2)+2$ を因数分解しなさい。

Ⅱ． 次の問いに答えなさい。

〔1〕 大小2つのさいころを同時に1回投げて，大きいさいころの出た目の数をa，小さいさいころの出た目の数をbとする。ただし，さいころのどの目が出ることも同様に確からしいものとする。

⑴ 1次方程式 $2x+a=b$ が自然数の解をもつ確率を求めなさい。

⑵ 2次方程式 $x^2-7x+ab=0$ が整数の解をもつ確率を求めなさい。

〔2〕 ある市の中学3年生1600人の中から無作為に80人を選び，平日1日あたりの家庭学習時間を調べた。下の表は，その結果を度数分布表に表したものである。

階級（分） 以上　　未満	度数（人）
0 ～ 30	18
30 ～ 60	23
60 ～ 90	24
90 ～ 120	12
120 ～ 150	2
150 ～ 180	1
合計	80

⑴ 中央値をふくむ階級の階級値を求めなさい。

⑵ この市の中学3年生1600人のうち，平日1日あたりの家庭学習時間が90分以上120分未満の生徒はおよそ何人と考えられるか，求めなさい。

Ⅲ．右の図の立体O－ABCDはOA＝6㎝，AB＝4㎝の正四角錐《すい》である。対角線AC，BDの交点をHとする。また，線分AB，OAの中点をそれぞれM，Nとする。このとき，次の問いに答えなさい。

〔1〕 線分OMの長さを求めなさい。

〔2〕 線分OHの長さを求めなさい。

〔3〕 線分CNの長さを求めなさい。

〔4〕 線分OHと線分CNとの交点をLとする。このとき，立体L－OABの体積を求めなさい。

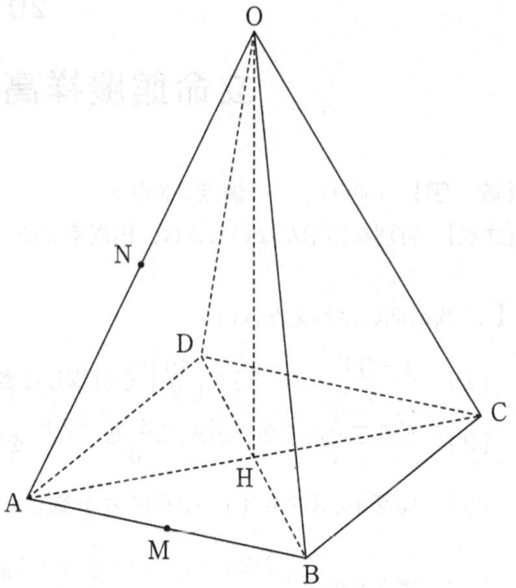

Ⅳ．下の図のように，放物線 $y = ax^2 (a > 0)$ …① と双曲線 $y = \frac{8}{x} (x > 0)$ …② がある。点Aは放物線①と双曲線②との交点で，その x 座標は4である。点Bは放物線①上の点で，その x 座標は－8である。また，点Bを通り x 軸に平行な直線と双曲線②との交点をCとする。このとき，次の問いに答えなさい。

〔1〕 a の値を求めなさい。

〔2〕 直線ABの式を求めなさい。

〔3〕 △OACの面積を求めなさい。

〔4〕 線分BC上に点Pをとり，点Pを通り y 軸に平行な直線と放物線①との交点をQとする。BP：PQ＝4：5 のとき，点Pの座標を求めなさい。

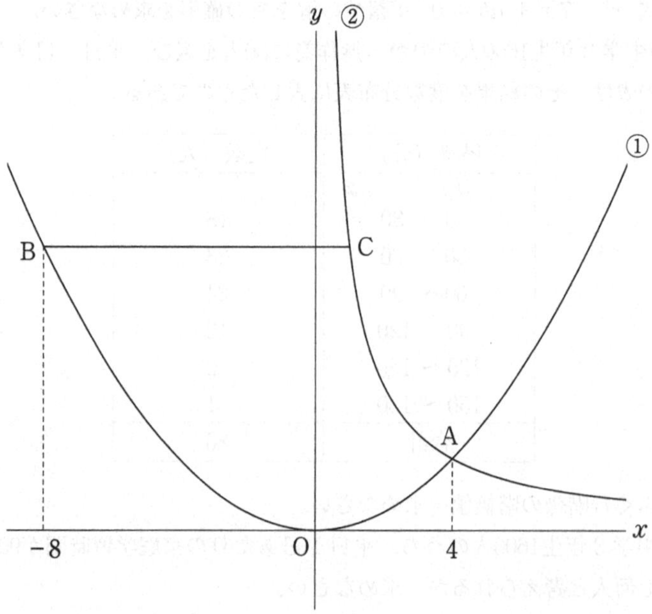

V．下の図のように，１辺の長さが1，3，5，7，…の正方形を x 軸にそって，すき間なく規則的に並べる。左から順に１番目の正方形，２番目の正方形，３番目の正方形，４番目の正方形，…とし，１番目の正方形の左下の頂点は原点Oである。また，1番目の正方形の右上の頂点を A_1，２番目の正方形の右上の頂点を A_2，３番目の正方形の右上の頂点を A_3，４番目の正方形の右上の頂点を A_4，…とする。このとき，次の問いに答えなさい。

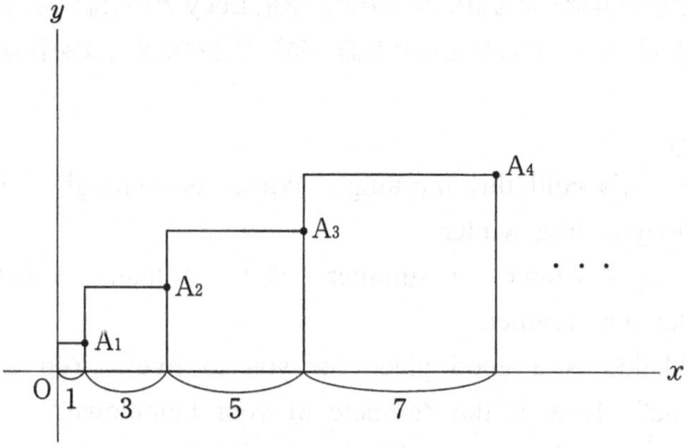

〔１〕 A_5 の座標を求めなさい。

〔２〕 A_n の座標を n を用いた最も簡単な式で表しなさい。

〔３〕となり合う２つの正方形のそれぞれの右上の頂点を通る直線について考える。ただし，n は２以上の整数とする。

⑴ $(n-1)$ 番目の正方形の右上の頂点 A_{n-1}，n 番目の正方形の右上の頂点 A_n を通る直線の傾きを n を用いた最も簡単な式で表しなさい。

⑵ ２点B，Cがあり，B$(-219,\ 0)$，C$(-227,\ 0)$ とする。⑴の直線が線分BCと交わるとき，n の値はただ１つである。そのときのnの値を求めなさい。計算過程も解答欄に書きなさい。

【英　語】（50分）　＜満点：60点＞

【注意】リスニング・テストは，試験開始から約５分後に行われます。指示があるまでリスニング・テストの問題に進んではいけません。リスニング・テストが始まるまでは，筆記テストの問題を解答しなさい。

Ⅰ．次の英文は中学生の美絵と北海道に滞在中の留学生 Lucy との会話である。会話の意味が通るように，〔1〕～〔5〕の（　）に与えられた語（句）を並べかえて文を作り，語順を記号で答えなさい。

Mie : Hi, Lucy.

Lucy : Hi, Mie. It's cold this morning. Winter is coming!

Mie : Yes. Do you like winter?

Lucy : Yes. 〔1〕(ア winter イ summer ウ I エ than オ better カ like). I don't like hot weather.

Mie : So, Hokkaido is a good place for you to live! You are from the U.S., aren't you? How is the *climate of your hometown?

Lucy : I lived in two places, and there's a big difference between them. When I was little, I lived in Florida. It doesn't get very cold there even in winter.

Mie : I see. Where did you live after that?

Lucy : I moved to Chicago when I was nine. It's in the northern part of the U.S. I think winter in Chicago is as cold as that in Hokkaido.

Mie : Wow, the U.S. 〔2〕(ア it イ is ウ has エ so オ that カ large) different climates!

Lucy : Yes. Some areas have a climate like Hokkaido. On the other hand, there are big deserts in the west. Actually, the highest temperature in the world was recorded in that area. Can 〔3〕(ア was イ hot ウ guess エ you オ how カ it)?

Mie : Well..., about 45℃?

Lucy : 56.7℃!!

Mie : Oh .... I can't imagine such heat!

Lucy : That area is called "Death Valley." It's hot and it has almost no rain all year round.

Mie : For me, summer in Hokkaido is the best. I feel 〔4〕(ア when イ is ウ the temperature エ 15 オ comfortable カ from) to 25℃.

Lucy : Do you? In South America, there are some nice places for you, such as Tupiza in Bolivia. It is always about 20℃.

Mie : That's perfect! But why?

Lucy : The *equator crosses that area, so the temperature changes little throughout the year. However, *the Andes are there, and they're over 3,000 meters *above sea level. So it's always cool in Tupiza, Bolivia.

Mie : Oh, the climate is perfect, but 〔5〕(ア afraid イ *altitude sickness ウ of エ am オ I カ getting).

＊注 climate：気候　equator：赤道　the Andes：アンデス山脈　～ above sea level：海抜～
altitude sickness：高山病

Ⅱ. 次の２つの英文は，以前日本に留学したRoyと，桂大のEメールのやりとりを時間順に並べたものです。各文中の〔　〕内の動詞を適切な形に直しなさい。ただし，2語になる場合もあります。

From: Roy
To: Keita
Date: October 28, 2018, 16:11
Subiect: Questions about *kanji*

こんにちは，けいた。げんきですか。

I 〔1. begin〕 studying Japanese three years ago. In my Japanese classes at my school, the teacher doesn't teach us many *kanji* because they are difficult for us to learn. But recently, I have 〔2. start〕 to think I need to learn more *kanji*. As you know, one of my goals is to read Japanese comic books in Japanese. But I don't know enough *kanji* which is necessary to do that. I have a friend who 〔3. speak〕 Japanese well. I asked him to teach me *kanji*. But he told me that he can speak Japanese but can't read or write many *kanji*. So I am 〔4. try〕 to learn them by myself. Now I have two questions. First, how many *kanji* should I learn? Second, do you know any good ways to learn *kanji*?

Roy

From: Keita
To: Roy
Date: October 29, 2018, 19:41
Subject: RE: Questions about *kanji*

やあ，ロイ！

I'm glad 〔5. know〕 you are studying Japanese hard. I hear that *kanji* is one of the most difficult things for people who study Japanese.

I'll answer the first question. I think you should know *kanji* 〔6. study〕 by elementary school students. In Japan, children learn about 1,000 *kanji* in elementary school.

And I'll give you one piece of advice about the second question. Please spend a lot of time on studying about the parts of *kanji*. They are called *bushu* in Japanese, and I believe they are important to understand *kanji* more deeply and quickly. For example, my name "Keita" is 〔7. write〕 as "桂大." Look

at the first *character. Its *pronunciation is "kei," and it originally means a kind of tree. This character is [8. make] of two parts, "木" and "圭." You know the *kanji* "木," right? It means a tree. And the sound of "圭" is kei. So, in this *kanji*, one part shows the meaning, and the other tells us the sound. Like this, each *bushu* [9. have] the meaning or the sound. By [10. learn] about the parts of *kanji*, your studies will be easier and more interesting.
Keita

＊注　character：（漢字などの）文字　　pronunciation：発音

Ⅲ. 次の英文は中学生の麻紀とアメリカ人留学生 Tony との会話です。これを読んで，あとの〔1〕～〔4〕の問いに答えなさい。

Tony : Hi, Maki. Can I ask you a question?

Maki : Sure.

Tony : I often see *skillets which have a strange shape in *DIY stores. What are they for?

Maki : Skillets? A strange shape? [A]

Tony : They are usually black and about 30 cm *in diameter. And their center part looks like a dome.

Maki : Ah, now I understand! They are skillets for *jingisukan*. Have you ever eaten it in Hokkaido?

Tony : [B] What is it?

Maki : It's a kind of *mutton dish. We *grill slices of mutton on the skillet and eat them. It's very popular in Hokkaido. We especially love to enjoy *jingisukan* outdoors in summer.

Tony : I see. It's like a Japanese-style *barbecue!

Maki : That's right. Oh, now I'd like to ask you something. I hear people in America love barbecue so much. Is that true?

Tony : Yes. We can say it's one of our national dishes. My father is a big fan of barbecuing, too. On weekends, he often cooks us barbecue. It takes many hours, so he usually starts early in the morning and we eat it for lunch.

Maki : What? If the meat is grilled too long, it will *burn!

Tony : No. There are different kinds of barbecue.

Maki : Oh, really? How are they different?

Tony : One kind is "grilling." It means cooking thin pieces of meat quickly. Another is my father's "barbecue." He slowly cooks a large piece of meat at a low temperature. By doing that, the meat gets *tender.

Maki : [　C　] I want to try it.

Tony : Please come to my house. My father often invites his friends or neighbors to barbecue parties, so he'll be glad if you come. Oh, I have an idea, Maki. Why don't we have a party together at my house? My family can prepare barbecue for your family, and your family will show us how to enjoy *jingisukan*. What do you think?

Maki : That's a great idea!

＊注　skillet：鉄鍋　DIY store：ホームセンター　～ in diameter：直径が～　mutton：羊肉
grill：(あぶって) 焼く　barbecue：バーベキュー（をする）　burn：焦げる　tender：柔らかい

〔1〕 本文中の［A］～［C］に当てはまる組み合わせとして，最も適切なものを次のア～エの中から１つ選び，記号で答えなさい。

ア．[A] Why do you have such a thing?
　　[B] No, I haven't.
　　[C] I can't believe we can.

イ．[A] Why do you have such a thing?
　　[B] Yes, I have.
　　[C] Wow, it must be delicious.

ウ．[A] Please give me some more information.
　　[B] No, I haven't.
　　[C] Wow, it must be delicious.

エ．[A] Please give me some more information.
　　[B] Yes, I have.
　　[C] I can't believe we can.

〔2〕 波線部 That が指し示す内容に最も近い意味を持つものを次のア～エの中から１つ選び，記号で答えなさい。

ア．Tony's family and Maki's have barbecues together at Maki's house.
イ．Tony's family and Maki's serve meat dishes to each other.
ウ．Tony's family and Maki's prepare *jingisukan* together.
エ．Tony goes to Maki's home and Maki goes to Tony's home.

〔3〕 次の英語の質問に英語で答えなさい。

What does Tony's father often do for his friends or neighbors?

〔4〕 本文の内容と一致するものを次のア～エの中から１つ選び，記号で答えなさい。

ア．Tony has never seen skillets for *jingisukan* at DIY stores.
イ．Tony said *jingisukan* is a Japanese-style barbecue, but Maki didn't agree.
ウ．Tony's family usually eats barbecue for dinner because it takes many hours to cook.
エ．Tony's father's barbecue needs a lot of time because the meat is cooked at a low temperature.

Ⅳ. 次の英文を読み，あとの〔1〕～〔4〕の問いに答えなさい。

Coffee is drunk all over the world. Many people say they want a cup of coffee after having a meal, when they want to relax, or when they talk with their friends. Of course, it is loved in Japan, too.

Most of the coffee *beans *consumed in Japan come from abroad. Look at the table. During these four years, Japan *imported the largest amount of coffee beans from Brazil. In 2000, Columbia was second and Indonesia was third. In 2017, we bought more coffee beans from Columbia than in 2000. Indonesia went down to fourth in 2017. There's one country which grew rapidly — Vietnam. In 2016, Japan imported almost 100,000 tons of coffee beans from this country. Ethiopia is a country which has a very long history of coffee. In this table, it was sixth from 2014 to 2017.

Where do you or your family members drink coffee? The graph shows the results. It is said that people in Japan drink about eleven cups of coffee a week *on average. In the graph, about seven of them are drunk at home. What is second? You may think people often have coffee at coffee shops, but that's actually third. More cups of coffee are drunk at offices or schools.

There's ①one theme people often talk about: "Is coffee good or bad for us?" Some scientists say, "Coffee has good *effects on our brains," or "People who drink a lot of coffee can live long." However, some people say drinking coffee at night isn't good. They say we can't sleep because of the effects of coffee. Everything has both good points and bad points. Probably coffee ②does, too. But you should remember one thing. The effects of coffee depend on each person. Some people can't sleep well after having just one cup of coffee. Others have no problem at all even after having five cups. If you are *sensitive to *caffeine, do you have to give up coffee after dinner? No, you don't have to. These days, you can easily get *decaffeinated coffee, which is coffee without caffeine. Please try some.

＊注 bean：豆　consume：消費する　import：輸入する　on average：平均して
effect：効果　sensitive：敏感な，影響を受けやすい
caffeine：カフェイン（コーヒーの成分の１つ）　decaffeinated：ノンカフェインの

Table

Japanese *volume of imports of coffee beans

(*unit：*ton)

Country	In 2000	In 2014	In 2015	In 2016	In 2017
A	90,104	134,765	140,127	137,860	117,912
B	25,315	78,687	81,260	99,201	88,344
C	70,463	61,915	78,918	67,197	72,442
D	69,906	41,888	41,366	34,819	31,683
グアテマラ	28,060	24,648	31,930	37,060	30,047
エチオピア	26,757	22,414	19,135	18,600	27,614

(全日本コーヒー協会資料より作成)

* 注　volume of imports　輸入量
unit　単位
ton　トン

Graph

1週間に飲むコーヒー約11杯のうちわけ

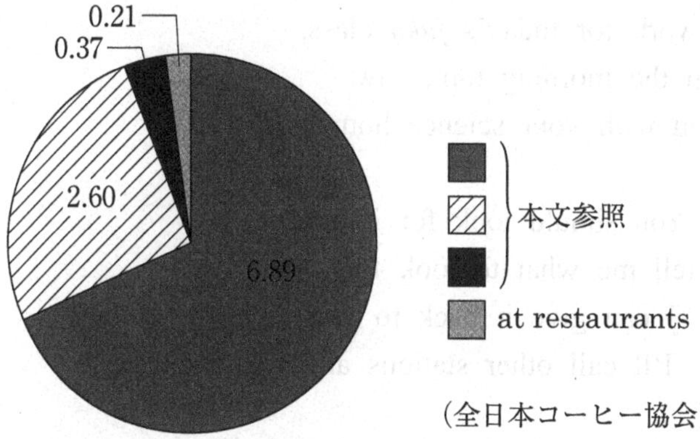

(全日本コーヒー協会資料より作成)

〔1〕 Table は「日本のコーヒー豆の国別輸入量」のリストの一部である。本文を読んで，Table 中のA～Dに入るものの正しい組み合わせを，次のア～エの中から1つ選び，記号で答えなさい。

ア．A：Brazil　B：Columbia　C：Indonesia　D：Vietnam
イ．A：Brazil　B：Vietnam　C：Columbia　D：Indonesia
ウ．A：Vietnam　B：Columbia　C：Brazil　D：Indonesia
エ．A：Vietnam　B：Brazil　C：Columbia　D：Indonesia

〔2〕 下線部①の内容を25字程度の日本語で書きなさい。

〔3〕 下線部②が指す内容を，本文中から7語で抜き出しなさい。

〔4〕 本文の内容と一致するものを，次のア～オの中からすべて選び，記号で答えなさい。

ア．日本ではほとんどのコーヒー豆を国内で生産している。

イ．エチオピアはコーヒーの歴史は浅いが，日本に多くのコーヒー豆を輸出している。

ウ．日本人が１週間に飲むコーヒーの半分以上は，家庭で飲まれている。

エ．科学者の中にはコーヒーが寿命に関係すると言っている人もいる。

オ．コーヒーの効果は体質によって大きく左右されるので，カフェインの影響を受けやすい人はコーヒーを飲んではいけない。

（リスニングテスト）

Ⅰ．〔１〕から〔４〕まで，２人の対話が放送されます。それぞれの対話の最後の発話に対する応答として最も適切なものを，選択肢ア～エの中から１つ選び，記号で答えなさい。対話はそれぞれ１回だけ放送されます。

〔１〕 レストランで

ア．I said, “Lunch set B.”

イ．I’d like it after the meal.

ウ．Tea, please.

エ．I don’t like tomatoes.

〔２〕 教室で

ア．I must give it to the teacher in today’s class.

イ．This is homework for today’s *juku* class.

ウ．I can do it in the morning tomorrow.

エ．I can help you with your science homework.

〔３〕 駅の窓口で

ア．Please wait. You should look for it here.

イ．OK. Please tell me what to look for.

ウ．No problem. I can give it back to you now.

エ．Don’t worry. I’ll call other stations and ask about it.

〔４〕 書店で

ア．Oh, this is good. It’s a story of a famous zoo!

イ．Wow, this is nice. It’s one of his favorite comic series!

ウ．Thank you. But I’ve already decided what to buy.

エ．Sorry. I don’t like animals.

Ⅱ．〔１〕から〔４〕まで，短い文章が放送されます。文章のあとに放送される質問の答えとして最も適切なものを，選択肢ア～エの中から１つ選び，記号で答えなさい。文章と質問はそれぞれ２回放送されます。

〔１〕 ア．He had a homestay for about seven months.

イ．At first, he talked a lot.

ウ．He was helped by his host mother’s words.

エ．His English didn’t improve during his homestay.

〔2〕 ア. rainy and cold
イ. sunny and cold
ウ. windy and warm
エ. sunny and warm

〔3〕 ア. a tool for learning languages
イ. a computer for using the Internet
ウ. a tour to travel abroad
エ. a smartphone which has dictionaries in it

〔4〕 ア. 10 dollars　イ. 20 dollars　ウ. 30 dollars　エ. 40 dollars

※リスニングテストの放送台本は非公表です。

【理　科】（50分）　＜満点：60点＞

Ⅰ．この問題は，理科の基礎知識を問う問題である。次の問いに答えなさい。

〔1〕 右図は，乾湿計の乾球と湿球の示度を表したもので，下表は湿度表の一部である。このときの湿度は何％か。

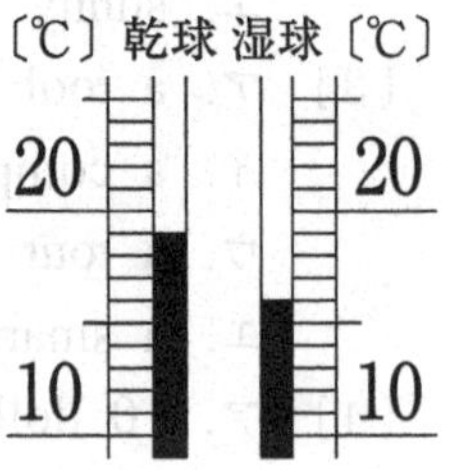

乾球	乾球と湿球の示度の差				
〔℃〕	0.0	1.0	2.0	3.0	4.0
20	100	91	81	72	64
19	100	90	81	72	63
18	100	90	80	71	62
17	100	90	80	70	61
16	100	89	79	69	59
15	100	89	78	68	58

〔2〕 もとの長さが８cmで，１Nのおもりをつるすと2.0cmのびるばねＡと，もとの長さが14cmで，1Nのおもりをつるすと1.5cmのびるばねＢを使って，同じ重さのおもり３個を右図のようにつるすと，ばねＡ，ばねＢの長さが等しくなった。おもり１個の重さは何Nか。正しいものを次のア～エの中から１つ選び，記号で答えなさい。ただし，ばねの重さは考えないものとする。

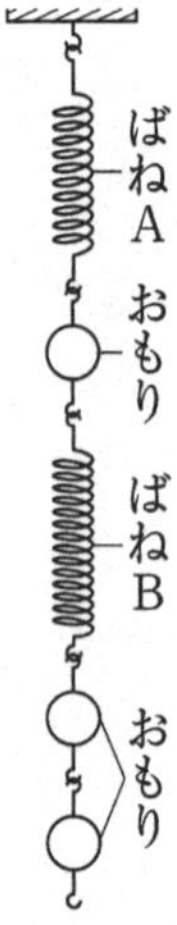

ア　0.5N　　イ　1N　　ウ　2N　　エ　3N

〔3〕 ヒトの肺循環の経路として正しいものを次のア～エの中から１つ選び，記号で答えなさい。

ア　左心室→肺静脈→肺→肺動脈→右心房

イ　左心室→肺動脈→肺→肺静脈→右心房

ウ　右心室→肺静脈→肺→肺動脈→左心房

エ　右心室→肺動脈→肺→肺静脈→左心房

〔4〕 80℃の水100ｇを入れたビーカーに，温度を80℃に保ちながら硝酸カリウムをとけるだけとかして水溶液をつくった。その後，水溶液の温度を40℃まで下げたところ，結晶が出てきた。このように，固体を高い温度の水にとかしたあと，温度を下げて結晶をとり出す方法を何というか。

〔5〕 2018年５月３日にアメリカのハワイ島にある火山が噴火した。その２週間後の５月17日には爆発的な噴火が発生し，火山灰が上空約9100mまで吹き上がった。この噴火が発生した火山として正しいものを次のア～エの中から１つ選び，記号で答えなさい。

ア　マウナロア　　イ　キラウエア　　ウ　フエゴ　　エ　マナロ

〔6〕 アメリカなどから日本に移入されたオオクチバス，アメリカザリガニ，ウシガエルなどのように，本来は生息していなかった国や地域に，他の地域から人間の活動などによって移入され，大量に繁殖すると，その地域の生態系のバランスをくずすおそれがある生物をまとめて何というか。正しいものを次のア～エの中から１つ選び，記号で答えなさい。

ア　絶滅危惧種　　イ　分解者　　ウ　指標生物　　エ　外来種

Ⅱ．この問題は，音の性質と電流に関する問題である。次の問いに答えなさい。

〔1〕 音の速さに関して，次の実験を行った。ただし，音の速さは340m / s とし，ヒトの反応時間は考えないものとする。

【実験1】

図1のように，号砲が鳴ると同時にA君がスタートし，A君の100m走のタイムを調べた。

① B君は号砲1から102mはなれた場所で，号砲1の音が聞こえたときにストップウォッチを押し，A君がゴールしたのを見て，再びストップウォッチを押した。

② Cさんは号砲1から51mはなれた場所で，号砲1の音が聞こえたときにストップウォッチを押し，A君がゴールしたのと同時に旗が振られたのを見て，再びストップウォッチを押した。

③ D君は号砲1から51mはなれた場所で，号砲1の音が聞こえたときにストップウォッチを押し，A君がゴールしたと同時に号砲2が鳴らされたのを聞いて，再びストップウォッチを押した。

④ B君のストップウォッチは14.21秒を示していた。

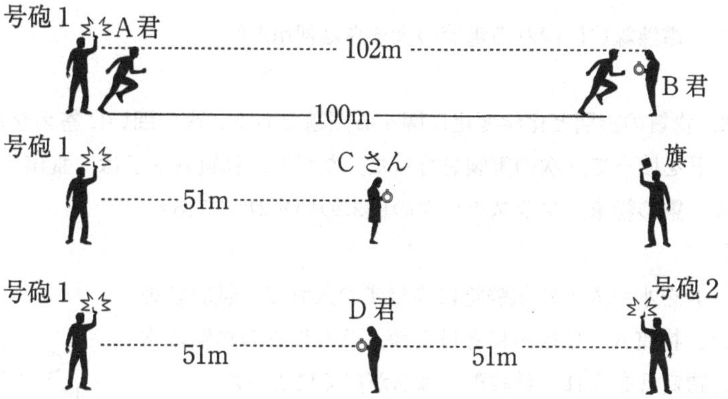

図1

⑴ 実験1で，A君の100m走の記録は何秒か。

⑵ 実験1で，Cさんのストップウォッチが示していた時間は何秒か。

⑶ 実験1で，D君のストップウォッチが示していた時間は何秒か。

〔2〕 電流に関して，次の実験を行った。

【実験2】

① 電熱線Aを使って，図2のような回路をつくり，電源装置の電圧を2.0Vにして電流を流すと電流計が250mAを示した。

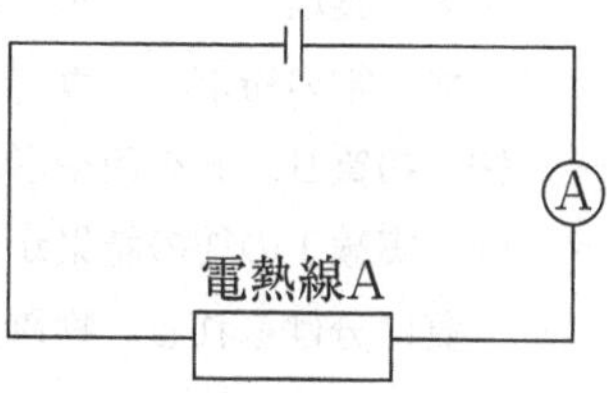

図2

② 電熱線B，電熱線Cを図3（次のページ）の回路の点線部分に並列につないで，電源装置の電圧を調節して，点線部分に加える電圧を変え，そのときの各電熱線に流れる電流の大きさをそれぞれ調べた。表（次のページ）は，その結果を表したものである。

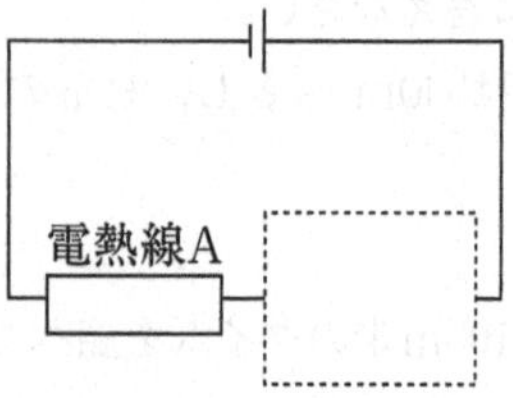

図3

点線部分に加える電圧〔V〕	0.5	1.0	1.5
電熱線Bに流れる電流〔mA〕	125	250	375
電熱線Cに流れる電流〔mA〕	200	400	600

【実験3】
電熱線A～Cを使って図4のような回路をつくり，電源装置の電圧を調節して，電流計が200mAを示すようにした。

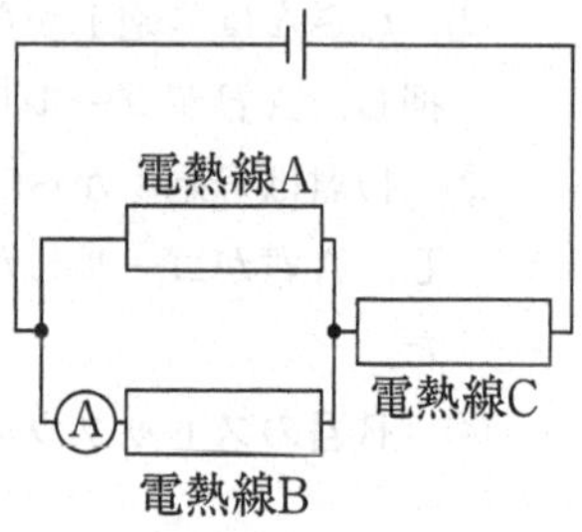

図4

⑴　実験2，3で使った電熱線Aの抵抗の大きさは何Ωか。
⑵　実験2の②で，回路に電熱線B，Cを並列につないで点線部分に1.5Vの電圧を加えたときの電源装置の電圧の大きさは何Vか。
⑶　実験3で，電熱線Cに流れる電流の大きさは何mAか。

Ⅲ．この問題は，物質の識別と化学変化に関する問題である。次の問いに答えなさい。
〔1〕　物質A～Fを使って，次の実験を行った。ただし，物質A～Fは，食塩，砂糖，小麦粉，スチールウール，銅の粉末，プラスチックの粉末のいずれかである。
【実験1】
①　物質A～Fを水が入った試験管に少量ずつ入れて，試験管をよく振った。物質A，Cは水にとけたが，それ以外の物質は水にとけず，物質Eを入れた試験管では水が白くにごった。
②　物質A～Fを燃焼さじに少量ずつ入れて，図1のようにガスバーナーで熱した。物質C以外の物質は火がついたり，赤くなったり，黒くこげたりした。加熱後，ただちに物質C以外の物質を，図2のように石灰水の入った集気びんに入れ，しばらくしてから燃焼さじを集気びんから出し，ふたをして集気びんを振ると，物質B，F以外は石灰水が白くにごった。

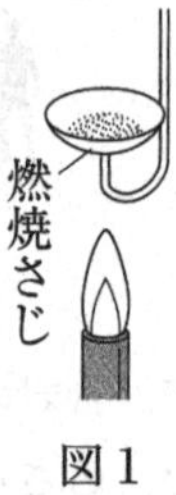

図1

図2

⑴　実験1で，物質Dとして正しいものを次のア～カの中から1つ選び，記号で答えなさい。
ア　食塩　　イ　砂糖　　ウ　小麦粉　　エ　スチールウール
オ　銅の粉末　　カ　プラスチックの粉末
⑵　物質B，Fを色や形などの見た目以外で区別する方法とその結果を簡潔に説明しなさい。
⑶　実験1の②の結果から，物質A～Fを2つに分類したとき，物質B，C，Fとそれ以外の物質に分けられる。物質B，C，F以外の物質をまとめて何というか。
〔2〕　酸化銀を使って，次の実験を行った。
【実験2】
図3のような装置で，試験管に酸化銀を入れて加熱するとメスシリンダーに気体Xがたまった。気体の発生が終わってから試験管に残った固体Yの質量とメスシリンダーにたまった気体Xの体

積を調べた。また，試験管に入れる酸化銀の質量を変えて同様の実験を行った。表は，このときの酸化銀の質量，反応後に試験管に残った固体Yの質量，気体Xの体積を表したものである。

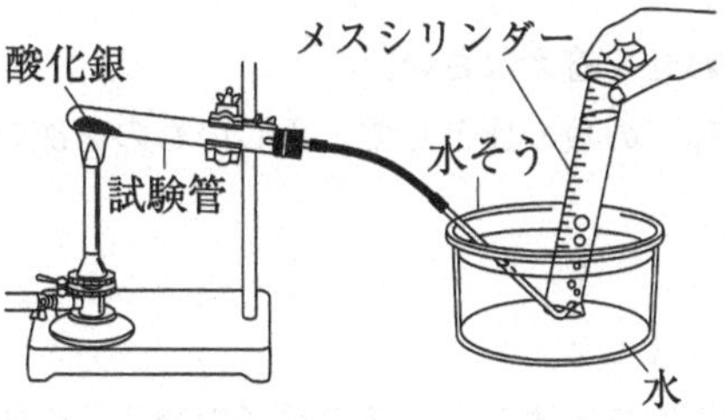

図３

酸化銀の質量〔g〕	1.16	1.74	2.32
固体Yの質量〔g〕	1.08	1.62	2.16
気体Xの体積〔cm^3〕	56	84	112

⑴　実験２で，発生した気体Xが何であるかを確かめる方法として，正しいものを次のア～オの中から１つ選び，記号で答えなさい。

ア　石灰水に通して，石灰水が白くにごることを確かめる。

イ　火のついた線香を入れて，線香がはげしく燃えることを確かめる。

ウ　フェノールフタレイン溶液に加えると赤色に変化することを確かめる。

エ　マッチの火を近づけて，気体が燃えることを確かめる。

オ　水でぬらした青色リトマス紙を近づけて，リトマス紙が赤色に変化することを確かめる。

⑵　実験２で，発生した気体Xの１ｇあたりの体積は何cm^3か。

⑶　3.48ｇの酸化銀を，実験２と同じように加熱し，気体の発生が終わる前に加熱をやめたとき，メスシリンダーにたまった気体Xの体積は126cm^3であった。反応しなかった酸化銀の質量は何ｇか。

Ⅳ．この問題は，遺伝の規則性に関する問題である。次の問いに答えなさい。

エンドウの種子に関して，次の実験を行った。

【実験１】

エンドウには，丸形の種子としわ形の種子がある。丸形の種子をつくる純系のエンドウと，しわ形の種子をつくる純系のエンドウをかけ合わせてできた種子（子）は，図１のようにすべて丸形であった。この丸形の種子を育て，自家受粉させてできた種子（孫）は，図１のように丸形としわ形の両方が存在した。

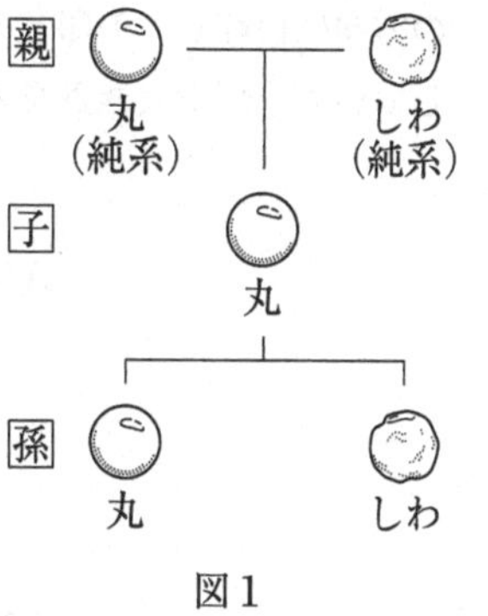

図１

【実験２】

実験１で得られた種子（孫）をすべて育てて自家受粉させてできた種子は，丸形としわ形の両方が存在した。

【実験３】

実験２で得られた丸形の種子の１個をまいて育て，しわ形の種子をつくる純系のエンドウとかけ合わせてできた種子は，図２のように丸形としわ形の両方が存在し，その数の比は，丸形：しわ形＝１：１であった。

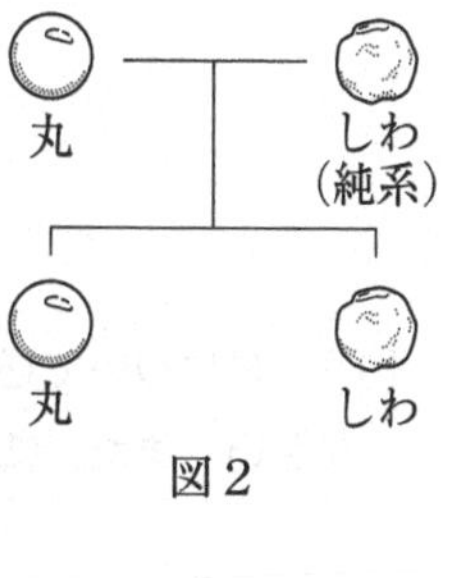

図２

ここで，種子の形を丸形にする遺伝子をR，しわ形にする遺伝子をrで表す。

〔1〕 実験1で，できた子の種子はすべて丸形であったように，対立形質をもつ純系の親どうしをかけ合わせたとき，子に現れる形質を何というか。

〔2〕 実験1で，子の丸形の種子の遺伝子の組み合わせを答えなさい。

〔3〕 実験1で，できた孫の丸形の種子としわ形の種子の数の比として，正しいものを次のア～エの中から1つ選び，記号で答えなさい。

ア　丸形：しわ形＝1：1　　イ　丸形：しわ形＝2：1

ウ　丸形：しわ形＝3：1　　エ　丸形：しわ形＝3：2

〔4〕 実験1で，得られた孫の丸形の種子から1個を取り出すとき，その種子の遺伝子の組み合わせがRRである確率を答えなさい。ただし，どの丸形の種子が取り出されることも同様に確からしいものとする。

〔5〕 実験2で，得られた丸形の種子としわ形の種子の数の比として，正しいものを次のア～エの中から1つ選び，記号で答えなさい。

ア　丸形：しわ形＝1：1　　イ　丸形：しわ形＝3：2

ウ　丸形：しわ形＝4：3　　エ　丸形：しわ形＝5：3

〔6〕 実験3で，用いた丸形の種子の遺伝子の組み合わせを答えなさい。

V．この問題は，天体に関する問題である。次の問いに答えなさい。

月と金星の観察を行った。

【観察1】

ある日の日の入り後に南西の空で月と金星が並んで見えていた。図1はこのときのようすを表したもので，金星はAの位置に見えた。金星がAの位置に見えてから15日ごとに同じ時刻に金星を観察した。図2のA～Dは，このときの金星の位置を観察した順にA，B，C，Dで表したものである。図3は地球，月，図1でAの位置に見えたときの金星，太陽の位置を表したもので，地球は矢印Xの方向に自転し，矢印Yの方向に公転しているものとする。ただし，図1～図3は天体の位置を表していて，形や大きさを表すものではない。

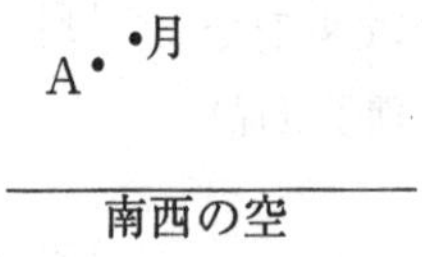

図1

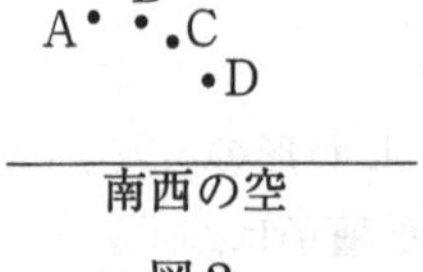

図2

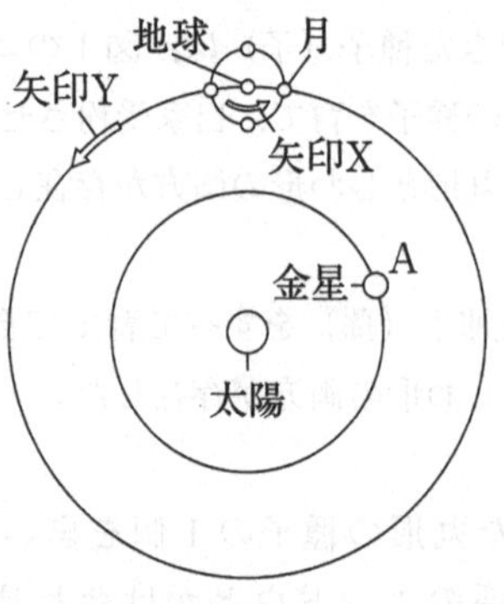

図3

〔1〕 月について述べたあとの文の①にあてはまることばをア，イの中から1つ選び，記号で答えなさい。また，②にあてはまる数値を整数で答えなさい。

月は地球のまわりを公転しながら，約29.5日の周期で満ち欠けするので，同じ時刻に見える月は，日がたつにつれて， ①｛ ア　東から西に　　イ　西から東に ｝，１日に約 ［ ② ］ 度ずつ動いて見える。

〔２〕 図１の月が見えてから４日後に月が見える時間帯と方位について述べた文として，正しいものを次のア～オの中から１つ選び，記号で答えなさい。

ア　日の入り後，東の空に見える。　　イ　日の入り後，南の空に見える。

ウ　日の出前，南東の空に見える。　　エ　日の出前，西の空に見える。

オ　真夜中，南の空に見える。

〔３〕 図１の月が見えてから８日後に見える月の形を解答用紙の点線をなぞって示しなさい。ただし，まったく見えない場合は全体をぬりつぶしなさい。

〔４〕 太陽の半径は月の半径の約400倍であるが，地球から見ると太陽と月はほぼ同じ大きさに見える。この理由を「地球から太陽まで」に続けて簡潔に説明しなさい。

〔５〕 地球や金星のように，太陽のまわりを公転する天体を何というか。

〔６〕 金星が図２のＡ～Ｄの位置に見えるとき，見かけの大きさはどのようになるか。正しいものを次のア～エの中から１つ選び，記号で答えなさい。ただし，金星の公転周期を0.62年とする。

ア　しだいに大きくなっていく。

イ　しだいに小さくなっていく。

ウ　大きくなったり，小さくなったりをくり返す。

エ　大きさは変化しない。

【社　会】（50分）　＜満点：60点＞

Ⅰ．以下の問いに答えなさい。

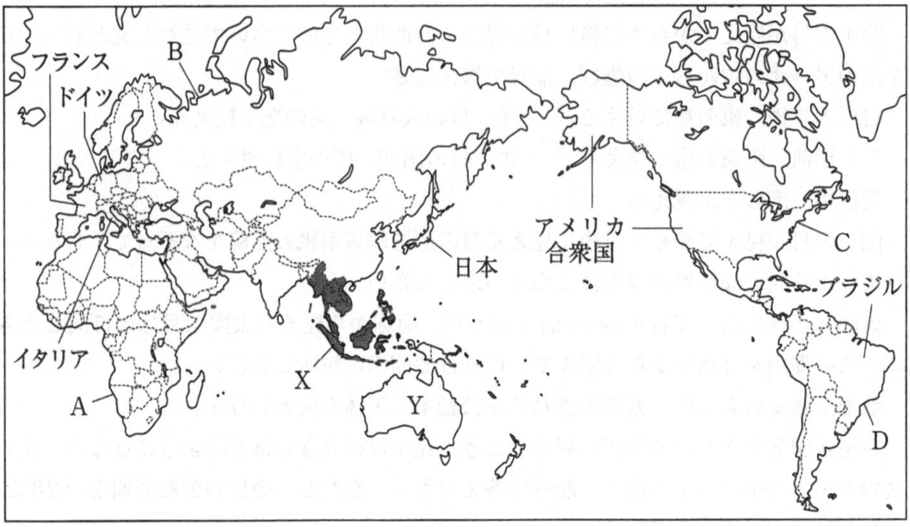

図1

〔1〕 次のア～エは，図1中の大陸A～Dについての説明である。A～Cにあてはまる説明を，それぞれ1つずつ選び，記号で答えなさい。

ア．世界で最も高い山がある大陸で，大陸の西部では偏西風，東部では季節風の影響を強く受けている。

イ．針葉樹林が広がる冷帯（亜寒帯）の占める割合が高い大陸で，南東部ではしばしばハリケーンによる被害を受ける。

ウ．北部には世界最大の砂漠がある大陸で，世界で最も長い川が赤道付近から北へ向かって流れている。

エ．北部には世界で最も流域面積が広い川が流れる大陸で，その川の流域では熱帯林の大規模な開発が問題となっている。

〔2〕 図1中のXの地域では，植民地時代に開かれた大農園で天然ゴムや油やしなどが栽培されている。このような大農園を何というか，カタカナで答えなさい。

〔3〕 次のページの図2・図3は，図1中のYの国の特色をまとめるためにつくった分布図で，図2・図3中の■は，ある特徴をもつ地域を示している。図2・図3にあてはまるタイトルを，あとのア～エからそれぞれ1つずつ選び，記号で答えなさい。

ア．鉄鉱石が産出される地域

イ．人口密度が高い地域

ウ．牛の飼育がさかんな地域

エ．羊の飼育がさかんな地域

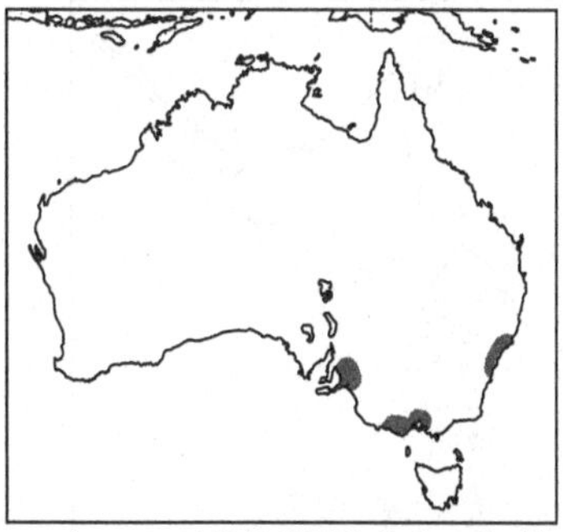

（ディルケ世界地図をもとに作成）

図2

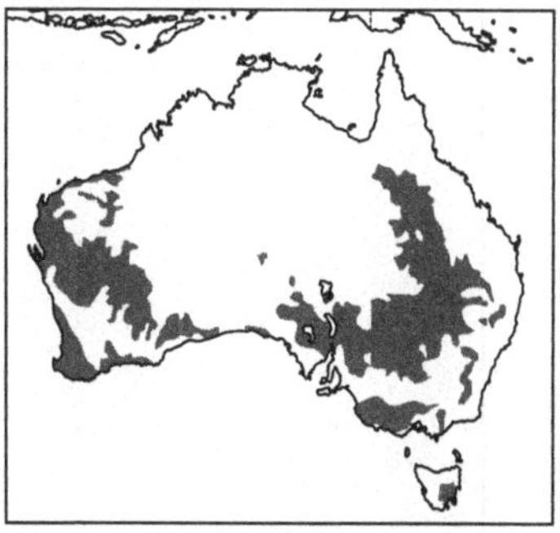

（ジャカランダ地図帳をもとに作成）

図3

〔4〕 次の表1は，図1中のフランス，ドイツ，イタリア，日本，アメリカ合衆国，ブラジルの発電量とその内訳を示したものである。また，表2は，表1中の国を，ある特色が見られる①の国と，その特色があてはまらない②の国の2つのグループに分けたものである。表2の①はどのような特色が見られる国か，表1と図4を参考に理由もふくめて，簡単に書きなさい。

表1：各国の発電量とその内訳　（億 kWh）

	合計	火力	水力	原子力	風力	地熱	その他
フランス	5,628	340	686	4,365	172	－	65
ドイツ	6,278	4,117	254	971	574	1	361
イタリア	2,798	1,762	603	－	152	59	222
日本	10,407	9,216	869	－	50	26	246
アメリカ合衆国	43,392	29,999	2,815	8,306	1,839	187	246
ブラジル	5,905	1,895	3,734	154	122	－	0

（2014年，データブック　オブ・ザ・ワールドをもとに作成）

表2

①	イタリア 日本 アメリカ合衆国
②	フランス ドイツ ブラジル

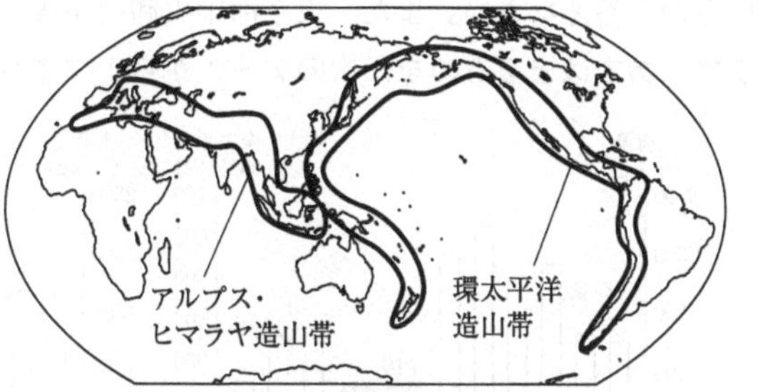

図4：新期造山帯

〔5〕 次の①～④にあてはまる都道府県を，次のページの図5中のア～カからそれぞれ1つずつ選び，記号で答えなさい。

① 江戸時代には蔵屋敷が建ち並び，商業の中心地として栄え，「天下の台所」と呼ばれていた。

②「はえぬき」などの米の生産がさかんな県であり，果樹栽培もさかんで日本のさくらんぼの生産量の大部分を占めている。

③ 農業ができない冬に行っていた副業から発達した地場産業がさかんで，眼鏡のフレームの世界的な生産地がある。

④ かつて四大公害病の1つである水俣病が発生した経験をふまえ，リサイクルやごみの分別に力を入れている都市がある。

図5

〔6〕 図5中の高知平野では，温暖な気候とビニールハウスなどの施設を利用して，なすやピーマンなどの野菜を栽培している。このように他の地域より出荷時期を早める目的で栽培する方法を何というか，答えなさい。また，東京都中央卸売市場の，高知県のなすの入荷量と全国平均価格のグラフにあてはまるものを，次のア～エから1つ選び，記号で答えなさい。

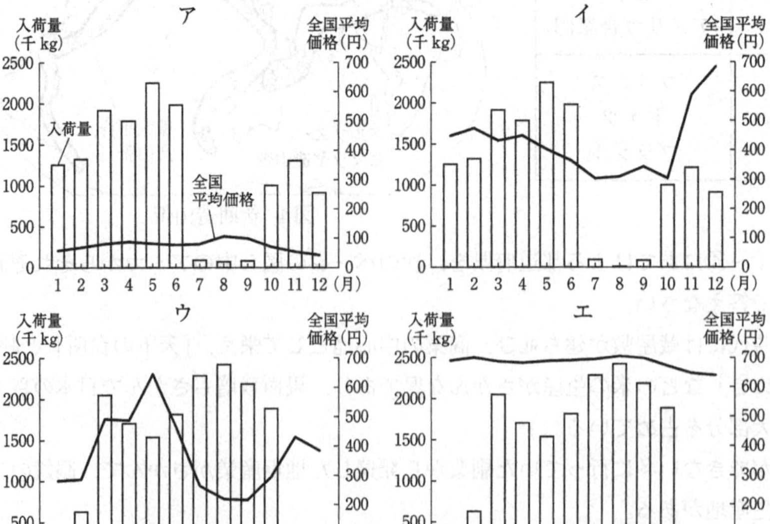

（東京都中央卸売市場のホームページをもとに作成）

〔7〕 右の図6は，ある工業の工場の分布を示したものである。この工業にあてはまるものを，あとのア～エから1つ選び，記号で答えなさい。

ア．鉄鋼

イ．半導体

ウ．自動車

エ．石油化学

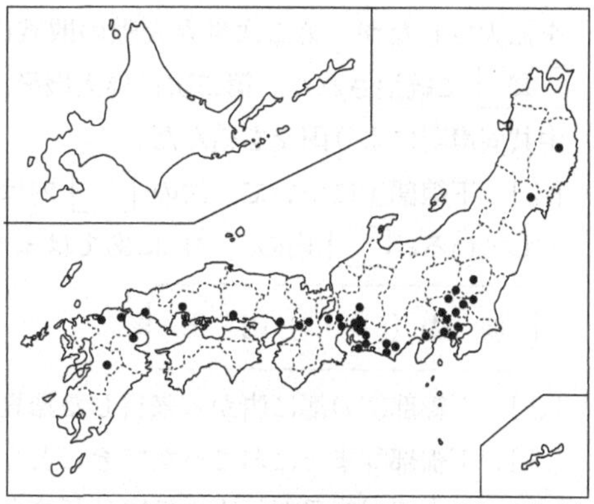

(2017年，日本国勢図会をもとに作成)

図6

Ⅱ．日本と東アジアの歴史に関する次の文章を読んで，以下の問いに答えなさい。なお，特に指定のない限り，固有名詞等，漢字で表記すべきものはすべて漢字で答えなさい。

日本と東アジア諸国との交流は，古代からさかんであった。日本にまだ文字が伝えられていなかった弥生時代には，日本にあった小さな国から中国へ使者が派遣されていたことが，中国の歴史書に記されている。①1世紀には，現在の九州地方にあったとされる国が後漢に使者を送り，後漢の皇帝から金印を授けられたことが，「後漢書」東夷伝に書かれている。5世紀には，大和政権の大王が，自らの地位を認めてもらうために宋に使者を送っていた。

7世紀初めから，日本は中国の政治のしくみや文化などを学ぶために，遣隋使や遣唐使を送った。日本では②唐の都長安にならって碁盤の目状に道路が張りめぐらされた都がつくられ，律令に基づく政治のしくみが整備された。遣唐使は奈良時代にさかんに派遣され，唐の影響を強く受けた天平文化が栄えた。その後，③菅原道真が遣唐使の派遣の再考を訴えたあと，遣唐使の派遣が行われることはなかった。

平安時代末に武士として初めて太政大臣となった平清盛は，貿易による利益に目をつけ，港を整備して，宋との貿易を行った。鎌倉時代，高麗を従えた元は日本にも服属を求め，これを④鎌倉幕府の執権北条時宗が拒んだことから，日本に二度襲来した。これを元寇と呼んでいる。

室町時代には，⑤足利義満が元の後に建国された明と朝貢形式での貿易を始めた。この時期には，日本と明だけでなく，朝鮮，琉球王国をふくめた各国間の貿易がさかんになり，琉球王国は中継貿易によって繁栄した。

日本に鉄砲やキリスト教が伝えられたころから，ポルトガルやスペインとの南蛮貿易がさかんになった。豊臣秀吉政権のころから江戸時代初期にかけては，東南アジア各地との貿易が行われた。しかし，⑥鎖国政策によって，この貿易は衰退していった。⑦鎖国が完成した後の日本は，ヨーロッパの国ではオランダのみに窓口を開き，中国や朝鮮，琉球王国，アイヌとの交易を行った。

幕末のペリーの来航をきっかけに開国した日本は，欧米諸国との貿易を開始し，⑧清や朝鮮と条約を結ぶなど外交政策を進めた。国内では廃藩置県，地租改正，殖産興業などの政策を実施し，憲法の制定，⑨帝国議会の開設を経て，日本は近代国家となった。

19世紀終わりから20世紀前半にかけて，日清戦争，日露戦争，第一次世界大戦，日中戦争，第二次世界大戦がおこった。⑩日本は日清戦争に勝利して台湾などを譲り受け，⑪日露戦争後に植民地を拡大させたが，第二次世界大戦の敗戦によりすべての植民地を失い，沖縄や小笠原諸島などは ⑫ に統治された。第二次世界大戦後，⑬韓国とは日韓基本条約により国交を結び，中国とは日中共同声明により国交を結んだ。

［1］ 下線部①について，次の □ 内は，このとき授けられたとされる金印に刻まれた文字を示している。□ 内の（ ）にあてはまる漢字1字を答えなさい。

漢 委（　　）国 王

［2］ 下線部②の都に唐から来日した鑑真が建てた寺がある。この寺を何というか，答えなさい。

［3］ 下線部③までにおこったできごとを，次のア～エから1つ選び，記号で答えなさい。

ア．坂上田村麻呂が征夷大将軍に任命された。

イ．後醍醐天皇が公家を重視した政治を始めた。

ウ．藤原道長が摂政となり，摂関政治が全盛期を迎えた。

エ．白河天皇は，位を次の天皇に譲った後も上皇として政治の実権をにぎった。

［4］ 下線部④の将軍と御家人について述べた次の文章中の（ ）にあてはまる語句を，漢字2字で答えなさい。

> 将軍と御家人は主従関係で結ばれていた。将軍は御家人に対して御家人がもっている領地を保護したり，新しい土地を与えたりした。これを御恩という。一方，御家人は将軍に忠誠を誓い，天皇の住まいや幕府を警備し，戦いがおこったときには命をかけて戦いに参加した。これを（　　　）という。

［5］ 下線部⑤の貿易で，日本が輸入していたものを，次のア～エから1つ選び，記号で答えなさい。

ア．銅　　イ．刀　　ウ．硫黄　　エ．生糸

［6］ 下線部⑥には，貿易の制限やキリスト教の禁止がある。明治時代にキリスト教の信仰が許されるまで，鎖国以降も密かにキリスト教を信仰していた人々は潜伏キリシタンと呼ばれ，2018年7月に，長崎と天草地方の潜伏キリシタン関連遺産が世界遺産に登録された。図1はこの遺産の地図である。図1から読み取れる，この地域で潜伏キリシタンが信仰を続けられた理由を，地形の特色にふれて，簡単に説明しなさい。

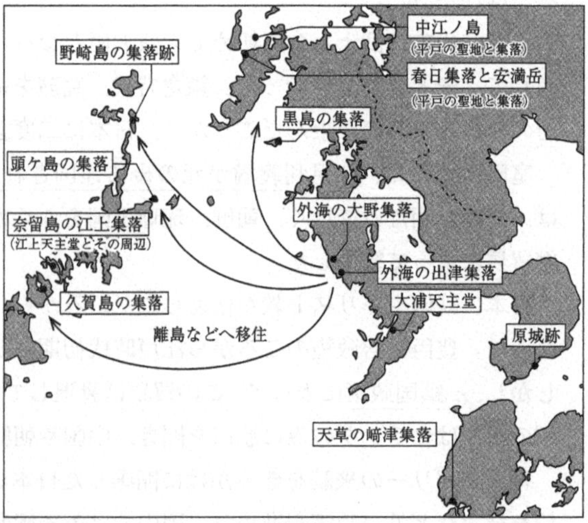

図1

［7］ 次のア～エは，下線部⑦のできごとを示している。ア～エを年代の古い順に並べて，記号で答えなさい。

ア．天明のききんがおこった。

イ．徳川綱吉が生類憐みの令を出した。

ウ．徳川吉宗が公事方御定書を定めた。

エ．大塩平八郎が大坂で反乱をおこした。

〔8〕 下線部⑧について，このころ明治政府内で高まった，朝鮮を武力で開国させようという主張を何というか，答えなさい。また，この主張が退けられて政府を去り，後におこった西南戦争で中心となった人物を，次のア～エから1つ選び，記号で答えなさい。

ア．大久保利通　　イ．西郷隆盛　　ウ．板垣退助　　エ．伊藤博文

〔9〕 大正時代に原敬が内閣総理大臣となったころ，下線部⑨の衆議院で最も多くの議席をもっていた政党を，次のア～エから1つ選び，記号で答えなさい。

ア．自由党　　イ．立憲改進党　　ウ．立憲政友会　　エ．憲政会

〔10〕 下線部⑩で日本が清から譲り受け，三国干渉によって清に返還した地域を，図2中のア～エから1つ選び，記号で答えなさい。

図2

〔11〕 次の図3は，下線部⑪がおこった年をふくむ国の歳出に占める軍事費の割合である。図3中のXの期間について，その変化の影響を最も強く受けたできごとを，あとのア～エから1つ選び，記号で答えなさい。

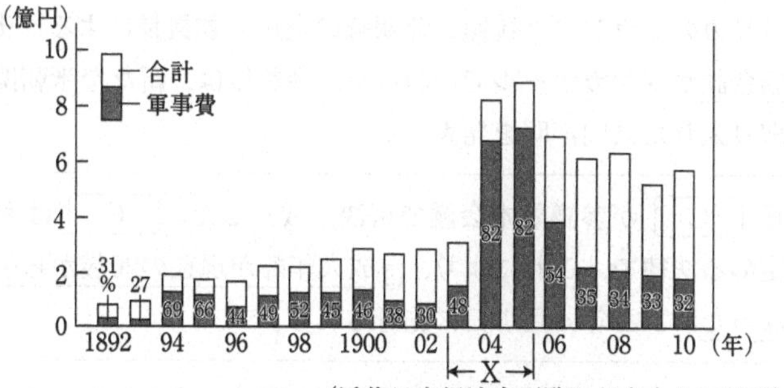

（近代日本経済史要覧などをもとに作成）

図3：国の歳出に占める軍事費の割合

ア．韓国併合　　イ．大逆事件　　ウ．日比谷焼き打ち事件　　エ．辛亥革命

〔12〕 ⑫ にあてはまる国名を答えなさい。

〔13〕 下線部⑬のころの日本について述べた文として正しいものを，次のア～エから1つ選び，記号で答えなさい。

ア．48か国とサンフランシスコ平和条約を結んだ。

イ．第一次石油危機がおこり，高度経済成長が終わった。

ウ．アジアで初めてのオリンピックとして東京オリンピックが開催され，日本の戦後復興が世界に示された。

エ．農村の民主化のために農地改革が行われ，多くの小作農が自作農となった。

Ⅲ． 次の表は，2017年後半から2018年前半のできごとのいくつかをとりあげたものである。この表を見て，以下の問いに答えなさい。

2017年	
10月22日	第48回衆議院議員総①選挙，最高裁判所裁判官の国民審査が実施された。投票の結果，政権を担う政党である [A] の自民党，公明党は合わせて313議席を獲得し，[A] が全議席の３分の２以上を占める結果となった。
2018年	
1月22日	②第196回通常国会が召集された。平成30年度の予算は，２月28日に衆議院本会議で可決され，３月28日に参議院本会議で可決，成立した。一般会計総額は97兆円を超え，６年連続で過去最高となった。
2月9日	平昌冬季オリンピックが始まった。核実験，ミサイル発射を行い，国際連合の世界の平和・安全を維持するための機関である [B] により制裁を受けている北朝鮮は，３競技に選手団を派遣した。
4月27日	韓国の文在寅《ムンジェイン》大統領，北朝鮮の金正恩《キムジョンウン》委員長が，板門店《パンムンジョム》で11年ぶりの③南北首脳会談を行った。北朝鮮の首脳が，初めて南北軍事境界線を越えて韓国に入った。両首脳は共同宣言として「板門店宣言」を発表し，南北関係の改善，朝鮮戦争の終結や平和協定の締結を目指すことなどを示した。
6月12日	アメリカのトランプ大統領と北朝鮮の金正恩委員長による，史上初となる④米朝首脳会談がシンガポールで行われた。会談後は，新たな米朝関係を築くことなどを取り入れた共同声明を発表した。
6月13日	改正 [C] が参議院本会議で可決，成立した。[C] は家族関係などについて定める法律で，これにより，⑤成人年齢が現在の20歳から引き下げられることになった。2022年４月１日に施行される。
6月29日	参議院本会議で「働き方改革関連法」が可決・成立した。この法律では，高度プロフェッショナル制度の導入，⑥非正規労働者の待遇改善などが定められている。
7月17日	日本とＥＵは，⑦ＥＰＡ（経済連携協定）に署名した。このＥＰＡが発効すると，世界の国内総生産のおよそ３分の１を占める巨大な経済圏が誕生することになる。

〔1〕 [A] ～ [C] にあてはまる語句を，それぞれ答えなさい。

〔2〕 下線部①の４つの原則のうち，次の文にあてはまるものを，それぞれ答えなさい。

⑴ 投票は無記名で行われる。

⑵ 投票は一人一票とする。

〔3〕 下線部②の国会の召集は，天皇が行う儀礼的・形式的な行為の１つである。このような行為を何というか，答えなさい。また，この行為に対し助言・承認を行う機関は何か，答えなさい。

〔4〕 下線部③，④について述べた次の文章中の（ ）に共通してあてはまる語句を，漢字３字で答えなさい。

南北首脳会談，米朝首脳会談では，いずれも朝鮮半島の完全な（　　　）が主要な議題の１つとなった。しかし，板門店宣言や共同声明ともに，（　　　）に向けた具体的な手順などは盛り込まれていない。

〔5〕 下線部⑤について，成人年齢は何歳になるか，数字で答えなさい。

〔6〕 次の図は，下線部⑥のパートやアルバイトなどと正規の職員・従業員の割合を男女別に示したものである。女性のグラフはア，イのどちらか，選んだ理由とそのようになる背景もふくめて，簡単に説明しなさい。

（2017年平均，日本国勢図会をもとに作成）

図：雇用形態別雇用者の割合

〔7〕 下の表は，日本からＥＵへの輸出について下線部⑦の一部を示したものである。この表から読み取れることを，次のア～エから１つ選び，記号で答えなさい。

自動車の関税　10%→８年目に撤廃
カラーテレビの関税　14%→６年目に撤廃
日本酒の関税　100リットル最高7.7ユーロ→即時撤廃
緑茶の関税　3.2%(3kg以下の小口用)→即時撤廃
青果物(かんきつ類〔ゆず等〕)の関税　12.8%→即時撤廃

ア．工場の海外移転が進み，日本の産業の空洞化が進行すると考えられる。

イ．外国産の安い農産物の輸入が増えて，日本の農業の衰退が進むと考えられる。

ウ．農産物の輸出が拡大し，日本の農業が活性化すると考えられる。

エ．日本の貿易が加工貿易中心になると考えられる。

こういった発言は、「自分の役に立つことがすべてだ」という極めて集中した思考に基づいているだろう。自分や、自分の利益しか見えていない。それを言う人には、逆にこう尋ねたくなる。「あなたは、何の役に立つのですか?」と。あるいは、「役に立つこと以外に、価値はないのですか?」と。

音楽も絵画も、社会の役に立っているだろうか。天文学も数学も、本来は役に立てようとして始まったものではあるけれど、それ以前に、その探求が人間の価値だったのではないのか。これは、役に立たない大学、役に立たない研究者を抱える社会や国家の価値を問うものである。そういった純粋な探求をする姿勢に、人は憧《あこが》れるし、なんとなく清々《すがすが》しく感じるものだが、それはどうしてなのか。役に立つことだけに集中したいのであれば、それこそすべて機械化すれば理想の社会になるだろう。しかし、そうではないことを、なんとなく人間は知っているのである。知っているから、そういったものに時間、労力、資金を投じて探求してきた。それが間違いだったと主張する人は、人間の価値を見誤っているのではないだろうか。

（森《もり》博《ひろ》嗣《し》『集中力はいらない』より）

（注）　1　ジェネラル……一般的な。

問一　二重傍線部a～eの中で、文法上の性質が異なるものを一つ選び、記号で答えなさい。

問二　傍線部①「柔軟性」と同じ意味で使われる四字熟語として最も適当なものを、次のア～オの中から一つ選び、記号で答えなさい。

ア　朝三暮四　　イ　朝令暮改　　ウ　神出鬼没

エ　臨機応変　　オ　千変万化

問三　傍線部②「狭い」とあるが、土地などが狭いことを表す慣用句「猫《ねこ》の□」の□にあてはまる、体の部位を表す漢字一字を答えなさい。

問四　傍線部③「小さな」・傍線部④「小ささ」の品詞名を、それぞれ漢字で答えなさい。

問五　波線部「役に立つことだけに集中したい」とあるが、あなたはこのような考え方のメリットもしくはデメリットをどう考えるか。解答用紙のA「メリット」、B「デメリット」のいずれかの記号を丸で囲み、五十字以内で自分の考えを述べなさい。ただし、いずれを選ぶかは採点の基準と関係がないものとする。

よって、場面の状況をリアルに感じ取ることができる。

オ　体言止めの表現を活用することで、次々と状況が変化していく様子を伝え、滑走するスピード感が実感できる。

カ　擬態語《ぎたいご》を効果的に使い分けることによって、強さというものに対する涼介と晴の考えの違いがとらえやすくなっている。

キ　表情や声の様子を細かく描写することで、晴が強がりながらも、生き生きとしている様子が伝わってくる。

三、次の文章を読んで、後の問いに答えなさい。

日本には、文系と理系の区別があって、人間のタイプまでこれで分けてしまう風土がある。僕《ぼく》は、この区別はナンセンスであるとときどき書いているのだが、現にその区別があることは認めざるをえaないし、こういった区別をなくすためにも、お互いのことを知り、自分にないものを取り入れる努力をした方が得だと思っている。そのうえであえて書くのであるが……。

文系の人から見ると、理系の人は、もの凄《すご》く集中した一点を見ているように感じられるだろう。たしかに、数式だけに集中していたり、専門分野の話しか通じなかったりするオタクっぽい人もいるかもしれbない。だが、逆に理系から見ると、「自分は文系だから」と口にする人間は、数学、物理、あるいは科学を見ないように避けている人たちであって、その広大な文化領域に踏み込むことを恐れているみたいである。その目を逸《そ》らす行為が、見事に「集中」なのである。

文系の人は、理系は数字に拘《こだわ》っていると言うが、文系の人は言葉に拘っている。なんでも言葉で処理しようとする。「安全なのかどうか」と決めてほしがる。そこには、リスクのパーセンテージのように、数字で示すような①柔軟性《じゅうなんせい》がない。ゼロか百パーセントかを迫るのが「言葉」だからだ。

言葉がいくつあるのか知らcないが、少なくとも数字のように無限にはdない。というよりも、言葉で表すことができないから数字ができたともいえる。どちらも記号にはちがいないが、アナログな量や、計算の過程などは、文字よりも数字が対象を明確に示すだろう。

大事なことは、いずれも必要だというだけのことだ。「自分は○系だから」と別分野を拒《こば》む姿勢こそが問題であり、特にその傾向は文系の方が強いように観察される。理系の人間は、理系だからといって文系を排除していeない場合が多い。

一見、文系はジェネラル[注1]で、理系はスペシャルと捉《とら》えがちであるけれど、その見方が文系的なものだ。また、「専門」という言葉も、②狭い範囲に集中することを示すように見えるが、実はむしろ、その中にある広大なエリアを扱っている。その中に入れば、外の方が狭く見えるのである。それは、ちょうど、宇宙を観察する天文学のようなものだ。地球で生活する人間からみれば、それは望遠鏡の覗《のぞ》き口のように一点かもしれない。社会のさまざまな事象に目を向けず、そんな③小さな一点に集中するなんて変人だ、と思っているかもしれない。しかし、宇宙を観察している人間は、もちろん、地球の④小ささ、人間の歴史の刹那《せつな》さを感じるだろう。どちらが、広いものを見ているだろうか。

よく、「そんな研究が何の役に立つのか?」という言葉を聞く。ついこのまえも、「三角関数なんか学校で教えても、社会に出て役に立たないではないか」と発言した政治家がいたらしい。

（注） 1 ビブス……ゼッケンをつけたり、役割がわかるようにしたりするための色がついたベスト。選手である晴は「B」、伴走者の涼介は「G」と書いたゼッケンがついている。
2 スピーカー……晴に指示を出すために、涼介はマイクとスピーカーを身につけている。
3 晴眼者……目の見える人。

問一 二重傍線部a～cの漢字の読みをひらがなで答えなさい。

問二 傍線部①「[I]が開いたままになった」とは、涼介の呆れた気持ちの表れた様子である。[I]にあてはまる漢字一字を答えなさい。

問三 傍線部②「私にとっては同じ」とあるが、具体的にどのようなことが同じだというのか。最も適当なものを、次のア～オの中から一つ選び、記号で答えなさい。

ア 涼介が視覚に頼ってゲレンデを滑ることと、晴が視覚以外の多くのものに頼ってゲレンデを滑ること。
イ 晴が伴走者の涼介とともにゲレンデを滑ることと、晴が頭の中のイメージを頼りにゲレンデを滑ること。
ウ 霧で視覚に頼れなくなった涼介に導かれてゲレンデを滑ることと、もともと視覚に頼らない晴が一人で滑ること。
エ 霧で見通しの悪くなったゲレンデを晴眼者である涼介が滑ることと、晴眼者ではない晴が霧の中のゲレンデを滑ること。
オ 晴が霧のかかっていない状態のゲレンデを滑ることと、濃い霧で視界が悪くなった状態のゲレンデを滑ること。

問四 傍線部③「今この瞬間、晴は間違いなく俺の伴走者だ」とあるが、これはどういうことを表現しているか。最も適当なものを、次のア～オの中から一つ選び、記号で答えなさい。

ア 目隠しをして滑ったこともある涼介が、目が見えない人の抱く感覚を十分理解しているということ。
イ たった一つの感覚を妨げられただけの涼介が、今は自分より晴の方が強いとはっきり感じているということ。
ウ 視覚に頼れず恐怖が先立ってしまう涼介が、晴の伴走によって安心感を強く抱いているということ。
エ 晴の伴走が上手だと感じた涼介が、晴は伴走者になったとしても成功すると確信しているということ。
オ 見えないことを理解した涼介が、伴走者をも難なくこなす晴の多才さをうらやましく感じているということ。

問五 晴に伴走してもらったことで、涼介は自分自身と晴との関係性について、どういうことに思い至ったのか。七十字以内で説明しなさい。

問六 作品の内容と表現について説明した文として適当なものを、次のア～キの中から二つ選び、記号で答えなさい。解答順は不問とする。

ア 涼介と晴の立場や考え方を対照的に描くことで、変化していく涼介の心境が読み取りやすくなるように工夫されている。
イ 短い文をいくつも続けてゲレンデの様子を描くことで、刻一刻と追い詰められていく涼介の心情を読み取ることができる。
ウ 比喩《ひゆ》を用いて、ゲレンデを滑り降りていく晴の様子を描くことで、晴の感じ取っている世界がとらえやすくなっている。
エ 主観的な表現を使わず、客観的な情景描写だけを重ねることに

そう。その瞬間、強者は弱者になり弱者は強者となる。光のない世界に入り込めば、視覚障害者は圧倒的な力を持つことになる。
「それなのに立川さんは弱さを見せない」
「どうせ俺は偉そうだよ」
「弱さのない人は強くなれないんですよ」晴は静かに言った。
　ゴーグルに隠れているせいで、晴の表情はうまく読み取れなかったが、その口調は真剣だった。

　晴の先導でゆっくりと斜面を滑り始める。霧はいっそう濃くなり、すぐ前を滑っていく晴の向こう側にはただ白い壁が見えているだけだった。何かが突然飛び出してくるような気がして、涼介は自分の両肩に力が入るのを感じた。黒磯《くろいそ》に伴走してもらい、目隠しのゴーグルを付けて滑った時のことを思い出す。目の前の状況がわからないのはあの時と同じなのだが、何かが違っていた。
「左側に氷」涼介の前を滑る晴が声を出す。
　晴の後ろ姿からは、恐怖などまるで感じられなかった。本当に晴は弱者なのだろうか。
　目が見えないというのは視覚に頼らないということだ。その代わりに晴は多くのものに頼っている。風に、音に、匂いに、皮膚に感じる僅かな気配と自分自身の感覚に。涼介は視覚を失えば何もできなくなるが、晴は視覚がなくとも多くのものを利用し、世界を見ている。
　俺は目隠しをして滑っただけで何かがわかったような気になっていたが、見えないというのは、感覚を失うことではないのかも知れない。
「右ターン」
　たった一つの感覚にしか頼ることのできない涼介と、多くのものに頼っている晴のどちらが強いのか。頼るものが多ければ多いほど、本当は強くなれるのではないのだろうか。
「この先にコブ」
　それにしても、選手が伴走者に指示を出すなんてな。涼介は思わず笑いそうになった。次に何があるかを晴が教えてくれるおかげで、涼介は安心して霧の中を滑ることができる。この安心感を与えるのが伴走者の役割なんだな。まさかそれを晴に教えられるとは。③今この瞬間、晴は間違いなく俺の伴走者だ。
「左ターン」
　白が黒に溶けていく視界の中に、晴の赤いウェアと黄色いビブスだけがぼんやりと浮かんで見える。B。あれが俺の目標だ。あれさえ見えていればいいのだ。
「そのまま」晴の声がゲレンデに響く。
　俺は晴を信頼している。晴の感覚を、晴の才能を信頼している。
「スピード落として―」
　そして晴も俺を信じてくれているはずだ。だから晴は声を出し、俺はその声を受け止める。いつもと逆のように思えるが、そうではない。これはいつもと同じなのだ。今や涼介と晴は互いの感覚を共有している。
　普段の晴は涼介を頼り、涼介が晴を支えている。だが、その関係はいつでも簡単に逆転するのだ。
「二〇でジャンプ」晴が大きな声を出した。
　重力から解放された体が宙に浮く。なぜか涼介は胸が高鳴るのを感じていた。

（浅生鴨《あそうかも》『伴走者』より）

「一回でいいからやってみたいなあ」晴の吐く白い息が風に流れていく。

涼介の①［ I ］が開いたままになった。そんな危険なことを許せるはずがない。

「コースの状態はさっきと変わっていないんでしょ。だったらぜんぶ覚えてるもん」

涼介はもう一度ゲレンデを見下ろした。辺りに[c]漂う霧はどんどん濃くなり、もう数メートル先が見えるかどうかもわからない状態になっている。とにかく晴を無事に帰さなければならないが、このままではどうすることもできない。

「それでも危なすぎる」

②「私にとっては同じなんですよ」

伴走者は晴の目の代わりだ。その目を霧で塞がれたのなら、伴走者はいないも同然だ。一人で滑るのと何も変わらない。

「だったら、私の頭の中にあるゲレンデを一緒に滑る方が安全じゃん」

確かに晴の頭にはゲレンデのイメージが入っているだろう。今日は朝から何度も滑っているので、雪面の状態もわかっているはずだ。スピードさえ出さなければ一人で滑って行けるかも知れない。

涼介はしばらく黙り込んだあと、ゆっくりと顔を晴に向けた。

「レースじゃないんだ。絶対にスピードを出すなよ」

ほとんど距離をとらず、ぴったりと後ろについて行けば何とかなるだろうが、それでも、この視界の悪さだ。もしも何かあったら涼介には対応できない。

「はーい」

「あと、俺が転べと言ったら、何があってもその場で転ぶんだぞ」

「はーい」

「はーい、じゃなくて、はい、だ」

「はい」

涼介は晴の腰にウエストポーチを巻いた。ヘルメットの内側にマイクを嵌《は》め込み、リード線をつなぐ。

「あーあー、マイクのテスト中」ヘルメットを被《かぶ》った晴が声を出した。

「本当にスピードは出すなよ」

「わかってますー」スピーカーから返事が聞こえる。

「これ、楽しい。あーあーあー」

「頼むからちゃんとしてくれよ」涼介は呆《あき》れた声になった。

視界が悪くなると晴眼者[注3]は本能的に恐怖を感じる。何が起きるかを事前に予測できなくなるからだ。

晴は視覚を使わない代わりに、頭の中で無意識のうちにあらゆる状況を想定している。空間を立体的にイメージし、風と音で瞬間を把握する。そうやって晴は世界を感じ取っている。どれほど霧が立ち込めても、晴にとってはいつもと変わらないゲレンデなのだ。

おそらく涼介もこのコースは体で覚えているはずなのだが、この状態で伴走をするだけの自信はなかった。どうしても恐怖が先立ってしまう。

「怖がるのが不思議なんですよねー」

「何で不思議なんだよ」

「だって、それまで何でもできていた人が、急にダメ人間になるんだもん」

「俺たちは視覚に頼ってるからな。視覚がなくなると動けなくなる」

で、本番に比べれば標高差も少なく、ダウンヒルに向いているとはいえないが、それでもこのタイムはかなりのものだった。ここを涼介が全力で滑ったとしても二分は切れないはずだ。

「速くなったな」

「立川さんの伴走も上手くなったよー」晴の頬に笑窪《えくぼ》ができる。

「ああ、晴がちゃんと反応してくれると俺も気分がいい」

「入賞できるかな？」

「いや。それにはまだ練習が足りない。筋肉の持久力がもっと要る」

「えー、それって」晴の声が低くなる。

「もちろん、基礎練だ」

「えーやだー」晴は舌を出した。

涼介はわざと大きな溜《た》め息を吐《つ》いた。晴に足りないのは何が何でも強くあろうとする意志だ。苦手なことや嫌いなことがあると晴はすぐに逃げようとする。

「だって明日はイブだよ」

いつも晴はいきなり話題が飛ぶ。

「なんだよ。予定でもあるのか」

「秘密ですよー」晴はニヤニヤしている。

「どうせ何もないんだろ」涼介はふんと鼻から息を吐いた。

「えー、じゃあ立川さんは？」晴が悪戯《いたずら》っぽい声を出す。

「俺は仕事だ」

「ひゃー。さみしい。つきあったげようか」

「断る」即答する。

「あーあ、せっかくつきあってあげるって言ってるのにー」

晴は何かを探るようにストックの先で雪面を軽く叩《たた》いた。

山の向こう側に日が沈み始めると、さらに気温が下がった。

「よし、日が落ちる前にもう一本滑っておこう」

晴にとっては昼も夜も変わらないが、涼介は暗いところでは動きが悪くなってしまう。今日のb感触を、最後にもう一度確かめておきたかった。

リフトを降りると、山頂にはすでに濃い霧が出始めていた。日中の日差しで溶けた雪の水蒸気が、気温の低下で冷やされたのだ。

「けっこうガスってるな」

涼介は首を伸ばしてゲレンデを見下ろすが、せいぜい二〇メートル先あたりまでしか見通せなかった。暗くなり始めていることも合わせると、これで滑り出せば、ほとんど足元しか見えなくなるだろう。振り返った時に晴の位置を確認できなければ、指示を出すこともできない。本番のレースなら中止になるコンディションだった。仕方がない。

「これじゃレースの練習は無理だな。スピードを抑えて下まで降りよう」

コースの端をゆっくりと滑っていくだけなら、見通しが多少悪くても問題はない。

「私は平気ですよー」

もともと晴は視界に頼っていないのだから当たり前だ。問題は涼介なのだ。

「ねえ、立川さん。普通に降りるだけなら、私がスピーカー[注2]つけちゃダメ？」

「え？」

ら発信するのを抑制するためには、発信者の身元を明らかにする方法が有効である。

オ　ネット上で発信された情報についての真偽をメディア側の人間が評価し続けることによって、嘘をついてはいけないという倫理が守られるようになる。

二、次の文章を読んで、後の問いに答えなさい。

〈この場面までのあらすじ〉
学生時代にトップスキーヤーとして活躍していた立川涼介《りょうすけ》は、会社の方針にしたがって、全盲の天才的な女子高生スキーヤー・晴《はる》の伴走者となる。二人はこの日も、白野瀬で行われるパラスキーに向けて、ダウンヒル（スキーの滑降競技）の練習をしていた。

「なんだこれは」涼介は自分の中に湧き上がった感覚に戸惑いを感じていた。これまで何回このコースを滑ってきたかはわからないが、初めての感覚だった。

涼介と晴は物理的に繋《つな》がっているわけではない。そこにはロープ一本さえ存在していない。二人の間にあるのはただの空間だ。その空間に[a]響く声だけが二人を結びつけている。

涼介自身の感じている世界と晴の感じている世界が次第に混ざり合う。同じ目的に向かって二人は一つになっていく。

今、涼介の頭の中には晴の位置から見えるゲレンデの光景が映っていた。涼介には自分の背中が見えている。その黄色いビブス[注1]にはGの文字が浮かび上がっている。

「俺が晴の目なんだ」

それは涼介だけに見える晴の視点だった。そして、決して晴自身がこの光景を見ることはない。だが、滑っているうちに涼介はそんなことさえも忘れてしまう。

涼介は目の見えない弱者のために指示を出しているのではなかった。もはや目の代わりでさえなかった。これは二人で組み立てる新しいスキー競技なのだ。

「超気持ちいい」晴が叫ぶ。さらにスピードが増した。

「ラスト、そのまま飛ぶぞ」

白野瀬パラのアルペンコースにジャンプは設定されていない。それでも涼介は滑走練習に低いジャンプを取り入れていた。それは移動に制限のある晴が重力から解放される瞬間だ。

「今だ」一瞬先に着地した涼介は、すぐに後ろを振り返って晴に着地のタイミングを伝えた。

晴は雪面から受ける衝撃を瞬時に感じ取り、天性のバランス感覚で体の軸を一定に保つ。事情を知らない者が見れば、晴が視覚を使わずに滑っているとは思わないだろう。

「ひゃああー」晴は甲高い声を出した。

二人は緩斜面を滑りきりセーフティゾーンの端まで来ると、そこでぴたりと止まった。

「なんか今のすごかった」晴の息がかなり荒くなっていた。興奮しているのだろう。

「ああ」涼介も驚いていた。ゴーグルを外して計測表示を見る。タイムは二分三〇秒。ここは北杜《きたもり》スキー部が複合的な練習に使うコースなの

「人を見る目」というのは、その人についての十分なデータがない時点で、どれくらい信頼できるのか、どの程度の能力があるのか、どういう仕事を任せればいいのかが「わかる」力のことです。この「人物カンテイ眼」は残念ながら教えようがない。マニュアルもガイドラインもない。自分で身銭を切って、煮え湯を飲まされて、身につけるしかない。

現在のような移行期において、僕たちが頼ることのできるのはこのようなメディア・リテラシーだけです。（内田樹《うちだたつる》『ローカリズム宣言』より）

（注）1 スクリーニング……選別。
2 ジャンク……役に立たない。
3 ソース……出どころ。
4 ハブ……中核《ちゅうかく》。

問一 二重傍線部a〜dのカタカナを漢字で書きなさい。なお、送り仮名が必要な場合はその部分をひらがなで書きなさい。

問二 傍線部①「またたくうちに」・傍線部③「アイロニカルな」の語句の意味として最も適当なものを、それぞれ次のア〜エの中から一つずつ選び、記号で答えなさい。

① またたくうちに
ア 目を離した隙《すき》に　イ 油断をした隙に
ウ 気づかない間に　エ あっという間に

③ アイロニカルな
ア 皮肉な　イ 意外な　ウ 徹底《てってい》的な　エ 刺激的な

問三 傍線部②「ネットのメディアとしての最大の弱点」とあるが、ネットメディアにおいて、この「最大の弱点」が発生するのはなぜか。本文中の言葉を使って七十字以内で答えなさい。

問四 ［A］・［B］にあてはまる語句として最も適当なものを、それぞれ次のア〜カの中から一つずつ選び、記号で答えなさい。
ア なぜなら　イ けれども　ウ それでは
エ もちろん　オ それとも　カ ですから

問五 傍線部④「ジャンクな情報と価値ある情報を選別するメカニズム」とあるが、実際に人々によって用いられるべきメカニズムとして本文中で取り上げられているのはどういう方法か。それについて説明した次の文の［　］にあてはまる語句を、本文中から十九字で探し、最初の五字を抜き出して答えなさい。

ネット上に行き交う情報について、［　］を判定できなくても、人間の信頼性を考量して、質のよい情報が集まる人にアクセスするという方法。

問六 本文の内容と合致するものを、次のア〜オの中から一つ選び、記号で答えなさい。
ア ネットメディアにおいては、固有名を明確にしている人間は必ず真実の情報を提供し、匿名の人間は必ず虚報を流すということを理解する必要がある。
イ 政治において、信頼性が高い情報は政府部内や政党の中枢から持ち出された情報であるため、発信者や受信者が処罰される可能性が高いと言える。
ウ 活字メディアによってもたらされる情報には固有名がないものの、厳しいチェックと校閲が重ねて行われるため、虚報や誤報であることは多くない。
エ 社会に大きな影響を与えるような情報が虚偽のものだと知りなが

カのメディアが行っている「ファクト・チェック」（公人の発言のうち、真実がどれくらい含まれているかの評価）は記者たちの「手仕事」ですから、ごく限られた公人の、ごく限られた発言についてしか適用することができません。そもそも「ファクト・チェック」に膨大な人的リソースを投入するというのは、ジャーナリズムの本務ではありません。政治家たちが、その政治的信条にかかわらず、「嘘はつかない」という基本的な倫理《りんり》を守っていれば、やらずに済む仕事です。

　でも、いまさら「嘘をつかないでください」などと言っても始まりません。とりあえずは、自力で、ネット上に行き交う情報の真偽を判定しなければいけない。④注2ジャンクな情報と価値ある情報を選別するメカニズムは手作りしなければならない。

　一つの方法は、「信頼性の高い第一次情報」を発信している人を見つけ出して、その注3ソースに直接アクセスすることです。でも、これは難しい。政治の場合などは、それこそ政府部内や政党中枢《ちゅうすう》にいる人でないと、そのような情報は発信できませんし、うっかりすると「リーク」ということになって、処罰されるリスクがある。

　それより現実的なのは「その人自身は第一次情報の発信者ではないが、質のよい情報がそこに集まってくる人」にアクセスすることです。その人自身は別に「ここだけの話」に通じているわけではないのだが、メディア・リテラシーが高いので、行き交う情報の中から「信頼性の高いもの」と「ジャンク」を識別することができる。そういう人が「第二次情報の注4ハブ」になります。

　メディア・リテラシーというのは、情報についてその真偽を判定できるほど事情に通じているということではありません。ほとんどの問題について、僕たちはその真偽をすぐに判定できるほどの知識を持っていません。国際政治の先行きも、経済の先行きも、書評や映画評であっても、それが正しいかどうか、自分の知識に基づいては判定できません。それでも、「自分がそれについて十分な知識をもっていない話題についても、それについて語っている人間を信用できるか信用できないかは判定できる」ということがあります。話題になっている事実の真偽や評価の適否については「わからない」。でも、それを語っている人間が信用できる人間か信用ならない人間かは「わかる」。人間にはそういうことができます。

　メディア・リテラシーを構成するのは知識量ではありません。自分が知らないことについてその真偽を判定するわけですから。僕たちにできるのは「それを伝えている人間の信頼性を考量すること」だけです。でも、これはコミュニケーションの場数をそれなりに積んでいる人間にはできないことではありません。

　もともとよく知っている人間の場合でしたら、その人がこれまで語ってきたことの「真実含有量の通算打率」がデータとして手元にあります。「この分野のことについては割と正確な情報を発信してきたが、この分野のことについては間違うことが多い」ということがわかる。それを準用すればいい。

　でも、相手が初対面の人でも、僕たちは「なんだか信用ならないやつだな」とか「この人は信用できそうだ」ということを直感的に判定できます。日常的にそういうことをしている。そして、その直感的判定の正誤率を見て、「あの人は『人を見る目』がある」と言ったり、「あいつは『人を見る目』がない」と言ったりする。

【国　語】（五〇分）〈満点：六〇点〉

【注意】 字数制限の設問については、特別な指示がない限りは、、や。「」などの記号を字数に含めます。

例　ここが、「私の母校」となる。（計十四字）

一、次の文章を読んで、後の問いに答えなさい。

ネットの難点は、どんな嘘《うそ》でもフェイクでも発信できることです。そしてフェイクニュースは「そういう話」を聞きたがっている読者によって、①またたくうちに「真実」として全世界に広められ、大きな、取り返しのつかない社会的影響をaオヨボス。②ネットのメディアとしての最大の弱点はそこです。

ネット上に行き交う情報の真偽《しんぎ》の判定はきわめて難しい。従来の活字メディアの場合でしたら、複数のレベルでチェックや校閲が入ります。事実関係について「全くの虚偽」が、いくつものスクリーニング（注1）を逃れて、岩波《いわなみ》書店や新潮社《しんちょうしゃ》のような校閲のきびしい出版社の書籍や全国紙の紙面に載ってしまうということはまずありません。そのような記事を書いた記者も、それを見逃したデスクも校閲も、そのbツミをきびしく糺《ただ》されることになるからです。誤報や虚報については、固有名を持った個人が、責任を問われ、場合によっては懲戒《ちょうかい》や失職のリスクを負う。つまり、旧メディアの場合には、ジャーナリストの個人としての可傷性がコンテンツの信頼性を保証していたわけです。

ところがネットメディアでは、発信者が誰《だれ》だか特定できない。誰でも匿名で発信できる。かつて旧メディアにおいてコンテンツの信頼度を保証していた「発信者の固有名と生身」というものがネットメディアでは晒《さら》し出す必要がありません。何の制約もなしに、ペナルティを受けるリスク抜きで、好きなことが発信できる。この究極の「言論の自由」が逆にそこで行き交う情報の信頼性を傷つけている。実に③アイロニカルな状況です。

　A　、ネット上で最も致命的な攻撃は、匿名の発信者の身元を明らかにすること（「晒し」）だということになります。虚報や誤報について、あるいは人格のcヒレツさや反社会性について、その責任を引き受けなければいけない個人をネット上に固有名付きの生身で登場させることによって、彼がそれまで享受《きょうじゅ》してきた匿名での発信特権を剥《は》ぎ取ること。「晒し」が有効な処罰になるということは、ネット上においても、人々は「人間はその発言に固有名を付し、その結果について個人で責任を取らなければいけない場合には、それと知った上で虚報・誤報・暴言を発信することを抑制する」という基本的な法則を理解しているということを意味しています。

ですから、ネットメディアがこれから先、あきらかなフェイクや嘘を流通させないためには、発信する情報の一つ一つについて、その「文責」を引き受ける固有名を具《そな》えた個人がいるかどうかを情報の真偽判定の基準にすることが必要だと僕《ぼく》は考えています。

それは別に固有名を明らかにした人間は必ず真実を語り、匿名の人間は必ず嘘をつくという意味ではありません。　B　、嘘をついた場合にペナルティを受ける有責主体の名前を開示してあるということは、それを読む人にとっては真偽の判定の「一つの基準」にはなるはずです。内容の真偽について、機械的な処理を行うことは不可能です。アメリ

MEMO

大切なことはメモしておこうネ！

2019年度

解　答　と　解　説

《2019年度の配点は解答欄に掲載してあります。》

＜数学解答＞《学校からの正答の発表はありません。》

Ⅰ　〔1〕　$\frac{47}{10}$　〔2〕　$-\frac{x+3y}{12}$　〔3〕　12　〔4〕　$x=-5$，$y=1$　〔5〕　$x=2\pm\sqrt{7}$

〔6〕　$3(x-1)(3x-4)$

Ⅱ　〔1〕　(1)　$\frac{1}{6}$　(2)　$\frac{5}{18}$　〔2〕　(1)　45分　(2)　240人

Ⅲ　〔1〕　$4\sqrt{2}$cm　〔2〕　$2\sqrt{7}$cm　〔3〕　5cm　〔4〕　$\frac{16\sqrt{7}}{9}$cm^3

Ⅳ　〔1〕　$a=\frac{1}{8}$　〔2〕　$y=-\frac{1}{2}x+4$　〔3〕　15　〔4〕　$(-2,\ 8)$

Ⅴ　〔1〕　(25，9)　〔2〕　$(n^2,\ 2n-1)$

〔3〕　(1)　$\frac{2}{2n-1}$　(2)　$n=16$，計算過程：解説参照

○推定配点○

Ⅰ　各2点×6　Ⅱ　各3点×4　Ⅲ　各3点×4　Ⅳ　各3点×4

Ⅴ　〔1〕・〔2〕　各2点×2　〔3〕　(1)　3点　(2)　5点　計60点

＜数学解説＞

Ⅰ　（正負の数，式の計算，平方根，連立方程式，2次方程式，因数分解）

〔1〕　$\frac{(-3)^2}{4}-(-5)\div\left(\frac{10}{7}\right)^2=\frac{9}{4}+5\times\frac{49}{100}=\frac{45}{20}+\frac{49}{20}=\frac{94}{20}=\frac{47}{10}$

〔2〕　$\frac{3x-5y+8}{4}-\frac{5x-6(y-2)}{6}=\frac{3(3x-5y+8)-2(5x-6y+12)}{12}=\frac{9x-15y+24-10x+12y-24}{12}=\frac{-x-3y}{12}=-\frac{x+3y}{12}$

基本　〔3〕　$(\sqrt{2}+\sqrt{3})^2+(1-\sqrt{6})^2=2+2\sqrt{6}+3+1-2\sqrt{6}+6=12$

〔4〕　$2(2y-x)=-\frac{2}{5}x+3y+9$より，$4y-2x=-\frac{2}{5}x+3y+9$　$8x-5y=-45$…①　$\frac{3}{2}y=-\frac{1}{2}x-1$より，$x+3y=-2$…②　①－②×8より，$-29y=-29$　$y=1$　これを②に代入して，$x+3=-2$　$x=-5$

〔5〕　$(2x-1)(2x-5)=(x-2)(x+2)+18$　$4x^2-12x+5=x^2-4+18$　$3x^2-12x-9=0$　$x^2-4x=3$　$(x-2)^2=3+4$　$x=2\pm\sqrt{7}$

基本　〔6〕　$(3x-2)^2-3(3x-2)+2=(3x-2-1)(3x-2-2)=3(x-1)(3x-4)$

Ⅱ　（確率，標本調査）

〔1〕　さいころの目の出方の総数は，6×6＝36(通り)

(1)　1次方程式$2x+a=b$の解は，$x=\frac{b-a}{2}$　これが自然数であるようなa，bの値の組は，(a,

$b)=(1,\ 3)$，$(1,\ 5)$，$(2,\ 4)$，$(2,\ 6)$，$(3,\ 5)$，$(4,\ 6)$の6通りだから，求める確率は，$\frac{6}{36}=\frac{1}{6}$

(2)　2次方程式$x^2-7x+ab=0$が整数の解をもつとき，2つの解の和が7となるが，そのような解の組み合わせは，1と6，2と5，3と4があり，それぞれ2つの解の積は，6，10，12となる。このようなa，bの値の組は，$(a,\ b)=(1,\ 6)$，$(2,\ 3)$，$(2,\ 5)$，$(2,\ 6)$，$(3,\ 2)$，$(3,\ 4)$，$(4,\ 3)$，$(5,\ 2)$，$(6,\ 1)$，$(6,\ 2)$の10通りだから，求める確率は，$\frac{10}{36}=\frac{5}{18}$

基本　〔2〕　(1)　資料数80の中央値は，家庭学習時間の少ない順に並べたときの40番目と41番目の平均だから，18＋23＝41より，30分以上60分未満の階級に含まれる。よって，階級値は，$\frac{30+60}{2}=45$(分)

基本　(2)　90分以上120分未満の生徒をx人とすると，$1600:x=80:12$　　$x=\frac{1600\times12}{80}=240$(人)

Ⅲ　(空間図形の計量)

基本　〔1〕　$\mathrm{AM}=\frac{1}{2}\mathrm{AB}=\frac{1}{2}\times4=2$　　△OAMに三平方の定理を用いて，$\mathrm{OM}=\sqrt{\mathrm{OA}^2-\mathrm{AM}^2}=\sqrt{6^2-2^2}=\sqrt{32}=4\sqrt{2}$(cm)

基本　〔2〕　$\mathrm{MH}=\frac{1}{2}\mathrm{BC}=\frac{1}{2}\times4=2$　　△OMHに三平方の定理を用いて，$\mathrm{OH}=\sqrt{\mathrm{OM}^2-\mathrm{MH}^2}=\sqrt{32-2^2}=\sqrt{28}=2\sqrt{7}$(cm)

重要　〔3〕　$\mathrm{AC}=\sqrt{2}\mathrm{AB}=4\sqrt{2}$　　Nから線分ACにひいた垂線と線分ACとの交点をIとすると，NI//OHより，Iは線分AHの中点となる。よって，$\mathrm{NI}=\frac{1}{2}\mathrm{OH}=\sqrt{7}$　　$\mathrm{IC}=\frac{3}{4}\mathrm{AC}=3\sqrt{2}$　　△CNIに三平方の定理を用いて，$\mathrm{CN}=\sqrt{\mathrm{NI}^2+\mathrm{IC}^2}=\sqrt{(\sqrt{7})^2+(3\sqrt{2})^2}=\sqrt{25}=5$(cm)

重要　〔4〕　中点連結定理より，NH//OC　　平行線と比の定理より，$\mathrm{OL}:\mathrm{LH}=\mathrm{OC}:\mathrm{NH}=2:1$　　よって，$\mathrm{OL}=\frac{2}{3}\mathrm{OH}=\frac{4\sqrt{7}}{3}$　　3点O，M，Hを通る平面を考え，Lから線分OMにひいた垂線と線分OMとの交点をJとする。△OMHと△OLJにおいて，∠OHM＝∠OJL＝90°　　共通な角だから，∠MOH＝∠LOJ　　2組の角がそれぞれ等しいから，△OMH∽△OLJ　　$\mathrm{OM}:\mathrm{OL}=\mathrm{MH}:\mathrm{LJ}$　　$\mathrm{LJ}=\mathrm{OL}\times\mathrm{MH}\div\mathrm{OM}=\frac{4\sqrt{7}}{3}\times2\div4\sqrt{2}=\frac{\sqrt{14}}{3}$　　よって，立体L－OABの体積は，$\frac{1}{3}\times\triangle\mathrm{OAB}\times\mathrm{LJ}=\frac{1}{3}\times\left(\frac{1}{2}\times4\times4\sqrt{2}\right)\times\frac{\sqrt{14}}{3}=\frac{16\sqrt{7}}{9}$(cm³)

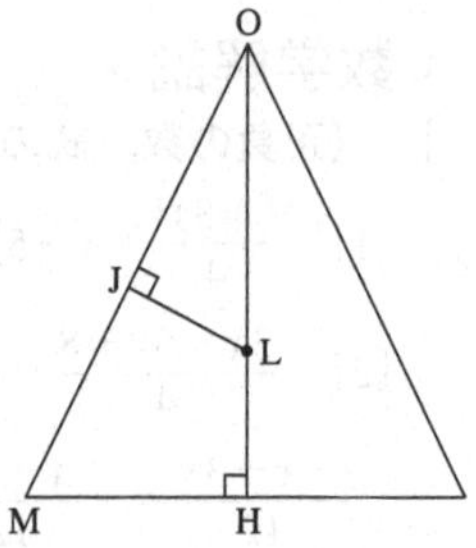

Ⅳ　(図形と関数・グラフの融合問題)

基本　〔1〕　$y=\frac{8}{x}$に$x=4$を代入して，$y=\frac{8}{4}=2$　　よって，A(4，2)　　$y=ax^2$に$x=4$，$y=2$を代入して，$2=a\times4^2$　　$a=\frac{1}{8}$

基本　〔2〕　$y=\frac{1}{8}x^2$に$x=-8$を代入して，$y=\frac{1}{8}\times(-8)^2=8$　　よって，B(－8，8)　　直線ABの式を$y=mx+n$とすると，2点A，Bを通るから，$2=4m+n$，$8=-8m+n$　　この連立方程式を解いて，$m=-\frac{1}{2}$，$n=4$　　よって，$y=-\frac{1}{2}x+4$

基本 〔3〕 $y=\frac{8}{x}$に$y=8$を代入して，$8=\frac{8}{x}$　$x=1$　よって，C(1，8)　△OACの面積は，3点O，A，Cを辺上にもつ長方形の面積から3つの直角三角形の面積をひいて求まる。$4\times8-\frac{1}{2}\times1\times8-\frac{1}{2}\times(4-1)\times(8-2)-\frac{1}{2}\times4\times2=32-4-9-4=15$

重要 〔4〕 点Pのx座標をtとすると，P(t，8)，Q$\left(t,\ \frac{1}{8}t^2\right)$　BP：PQ＝4：5より，$\{t-(-8)\}:\left(8-\frac{1}{8}t^2\right)=4:5$　$5(t+8)=4\left(8-\frac{1}{8}t^2\right)$　$t^2+10t+16=0$　$(t+2)(t+8)=0$　$t=-2,\ -8$
よって，P(－2，8)

Ⅴ （規則性）

基本 〔1〕 5番目の正方形の1辺の長さは9だから，A_5のx座標は，$1+3+5+7+9=25$　y座標は9　よって，$A_5(25,\ 9)$

〔2〕 n番目の正方形の1辺の長さは$2n-1$だから，A_nのx座標は，$1+3+5+7+\cdots+(2n-1)=n^2$
y座標は$2n-1$　よって，$A_n(n^2,\ 2n-1)$

〔3〕 (1) A_{n-1}のx座標は$(n-1)^2$　y座標は，$2(n-1)-1=2n-3$　よって，求める直線の傾きは，$\{2n-1-(2n-3)\}\div\{n^2-(n-1)^2\}=\frac{2}{2n-1}$

(2) 直線の式を$y=\frac{2}{2n-1}x+b$とおくと，点A_nを通るから，$2n-1=\frac{2n^2}{2n-1}+b$
$b=\frac{(2n-1)^2-2n^2}{2n-1}=\frac{2n^2-4n+1}{2n-1}$　よって，$y=\frac{2}{2n-1}x+\frac{2n^2-4n+1}{2n-1}$　この直線とx軸との交点は，$y=0$を代入して，$x=-\frac{2n^2-4n+1}{2}$　nは2以上の整数だから，$n=16$のとき，$x=-\frac{2\times16^2-4\times16+1}{2}=-\frac{449}{2}=-224.5$　$-227<-224.5<-219$より，この直線は線分BCと交わる。よって，$n=16$

★ワンポイントアドバイス★
出題構成・難易度に大きな変化はない。あらゆる分野からまんべんなく出題されているので，基礎を固めておこう。その上で，過去の出題例を研究しておきたい。

＜英語解答＞ 《学校からの正答の発表はありません。》

筆記テスト

Ⅰ 〔1〕 ウカアオエイ　〔2〕 イエカオアウ　〔3〕 エウオイカア　〔4〕 オアウイカエ
〔5〕 オエアウカイ

Ⅱ 〔1〕 began　〔2〕 started　〔3〕 speaks　〔4〕 trying　〔5〕 to know
〔6〕 studied　〔7〕 written　〔8〕 made　〔9〕 has　〔10〕 learning

Ⅲ 〔1〕 ウ　〔2〕 イ　〔3〕 He (often) invites them to barbecue parties.
〔4〕 エ

Ⅳ 〔1〕 イ 〔2〕 コーヒーは私たちにとって良いのか悪いのかということ。

〔3〕 has both good points and bad points 〔4〕 ウ，エ

リスニングテスト

Ⅰ・Ⅱ リスニング問題解答省略

○推定配点○

筆記テスト Ⅰ・Ⅱ 各2点×15 Ⅲ 〔1〕〔2〕 各1点×2 他 各2点×2

Ⅳ 各2点×4

リスニングテスト Ⅰ・Ⅱ 各2点×8 計60点

＜英語解説＞

重要 Ⅰ （会話文：語句整序，比較，接続詞，間接疑問，熟語，動名詞）

美絵 ：こんにちは，ルーシー。

ルーシー：こんにちは，美絵。今朝は寒い。もうすぐ冬ね！

美絵 ：そうね。冬は好き？

ルーシー：ええ。[1]私は夏より冬の方が好き。暑い天気は好きじゃないわ。

美絵 ：それなら，北海道はあなたが住むのに良い場所ね！ あなたはアメリカ出身でしょう？ あなたの故郷の天候はどんな感じ？

ルーシー：私は2か所に住んだことがあり，それらの間には大きな違いがあるわ。私は幼い頃にフロリダに住んでいたの。そこでは冬でもあまり寒くならないのよ。

美絵 ：なるほど。その後はどこに住んだの？

ルーシー：9歳の時にシカゴに引っ越したわ。そこはアメリカの北部よ。シカゴの冬は北海道の冬と同じくらい寒いと思う。

美絵 ：へえ，アメリカ[2]はとても大きいから気候も違うのね！

ルーシー：そうよ。北海道のような気候の場所もあるわ。他方では，西部には大きな砂漠もある。実は，世界の最高気温はその地域で記録されたの。[3]どのくらい暑かったかわかる？

美絵 ：うーん，45℃くらい？

ルーシー：56.7℃よ！

美絵 ：ええ…そんなに暑いのは想像できない！

ルーシー：その地域はデス・バレー(死の谷)と呼ばれているの。暑くてほとんど1年中雨がふらない。

美絵 ：私にとっては，北海道の夏が一番よ。[4]気温が15℃から25℃の時に快適に感じるわ。

ルーシー：そうなの？ 南アメリカにはあなたにとって快適な場所がいくつかあるわよ，ボリビアのツピサとか。そこではいつも20℃くらいよ。

美絵 ：それは完璧ね！ でもどうして？

ルーシー：赤道がその地域を通っているから，1年を通じて気温がほとんど変わらないの。でもアンデス山脈があって海抜3000メートル以上だからボリビアのツピサはいつも涼しいの。

美絵 ：わあ，気候は完璧だけど[5]高山病になるのが怖いわ。

〔1〕 like A better than B「BよりAが好き」〔2〕 so … that ～「とても…なので～」

〔3〕 how 以下は間接疑問で〈疑問詞＋主語＋動詞〉の語順。 〔4〕 when は接続詞で「～の時に」を表す。 〔5〕 be afraid of ～ing「～するのを恐れる」

Ⅱ （メール文：語形変化，時制，現在完了，進行形，不定詞，分詞，受動態，動名詞）
（全訳）

送信者：ロイ
受信者：桂太
日付　：2018年10月28日　16時11分
件名　：漢字についての質問

こんにちは，けいた。げんきですか。
僕は3年前に日本語を勉強し[1]始めたよ。僕の学校の日本語の授業では，漢字は僕たちが学ぶには難しいという理由で，先生があまり漢字を教えない。でも最近，僕は漢字をもっとたくさん学ぶべきだと考え[2]始めた。知っての通り，僕の目標の1つは日本語で日本の漫画を読むことだ。でも僕はそうするのに必要な漢字を十分には知らない。僕には日本語を上手に[3]話す友達がいる。僕は彼に漢字を教えてくれるよう頼んだよ。しかし彼は僕に，日本語は話せるけれど漢字はあまり読み書きできない，と言ったんだ。だから僕は自分で学ぼうと[4]しているよ。そこで2つ質問がある。まず，僕は漢字をいくつ学ぶべきだろう？　次に，君は漢字を学ぶ良い方法を知っているかい？
ロイ

送信者：桂太
受信者：ロイ
日付　：2018年10月29日　19時41分
件名　：RE：漢字についての質問

やあ，ロイ！
君が一生懸命日本語を勉強していると[5]知ってうれしい。日本語を勉強している人にとって，漢字は最も難しいものの1つらしいね。
最初の質問に答えよう。君は小学生によって[6]学習される漢字を知っておくべきだと思う。日本では小学校で子供たちがおよそ1000の漢字を学ぶよ。
2番目の質問に対してアドバイスを1つあげよう。たっぷりと時間を使い，漢字の部分について勉強してください。それは日本語では「部首」と呼ばれ，漢字をより深く，素早く理解するのに重要だと思う。たとえば，僕の名前の「ケイタ」は「桂太」と[7]書かれる。最初の漢字を見て。その発音は「ケイ」で，元々，木の一種を意味する。この漢字は「木」と「圭」の2つの部分から[8]できている。「木」という漢字は知っているよね？　tree(木)という意味だよ。そして「圭」の音は「ケイ」なんだ。だから，この漢字では1つの部分が意味を表し，もう1つの部分が音を表している。このように，それぞれの部首が意味か音を[9]持っている。漢字の部分[10]を学ぶことにより，君の学習はより簡単でおもしろいものになるだろう。
桂太

〔1〕 過去形にする。begin－began－begun　〔2〕 直前に have があることから現在完了〈have＋過去分詞〉とわかる。　〔3〕 直前の who は主格の関係代名詞で，先行詞は単数の a friend であるため，動詞 speak には -s を付ける。　〔4〕 直前に am があることから現在進行形であるとわかる。　〔5〕 〈be glad to ＋動詞の原形〉「～してうれしい」〔6〕 直後の by ～「～によって」に着目し，受け身を表す過去分詞にする。　〔7〕 受動態〈be動詞＋過去分詞〉「～される」

〔8〕 be made of ~「~からできている」〔9〕 主語は each *bushu* で，単数なので，動詞 have は has となる。 〔10〕 by ~ing「~することによって」

Ⅲ （会話文読解問題：語句補充・選択，指示語，英問英答，内容一致）

（全訳） トニー：やあ，麻紀。質問してもいいかな？

麻紀　：もちろん。

トニー：僕はよくホームセンターで変わった形をした鉄鍋を見かけるんだ。それらは何のためのものなの？

麻紀　：鉄鍋？　変わった形？　[A]もう少し情報をちょうだい。

トニー：それらはふつう黒くて直径が30センチくらいだよ。そして中央部分がドームのように見える。

麻紀　：ああ，わかったわ！　ジンギスカン用の鉄鍋よ。北海道で食べたことがある？

トニー：[B]いや，ないよ。それはどんなもの？

麻紀　：羊肉料理よ。私たちは羊肉の薄切りをその鉄鍋で焼いて食べるわ。北海道ではとても人気があるの。私たちは特に夏に屋外でジンギスカンを楽しむのが大好きよ。

トニー：なるほど。日本式のバーベキューのようだね！

麻紀　：その通り。そうだ，あなたに聞きたいことがあるわ。アメリカの人たちはバーベキューが大好きって聞いたけど，本当？

トニー：うん。国民的な料理の1つと言えるよ。僕の父もバーベキューするのが大好きだ。週末に父はよく僕たちにバーベキューをしてくれる。何時間もかかるから，父はふつう朝早くに始めて，僕たちはそれをランチにするんだ。

麻紀　：何ですって？　お肉を焼き過ぎたら焦げてしまうわ。

トニー：そうじゃない。違う種類のバーベキューがあるんだよ。

麻紀　：へえ，本当？　どう違うの？

トニー：1つの種類は「グリル」だ。薄切りの肉をすばやく料理することだよ。もう1つは僕の父の「バーベキュー」だ。父は肉の塊を低い温度でじっくりと料理する。そうすることによって肉が柔らかくなるんだよ。

トニー：[C]わあ，それはきっとおいしいでしょうね。食べてみたいな。

麻紀　：僕の家においでよ。父はよく友達や近所の人をバーベキューパーティーに招待するから，君が来たら父は喜ぶよ。そうだ，麻紀，僕に1つアイデアがあるよ。僕の家で一緒にパーティーしない？　僕の家族は君の家族のためにバーベキューを用意できるし，君の家族は僕たちにジンギスカンの楽しみ方を教えてくれる。どう思う？

麻紀　：それは素晴らしいアイデアね！

〔1〕 全訳下線部参照。

〔2〕 That は直前のトニーの発言の第4，5文を指す。よってイ「トニーの家族と麻紀の家族はお互いに肉料理をふるまう」が適切。

重要 〔3〕「トニーの父親は友人や近所の人のために，よく何をするか」 トニーの最後の発言の第2文を参照し，「彼は彼らをバーベキューパーティーに招待する」と答える。

〔4〕 ア「トニーはホームセンターでジンギスカン用の鉄鍋を見たことがない」(×) イ「トニーはジンギスカンは日本式のバーベキューだと言ったが，麻紀は同意しなかった」(×) ウ「トニーの家族はふつうバーベキューを夕食に食べる，なぜならそれは作るのに何時間もかかるからだ」(×) エ「トニーの父親のバーベキューはたくさん時間がかかる，なぜなら肉が低温で調理されるからだ」(○)

Ⅳ （長文読解・資料読解：内容吟味，語句解釈，内容一致）

（全訳） コーヒーは世界中で飲まれている。多くの人が，食後やリラックスしたい時，友達とおしゃべりする時にコーヒーがほしくなると言う。もちろん，それは日本でも愛されている。

日本で消費されるコーヒー豆のほとんどが外国産だ。表を見てほしい。この4年間，日本はブラジルから最も多くのコーヒー豆を輸入した。2000年には，コロンビアが2位でインドネシアが3位だった。2017年にはコロンビアから2000年よりも多くのコーヒー豆を買った。インドネシアは2017年には4位に落ちた。急速に伸びている国が1つある。ベトナムだ。2016年に日本はこの国から10万トン近くのコーヒー豆を輸入した。エチオピアはコーヒーの歴史の長い国だ。この表では2014年から2017年まで6位だった。

あなたやあなたの家族はどこでコーヒーを飲むだろうか。グラフがその結果を示している。日本の人々は平均して週におよそ11杯のコーヒーを飲むと言われている。グラフより，そのうちおよそ7杯が家庭で飲まれている。2位は何か。人々はよくコーヒーショップでコーヒーを飲む，と思うかもしれないが，それは実際は3位だ。それより多くのコーヒーがオフィスや学校で飲まれている。

人々がよく話題にする①あるテーマがある。「コーヒーは私たちにとって良いのか悪いのか」ということだ。「コーヒーは脳に良い効果がある」「コーヒーをたくさん飲む人は長生きする」と言う科学者もいる。しかし夜にコーヒーを飲むことは良くない，と言う人もいる。コーヒーの効果で眠れない，と言うのだ。何事にも良い点と悪い点がある。おそらく，コーヒーも②そうだろう。しかし1つのことを覚えておくべきだ。コーヒーの効果は人による。たった1杯のコーヒーを飲んだ後によく眠れない人もいる。5杯飲んだ後でさえも全く問題がない人もいる。カフェインに敏感ならば，食後のコーヒーを諦めなくてはならないのだろうか。いや，その必要はない。近頃はノンカフェインのコーヒーが簡単に手に入り，それはカフェインが含まれていないコーヒーだ。どうか試してみてほしい。

重要 〔1〕 A 第2段落第3文より，コーヒー豆の輸入量が最大なのはブラジル。 B 第2段落第7，8文参照。ベトナムは2000年に25,315トンだったが，急速に数を伸ばして2016年には10万トン近くまでになっている。 C 第2段落第4，5文参照。コロンビアは2000年に輸入量が2位で，2017年には2000年よりも多く輸入している。 D 第2段落第4，6文参照。インドネシアは2000年に輸入量が3位で，2017年には4位に落ちている。

重要 〔2〕 下線部①の文末の：(コロン)に着目する。コロンは「つまり」という意味で，言い換えの言葉を導く。よってコロンの後の “Is coffee good or bad for us?” が one theme の内容を具体的に説明したものとなる。

やや難 〔3〕 do は直前の動詞節の繰り返しを避けるために用いられる。ここでは前文の has both good points and bad points の代わりとして用いられている。

〔4〕 全訳より，ウ・エが本文の内容と一致する。

リスニングテスト

Ⅰ・Ⅱ リスニング問題解説省略。

★ワンポイントアドバイス★

Ⅳは資料読解問題。本文の内容と一致する文を選ぶ問題の選択肢が日本語で書かれているので，英文を読む前に一読し，内容を把握してから英文を読むとよいだろう。

＜理科解答＞ 《学校からの正答の発表はありません。》

Ⅰ 〔1〕 72％ 〔2〕 ウ 〔3〕 エ 〔4〕 再結晶 〔5〕 イ 〔6〕 エ

Ⅱ 〔1〕 (1) 14.51秒 (2) 14.36秒 (3) 14.51秒 〔2〕 (1) 8.0Ω (2) 9.3V
(3) 300mA

Ⅲ 〔1〕 (1) カ (2) 磁石を近づけて，磁石についたほうがスチールウールである。
(3) 有機物 〔2〕 (1) イ (2) 700cm³ (3) 0.87g

Ⅳ 〔1〕 優性(の)形質 〔2〕 Rr 〔3〕 ウ 〔4〕 $\frac{1}{3}$
〔5〕 エ 〔6〕 Rr

Ⅴ 〔1〕 ① イ ② 12 〔2〕 イ 〔3〕 右図
〔4〕 (地球から太陽まで)の距離が，地球から月までの距離の約400倍であるから。
〔5〕 惑星 〔6〕 ア

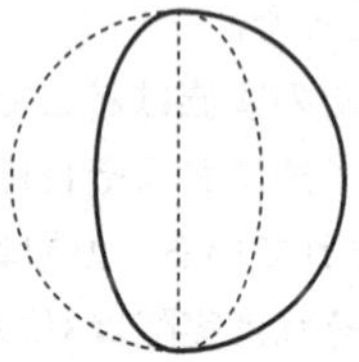

○推定配点○
Ⅰ 各2点×6 Ⅱ 各2点×6 Ⅲ 各2点×6 Ⅳ 各2点×6 Ⅴ 各2点×6
計60点

＜理科解説＞

Ⅰ (小問集合—各分野の基礎知識)

〔1〕 乾球温度計の示度が19.0℃，乾球温度計と湿球温度計の示度の差が，19.0－16.0＝3.0℃だから，表を読み取って，湿度は72％である。

〔2〕 おもり1個の重さをx〔N〕とすると，ばねAには$3x$〔N〕の力がかかるので，ばねの伸びは2.0×$3x$＝$6x$〔cm〕であり，ばねの長さは8＋$6x$〔cm〕となる。ばねBにはおもり$2x$〔N〕の力がかかるので，ばねの伸びは1.5×$2x$＝$3x$〔cm〕であり，ばねの長さは14＋$3x$〔cm〕となる。ばねAとばねBの長さが等しいので，8＋$6x$＝14＋$3x$より，x＝2〔N〕となる。

〔3〕 左心室から出る血液は，大動脈を通って全身へ運ばれたあと，大静脈を通って右心房に戻ってくる。一方，右心室から出る血液は，肺動脈を通って肺へ運ばれたあと，肺静脈を通って左心房に戻ってくる。このとき，肺動脈には二酸化炭素の多い静脈血が，肺静脈には酸素の多い動脈血が流れる。

〔4〕 固体を一度水に溶かし，再び結晶にすることで，純度の高い結晶を得ることができる。この方法を，再結晶(法)という。

〔5〕 2018年に，ハワイ島で大きな噴火を起こしたのは，キラウエアである。マウナロアもハワイ島の火山で，キラウエアよりも規模が大きいが，1984年以降は活動していない。フエゴはグアテマラの火山で，2018年に噴火した。マナロはバヌアツにある火山で，2017年に噴火した。

〔6〕 もともとその場所になかった生物で，他から持ち込まれたものを外来種という。その場所の在来種を駆逐するなど，生態系を壊してしまうことも多い。

Ⅱ (音の性質，電流と電圧—音の速さの測定，電流回路)

〔1〕 (1) 号砲1の音がB君に聞こえるまでにかかる時間は，102÷340＝0.30秒である。つまり，B君が最初にストップウォッチを押した0.30秒前にA君はスタートしていた。よって，A君が100m走るのにかかった時間は，14.21＋0.30＝14.51秒である。

(2) 号砲1の音がCさんに聞こえるまでにかかる時間は，51÷340＝0.15秒である。だから，C君のストップウォッチは，A君が走った時間よりも0.15秒短い時間を示す。よって，14.51－0.15＝14.36秒である。

(3)　号砲1の音がD君に聞こえるまでにかかる時間は，51÷340＝0.15秒である。また，号砲2の音がD君に聞こえるまでにかかる時間も，51÷340＝0.15秒である。つまり，D君のストップウォッチが測った時間は，A君がスタートして0.15秒後から，A君がゴールして0.15秒後までである。結局，D君はA君が走った時間と同じ時間14.51秒を測ったことになる。

〔2〕 (1)　実験2の①より，$\frac{2.0\mathrm{V}}{0.25\mathrm{A}}$＝8.0Ωである。

(2)　実験2の②で，点線部分に1.5Vの電圧をかけたとき，表より電熱線BとCを流れる電流の合計は，0.375＋0.600＝0.975Aである。だから，図3で電熱線Aに流れる電流も0.975Aである。電熱線Aにかかる電圧は，0.975A×8.0Ω＝7.8Vである。電源電圧は，電熱線Aにかかる電圧と，点線部分の電圧の合計なので，7.8＋1.5＝9.3Vとなる。

やや難　(3)　表より，電熱線Bの抵抗は，$\frac{1.0\mathrm{V}}{0.25\mathrm{A}}$＝4.0Ωである。実験3で，電熱線Dに200mAの電流が流れているので，電熱線Bにかかる電圧は0.2A×4.0Ω＝0.8Vである。これと並列につながった電熱線Aにかかる電圧も0.8Vなので，電熱線Aに流れる電流は，$\frac{0.8\mathrm{V}}{8.0\Omega}$＝0.1A，つまり100mAである。電熱線Cに流れる電流は，電熱線AとBを流れる電流の合計で，100＋200＝300mAとなる。

Ⅲ　(物質の性質—固体の区別，酸化銀の分解)

重要　〔1〕 (1)　実験1の①で，水に溶けたA，Cは，食塩と砂糖のどちらかである。また，白く濁ったEは小麦粉である。実験1の②で，加熱後に変化がなかったCは食塩なので，Aが砂糖と決まる。BとFは加熱しても二酸化炭素が発生しなかったので，スチールウールか銅の粉末である。Dは上記以外の物質であり，プラスチックの粉末である。

(2)　BとFは，スチールウールか銅の粉末である。スチールウールは鉄でできた繊維状の物体である。これらを見た目の色以外で区別する方法としては，磁石を近づけて，引き寄せられたらスチールウールであり，付かなければ銅の粉末と分かる。あるいは，それぞれ少量を試験管に入れて塩酸を加えると，溶けて気体が出ればスチールウールであり，反応がなければ銅の粉末である。さらに別の方法として，実験1の②で加熱し酸化したものをそれぞれ塩酸に溶かし，その水溶液を白金線につけて炎の色(炎色反応)を調べたとき，青緑色になれば銅の粉末で，そうでなければスチールウールである。これらの中から1つ答えればよい。

(3)　実験1の②で，加熱したときに二酸化炭素が発生したグループは，Aの砂糖，Dのプラスチックの粉末，Eの小麦粉である。加熱して二酸化炭素が発生したのは，もとの物質の成分として炭素原子が含まれていたためである。このような物質を総称して有機物という。有機物の多くは，もともと生物由来であり，砂糖や小麦粉は植物から，プラスチックの原料である石油は過去のプランクトンからできたものである。

〔2〕 (1)　酸化銀を加熱すると，銀と酸素に分解される。よって，気体Xは酸素，固体Yは銀である。気体Xが酸素であることを確認するには，火のついた線香を入れるのがよい。空気中では炎を上げないが，酸素中では炎を上げる。アは二酸化炭素，ウはアンモニア，エは水素，オは塩化水素を確認するときによく使う方法である。

(2)　表の最も左の列のデータで計算すると，1.16gの酸化銀から，1.08gの銀ができたのだから，酸素の質量は1.16－1.08＝0.08gである。この体積が56cm^{3}だから，1gあたりの体積は，56÷0.08＝700cm^{3}である。他の列でも，中央の列なら84÷0.12＝700，最も右の列なら112÷0.16＝700と同じ解答になるので，どれか1つ計算すればよい。

やや難 (3)　酸化銀と酸素の質量比は，表から1.16：0.08である。また，$126cm^3$の酸素の質量は，(2)より126÷700＝0.18gである。よって，分解された酸化銀の質量は，1.16：0.08＝x：0.18より，x＝2.61gである。はじめにあった3.48gの酸化銀のうち，分解されたのが2.61gだから，反応しなかった酸化銀の質量は，3.48－2.61＝0.87gである。

Ⅳ　(生殖と遺伝―エンドウの種子の形の遺伝)

〔1〕　種子の形が丸形の遺伝子をR，しわ形の遺伝子をrとすると，親は純系なのでRRとrrであり，できた子はRrである。子は，対立形質の両方の遺伝子を持つが，現れるのはRの丸形だけである。このように，子に現れる形質を優性形質，現れない形質を劣性形質という。

〔2〕　親がRRとrrの純系なので，子はすべてRrである。

重要 〔3〕　Rrの自家受粉でできた孫は，RR：Rr：rr＝1：2：1の数比となる。RRとRrはどちらも丸形が現れるので，丸形としわ型の数比は，3：1となる。

〔4〕　孫で，丸形の種子の遺伝子の数比は，RR：Rr＝1：2の割合となっている。丸形の種子を1個取り出したときに遺伝子がRRである確率は，$\frac{1}{1+2}=\frac{1}{3}$である。

やや難 〔5〕　孫の遺伝子は，RR：Rr：rr＝1：2：1の数比である。孫をすべて自家受粉させて，次の世代(ひ孫)をつくると，RRからはすべて丸形，rrからはすべてしわ形の種子ができるが，Rrの個体からは，丸形としわ型の数比が，3：1でできる。もとの数が1：2：1＝2：4：2となるように数をそろえると，丸形としわ型の比は，RRからは2：0，Rrからは3：1，rrからは0：2となり，これらの合計は，(2＋3＋0)：(0＋1＋2)＝5：3となる。

〔6〕　丸形の種子はRRとRrのどちらかである。しわ形の種子はrrだけである。RRとrrをかけ合わせると，子はすべてRrとなり，すべて丸形が現れる。Rrとrrをかけ合わせると，子はRrとrrができるので，丸形としわ型の両方が現れる。よって，実験3で用いた丸形の種子はRrである。

Ⅴ　(地球と太陽系―月と金星の見え方)

〔1〕　月の公転の向きは，地球の自転や公転と同じく西から東の向きである。満ち欠けの周期が29.5日だから，見える位置の1日あたりのずれは，360÷29.5＝12.2…で12°ずつである。

〔2〕　前問〔1〕のことから，月は毎日約50分ずつ遅く南中する。4日後では，図1のような日の入り後でも，南西より東側(左側)である南の空高くに見える。この月は，真夜中には西に沈みかかっており，日の出前にはすでに沈んでいて見えない。

〔3〕　最初の観察1のとき，夕方の南西の空に見えていた月は三日月である。4日後には右半分が明るい上弦の月となり，8日後には上弦の月と満月の間の形となる。

〔4〕　月に比べて400倍大きい太陽が，月と同じ大きさに見えるのは，太陽が400倍遠くにあるためである。実際の距離は，地球と太陽の距離は15000万km，地球と月の距離は37.5万km程度で，400倍である。

〔5〕　太陽のまわりを公転する金星や地球など8個の星は，自分で光らない星であり，惑星とよばれる。

〔6〕　図2は日の入り後の図なので，太陽は西の地平線のすぐ下に沈んでいる。A→B→C→Dの順に，金星の位置は太陽に近づいていくように見える。これは，図3で金星がAの位置から徐々に地球に近づいていることを示す。地球からの距離が近くなるので，見かけの大きさは大きくなっていく。

★ワンポイントアドバイス★

単なる暗記だけで解こうとせず，問題文や図で表されている状況をよく把握し理解してから解き進めよう。

＜社会解答＞ 《学校からの正答の発表はありません。》

Ⅰ 〔1〕 A ウ B ア C イ 〔2〕 プランテーション 〔3〕 図2 イ
図3 エ 〔4〕 （例） 高く険しい山脈が連なり火山活動が活発な造山帯にふくまれているため，地熱発電の発電量が多い国。 〔5〕 ① エ ② イ ③ ウ ④ カ
〔6〕 （語句） 促成栽培 （記号） イ 〔7〕 ウ

Ⅱ 〔1〕 奴 〔2〕 唐招提寺 〔3〕 ア 〔4〕 奉公 〔5〕 エ 〔6〕 （例） 小さな島が多く，江戸幕府のキリスト教徒への厳しい監視が行き届かなかったため。
〔7〕 イ(→)ウ(→)ア(→)エ 〔8〕 （語句） 征韓論 （記号） イ 〔9〕 ウ
〔10〕 ア 〔11〕 ウ 〔12〕 アメリカ(合衆国) 〔13〕 ウ

Ⅲ 〔1〕 A 与党 B 安全保障理事会 C 民法 〔2〕 (1) 秘密(選挙)
(2) 平等(選挙) 〔3〕 （行為） 国事行為 （機関） 内閣 〔4〕 非核化 〔5〕 18
〔6〕 （例） 出産や子育てで退職することが多い女性は，パートなど非正規労働者になる割合が高いため，イが女性である。 〔7〕 ウ

○推定配点○
Ⅰ 〔1〕・〔2〕・〔6〕 各2点×6 〔4〕 3点 〔3〕・〔5〕・〔7〕 各1点×7
Ⅱ 〔1〕・〔5〕・〔8〕～〔10〕 各1点×6 〔2〕～〔4〕・〔7〕・〔11〕～〔13〕 各2点×7 〔6〕 3点
Ⅲ 〔1〕～〔4〕 各1点×8 〔5〕・〔7〕 各2点×2 〔6〕 3点

＜社会解説＞

Ⅰ （地理―世界の自然と地形，農業，工業，都道府県の特徴）

〔1〕 図1中のAはアフリカ大陸を，Bはユーラシア大陸を，Cは北アメリカ大陸を，Dは南アメリカ大陸を示している。アについて，世界で最も高い山はアジア州に位置するエヴェレスト(チョモランマ)であることから，ユーラシア大陸について述べているとわかる。イについて，冷帯(亜寒帯)の割合が高く，南東部でハリケーンによる被害が発生することがあるのは北アメリカ大陸である。ウについて，世界最大級の砂漠はサハラ砂漠と考えられ，世界で最も長い川はナイル川なので，アフリカ大陸について述べているとわかる。エについて，世界で最も流域面積が広い川は南アメリカ大陸にあるアマゾン川である。よって，Aはウ，Bはア，Cはイとなる。

〔2〕 Xの地域は東南アジアを示している。東南アジアで植民地時代に開かれた大農園を，プランテーションという。

やや難 〔3〕 図2はオーストラリア南東部の沿岸部が示されているので，人口密度が高い地域と考えられ，イが適当とわかる。図3はオーストラリアの西部や東部が示されており，羊の飼育がさかんな地域と考えられ，エが適当とわかる。

〔4〕 表2の①に含まれるイタリア・日本・アメリカ合衆国はいずれも地熱発電の発電量が一定以上みられるという共通点がある。イタリアはアルプス・ヒマラヤ造山帯に位置しており，日本とアメリカ合衆国は環太平洋造山帯に位置していることが図4からわかる。よって，表2の①にふくまれる国々は，高く険しい山脈が連なり火山活動が活発な造山帯にふくまれていることがわかる。地熱発電の発電量が多い背景には，火山活動が活発な造山帯に位置していることが挙げられる。

基本 〔5〕 アは岩手県，イは山形県，ウは福井県，エは大阪府，オは岡山県，カは熊本県を示している。①について，江戸時代に諸藩の蔵屋敷が置かれ，「天下の台所」と呼ばれていたのは大阪。②について，「はえぬき」の生産がさかんで，さくらんぼの生産量が全国一なのは山形県。③について，メガネのフレームの世界的な生産地としては，福井県鯖江市がある。④について，水俣病が

発生したのは熊本県水俣市周辺である。よって，①はエ，②はイ，③はウ，④はカとなる。

〔6〕 他の地域より出荷時期を早める目的で栽培する方法を，促成栽培という。なすは夏の野菜である。高知県は温暖な気候をいかしてなすの促成栽培が盛んであることから，東京都中央卸売市場に入荷する高知県産のなすは，他の地域からの入荷量が少なく，価格が高い時期に入荷量が多いと考えられるので，イのグラフがあてはまる。

〔7〕 図6は，愛知県や静岡県，神奈川県，埼玉県などに工場が多く立地していることから，ウの自動車の工場の分布を示しているとわかる。

Ⅱ （日本と世界の歴史―古代～現代）

〔1〕 「後漢書」東夷伝には，倭の奴国王が後漢の光武帝から印綬(金印)を授けられたことが記されている。このとき授けられたものと推定されているのが，江戸時代に福岡県志賀島で発見された金印で，「漢委奴国王」と刻まれている。

〔2〕 7世紀初めにつくられた，唐の都長安にならってつくられた都は，平城京である。唐から来日した鑑真が平城京に建てた寺は，唐招提寺である。

〔3〕 菅原道真が遣唐使の派遣の再考を訴え，遣唐使が停止されたのは894年である。アの坂上田村麻呂が征夷大将軍に任命されたのは797年であり，遣唐使が停止されるよりも前のできごととわかる。イは14世紀前半の後醍醐天皇による建武の新政について述べている。ウの藤原道長が摂政となったのは11世紀前半のこと。エは白河天皇が始めた院政について述べている。白河天皇が上皇となって院政を始めたのは11世紀後半のこと。

重要 〔4〕 鎌倉幕府の将軍と御家人の主従は，御恩と奉公の関係で結ばれていた。将軍が御家人に対して御恩を与えた。これに対して，御家人は将軍に忠誠を誓い，戦いがおこったときには命をかけて戦いに参ずるなどの奉公を行った。

〔5〕 室町幕府3代将軍であった足利義満が明との間で始めた日明貿易では，日本から銅や硫黄，刀剣などが輸出され，明から銅銭や生糸などが輸入されたので，エが適当。

〔6〕 図1からは，キリスト教を信仰していた人々が離島などへ移住したことがわかる。江戸時代の鎖国以降，江戸幕府はキリスト教徒を取り締まるために厳しい監視を行ったが，離島などに対しては，江戸幕府の厳しい監視が行き届かなかったため，これらの地域で潜伏キリシタンが信仰を続けられたと考えられる。

〔7〕 アの天明のききんは田沼意次が老中として幕政の実権を握っていた1782年に始まっている。イの徳川綱吉は江戸幕府5代将軍(将軍在職は1680～1709年)であり，ウの徳川吉宗は江戸幕府8代将軍(将軍在職は1716～1745年)である。エの大塩平八郎が大坂で反乱を起こしたのは1837年である。年代の古い順に並べると，イ→ウ→ア→エとなる。

重要 〔8〕 明治初期に，明治政府内で高まった，朝鮮を武力で開国させようという主張は，征韓論という。征韓論が退けられて明治政府を去り，1877年の西南戦争で中心となったのはイの西郷隆盛。

〔9〕 原敬は立憲政友会の総裁として，最初の本格的な政党内閣である原敬内閣を組閣したので，ウの立憲政友会が衆議院で最も多くの議席をもっていたとわかる。

〔10〕 日本は日清戦争に勝利し，下関条約で清から台湾・遼東半島・澎湖諸島を獲得したが，ロシア・ドイツ・フランスによる三国干渉の結果，日本は遼東半島を清に返還している。遼東半島の位置は図2ではアとなる。

〔11〕 図3中のXは1903年から1905年の期間を示している。この期間には日露戦争(1904年～1905年)が起こっており，軍事費が増大していたとわかる。日露戦争の講和条約であるポーツマス条約(1905年)では賠償金が獲得できなかったことから，ウの日比谷焼き打ち事件(1905年)が起こっている。なお，アの韓国併合は1910年の，イの大逆事件は1910年，エの辛亥革命は1911年の出来事

である。

〔12〕 第二次世界大戦後，日本がサンフランシスコ平和条約で独立を回復した後も，沖縄や小笠原諸島はアメリカ合衆国に統治された。小笠原諸島は1968年に，沖縄は1972年に日本に復帰している。

〔13〕 日韓基本条約は1965年に結ばれた。アのサンフランシスコ平和条約は1951年に結ばれた。イの第一次石油危機は1973年に起こる。ウのアジアで初めてのオリンピックとして東京オリンピックが開催されたのは1964年。エの農地改革は第二次世界大戦後に実施された。よって，下線部⑬のころの日本について述べた文として正しいのはウとなる。

Ⅲ （公民―日本国憲法，政治のしくみ，経済のしくみ，時事問題）

〔1〕 A 政権を担う政党を与党，政権を担わない政党を野党という。 B 国際連合の，世界の平和・安全を維持するための機関は，安全保障理事会である。 C 家族関係などについて定めている法律は，民法である。

基本 〔2〕 選挙の原則には，選挙権を身分・収入などで制限しないで一定の年齢に達すると選挙権が認められる普通選挙，投票は無記名で行われ誰に投票したかわからないようにする秘密選挙，有権者が直接候補者を選ぶ直接選挙，選挙人の一票の価値を平等にする平等選挙がある。よって，(1)は秘密選挙，(2)は平等選挙となる。

〔3〕 天皇が行う儀礼的・形式的な行為は，国事行為という。国事行為については，内閣の「助言と承認」を必要とすることが，日本国憲法第3条に規定されている。

〔4〕 2018年4月の南北首脳会談や6月の米朝首脳会談は，いずれも朝鮮半島の完全な非核化が主要な議題であった。

〔5〕 2018年に民法が改正されたことにより，2022年4月1日より，成人年齢は満18歳以上に引き下げられることになった。

〔6〕 日本では，女性は結婚や出産，子育てなどのために退職することが多かったため，パートなどの非正規雇用の割合が男性よりも高い傾向がみられることから，イが女性と判断できる。

やや難 〔7〕 日本からEUへの輸出について，自動車やカラーテレビの関税を撤廃すると日本国内の工場にとっては輸出がしやすくなるので，工場の海外移転が進むことにはつながらないので，アは適当でない。表は日本からEUへの輸出についての関税の撤廃について示しており，日本の輸入については表からは判断できないので，イは適当でない。表からは，緑茶や青果物を日本からEUへ輸出するときの関税が撤廃されることがわかるので，日本の農産物の輸出が拡大する可能性が考えられるので，ウが読み取れる。日本からEUへの輸出についての関税が撤廃されることによって，日本からEUへの輸出が増える可能性は考えられるが，日本の貿易が加工貿易中心になるかどうかとはつながらないので，エは適当でない。

★ワンポイントアドバイス★

教科書の内容を，地図や資料なども含めてしっかりと整理しておこう。

<国語解答> 《学校からの正答の発表はありません。》

一 問一 a 及ぼす b 罪 c 卑劣 d 鑑定 問二 ① エ ③ ア
問三 (例) 誰でも匿名で，制約もペナルティを受けるリスクもなく，好きなことを発信できるため，信頼度が保証されていない状態で情報が発信されるから。(66字)
問四 A カ B イ 問五 話題になっ 問六 エ

二 問一 a ひび(く) b かんしょく c ただよ(う) 問二 ロ 問三 オ
問四 ウ 問五 (例) 今や自分と晴は互いの感覚を共有しており，普段は晴が自分を頼り自分が晴を支えているが，その関係はいつでも簡単に逆転するということ。(64字)
問六 ア・オ

三 問一 d 問二 エ 問三 額 問四 ③ 連体詞 ④ 名詞
問五 (例) B・役に立つことにだけ集中していては，新しいことを創造する楽しさが味わえず，生きがいがないと思う。

○推定配点○
一 問三 6点 問四 各1点×2 他 各2点×8
二 問五 6点 他 各2点×7(問六は完答) 三 問五 6点 他 各2点×5 計60点

<国語解説>

一 (論説文―大意・要旨，内容吟味，接続語，脱語補充，漢字の書き取り，語句の意味)

基本 問一 aの音読みは「キュウ」。熟語は「普及」など。bの音読みは「ザイ」。熟語は「無罪」「謝罪」など。cは品性や行動がいやしくきたないこと。dは判断，判定すること。

問二 ①は「またたく(瞬く)」すなわち，まばたきをするほどのきわめて短い時間のことなので，エが適当。③は英語の「ironical」で，皮肉なという意味なので，アが適当。

やや難 問三 ②後，「ところが……」で始まる段落で，②の「弱点」が発生することについて，ネットメディアでは誰でも匿名で，何の制約もなしに，ペナルティを受けるリスク抜きで，好きなことを発信できるために，信頼度を保証されていない状態で情報が発信される，と述べているので，これらの内容を②の理由として説明する。

問四 Aは，直前の内容を根拠とした意見が続いているので，カが適当。Bは，直前の内容とは相反する内容が続いているので，イが適当。

問五 ④直後の段落で，④の「一つの方法」を述べているが，「それより……」から続く2段落で，「その人自身は第一次情報発信者ではないが，質のよい情報がそこに集まってくる人」にアクセスするという現実的な方法を述べており，この方法は，「話題になっている事実の真偽や評価の適否(19字)」については「わからない」が，それを語っている人間が信用できるかは「わかる」ので，そのような人にアクセスするという方法，ということである。

重要 問六 「固有名を明らかにした人間は必ず真実を語り，匿名の人間は必ず嘘をつくという意味ではありません」と述べているので，アは合致しない。政治の場合などは「信頼性の高い第一次情報」は政府部内や政党中枢にいる人でないと発信できず，「リーク」で処罰されるリスクがある，と述べているが，「処罰される可能性が高い」とは述べていないので，イも合致しない。活字メディアの誤報や虚報は，固有名を持った個人が責任を問われることを述べているので，「固有名がない」とあるウも合致しない。エは「 A ……」で始まる段落で述べているので，合致する。メディアが行う「ファクト・チェック」は，政治家たちが「嘘はつかない」という基本的な倫理を守っていれば，やらずに済む仕事であることを述べているが，オは述べていないので合致しない。

二 (小説ー情景・心情，内容吟味，脱語補充，漢字の読み)

基本 問一 aの音読みは「キョウ」。熟語は「影響」など。bは外界の刺激などに触れて感じること。cの音読みは「ヒョウ」。熟語は「漂着」など。

問二 Ｉは，驚きあきれて何も言えないという意味で「口」があてはまる。慣用句の「開いた口がふさがらない」と同じ意味。

問三 ②は，霧がどんどん濃くなって，数メートル先が見えるかどうかもわからない状態でゲレンデを滑ることは「危なすぎる」という涼介に対する，晴の言葉で，霧がかかっていても，かかっていなくても晴にとっては「同じ」ということなので，オが適当。涼介のことも説明している他の選択肢は不適当。

問四 ③前で，先導している晴の後ろ姿からは恐怖などまるで感じられず，涼介は視覚を失えば何もできなくなるが，晴が伴走して教えてくれることで安心感を与えてくれることを感じていることが描かれているので，ウが適当。「安心感を与えるのが伴走者の役割なんだな」という心情を説明していない他の選択肢は不適当。

重要 問五 ③後の場面で，晴に伴走してもらっていることで，「今や涼介と晴は互いの感覚を共有してい」て，「普段の晴は涼介を頼り，涼介が晴を支えている」が，「その関係はいつでも簡単に逆転するのだ」という涼介の思いが描かれているので，この部分の心情を説明していく。

やや難 問六 日が沈み，霧も濃いゲレンデを滑る場面で，晴眼者の涼介と視覚障害者の晴の様子が対照的に描かれ，晴との関係性に思い至った涼介の心情が描かれているので，アは合致する。暗くて霧の濃い状態のゲレンデに，涼介は恐怖が先立っているが，晴の伴走に安心しているので，イは合致しない。ゲレンデを滑り降りる晴の様子をウェアの色で描いているが，比喩は用いられていないので，ウも合致しない。本文は涼介の視点で描かれているので，エも合致しない。「右ターン」「この先にコブ」「左ターン」といった体言止めの表現が用いられているので，オは合致する。「擬態語」で「強さというものにたいする涼介と晴の違い」を描いていないので，カは合致しない。「ゴーグルに隠れているせいで，晴の表情はうまく読み取れなかった」とあるので，キも合致しない。

三 (論説文ー大意・要旨，内容吟味，脱語補充，四字熟語，慣用句，品詞・用法)

問一 dのみ，形容詞「ない」の終止形。他は打消しの助動詞。「ない」を「ぬ」に置き換えられる場合は打消しの助動詞，置き換えられない場合は形容詞，と判断する

基本 問二 ①は，状況に応じて適切な手段をとるという意味のエと同じ。アは，結果は同じなのに，目先の差にこだわることのたとえ，また，ことばたくみに人をだますことのたとえ。イは，命令や規則などがひんぱんに変わって定まらないこと。ウは，神や鬼のように思いのままに現れたり隠れたりして，所在がつかめないこと。オは，さまざまに変化すること。

問三 土地などがきわめて狭いことを，「猫の額(ひたい)」という。

重要 問四 ③は「一点」を修飾する連体詞。④は，形容詞「小さい」の語幹に接尾語「さ」が付いた名詞。

やや難 問五 模範解答では，Bの「デメリット」を述べているが，Aの「メリット」では，障害者など社会的弱者の立場に立って役に立つことを考えることは，あらゆる人が暮らしやすい社会につながる，自分だけではなく他者の視点で物事を考えられるようになる，といったことが挙げられる。さまざまな角度から，具体的に考えていこう。

★ワンポイントアドバイス★

小説では，本文が誰の視点で描かれているかを確認して読み進めていこう。

解答用紙集

○月×日 △曜日　天気（合格日和）

◆ご利用のみなさまへ
＊解答用紙の公表を行っていない学校につきましては、弊社の責任において、解答用紙を制作いたしました。
＊編集上の理由により一部縮小掲載した解答用紙がございます。
＊編集上の理由により一部実物と異なる形式の解答用紙がございます。

人間の最も偉大な力とは、その一番の弱点を克服したところから生まれてくるものである。 ——カール・ヒルティ——

※データのダウンロードは 2024 年 3 月末日まで。

東京学参株式会社

立命館慶祥高等学校　2023年度

◇数学◇

※ 122％に拡大していただくと，解答欄は実物大になります。

Ⅰ

〔1〕		〔2〕	
〔3〕		〔4〕	
〔5〕	$x=$　　　　, $y=$	〔6〕	$x=$

Ⅱ

〔1〕	(1)	通り	(2)	
〔2〕	(1)	mm	(2)	mm

Ⅲ

〔1〕		〔2〕	(　　　,　　　)
〔3〕		〔4〕	

Ⅳ

〔1〕	cm	〔2〕	cm^3
〔3〕	cm	〔4〕	cm^3

Ⅴ

〔1〕		〔2〕	
〔3〕			
〔4〕	答え　$p=$		

立命館慶祥高等学校　2023年度　◇英語◇

※ 127%に拡大していただくと，解答欄は実物大になります。

筆記テスト

Ⅰ

〔1〕	①	3番目		6番目	
	③	3番目		6番目	
	④	3番目		6番目	
〔2〕	②		⑤		
	⑥		⑦		

Ⅱ

〔1〕										
〔2〕	[A]		[B]		[C]					
〔3〕										
〔4〕	①		②		③		④		⑤	

Ⅲ

〔1〕							
〔2〕	昔のゲームは，（　　　）が， 今のゲームは，（　　　）ができる。						
〔3〕		〔4〕 A		B		C	
〔5〕							

Ⅳ

種類	

リスニング・テスト

Ⅰ

〔1〕		〔2〕		〔3〕		〔4〕	

Ⅱ

〔1〕		〔2〕		〔3〕		〔4〕	

立命館慶祥高等学校　2023年度

◇理科◇

※ 125%に拡大していただくと，解答欄は実物大になります。

Ⅰ

〔1〕		〔2〕		〔3〕	
〔4〕		〔5〕		〔6〕	Ω

Ⅱ

〔1〕	(1)	J	〔1〕(2)
	(3)	N	
	(4)	g/cm^3	
〔2〕	(1)	m/s	
	(2)	回	

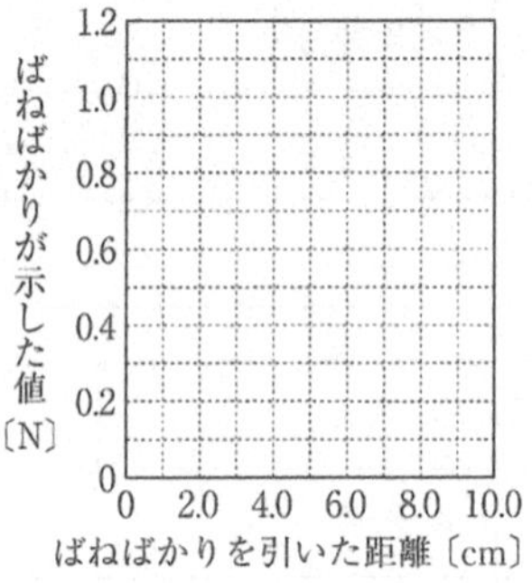

Ⅲ

〔1〕					
〔2〕	(1)		(2)		
〔3〕		〔4〕		〔5〕	
〔6〕					

Ⅳ

〔1〕	(1)		(2)	〔2〕	mg
〔3〕	時間	〔4〕	mg	〔5〕	日

Ⅴ

〔1〕	①		②	〔2〕	
〔3〕	時　分	〔4〕	度	〔5〕	
〔6〕					

立命館慶祥高等学校　2023年度　　◇社会◇

※ 120%に拡大していただくと，解答欄は実物大になります。

Ⅰ

〔1〕	a	c		〔2〕	度
〔3〕		〔4〕		〔5〕	
〔6〕		〔7〕		〔8〕	
〔9〕	①	③		〔10〕	
〔11〕					
〔12〕					

Ⅱ

〔1〕		〔2〕		〔3〕	
〔4〕		〔5〕			
〔6〕					
〔7〕		〔8〕	天皇	〔9〕	
〔10〕		〔11〕		〔12〕	
〔13〕		〔14〕	→ → →	〔15〕	

Ⅲ

〔1〕		〔2〕			
〔3〕	関係	根拠		〔4〕	庁
〔5〕	X	Y		Z	
〔6〕	記号	変化			
〔7〕		〔8〕	位置	首都名	
〔9〕					

◇国語◇

立命館慶祥高等学校　２０２３年度

※１４５％に拡大していただくと、解答欄は実物大になります。

一

問一　a　す　b　c　う　d

問二　20　40

問三　A　B　C

問四

問五

問六

二

問一　a　b　り　c

問二　20　40　60

問三　②　③

問四

問五

問六

三

問一　①　③

問二　A　B

問三

問四

問五　20　40　60

立命館慶祥高等学校　2022年度　　◇数学◇

※ 125％に拡大していただくと，解答欄は実物大になります。

Ⅰ

〔1〕		〔2〕	
〔3〕		〔4〕	
〔5〕	$x=$　　　　, $y=$	〔6〕	$x=$

Ⅱ

〔1〕	回					
〔2〕	(1)	通り	(2)		(3)	

Ⅲ

〔1〕	(　　　　,　　　　)	〔2〕	
〔3〕		〔4〕	(　　　　,　　　　)

Ⅳ

〔1〕	cm^3	〔2〕	cm
〔3〕	cm^3	〔4〕	cm^3

Ⅴ

〔1〕		〔2〕	個
〔3〕	個		
〔4〕	答え　　個		

※ 128％に拡大していただくと，解答欄は実物大になります。

筆記テスト

Ⅰ

〔1〕	①	2番目		5番目	
	④	2番目		5番目	
	⑤	2番目		5番目	
〔2〕	②		③		
	⑥		⑦		

Ⅱ

〔1〕	[A]		[B]		[C]	
〔2〕						
〔3〕						
〔4〕						

Ⅲ

〔1〕						
〔2〕						
〔3〕	[A]		[B]		[C]	
〔4〕						

Ⅳ

リスニング・テスト

Ⅰ

〔1〕		〔2〕		〔3〕		〔4〕	

Ⅱ

〔1〕		〔2〕		〔3〕		〔4〕	

立命館慶祥高等学校　2022年度　　◇理科◇

※ 133％に拡大していただくと，解答欄は実物大になります。

Ⅰ

〔1〕		〔2〕		〔3〕	
〔4〕	g	〔5〕		〔6〕	

Ⅱ

〔1〕	（1）　N	（2）　cm	（3）X側のばねP	Y側
	（4）			
〔2〕	（1）			
	（2）			

Ⅲ

〔1〕					
〔2〕	（1）	（2）	〔3〕		
〔4〕		〔5〕		〔6〕	cm^3

Ⅳ

〔1〕		〔2〕	秒	〔3〕	
〔4〕	秒	〔5〕	m	〔6〕	秒

Ⅴ

〔1〕	
〔3〕	14時　分　秒
〔4〕	秒
〔5〕	km/s
〔6〕	

〔2〕

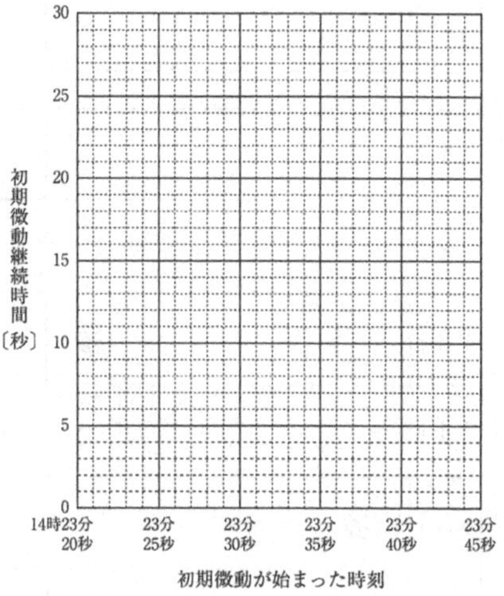

立命館慶祥高等学校　2022年度　　◇社会◇

※ 123％に拡大していただくと，解答欄は実物大になります。

Ⅰ

〔1〕	早い	遅い			
〔2〕	図1	図2			
〔3〕					
〔4〕		〔5〕		〔6〕	
〔7〕	①	④			
〔8〕	A	B	C	〔9〕	

Ⅱ

〔1〕		〔2〕		〔3〕	
〔4〕	記号	名称			
〔5〕	→	→	→		
〔6〕					
〔7〕		〔8〕		〔9〕	
〔10〕		〔11〕		〔12〕	
〔13〕					

Ⅲ

〔1〕					
〔2〕					
〔3〕	権				
〔4〕	a	b	c	d	e
〔5〕	環境	〔6〕	X　以上	Y	
〔7〕	の自由				

◇国語◇

立命館慶祥高等学校　２０２２年度

※１４５％に拡大していただくと、解答欄は実物大になります。

一

問一　a　b　c　d

問二

問三　A　B　C

問四

問五

問六

二

問一　a　んで　b　し　c　く

問二　①　③

問三

問四

問五

問六

三

問一

問二　A　B

問三　②　③

問四

問五

立命館慶祥高等学校　2021年度　◇数学◇

※ 125％に拡大していただくと，解答欄は実物大になります。

I

〔1〕		〔2〕	
〔3〕		〔4〕	$x=$ 　　　　, $y=$
〔5〕	$x=$	〔6〕	

II

〔1〕	(1)	通り	(2)	通り	
〔2〕			〔3〕		

III

〔1〕		〔2〕	(　　　　, 　　　　)
〔3〕		〔4〕	

IV

〔1〕	cm^2	〔2〕	cm^3
〔3〕	cm		

V

〔1〕		〔2〕	
〔3〕	答え 　　　　個		

立命館慶祥高等学校　2021年度　◇英語◇

※ 132%に拡大していただくと，解答欄は実物大になります。

筆記テスト

Ⅰ

〔1〕	①		④	
	⑤		⑥	

〔2〕	②	3番目		6番目	
	③	3番目		6番目	
	⑦	3番目		6番目	

Ⅱ

〔1〕	[A]		[B]		[C]	
〔2〕						
〔3〕						
〔4〕						

Ⅲ

〔1〕		
〔2〕		
〔3〕	システム	
	良い点	
〔4〕		

Ⅳ

リスニング・テスト

Ⅰ

〔1〕		〔2〕		〔3〕		〔4〕	

Ⅱ

〔1〕		〔2〕		〔3〕		〔4〕	

立命館慶祥高等学校　2021年度

◇理科◇

※ 130％に拡大していただくと，解答欄は実物大になります。

Ⅰ

〔1〕		〔2〕		〔3〕	
〔4〕		〔5〕		〔6〕	

Ⅱ

〔1〕	(1)　m	(2)　m	(3)	(4)　つ
〔2〕	(1)　cm	(2)　cm		

Ⅲ

〔1〕		〔6〕	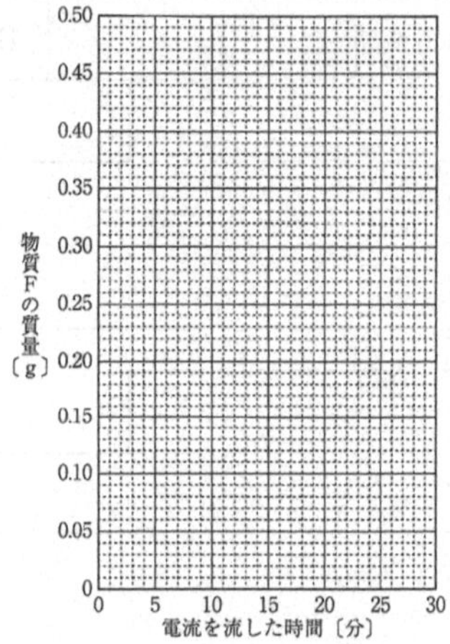
〔2〕	分後		
〔3〕			
〔4〕			
〔5〕			

Ⅳ

〔1〕		〔2〕		〔3〕	mm
〔4〕	a　→　→　→　→　→				
〔5〕	分	〔6〕			

Ⅴ

〔1〕		〔2〕		〔3〕	
〔4〕		〔5〕			
〔6〕	形	例		場所	

立命館慶祥高等学校　2021年度

◇社会◇

※ 127%に拡大していただくと，解答欄は実物大になります。

Ⅰ

〔1〕	A	B	C		
〔2〕		〔3〕	EU	ASEAN	
〔4〕	記号	理由			
〔5〕	①	②	③		
〔6〕	図7	図8	〔7〕		

Ⅱ

〔1〕		〔2〕	ⓐ　天皇	ⓑ	
〔3〕		〔4〕		〔5〕	
〔6〕	→　→　→	〔7〕	の改革	〔8〕	
〔9〕		〔10〕	人物名		
〔10〕	状況				
〔11〕		〔12〕		〔13〕	

Ⅲ

〔1〕	A　日以内	B	C　投票		
〔2〕		〔3〕			
〔4〕					
〔5〕		〔6〕		〔7〕	化

◇国語◇

立命館慶祥高等学校　２０２１年度

※１４７％に拡大していただくと、解答欄は実物大になります。

一

問一　a　b　c　d

問二　A　B　C

問三

問四

問五

問六（10・20・30・40・50・60・70）

二

問一　a　み　b　c

問二　①　②

問三

問四

問五

問六（10・20・30・40・50）

三

問一

問二　A　B　C

問三

問四　②　③

問五（10・20・30・40・50・60・70）

※134％に拡大していただくと，解答欄は実物大になります。

Ⅰ

〔1〕		〔2〕	
〔3〕		〔4〕	$x=$　　　　,$y=$
〔5〕	$x=$	〔6〕	

Ⅱ

<table>
<tr><td>〔1〕</td><td>(1)</td><td>通り</td><td>(2)</td><td>通り</td></tr>
<tr><td>〔2〕</td><td colspan="2"></td><td>〔3〕</td><td>およそ　　　　人</td></tr>
</table>

Ⅲ

〔1〕		〔2〕	
〔3〕		〔4〕	(　　　　,　　　　)

Ⅳ

〔1〕	cm	〔2〕	cm^2
〔3〕	cm^3	〔4〕	cm

Ⅴ

<table>
<tr><td>〔1〕</td><td colspan="2">cm^2</td><td>〔2〕</td><td>cm^2</td></tr>
<tr><td rowspan="2">〔3〕</td><td>(1)</td><td colspan="3">cm^2</td></tr>
<tr><td>(2)</td><td colspan="3">方程式
計算
答え</td></tr>
</table>

立命館慶祥高等学校　2020年度　◇英語◇

※128％に拡大していただくと，解答欄は実物大になります。

筆記テスト

Ⅰ

〔1〕		〔2〕	
〔3〕		〔4〕	
〔5〕			

Ⅱ

〔1〕	〔2〕	〔3〕	〔4〕	〔5〕
〔6〕	〔7〕	〔8〕	〔9〕	〔10〕

Ⅲ

〔1〕		〔2〕	
〔3〕			
〔4〕			

Ⅳ

〔1〕	
〔2〕	
〔3〕	
〔4〕	

リスニング・テスト

Ⅰ

〔1〕		〔2〕		〔3〕		〔4〕	

Ⅱ

〔1〕		〔2〕		〔3〕		〔4〕	

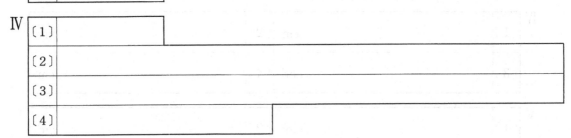

立命館慶祥高等学校　2020年度　◇理科◇

※130％に拡大していただくと，解答欄は実物大になります。

Ⅰ

〔1〕		〔2〕		〔3〕	
〔4〕		〔5〕		〔6〕	

Ⅱ

〔1〕	A　　N	B	〔2〕
〔3〕	cm/s	〔4〕	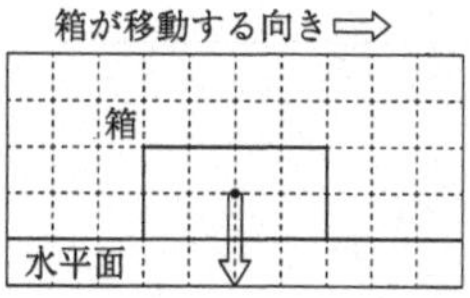
〔5〕			
〔6〕			

Ⅲ

〔1〕	（化学変化の前後で）
〔2〕	A
	B
〔4〕	g
〔5〕	g
〔6〕	：

〔3〕

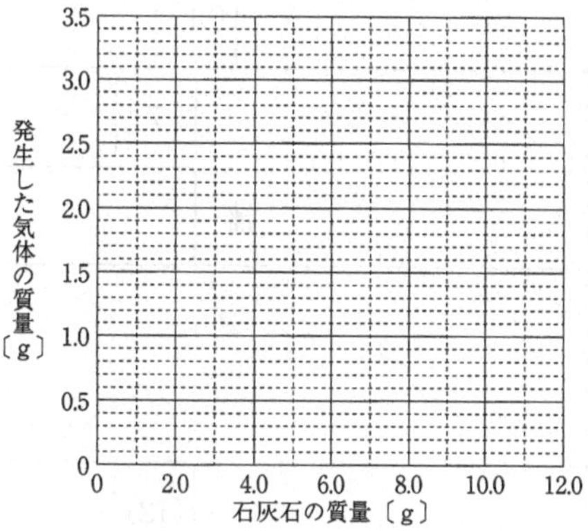

Ⅳ

〔1〕	①	②	③
〔2〕		〔3〕	
〔4〕	(1)　　L	(2)　　g	
	(3) 酸素　　L	二酸化炭素　　L	

Ⅴ

〔1〕		〔2〕	%	〔3〕	
〔4〕	g	〔5〕	%	〔6〕	g

立命館慶祥高等学校　2020年度　◇社会◇

※128％に拡大していただくと，解答欄は実物大になります。

Ⅰ

〔1〕	A	B		C	
〔2〕		〔3〕	図2	図3	
〔4〕	スウェーデン			マレーシア	
〔5〕	①	②		③	
〔6〕				〔7〕	

Ⅱ

〔1〕		〔2〕	位置	国名	
〔3〕		〔4〕		〔5〕	→　→　→
〔6〕		〔7〕		〔8〕	
〔9〕	藩				
〔10〕					
〔11〕		〔12〕		〔13〕	

Ⅲ

〔1〕	A	B		〔2〕	
〔3〕		〔4〕	X	Y　社会	
〔5〕	市	〔6〕	歳以上		
〔7〕					
〔8〕	マップ	〔9〕			

立命館慶祥高等学校　２０２０年度

※１４７％に拡大していただくと、解答欄は実物大になります。

◇国語◇

一

問一　a　b　c　d

問二　①　④

問三　X　Y

問四

問五　A　B

問六

二

問一　a　b　c　い

問二

問三　問四　問五　問六

三

問一　問二　問三　問四

問五

立命館慶祥高等学校　2019年度

◇数学◇

※ 127％に拡大していただくと，解答欄は実物大になります。

Ⅰ

〔1〕		〔2〕	
〔3〕		〔4〕	$x=$　　　　, $y=$
〔5〕	$x=$	〔6〕	

Ⅱ

〔1〕	(1)		(2)	
〔2〕	(1)	分	(2)	人

Ⅲ

〔1〕	cm	〔2〕	cm
〔3〕	cm	〔4〕	cm^3

Ⅳ

〔1〕	$a=$	〔2〕	
〔3〕		〔4〕	(　　　,　　　)

Ⅴ

〔1〕	(　　　,　　　)	〔2〕	(　　　,　　　)
〔3〕	(1)		
	(2)	$n=$	

立命館慶祥高等学校　2019年度

◇英語◇

※ 132％に拡大していただくと，解答欄は実物大になります。

筆記テスト

I

〔1〕		〔2〕	
〔3〕		〔4〕	
〔5〕			

II

〔1〕	〔2〕	〔3〕	〔4〕	〔5〕
〔6〕	〔7〕	〔8〕	〔9〕	〔10〕

III

〔1〕		〔2〕	
〔3〕			
〔4〕			

IV

〔1〕	
〔2〕	
〔3〕	
〔4〕	

リスニング・テスト

I

〔1〕		〔2〕		〔3〕		〔4〕	

II

〔1〕		〔2〕		〔3〕		〔4〕	

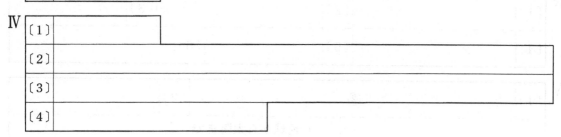

立命館慶祥高等学校　2019年度

◇理科◇

※ 125％に拡大していただくと，解答欄は実物大になります。

Ⅰ

〔1〕	%	〔2〕		〔3〕	
〔4〕		〔5〕		〔6〕	

Ⅱ

〔1〕	(1)　秒	(2)　秒	(3)　秒
〔2〕	(1)　Ω	(2)　V	(3)　mA

Ⅲ

〔1〕	(1)	(2)	
	(3)		
〔2〕	(1)	(2)　cm^3	(3)　g

Ⅳ

〔1〕		〔2〕		〔3〕	
〔4〕		〔5〕		〔6〕	

Ⅴ

〔1〕	①	②	〔2〕

〔3〕

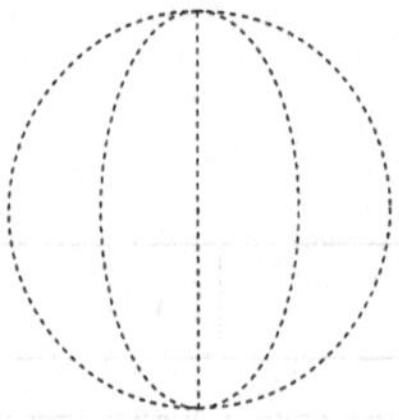

〔4〕 地球から太陽まで

〔5〕　〔6〕

立命館慶祥高等学校　2019年度

◇社会◇

※ 125％に拡大していただくと，解答欄は実物大になります。

Ⅰ

〔1〕	A		B		C	
〔2〕		〔3〕	図2		図3	
〔4〕						
〔5〕	①	②	③	④		
〔6〕	語句		記号	〔7〕		

Ⅱ

〔1〕		〔2〕		〔3〕	
〔4〕		〔5〕			
〔6〕					
〔7〕	→　→　→	〔8〕	語句	記号	
〔9〕		〔10〕		〔11〕	
〔12〕		〔13〕			

Ⅲ

〔1〕	A	B		C
〔2〕	(1)　　選挙	(2)　　選挙		
〔3〕	行為	機関		
〔4〕		〔5〕		
〔6〕				
〔7〕				

◇国語◇

立命館慶祥高等学校　２０１９年度

※１４７％に拡大していただくと、解答欄は実物大になります。

一

問一 a　b　c　d

問二 ①　③

問三 （10・20・30・40・50・60・70）

問四 A　B

問五

問六

二

問一 a　く　b　c　う

問二

問三

問四

問五 （10・20・30・40・50・60・70）

問六

三

問一

問二

問三

問四 ③　④

問五 A・B （10・20・30・40・50）

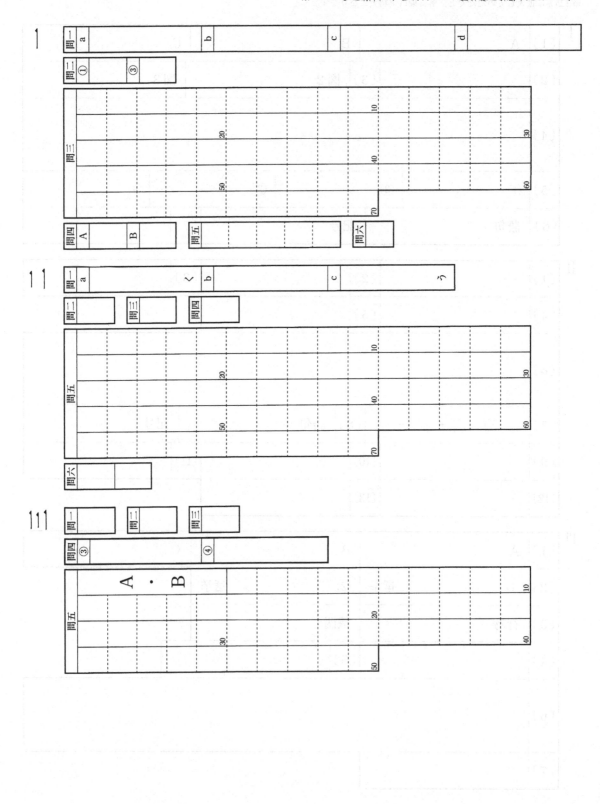

MEMO

大切なことはメモしておこうネ！

東京学参の

高校別入試過去問題シリーズ

＊出版校は一部変更することがあります。一覧にない学校はお問い合わせください。

東京ラインナップ

あ 愛国高校(A59)
青山学院高等部(A16)★
桜美林高校(A37)
お茶の水女子大附属高校(A04)
か 開成高校(A05)★
共立女子第二高校(A40)
慶應義塾女子高校(A13)
国学院高校(A30)
国学院大久我山高校(A31)
国際基督教大高校(A06)
小平錦城高校(A61)★
駒澤大高校(A32)
さ 芝浦工業大附属高校(A35)
修徳高校(A52)
城北高校(A21)
専修大附属高校(A28)
創価高校(A66)★
た 拓殖大第一高校(A53)
立川女子高校(A41)
玉川学園高等部(A56)
中央大高校(A19)
中央大杉並高校(A18)★
中央大附属高校(A17)
筑波大附属高校(A01)
筑波大附属駒場高校(A02)
帝京大高校(A60)
東海大菅生高校(A42)
東京学芸大附属高校(A03)
東京実業高校(A62)
東京農業大第一高校(A39)
桐朋高校(A15)
都立青山高校(A73)★
都立国立高校(A76)★
都立国際高校(A80)★
都立国分寺高校(A78)★
都立新宿高校(A77)★
都立墨田川高校(A81)★
都立立川高校(A75)★
都立戸山高校(A72)★
都立西高校(A71)★
都立八王子東高校(A74)★
都立日比谷高校(A70)★
な 日本大櫻丘高校(A25)
日本大第一高校(A50)
日本大第三高校(A48)
日本大第二高校(A27)
日本大鶴ヶ丘高校(A26)
日本大豊山高校(A23)
は 八王子学園八王子高校(A64)
法政大高校(A29)
ま 明治学院高校(A38)
明治学院東村山高校(A49)
明治大付属中野高校(A33)
明治大付属中野八王子高校(A67)
明治大付属明治高校(A34)★
明法高校(A63)
わ 早稲田実業学校高等部(A09)
早稲田大高等学院(A07)

神奈川ラインナップ

あ 麻布大附属高校(B04)
アレセイア湘南高校(B24)
か 慶應義塾高校(A11)
神奈川県公立高校特色検査(B00)
さ 相洋高校(B18)
た 立花学園高校(B23)
桐蔭学園高校(B01)
東海大付属相模高校(B03)★
桐光学園高校(B11)
な 日本大高校(B06)
日本大藤沢高校(B07)
は 平塚学園高校(B22)
藤沢翔陵高校(B08)
法政大国際高校(B17)
法政大第二高校(B02)★
や 山手学院高校(B09)
横須賀学院高校(B20)
横浜商科大高校(B05)
横浜市立横浜サイエンスフロンティア高校(B70)
横浜翠陵高校(B14)
横浜清風高校(B10)
横浜創英高校(B21)
横浜隼人高校(B16)
横浜富士見丘学園高校(B25)

千葉ラインナップ

あ 愛国学園大附属四街道高校(C26)
我孫子二階堂高校(C17)
市川高校(C01)★
か 敬愛学園高校(C15)
さ 芝浦工業大柏高校(C09)
渋谷教育学園幕張高校(C16)★
翔凜高校(C34)
昭和学院秀英高校(C23)
専修大松戸高校(C02)
た 千葉英和高校(C18)
千葉敬愛高校(C05)
千葉経済大附属高校(C27)
千葉日本大第一高校(C06)★
千葉明徳高校(C20)
千葉黎明高校(C24)
東海大付属浦安高校(C03)
東京学館高校(C14)
東京学館浦安高校(C31)
な 日本体育大柏高校(C30)
日本大習志野高校(C07)
は 日出学園高校(C08)
や 八千代松陰高校(C12)
ら 流通経済大付属柏高校(C19)★

埼玉ラインナップ

あ 浦和学院高校(D21)
大妻嵐山高校(D04)★
か 開智高校(D08)
開智未来高校(D13)★
春日部共栄高校(D07)
川越東高校(D12)
慶應義塾志木高校(A12)
さ 埼玉栄高校(D09)
栄東高校(D14)
狭山ヶ丘高校(D24)
昌平高校(D23)
西武学園文理高校(D10)
西武台高校(D06)
た 東京農業大第三高校(D18)
は 武南高校(D05)
本庄東高校(D20)
や 山村国際高校(D19)
ら 立教新座高校(A14)
わ 早稲田大本庄高等学院(A10)

北関東・甲信越ラインナップ

あ 愛国学園大附属龍ヶ崎高校(E07)
宇都宮短大附属高校(E24)
か 鹿島学園高校(E08)
霞ヶ浦高校(E03)
共愛学園高校(E31)
甲陵高校(E43)
国立高等専門学校(A00)
さ 作新学院高校
(トップ英進・英進部)(E21)
(情報科学・総合進学部)(E22)
常総学院高校(E04)
た 中越高校(R03)＊
土浦日本大高校(E01)
東洋大附属牛久高校(E02)
な 新潟青陵高校(R02)＊
新潟明訓高校(R04)＊
日本文理高校(R01)＊
は 白鷗大足利高校(E25)
ま 前橋育英高校(E32)
や 山梨学院高校(E41)

中京圏ラインナップ

あ 愛知高校(F02)
愛知啓成高校(F09)
愛知工業大名電高校(F06)
愛知みずほ大瑞穂高校(F25)
暁高校(3年制)(F50)
鶯谷高校(F60)
栄徳高校(F29)
桜花学園高校(F14)
岡崎城西高校(F34)
か 岐阜聖徳学園高校(F62)
岐阜東高校(F61)
享栄高校(F18)
さ 桜丘高校(F36)
至学館高校(F19)
椙山女学園高校(F10)
鈴鹿高校(F53)
星城高校(F27)★
誠信高校(F33)
清林館高校(F16)★
た 大成高校(F28)
大同大大同高校(F30)
高田高校(F51)
滝高校(F03)★
中京高校(F63)
中京大附属中京高校(F11)★
中部大春日丘高校(F26)★
中部大第一高校(F32)
津田学園高校(F54)
東海高校(F04)★
東海学園高校(F20)
東邦高校(F12)
同朋高校(F22)
豊田大谷高校(F35)
な 名古屋高校(F13)
名古屋大谷高校(F23)
名古屋経済大市邨高校(F08)
名古屋経済大高蔵高校(F05)
名古屋女子大高校(F24)
名古屋たちばな高校(F21)
日本福祉大付属高校(F17)
人間環境大附属岡崎高校(F37)
は 光ヶ丘女子高校(F38)
誉高校(F31)
ま 三重高校(F52)
名城大附属高校(F15)

宮城ラインナップ

さ 尚絅学院高校(G02)
聖ウルスラ学院英智高校(G01)★
聖和学園高校(G05)
仙台育英学園高校(G04)
仙台城南高校(G06)
仙台白百合学園高校(G12)
た 東北学院高校(G03)★
東北学院榴ヶ岡高校(G08)
東北高校(G11)
東北生活文化大高校(G10)
常盤木学園高校(G07)
は 古川学園高校(G13)
ま 宮城学院高校(G09)★

北海道ラインナップ

さ 札幌光星高校(H06)
札幌静修高校(H09)
札幌第一高校(H01)
札幌北斗高校(H04)
札幌龍谷学園高校(H08)
は 北海高校(H03)
北海学園札幌高校(H07)
北海道科学大高校(H05)
ら 立命館慶祥高校(H02)

★はリスニング音声データのダウンロード付き。

都道府県別 公立高校入試過去問 シリーズ

- 全国47都道府県別に出版
- 最近数年間の検査問題収録
- リスニングテスト音声対応

公立高校入試対策 問題集シリーズ

- 目標得点別・公立入試の数学(基礎編)
- 実戦問題演習・公立入試の数学(実力錬成編)
- 実戦問題演習・公立入試の英語(基礎編・実力錬成編)
- 形式別演習・公立入試の国語
- 実戦問題演習・公立入試の理科
- 実戦問題演習・公立入試の社会

高校入試特訓問題集 シリーズ

- 英語長文難関攻略33選(改訂版)
- 英語長文テーマ別難関攻略30選
- 英文法難関攻略20選
- 英語難関徹底攻略33選
- 古文完全攻略63選(改訂版)
- 国語融合問題完全攻略30選
- 国語長文難関徹底攻略30選
- 国語知識問題完全攻略13選
- 数学の図形と関数・グラフの融合問題完全攻略272選
- 数学難関徹底攻略700選
- 数学の難問80選
- 数学 思考力―規則性とデータの分析と活用―

高校別入試過去問題シリーズ

立命館慶祥高等学校　2024~25年度

ISBN978-4-8141-2688-0

発行所　東京学参株式会社
〒153-0043　東京都目黒区東山2-6-4
URL　https://www.gakusan.co.jp

編集部　E-mail　hensyu@gakusan.co.jp

※本書の編集責任はすべて弊社にあります。内容に関するお問い合わせ等は、編集部まで、メールにてお願い致します。なお、回答にはしばらくお時間をいただく場合がございます。何卒ご了承くださいませ。

営業部　TEL　03（3794）3154
FAX　03（3794）3164
E-mail　shoten@gakusan.co.jp

※ご注文・出版予定のお問い合わせ等は営業部までお願い致します。

2023年10月6日　初版